国家骨干高职院校建设系列教材

U0838928

船舶 CAD/CAM 与生产设计实训

主编　彭　辉

主审　朱丹红

HEUP 哈爾濱工程大学出版社

内 容 简 介

本书用于船舶CAD/CAM与生产设计实训。全书分为若干个实训项目,包括CAD船舶基本绘图实训、Tribon船舶基本绘图实训、船体型线光顺实训、基于TRIBON系统的船体线型生成与光顺实训、外板系统运用实训、船体曲面系统处理实训、结构系统运用实训、船体平面建模实训、船体结构图绘制实训、基于TRIBON的船体生产设计工作图绘制实训、船体生产设计编码运用实训、船体生产设计标准运用实训等内容。全书内容的选取和安排力求做到深入浅出、循序渐进,便于学生自主学习。

本书系骨干校校本教材,也可供其他相关造船技术人员学习使用。

图书在版编目(CIP)数据

船舶CAD/CAM与生产设计实训/彭辉主编.
—哈尔滨:哈尔滨工程大学出版社,2016.3
ISBN 978-7-5661-1233-0

Ⅰ.①船… Ⅱ.①彭… Ⅲ.①船舶-计算机辅助设计-教材②船舶-计算机辅助制造-教材
Ⅳ.①U662.9

中国版本图书馆CIP数据核字(2016)第060389号

出版发行 哈尔滨工程大学出版社
社　　址 哈尔滨市南岗区东大直街124号
邮政编码 150001
发行电话 0451-82519328
传　　真 0451-82519699
经　　销 新华书店
印　　刷 哈尔滨市石桥印务有限公司
开　　本 787mm×1 092mm　1/16
印　　张 19
字　　数 486千字
版　　次 2016年3月第1版
印　　次 2016年3月第1次印刷
定　　价 40.00元
http://www.hrbeupress.com
E-mail:heupress@hrbeu.edu.cn

前　言

本实训教材编写以职业岗位技能需求为出发点，始终围绕高等职业教育特点，突出教材的针对性，贯彻以能力为本位的教学指导思想，并结合对学生创新能力的培养要求，提出实训目标，据此组织编写实训内容。本实训教材编写注意在深度、广度上加大强化技能训练的力度。各部分内容基本上是按照岗位技能的划分安排的，在内容安排上力求新颖、生动。教材结合大量实例，训练学生实际操作与应用方法。每个项目开始都写有明确的实训目标，每个实训项目后都编写了与本实训项目内容紧密结合的实训题。

本教材使用具有灵活性，体现了教学内容弹性化、教学要求层次化、教材结构模块化，有利于按需施教、因材施教。教材中拓展部分内容（用仿宋体印刷），目录中加 * 号，教学时可酌情选用。教师还可根据使用软件差异对教材内容选择性使用。

本书由渤海船舶职业学院彭辉担任主编并编写实训项目一至实训项目四，渤海船舶职业学院李洁编写实训项目五至实训项目十，渤海船舶重工有限责任公司孙健编写实训项目十一和实训项目十二。

本书由渤海船舶重工有限责任公司朱丹红担任主审，在此表示衷心感谢。

本书在编写过程中得到渤海船舶重工有限责任公司等单位的指导和大力支持，在此表示衷心感谢。由于编者水平有限，错误和不妥之处在所难免，恳请读者批评指正。

目　　录

实训项目一　CAD 船舶基本绘图实训

任务 1　基本二维图形绘制

【实训目标】

1. 熟练掌握绘图设置和坐标系在绘图中的应用；

2. 掌握根据绘制需选择基本二维图形绘制命令的方法；

3. 熟练掌握绘制点、直线、圆弧、多段线、多边形、样条曲线等基本二维图形命令交互操作；

4. 熟练掌握船舶基本绘图实际应用的方法和技巧。

实施步骤、时间安排、实施方式见表 1 – 1。

表 1 – 1　任务 1 实施步骤、时间安排、实施方式

实施步骤	时间安排	实施方式
阅读教材、参考书及完成实训	课余与课上之比约 1:1	自学、查资料、相互讨论、完成实训、在网络教学系统留言，教师查看、评价并给予指导
讲解与示范	2 学时	教师使用投影仪和局域网边讲解、边示范，学生同步观看、学习和记录，教师要注意引导学生发现问题，启发学生思考问题和寻找解决问题的方法
指导学生实际操作	6 学时	每个班级分为若干组，每组 8 人以下，每组可安排不同工作任务，每个学生使用一台微机独立操作，遇到问题可相互讨论或请教老师，教师要注意及时评价学生实训完成情况，设法调动学生实训积极性
检查评价	1 学时	教师与学生共同完成任务的检查评价，并对存在的问题进行分析与处理。学生将完成的任务自我检查、评价打分后，通过局域网提交给老师，老师检查评价打分，指出存在问题和解决方法反馈给学生

一、坐标系、绘图环境设置实训

(一) 坐标设置实训

在 AutoCAD 中定位点可以采用多种坐标，包括绝对直角坐标、绝对极坐标、相对直角坐标和相对极坐标。

1. 绝对直角坐标

实训 1　二维绘图环境中，直角坐标系包括相互正交的两个轴：X 轴和 Y 轴，通过点到原点(0,0)的距离确定的坐标(X,Y)。试举例说明。

如坐标(6,8)表示该点在 X 轴方向到原点的距离为 6，在 Y 轴方向到原点的距离为 8，默认原点(0,0)在图形左下角。

2. 绝对极坐标

实训 1　绝对极坐标通过相对于原点的距离和与 X 轴的夹角来确定点的位置。绝对极坐标的表示方式为“距离 < 角度”，试举例说明。

例如坐标“4 <45”表示该点到原点的距离为 4，与 X 轴正方向夹角为 45°。

3. 相对直角坐标

实训 1　绝对直角坐标的参照点是原点，而相对直角坐标的原点是前一点，利用的是相对于前一输入点的偏移量。在 AutoCAD 中使用相对坐标必须在坐标值之前加符号“@”。试举例说明。

如坐标“@7,9”表示该点 X 轴方向到前一点的距离为 7，Y 轴方向到前一点的距离为 9。

4. 相对极坐标

实训 1　绝对极坐标的参照点是原点，而相对极坐标的参照点是前一点，利用的是相对于前一输入点的偏移量。在 AutoCAD 中，使用相对坐标必须在坐标值之前加符号“@”。试举例说明。

如坐标“@4 <45”表示该点 X 轴方向到前一点的距离为 4，与 X 轴正方向夹角为 45°。

(二)绘图环境设置

绘图环境的设置通常包括绘图单位设置，精度设置以及绘图空间的界限范围等方面。

1. 设置图形界限

实训 1　图形界限是 AutoCAD 绘图空间中的一个假想矩形绘图区域，相当于用户选择的图纸图幅大小。图形界限确定了栅格(GRID)和缩放(ZOOM)的显示区域，默认图形界限形成一个矩形区域。试设置 A3 和 A1 图纸大小的图形界限。

设置 A3 图纸大小的图形界限，长度单位采用公制时，图形界限的默认矩形区域的左下角坐标为(0,0)，右上角为(420,927)；长度单位采用英制时，图形界限的默认矩形区域的左下角坐标为(0,0)，右上角为(12,9)。

命令：LIMITS

菜单：Format→Drawing Limits

命令格式：

Command：LIMITS ↻

Reset model space limits(重新设置模型空间界限)：↻

Specify lower left corner or[ON/OFF] <0.0000,0.0000>：(指定左下角点)

Specify upper right corner <420.0000,297.0000>：(指定右上角点)

设置 594 * 841(A1)的图纸，操作过程为：

Command：LIMITS ↻

Reset model space limits(重新设置模型空间界限)：↻

Specify lower left corner or[ON/OFF] <0.0000,0.0000>：(指定左下角点)

Specify upper right corner <420.0000,297.0000>:594,841(指定右上角点)

提示中的 ON 选项表示打开图形界限检查,限制界限在绘图界限范围内。OFF 选项表示关闭图形界限检查,图形绘制允许超出图形界限,系统默认设置为 OFF。左下角点和右上角点是图形界限矩形区域的顶点坐标,支持鼠标拾取和键盘直接输入。

2. 设置绘图单位

实训 1 进行设置绘图单位操作。

命令:UNITS

菜单:Format→Units

绘图单位包括长度单位和角度单位,执行 UNITS 命令即可打开 Drawing Units 对话框,如图 1-1 所示。

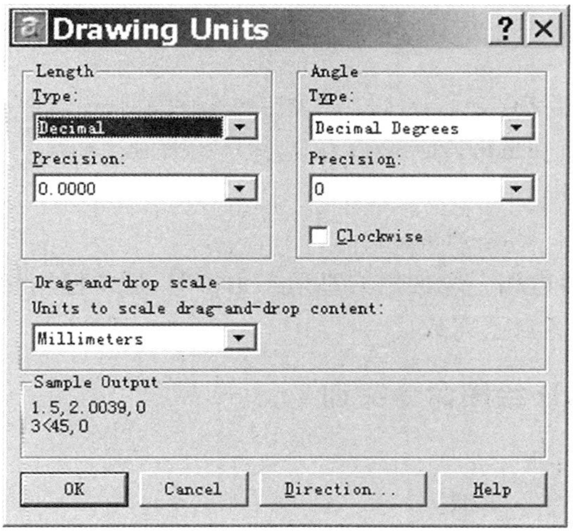

图 1-1 Drawing Units 对话框

Drawing Units 对话框中的 Length 选项组用来设置绘图的长度单位的类型和精度。Type 下拉列表框提供了 Architectural(建筑)、Decimal(小数)、Engineering(工程)、Fractional(分数)和 Scientific(科学)五种长度类型。Precision 下拉列表框用于设置当前长度单位类型的精度。Angle 选项组用于设置 AutoCAD 的角度单位类型与精度。Type 下拉列表框提供了 Decimal Degrees(十进制度数)、Deg/Min/Sec(度/分/秒)、Grads(梯度)、Radians(弧度)、Surveyor's Units(勘测单位)五种长度角度类型。Precision 下拉列表框用于设置当前角度单位类型的精度。我们可根据需要从中选取。船舶图样绘制一般选取 Decimal(小数)类型,精度选取至 0.01 mm 即可。

Drawing units for DesignCenter blocks 选项组用来确定利用 AutoCAD 设计中心插入块时的缩放单位,用户可从相应的下拉列表中选择。当所插入块的单位不同于当前的绘图单位时,利用该列表确定单位后,通过 AutoCAD 设计中心插入块时,所插入的块会按单位进行缩放、插入;选择 Unitless 选项,则插入的块保持原来的大小。

Sample Output 选项组显示当前单位设置下的标注示例,辅助用户做出正确的设置。

实训 2 使用不同坐标方式绘制图 1-2 和图 1-3 所示以不同方式给出已知数据的两个直角三角形。

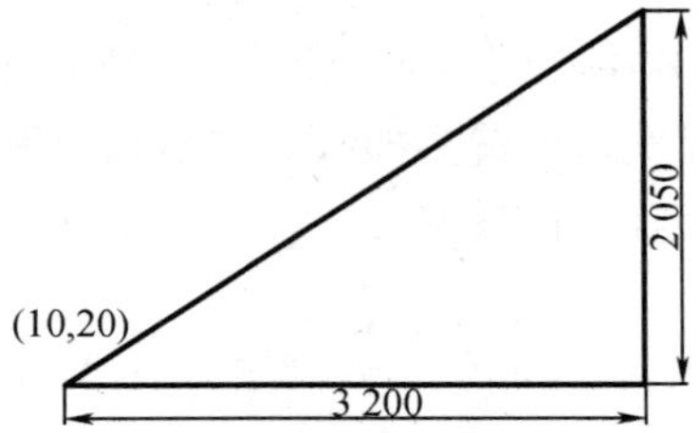

图 1-2　已在两个直角边长的直角三角形

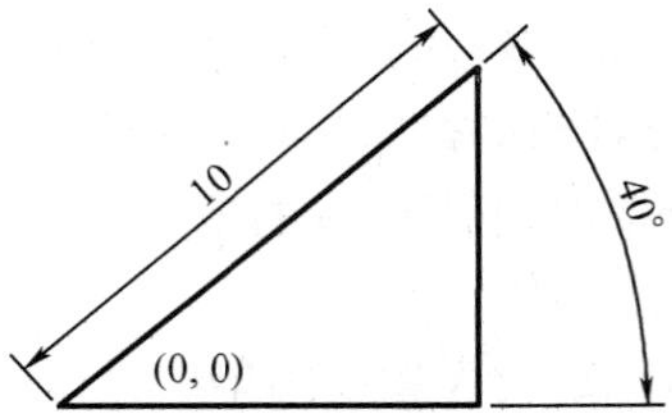

图 1-3　已知斜边长和夹角的直角三角形

图 1-2 比较方便的绘制方法是，先使用绝对直角坐标确定三角形左下角点，再使用相对直角坐标确定右下角点和上角点，最后闭合。操作过程如下：

Command：line ↻

Specify first point：10，20

Specify next point or [Undo]：@3200，0

Specify next point or [Undo]：@0，2050

Specify next point or [Close/Undo]：c

绘制图 1-3 给出斜边和一个夹角的直角三角形时，通常使用相对极坐标确定上角点的方法。具体操作过程读者自己完成。

二、输入 AutoCAD 绘图命令实训

1. 使用 Draw 菜单实训

实训 1　使用 Line 命令实训。

单击 Draw 菜单项，会弹出 Draw 下拉菜单，如图 1-4 所示。该菜单包括了 AutoCAD2005 的大部分绘图功能，在该下拉菜单中选择 Line 命令选项，即可绘制出相应的基本二维图形。

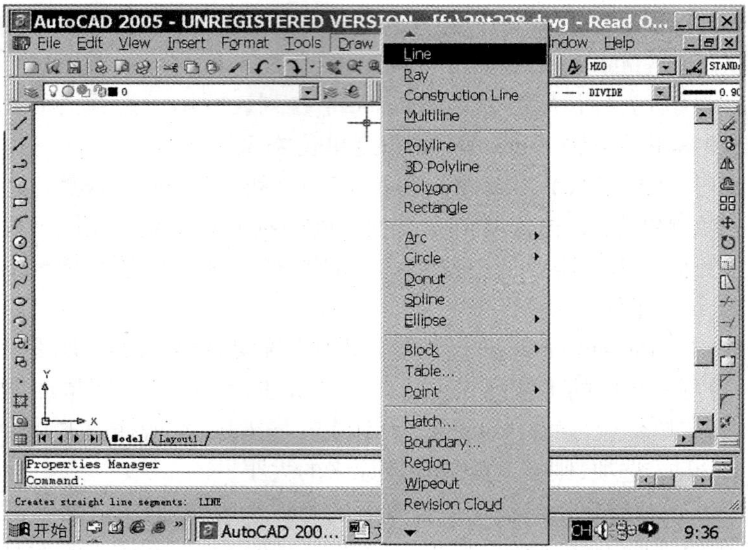

图 1-4　Draw 下拉菜单

2. 使用 Draw 工具栏实训

实训 1　Draw 工具栏操作。

Draw 工具栏如图 1 –5 所示，单击工具按钮就相当于调用相应的绘图命令，将鼠标置于工具栏中的工具按钮上就会自动显示出工具按钮的名称和功能。

图 1 –5　Draw 工具栏

3. 使用命令行实训

实训 1　使用命令行操作。

在命令提示行 Command 后输入绘图命令，按回车键，根据提示的提示信息进行绘图操作。

三、绘制直线段实训

绘制命令：LINE

实训 1　试绘制图 1 –6 所示图形。

该图形全部由直线段组成，所以可由直线段命令绘出，操作中应注意使用相对坐标方式。具体操作过程读者自己完成。

四、绘制直线实训

实训 1　已知一任意三角形，试求其内角平分线交点。

本实训应使用绘直线命令中提供的绘角平分线功能，操作过程如下，绘出的图如图 1 –7 所示。

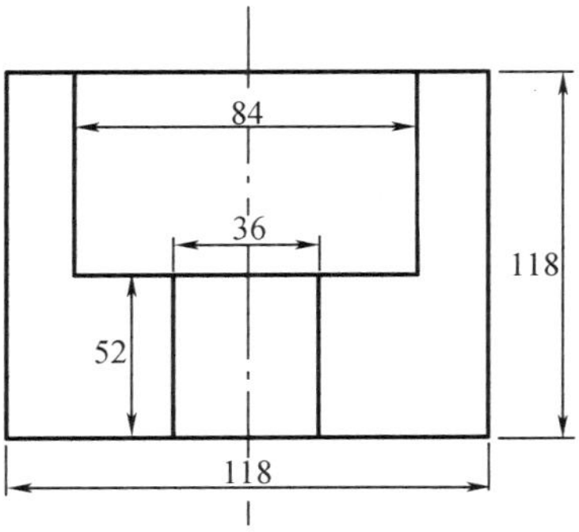

图 1 –6　全部由直线段组成的图形

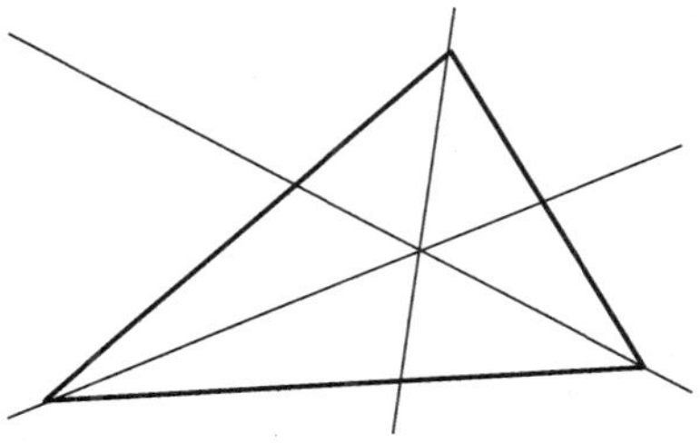

图 1 –7　使用绘直线命令绘角平分线

Command：XLINE

Specify a point or [Hor/Ver/Ang/Bisect/Offset]：b

Specify angle vertex point：(选择第一个角点)

Specify angle start point：(确定第一个角点第一条边上的点)

Specify angle end point:(确定第一个角点第二条边上的点)

Specify angle end point:

Command:XLINE

Specify a point or [Hor/Ver/Ang/Bisect/Offset]:b

Specify angle vertex point:(选择第一个角点)

Specify angle start point:(确定第一个角点第一条边上的点)

Specify angle end point:(确定第一个角点第二条边上的点)

Specify angle end point:

Command:XLINE

Specify a point or [Hor/Ver/Ang/Bisect/Offset]:b

Specify angle vertex point:(选择第一个角点)

Specify angle start point:(确定第一个角点第一条边上的点)

Specify angle end point:(确定第一个角点第二条边上的点)

Specify angle end point:

五、绘制圆弧实训

实训 1 指定圆弧的起始点,圆心和终止点来绘制圆弧。

Command:ARC ↻

Specify start point of arc or [CEnter]:(输入圆弧的起始点)

Specify second point of arc or [CEnter/ENd]:CE

Specify center point of arc:(指定圆弧的圆心点)

Slecify end point of arc or [Angle/chord length]:(输入圆弧的终止点)

绘制出的圆弧如图 1-8 所示。

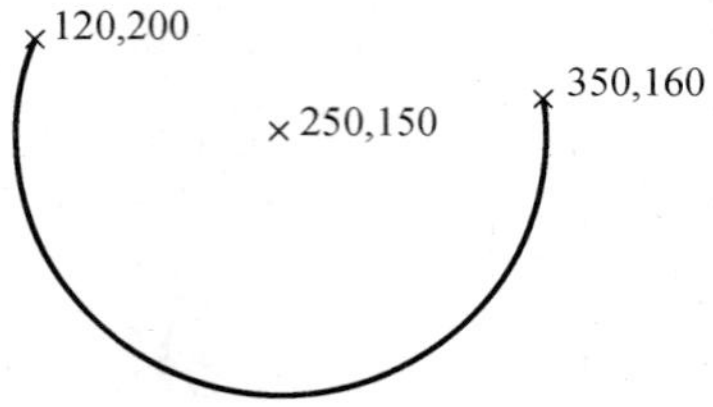

图 1-8 指定起始点、圆心和终止点绘制圆弧

实训 2 指定圆弧的起始点,终止点和圆弧在起始点处的切线方向绘制圆弧。

Command:ARC ↻

Center/ <Start point> :(输入圆弧的起始点,默认选择)

Specify second point of arc or [CEnter/ENd]:E

Specify end point of arc :(输入圆弧的终止端点)

Specify center point of arc or [Angle/Direction/Radius]:D

Specify tangent direction for the start point of arc:(输入圆弧在起始点处的切线方向与水平方向的夹角)

绘制结果如图 1 –9 所示。

六、绘制圆形实训

实训 1 指定半径绘制与两个已知图形对象(直线,直线)相切的圆。

Command:CIRCLE ↻

Specify center point for circle or [3p/2p/Ttr(tan tan radius)]:Ttr

Specify point on object for first tangent f circle:(指定第一个相切对象)

Specify point on object for second tangent of circle:(指定第二个相切对象)

Specify radius of circle < current > :(输入半径值)

图 1 –10 中所示就是与两条直线段相切,半径是 70 的圆。

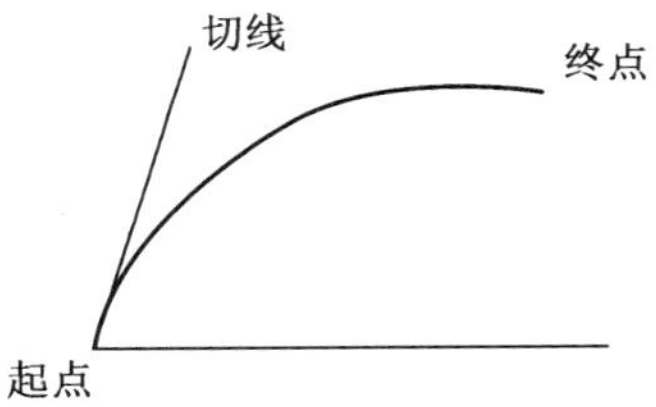

图 1 –9 指定起始点、终止点和圆弧在起始点处的切线方向绘制圆弧

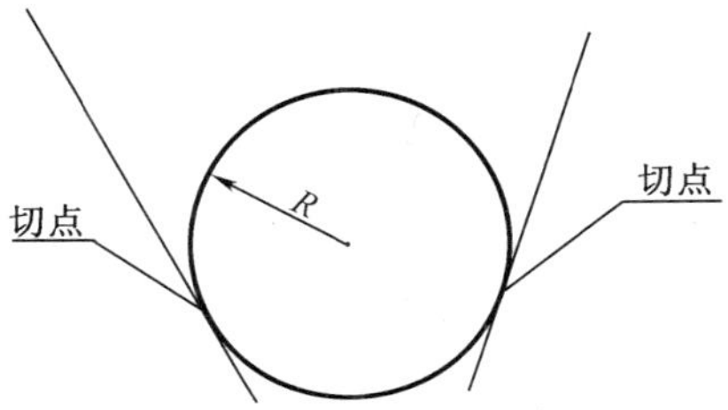

图 1 –10 指定半径绘制与两条已知直线相切的圆

七、绘制椭圆和椭圆弧实训

实训 1 绘制如图 1 –11 所示椭圆和椭圆弧。

Command:ELLIPSE ↻

Specify axis endpoint of ellips or[Arc/Center]:40,110

Specify other endpoint of axis:130,50

Specify distance to other axis or [Rotation]:150

Command:↻

Specify axis end point of ellipse or[Arc/Center]:A

Specify axis endpoint of ellipical arc or [Center]:300,30

Specify other endpoint of axis:210,80

Specify distance to other axis or [Rotation]:80

Specify start angle or [Paramete]:0

Specify end angle or [Paramete/Included angle]:270

绘制出的椭圆和椭圆弧分别如图 1 –11(a),1 –11(b)所示。

八、绘制矩形实训

实训 1 长为 100、宽为 50 的矩形。

Command:RECTANG ↻

Specify first corner point or

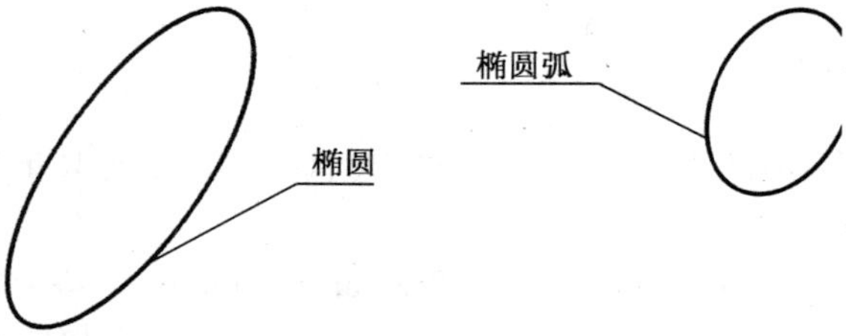

(a) (b)

图 1-11 椭圆和椭圆弧

[Chamfer/Elevation/Fillet/Thickness/Width]:(指定构成矩形的第一个对角点,任意即可)

Specify other corner point:(指定构成矩形的第二个对角点,@100,50)

九、绘制点实训

实训 1 绘制点并设置点的形式。

Command:POINT ↻

Specify a point:(输入点的坐标)

AutoCAD 中提供了多种形式的点,其形式和尺寸大小保存在系统变量 PDMODE 和 PDSIZE 中,我们可以根据需要选用。执行 Format→Point Style 命令或在命令行输入 DDPTYPE 命令,即可打开用于设置点格式和尺寸大小的 Point Style 对话框,如图 1-12 所示。我们可以在对话框选取所需的点的形式,使用对话框中的 Point Size 文本框设置点的尺寸。

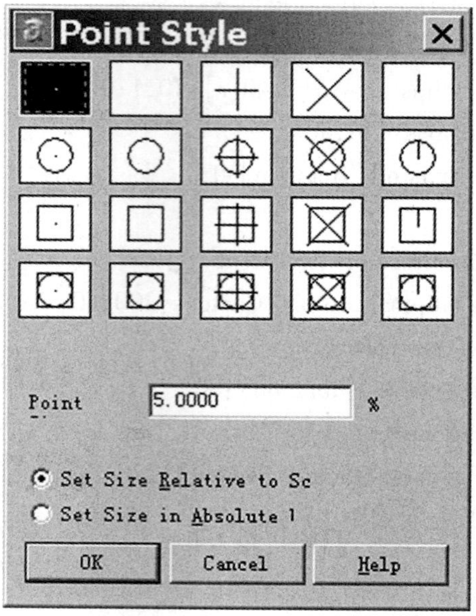

图 1-12 Point Style 对话框

十、绘制等分点实训

实训 1　绘制等分点。

Command:DIVIDE ↻

Select object to divide:(选择要等分的对象)

Enter number of segments or[Block]:(输入等分数或要插入的块数)

在此提示下直接输入等分数,AutoCAD 会在指定的对象上绘制出等分点。如果用 Block 响应提示,表示在等分点处插入块。

十一、绘制测量点实训

实训 1　绘制测量点。

Command:MEASURE ↻

Select object to measure:(选择要设置测量点的对象)

Specify length of segment of[Block]:

在此提示中直接输入长度值,AutoCAD 会按该长度在指定的对象各个位置上绘制出等分点。

Specify length of segment:(输入段长度)

用 MEASUR 命令绘制的七等份测量点如图 1－13 所示。

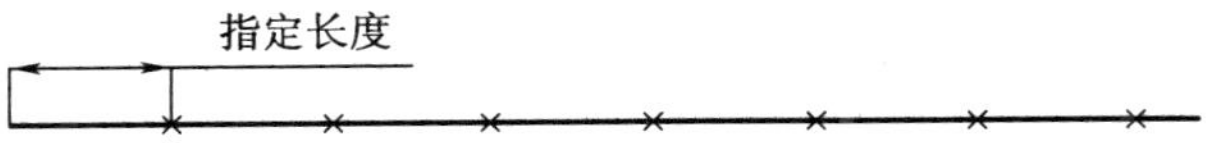

图 1－13　MEASUR 命令绘制的七等份测量点

十二、绘制二维多段线实训

实训 1　绘制图 1－14 所示由不同线宽的直线段和圆弧绘制的多段线。

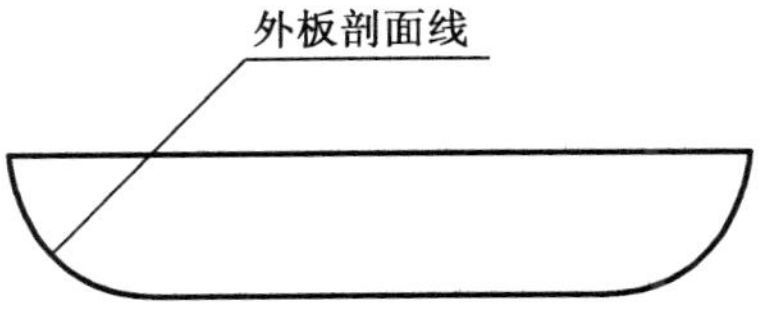

图 1－14　绘制不同线宽的多段线

Command:PLINE ↻

Specify start point:(指定多段线的起始点)

Current line－width is <current>:(提示当前多段线的宽度)

Specify next point or[Arc/Close/Halfwidth/Length/Undo/Width]:

选择 Width,该选项用来指定下一段多段线的线宽。选择该点后,命令行中会出现如下提示:

Specify starting width <current>:(设置起始线宽)

Specify ending width <starting width>:(设置终止线宽)

起始线宽与终止线宽可以不同,从而绘制不同宽度的多段线。

选择 Arc,该选项强制 PINE 命令从绘直线方式转换为绘制圆弧方式。选择该选项后,命令行中会出现如下提示:

Specify endpoint of arc or

[Angle/Center/Close/Direction/Halfwidth/Line/Radius/Secondpt/Undo/Width]:

上述提示中各选项的含义如下:

①Specify endpoint of arc

指定圆弧的终点。在输入点的坐标后,会从上一段多段线终点处的切线方向开始绘制一段圆弧。

②Angle

该选项根据圆弧的中心角绘制圆弧。选择该选项后,会出现如下提示:

Specify included angle:(输入中心度)

输入角度后,系统会继续提示:

Specify endpoint of arc of[Center/Radius]:(指定圆弧的终点、中心点或半径)

我们可以通过确定圆弧的圆心(Center)、半径(Radius)或另一个端点(indpoint of arc)共三种方式的一种来进一步完成圆弧的绘制。

③Center

该选项根据圆弧的圆心点绘制圆。选择该选项后,会出现如下提示:

Specify center point of arc:(指定圆弧的中心点)

Specify endpoint of arc or[Angle/Length]:(指定圆弧的终点、角度或弦长)

我们可以通过确定圆弧的中心角(Angle)、弦长(Length)或另一个端点(endpoint of arc)共三种方式的一种来进一步完成圆弧的绘制。

④CLose

用一段弧线封闭所绘制的多段线。

⑤Direction

该选项指定切线方向来绘制圆弧。选择该选项后,会出现如下提示:

Specify the tangent direction from the start point of arc:(指定相对于起始点的切线方向,指定一个坐标点即可)

Specify endpoint of arc:(指定圆弧的终点)

⑥Halfwidth

该选项通过输入多段线的半宽绘制多段线。

⑦Line

该选项用来使 PLINE 命令从绘制弧方式返回绘制直线方式。

⑧Radius

指定圆弧的半径绘制圆弧。

⑨Secondpt

⑩Undo 和 Width

Undo 选项用来删除最近绘制的圆弧。

Width 选项通过确定圆弧的起始与终止线宽来绘制圆弧。

十三、绘制样条曲线实训

实训 1　样条曲线广泛地在船舶绘图中，试绘制如图 1 – 15 所示的船体型线。

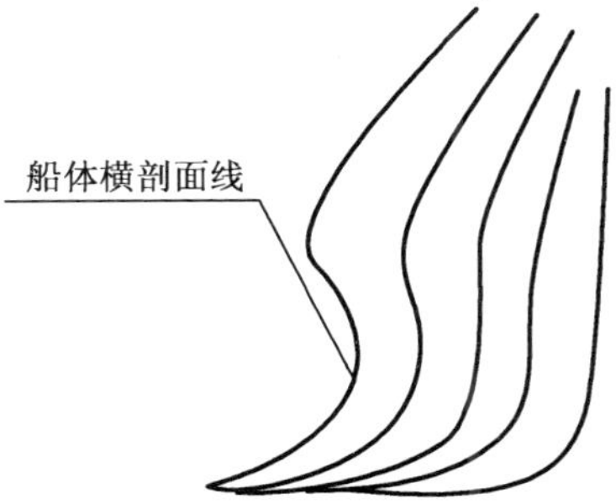

图 1 – 15　横剖面样条曲线

Command：SPLINE ↻

Specify first point or[Object]：

指定样条曲线的起始点。输入点的坐标点后，命令行中会出现如下提示：

Specify next point：(指定下一坐标点)

Specify next point：(指定下一坐标点)

Specify next point or[Close/Fit Tolerance] <Start tangent>：(按回车键结束该提示行)

Specify start tangent：(指定起始切点)

Specify end tangent：(指定终止切点)

输入完毕后，系统绘制该样条曲线。注意，当起始点和终止点的切线方向不同时，即使通过相同的中间点，所绘的样条曲线也不相同。

Close 选项绘制封闭样条曲线。选择该选项，命令行中会出现以下提示：

Specify tangent：(指定终止点也是起始点的切线方向)

由于起始点与终止点重合，故只需指定一个切点。输入完毕后，系统绘制该样条曲线。

Fit Tolerance 选项设定样条曲线的适配公差。适配公差是指样条曲线与输入点之间偏移距离的最大值，即所绘的样条曲线不一定必须经过指定的坐标点，而是根据设定的适配公差在这些点之间取得一个最佳位置。适配公差可以取值为 0 或正值，当适配公差为 0 时，样条曲线经过指定的坐标点；当适配公差为正值时，样条曲线不一定经过指定的坐标点。

选择该选项后出现如下提示：

Specify fit tolerance <current>：(输入适配公差值)

系统根据给定的适配公差值绘制样条曲线。

十四、面域定义实训

实训 1　面域定义。

执行命令以后，AutoCAD 会提示选择要定义面域的边界图形：Select objects：

注意定义面域的边界图形一定要完全闭合，不能有间隙和交叉，当选择的一个边界图

形满足要求时,系统会提示已成功提取一个闭合边界和定义了一个面域:

1 loop extracted

1 Region created

被定义为面域后,边界图形内部成为了实体,可以进行并、差、交等集合运算,可作为截面被拉伸成三维实体。

十四、船舶基本绘图实训

实训1　人孔的绘制实训。

人孔是船舶绘图中的常见图形,它由上下两个半圆组成,使用以上我们所学的基本绘图命令即可绘制。

绘图使用的命令直线段命令Line、圆弧命令Arc。

绘图步骤是先确定直线和圆弧的起点和终点坐标,再分别使用直线段命令Line、圆弧命令Arc绘制,绘图操作过程如下:

通过绘图操作绘制的图形如图1-16所示。

实训2　货舱甲板开口绘制。

货舱甲板开口是船舶绘图中的常见图形,它是将矩形的四个直角用圆弧代替而构成,使用以上所学的基本绘图命令即可绘制。

绘图使用的命令直线段命令Line、圆弧命令Arc。

绘图步骤先确定直线和圆弧的起点和终点坐标,再分别使用直线段和圆弧命令绘制。绘制出来的甲板开口如图1-17所示。

实训3　船体肋板轮廓的绘制。

肋板轮廓由直线和样条曲线组成,使用以上我们所学的基本绘图命令即可绘制。由于肋板轮廓通常对称于中心线,所以绘制一半即可。

绘图使用的命令直线段命令Line、样条曲线命令Spline。

绘图步骤先确定直线和样条曲线的起点和终点坐标、样条曲线上的若干点、样条曲线在起点和终点的切线方向,再分别使用直线段命令Line、样条曲线命令Spline绘制。

绘制出来的图形如图1-18所示。

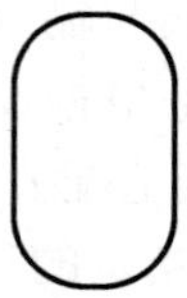

图1-16　人孔图形

图1-17　甲板开口图

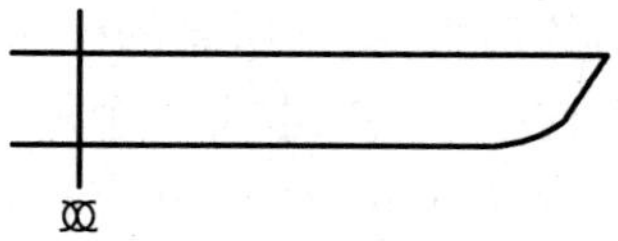

图1-18　肋板轮廓图

任务2 文字标注、尺寸标注、图案填充实训

【实训目标】

熟练掌握文字标注、尺寸标注、图案填充命令交互操作；
实施步骤、时间安排、实施方式见表1-2。

表1-2 任务2实施步骤、时间安排、实施方式

实施步骤	时间安排	实施方式
阅读教材、参考书及完成实训	课余与课上之比约1:1	自学、查资料、相互讨论、完成实训、在网络教学系统留言，教师查看、评价并给予指导
讲解与示范	2学时	教师使用投影仪和局域网边讲解、边示范，学生同步观看、学习和记录，教师要注意引导学生发现问题，启发学生思考问题和寻找解决问题的方法
指导学生实际操作	3学时	每个班级分为若干组，每组8人以下，每组可安排不同工作任务，每个学生使用一台微机独立操作，遇到问题可相互讨论或请教老师，教师要注意及时评价学生实训完成情况，设法调动学生实训积极性
检查评价	1学时	教师与学生共同完成任务的检查评价，并对存在的问题进行分析与处理。学生将完成的任务自我检查评价打分后，通过局域网提交给老师，老师检查评价打分，指出存在问题和解决方法反馈给学生

一、文字标注实训

1. 定义文字样式实训

实训1 线体文字样式(TXT)定义。

Command:STYLE ↻

AutoCAD会打开Text Style对话框，如图1-19所示。

Font选项组用于选择字体或字体文件。我们可通过Font Name下拉列表框选择字体文件。通过下拉列表框确定文字的格式。

2. 单行文字标注实训

实训1 进行如图1-20所示文字标注。

Command:TEXT ↻

Current text style:"Standard" Text height:2.5000

Specify start point of text or[Justify/Style]:

Specify start point of text 确定文字行基线的起点位置。确定起点位置后提示：

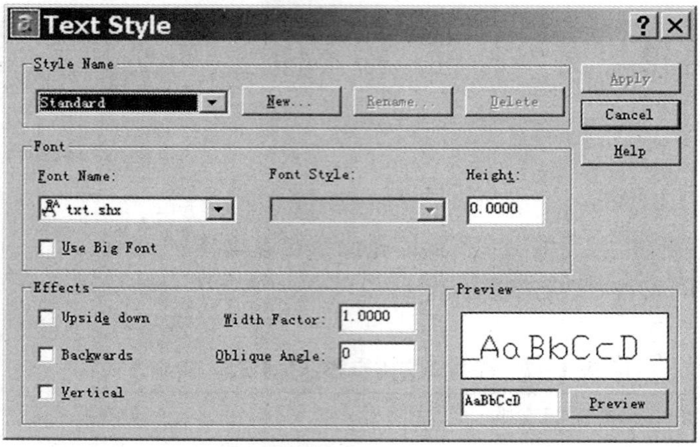

图 1－19 Text Style 对话框

Specify height <current>:(确定字符高度)

Specify rotation angle of text <current>:(确定文本行的倾斜角度)

Enter text:(输入文字)

Justify 选项是用于控制文字的排列方式。执行该选项,系统提示。

Enter an option[Align/Fit/Center/Middle/Right/TL/TC/TR/ML/MC/MR/BL/BC/BR]:

Fit:确定文字行基线的始点位置、终点位置以及文字的字高。

Specify fist endpoint of text baseline:(指定文本行基线的起点位置)

Specify second endpoint of text baseline:(指定文本行基线的终点位置)

Specify height <current>:(指定字符的高度)

Enter text:(输入一行文本后回车)

Enter text:(继续输入文本或直接按回车键结束命令)

文字字符均匀分布于指定的两点之间,且文字行的旋转角度由两点间连线的倾斜角度确定;字符高度为我们指定的高度;字符宽度由所确定两点间的距离与字符的多少自动确定,如图 1－20 所示。

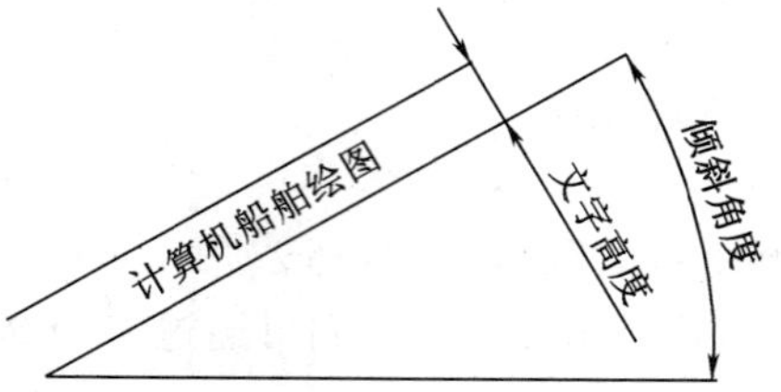

图 1－20 文字标注

船舶 CAD 绘图标注文字时,需要标注“°”(度)、“Φ”(角度)符号,由于这些特殊字符不能在键盘上直接输入,可利用 AutoCAD 的特殊符号功能,以上两个特殊符号由两个百分号(%%)以及分别在后面紧接一个字符 D 和 C 构成。

二、尺寸标注实训

尺寸标注描述了图纸中各部分图形的大小及相对位置关系，是船舶构件制造、加工及船舶装配的重要依据。AutoCAD 提供了多种方式的尺寸标注方法，以适用于不同图形的不同需求。

1. 线性尺寸标注实训

实训 1　标注水平长度。

Command：DIMLINEAR ↻

执行该命令以后，AutoCAD 会提示：

Specify first extension line origin or < select object > :

在此提示下有两种选择：

(1)指定第一条尺寸界线的起始点

此时若确定第一条尺寸界线的起始点，AutoCAD 会继续提示：

Specify second extension line origin or <select object >:(确定另一条尺寸界线的起始点)

Specify dimension line location or < Mtext/Text/Angle/Horizontal/Vertical/Rotated > :

各选项含义如下：

①Specify dimension line location

确定尺寸线位置。用户响应后，AutoCAD 按自动测量出两尺寸界线起始点间的相应距离并标出尺寸。

②Mtext

利用多行文字编辑器输入并设置尺寸文字。执行该选项，AutoCAD 会打开 Multiline Text Editor 对话框，用户通过该对话框输入并设置尺寸文字。

③Text

输入尺寸文字。执行该选项，AutoCAD 提示：

Enter dimension text < default > :(输入标注文字)

④Angle

确定尺寸文字的旋转角度。执行该选项，AutoCAD 提示：

Specify Angle of Dimension Text：

输入文字的旋转角度后，所标注的尺寸文字将旋转该角度。

⑤Horizontal

标注水平尺寸。

⑥Vertical

标注垂直尺寸。

⑦Rotated

旋转尺寸标注。

(2)选择对象

如果在 Specify first extension line origin or < select object > :提示下直接按回车键，AutoCAD 提示：

Select object to dimension:(选择标注对象)

要求选择要标注尺寸的对象。用户选择后，AutoCAD 将把该对象的两端点作为两条尺寸界线的起始点，自动测量出两尺寸界线起始点间的相应距离并标出尺寸。

2. 对齐尺寸标注实训

实训 1　对齐尺寸标注。

Command：DIMALIGNED ↻

执行该命令以后，AutoCAD 会提示：

Specify first extension line origin or ＜select object＞：

提示中各选项的名称、用法容易理解。

3. 角度尺寸标注实训

实训 1　角度尺寸标注。

Command：DIMANGULAR

执行该命令以后，AutoCAD 会提示：

Select arc, circle, line or ＜specify vertex＞：

在此提示下可标注圆弧的包含角、圆上某段圆弧的包含角、两条不平行直线之间的夹角，或根据给定的三点标注角度。

(1)标注圆弧的包含角

在上面提示下选择圆弧，AutoCAD 会提示：

Specify dimension arc line location or [Mtext/Text/Angle]：

如果在该提示下直接确定标注弧线位置，AutoCAD 会按实际测量值标注出角度值。另外，也可以选择 Mtext，Text 和 Angle 确定标注尺寸的文字及旋转角度。

(2)标注圆上某段圆弧的包含角

在上面提示下选择圆，AutoCAD 会提示：

Specify second angle endpoint：(拾取另一点，可在圆上，也可不在圆上)

Specify dimension arc line location or [Mtext/Text/Angle]：

如果在该提示下直接确定标注弧线位置，AutoCAD 会按实际测量值标注出角度值，该角度的顶点为圆心，尺寸界线通过所选择的点。另外，也可以选择 Mtext，Text 和 Angle 确定标注尺寸的文字及旋转角度。

(3)标注两条不平行直线上的夹角

在上面提示下选择直线，AutoCAD 会提示：

Specify second line：(拾取另一条直线)

Specify dimension arc line location or [Mtext/Text/Angle]：

如果在该提示下直接确定标注弧线位置，AutoCAD 会按实际测量值标注出这两条直线的夹角角度值。另外，也可以选择 Mtext，Text 和 Angle 确定标注尺寸的文字及旋转角度。

(4)根据三点标注角度

在上面提示下按回车键，AutoCAD 会提示：

Specify angle vertex：(输入角的顶点)

Specify first angle endpoint：(输入角的第一个端点)

Specify second angle endpoint：(输入角的第二个端点)

Specify dimension arc line location or [Mtext/Text/Angle]：

如果在该提示下直接确定标注弧线位置，AutoCAD 会根据给定三点按实际测量值标注角度。另外，也可以选择 Mtext，Text 和 Angle 确定标注尺寸的文字及旋转角度。

4. 基线标注实训

实训 1 基线标注。

Command:DIMBASELINE

执行该命令以后,AutoCAD 会提示:

Specify a second extension line origin or [Undo/Select] <Select>:

如果此时直接确定下一尺寸的第二条尺寸界线的起始点,AutoCAD 按基线方式标注尺寸,然后继续提示:

Specify a second extension line origin or [Undo/Select] <Select>:

此时再确定下一尺寸的第二条尺寸界线的起始点,标出全部尺寸后,在上面提示下回车。在上面提示中的 Undo 选项用于放弃前一次操作,Select 选项用于重新确定作为基线的尺寸界线。

5. 连续标注实训

实训 1 连续标注。

Command:DIMCONTINUE

执行该命令以后,AutoCAD 会提示:

Specify a second extension line origin or [Undo/Select] <Select>:

提示中各选项的名称、用法与基线标注完全相同。

6. 半径标注实训

实训 1 半径标注。

Command:DIMRADIUS

执行该命令以后,AutoCAD 会提示:

Select arc or circle:(选择圆或圆弧)

Specify dimension line location or [Mtext/Text/Angle]:

如果在该提示下直接确定尺寸线位置,AutoCAD 会按实际测量值标注出半径。另外,也可以选择 Mtext,Text 和 Angle 确定标注尺寸的文字及旋转角度。

7. 引线标注实训

实训 1 引线标注。

Command:LEADER

执行该命令以后,AutoCAD 会提示:

Specify leader start point:(输入引线的起始点)

Specify next point:(输入引线的另一点)

AutoCAD 由上面两点画出引线并继续提示:

Specify next point or [Annotation/Format/Undo] <Annotation>:

如果输入一点,AutoCAD 画出折线作为引线并继续上面的提示;如果用户选择 Annotation 选项,则可输入注释或确定注释类型;如果用户选择 Format 选项,则可确定引线和箭头的格式;如果用户选择 Undo 选项,则放弃前一次操作。

8. 坐标标注实训

实训 1 坐标标注。

Command:DIMORDINATE

执行该命令以后,AutoCAD 会提示:

Specify feature location:

在该提示下确定要标注坐标尺寸的点,然后 AutoCAD 提示:

Specify leader endpoint or [Xdatum/Ydatum/Mtext/Text/Angle]:

在此提示中,Specify leader endpoint 选项用于确定引线的端点位置;Xdatum,Ydatum 分别用来标注指定点的 X,Y 坐标;Mtext 选项将要求通过多行文字编辑器输入标注内容;Text 选项将直接要求用户输入标注内容;Angle 选项用于确定标注内容的旋转角度。

9. 圆心标注实训

实训 1 圆心标注。

Command:DIMCENTER

执行该命令以后,AutoCAD 会提示:

Select arc or circle:(选择圆或圆弧)

AutoCAD 即可标注圆心。

10. 尺寸标注样式实训

我们在进行尺寸标注时,往往需要设置尺寸线、尺寸界线、箭头的格式与属性;设置文字的外观、位置及对齐方式;设置主单位的格式与精度;公差标注格式等,上述这些格式与属性就构成了尺寸标注样式。

实训 1 熟悉标注样式内容。

Command:DIMSTYLE

执行该命令以后,AutoCAD 会打开 Dimension Style Manager 对话框,如图 1-21 所示。

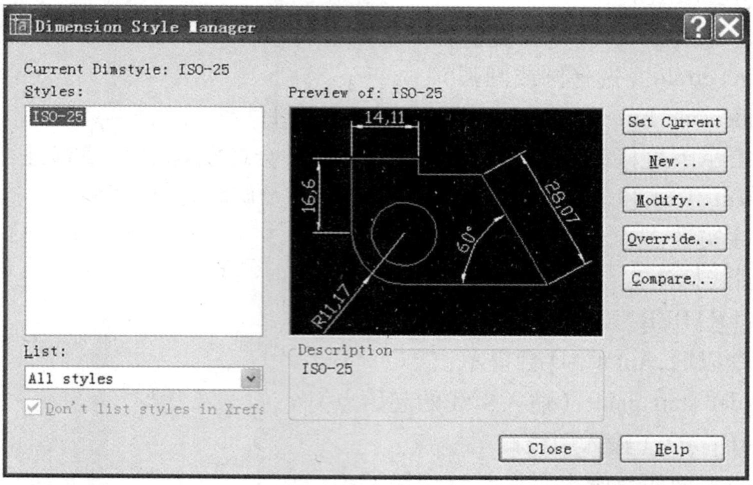

图 1-21 Dimension Style Manager 对话框

其中,Current Dimstyle 显示的是当前标注样式的名称,Style 列表框中列出已创建的标注样式的名称。List 下拉列表框用于确定在 Styles 列表中列出的样式。Don't list styles in Xrefs 复选框用于确定是否在 Styles 列表框中列出外部参考图形中的标注样式。Preview of 预览窗口用于预览在 Styles 列表框中选中的标注样式的标注效果。Description 中显示的是在 Styles 列表框中选中的标注样式的说明。该对话框右侧还有 5 个按钮,其中,Set Current 按钮用于把指定标注样式置为当前格式。New 按钮用于创建新的标注样式。Modify 按钮用于修改标注样式。Override 按钮用于设置当前样式的替代样式。Compare 按钮用于对两个尺寸做比较,或了解某一样式的全部特性。

实训 2　新建标注样式。

单击 Dimension Style Manager 对话框的 New 按钮 AutoCAD 会弹出 Create New Dimension Style 对话框,如图 1－22 所示。

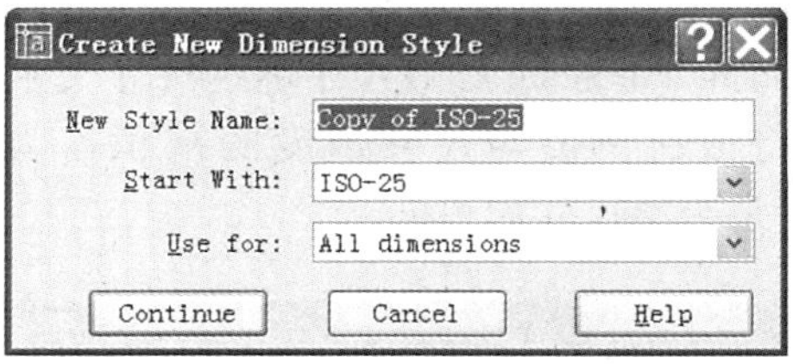

图 1－22　Create New Dimension Style 对话框

可以通过对话框中的 New Style Name 文本框确定新样式的名字;通过 Start With 下拉列表框确定基础样式;通过 Use for 下拉列表框确定新样式的适用范围。设置好各项后,单击对话框的 Continue 按钮 AutoCAD 打开 New Dimension Style 对话框,如图 1－23 所示。该对话框由 6 个选项卡组成,现在介绍如下:

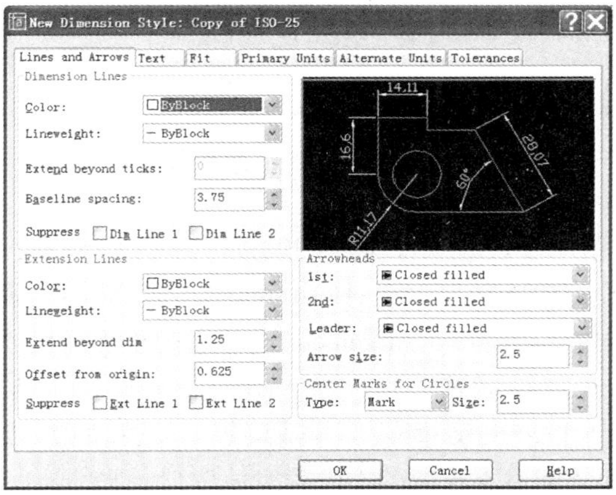

图 1－23　New Dimension Style 对话框

①Lines and Arrows 选项卡

该选项卡用来设置尺寸线、尺寸界线、箭头和中心标记的格式与属性。Dimension Lines 选项用于设置尺寸线的格式。其中 Color 下拉列表框用于设置尺寸线和箭头的颜色。Lineweight 下拉列表框用于设置尺寸线的宽度。Baseline spacing 参数用于设置基线标注时,计算尺寸线之间的距离。Suppress 对应的两个复选框用于确定是否省略尺寸线及其箭头。

Extension Lines 选项组用于设置尺寸界线的格式。Color 下拉列表框用于设置尺寸界线的颜色。Lineweight 下拉列表框用于设置尺寸界线的宽度。Extend beyond dim 参数用于尺寸界线超出尺寸线的距离。Offset from origin 参数用于确定尺寸界线的实际起始点与其定义点的偏移距离。Suppress 对应的两个复选框用于确定是否省略尺寸界线。

Arrowheads 选项组用于确定尺寸线两端箭头的样式。Leader 下拉列表框用于确定引线标注时引线起始点的样式。Arrow size 用于确定尺寸箭头的大小。

Center Marks for Circles 选项组用于确定圆或圆弧的圆心标记的大小。

②Text 选项卡

Text 选项卡用来设置尺寸文字的外观、位置及对齐方式，如图 1-24 所示。Text Appearance 选项组用于确定尺寸文字的格式与大小。其中 Text style 下拉列表框用来确定尺寸文字的样式。Text color 下拉列表框用来确定尺寸文字的颜色。Text height 参数用来确定尺寸文字的高度。Fraction height scale 参数用于确定尺寸文字的分数相对于其他尺寸文字的缩放比例，AutoCAD 将该比例值与尺寸高度的乘积作为分数的高度。Draw frame around text 复选框用于确定是否给尺寸加边框。

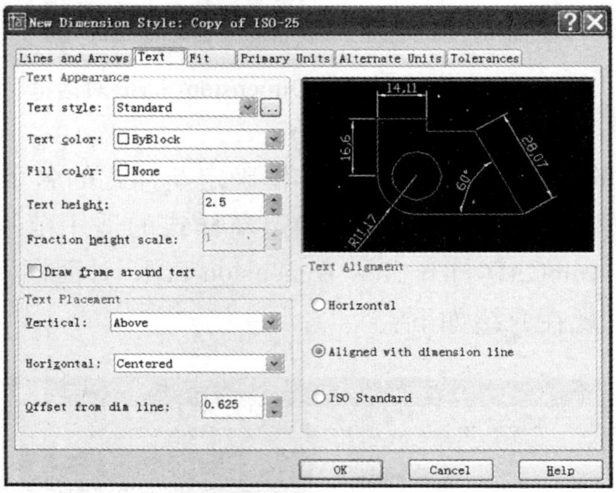

图 1-24 Text 选项卡

Text Placement 选项组用于设置尺寸文字的位置。其中 Vertical 下拉列表框用来控制尺寸文字相对于尺寸线在垂直方向的放置形式；Horizontal 拉列表框用来确定尺寸文字相对于尺寸线和尺寸界线在水平方向的位置；Text Alignment 选项组用于确定尺寸文字的对齐方式。

③Fit 选项卡

Fit 选项卡用于控制尺寸文字、尺寸线、尺寸箭头等的位置，如图 1-25 所示。Fit Options 选项组用于确定当尺寸界线之间没有足够的空间同时放置尺寸和箭头时，应首先从尺寸界线之间

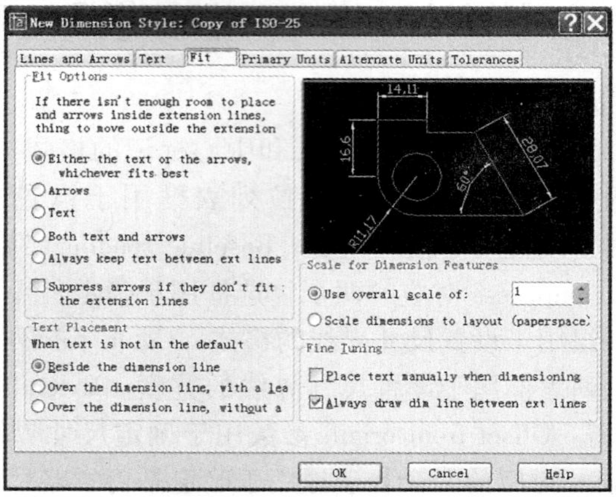

图 1-25 Fit 选项卡

移出哪一个。Text Placement 选项组用于确定当文字不在默认位置时将它放在哪里。Scale for Dimension Features 选项组用于设置尺寸的缩放关系。Fine Tuning 选项组用于标注尺寸时进行附加调整。

④Primary Units 选项卡

Primary Units 选项卡用来设置主单位的格式与精度，以及尺寸文字的前缀和后缀，如图 1－26 所示。

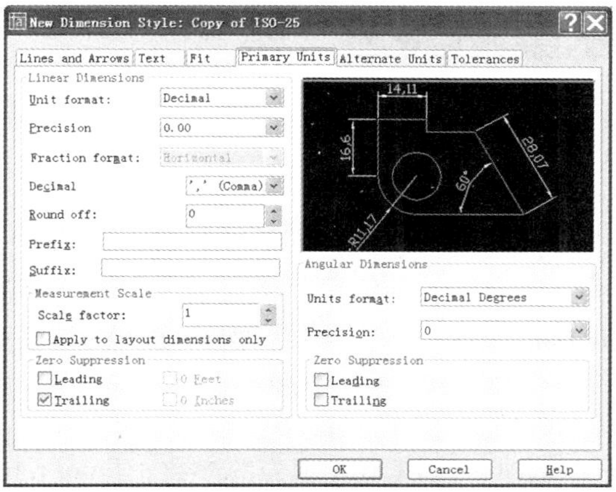

图 1－26　Primary Units 选项卡

Linear Dimensions 选项组用于设置线性标注的格式与精度。其中 Unit format 下拉列表框用于设置除角度标注之外，其余各类型的尺寸单位。Precision 下拉列表框确定标注除角度之外其他尺寸时的精度。Fraction format 下拉列表框用于设置标注单位的分数形式。Decimal 下拉列表框用于确定小数的分隔符。Round off 参数用于确定尺寸测量值的舍入值。Prefix，Suffix 文本框用于确定尺寸文字的前缀与后缀，直接输入即可。

Measurement Scale 选项组用于确定 AutoCAD 自动测量尺寸时的比例因子。

Zero Suppression 选项组用于确定是否省略标注尺寸时的 0。

Angular Dimensions 选项用于确定角度标注时的单位、精度及是否省略 0。

⑤Alternate Units 选项卡

Alternate Units 选项卡用于确定换算单位的格式，如图 1－27 所示。其中 Display alternate units 复选框用于确定是否显示换算单位。Alternate Units 选项组用于设置替换单位。Zero Suppression 选项组用于确定是否省略标注尺寸时的 0。Placement 选项组用于确定换算单位的位置。

三、图案填充实训

在当前示图形中，选择一封闭的区域，然后将事先设计的图案充填到该区域，这一过程叫作图案填充，在船舶 CAD 中可用于绘制剖面线。

实训 1　斜刨线图案填充。

Command：BHATCH

执行该命令后，AutoCAD 会打开 Boundary Hatch and Fill 对话框，如图 1－28 所示。该对话框可以确定图案填充时的填充图案、填充边界及填充方式等设置。对话框中有 Hatch

和 Advanced 两个选项卡，前者用于快速设置，后者用于高级设置。

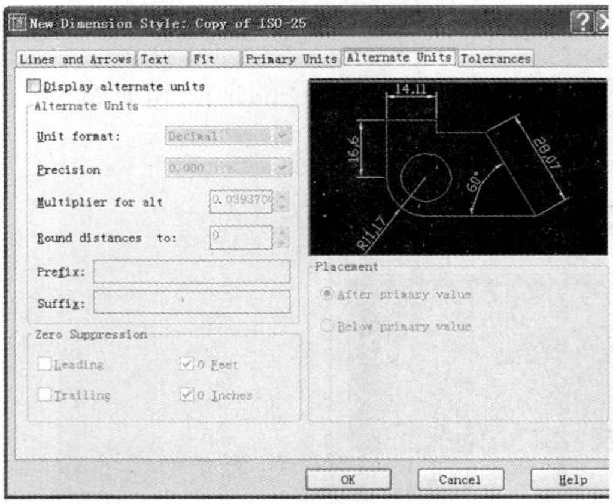

图 1 - 27 Alternate Units 选项卡

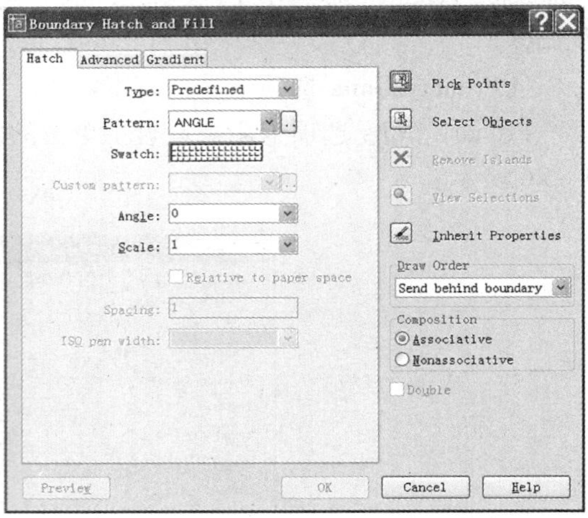

图 1 - 28 Boundary Hatch and Fill 对话框

(1) Hatch 选项

系统默认方式下打开该选项卡，用来确定填充的参数。Type 下拉列表框用于确定填充图案的类型。下拉列表中提供了 3 个选项：User Defined 选项表示用户要临时定义的图案；Custom 选项表示选用 ACAD. PAT 图案文件或其他图案文件(. PAT 文件)中的图案进行填充；Predefined 选项表示选用 AutoCAD 标准图案文件(ACAD. PAT 文件)中的图案文件进行填充。

Pattern 下拉列表框用于选择标准图案文件中的填充图案。在打开的下拉列表中，可选取需要的填充图案，选取完成后，在 Swatch 显示框中，显示出该图案的填充效果。只有在 Type 下拉列表框中选择了 User Defined 或 Custom 选项，Pattern 选项才以正常亮度显示。

如果选择的图案类型是 User Defined 或 Custom 选项，单击该下拉列表框右边的按钮，会打开 Hatch Pattern Palette 对话框，如图 1 - 29 所示。该对话框中显示出所选类型具有的各种图案，从中可选取所需要的图案。

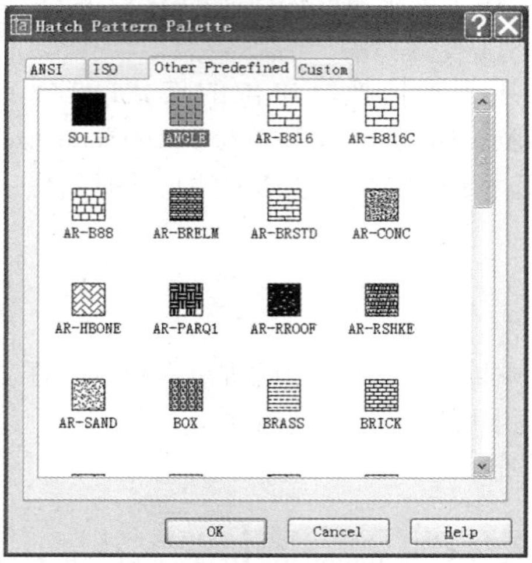

图 1 - 29 Hatch Pattern Palette 对话框

Swatch 文本框用来显示当前用户选用的图案。双击该图案打开 Hatch Pattern Palette 对话框，从中可以迅速查看或选取填充图案。

Custom Pattern 下拉列表框用于根据用户定义确定填充图案。只有在 Type 下拉列表框中选中 Custom 选项后，该选项才以正常亮度显示，即允许用户从自己定义的图案文件选择填充图案。

Scale 下拉列表框用于确定填充图案的比例值。每种图案在定义时，初始比例值均为 1。可以根据需要放大或缩小，方法是在 Scale 文本框中输入相应的比例值。

Relative to paper space 复选框用于确定是否相对于图纸空间单位确定填充图案的比例值。启用该复选框，用户可以方便地按适合于布局的比例显示填充图案。该选项仅仅适用于图形的布局。

Angle 下拉列表框用于确定填充图案时的旋转角度。每种图案在定义时的旋转角度为零。用户可在 Angle 文本框中输入所希望的旋转角度值。

Spacing 文本框用于指定线之间的间距，在 Spacing 文本框内输入值即可。只有在 Type 下拉列表框中选择 User defined ，即用户临时定义填充图案时，该选项才以正常亮度显示，即才可确定相应的值。

ISO pen width 下拉列表框用来根据所选笔宽确定与 ISO 有关的图案比例。只有选择了已定义的 ISO 填充图案后，才可确定该项内容。

(2) Advanced 选项

Advanced 选项卡用于进一步设置填充边界的填充方式，如图 1－30 所示。

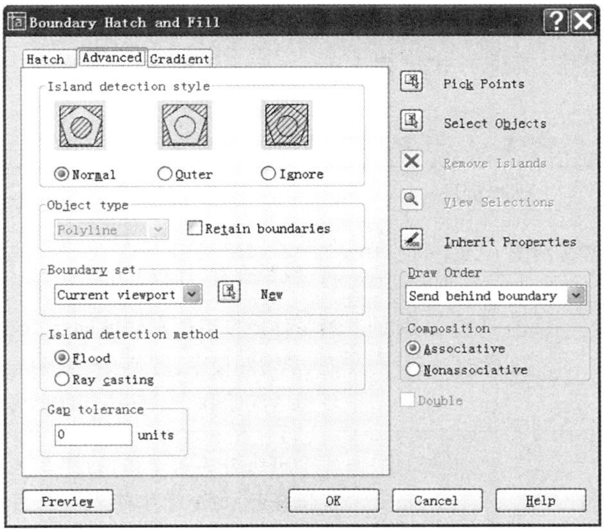

图 1－30　Boundary Hatch and Fill 对话框的 Advanced 选项卡

Island detection style 选项组用于确定图案的填充方式，即岛探测方式。从中可选择所需要的填充方式。默认填充方式为 Normal 方式，可选 Outer 方式和 Ignore 方式。填充方式也可以在右键快捷菜单中选择。

Object type 选项组用于确定填充边界类型。启用 Retain boundaries 复选框后，AutoCAD 对填充区域的边界进行计算，并将其存储在图形数据库中。边界数据类型可以通过 Object type 下拉列表框确定。

Object type 下拉列表框用于选择边界的类型。下拉列表中给出了 Polyline(多义线)和 Region(面域)两种类型的边界,可供用户任选。需要注意的是,只有启用 Retain boundaries 复选框后,该项才允许设置。

Boundary set 选项组用于定义边界集。当用户在 Boundary Hatch 对话框中单击 Pick Points 按钮,以根据一指定点方式确定填充区域时,有两种定义边界集的方式。一种是将距所指定点最近的有效对象作为填充边界,即 Current Viewport 选项,该项是系统的默认方式。另一种方式是用户自己选定一组对象来构造边界,即 Existing Set 选项,选择对象操作通过选项组中的 New 按钮来实现。按下该按钮后,AutoCAD 临时切换到作图屏幕,并提示用户选取作为构造边界集的对象,选择完成后按回车键,AutoCAD 根据指定的边界集中的对象来构造一封闭边界。

任务 3　编辑图形实训

【实训目标】

1. 熟练掌握编辑对象选择的方法和操作;
2. 熟练掌握根据绘制需选择二维图形编辑命令的方法和技巧;
3. 熟练掌握位移、旋转、缩放、镜像、复制等绘图编辑命令的交互操作;
4. 熟练掌握船舶绘图编辑实际应用的方法和技巧。

实施步骤、时间安排、实施方式见表 1-3。

表 1-3　任务 3 实施步骤、时间安排、实施方式

实施步骤	时间安排	实施方式
阅读教材、参考书及完成实训	课余与课上之比约 1:1	自学、查资料、相互讨论、完成实训、在网络教学系统留言,教师查看、评价并给予指导
讲解与示范	2 学时	教师使用投影仪和局域网边讲解、边示范,学生同步观看、学习和记录,教师要注意引导学生发现问题,启发学生思考问题和寻找解决问题的方法
指导学生实际操作	6 学时	每个班级分为若干组,每组 8 人以下,每组可安排不同工作任务,每个学生使用一台微机独立操作,遇到问题可相互讨论或请教老师,教师要注意及时评价学生实训完成情况,设法调动学生实训积极性
检查评价	1 学时	教师与学生共同完成任务的检查评价,并对存在的问题进行分析与处理。学生将完成的任务自我检查评价打分后,通过局域网提交给老师,老师检查评价打分,指出存在问题和解决方法反馈给学生

一、编辑对象选择实训

图形编辑是船舶CAD绘图不可缺少的一部分,利用图形编辑功能,能够对图形进行位移、旋转、缩放、镜像、复制等多种操作。利用这些功能,我们可以非常方便地对线、圆、多边形等直接绘制的简单图形进行修改和构造,生成更为复杂的图形,从而大大地提高了绘图效率,同时又有效地降低了绘图难度。我们在对图形进行编辑操作之前,需要对编辑对象进行选择操作,即需要首先确定所要进行编辑操作的对象。AutoCAD中用SELECT命令或输入编辑命令来实现选择操作,在命令提示行中输入SELECT或输入编辑命令,回车后会出现Select objects:提示,等待我们输入选择方式。AutoCAD为我们提供了多种选择对象的方式,下面实训主要的几种选择方式。

1. 默认窗口方式实训

当出现Select objects:提示时,如果将拾取框移到图中的空白地方按拾取键,命令行中会出现以下提示:

Specifyfirst corner:

在该提示下将拾取框移到另一个位置后按拾取键,AutoCAD自动以这两个拾取点为对角点确定一个矩形拾取窗口。如果矩形窗口是从左向右定义的,那么位于拾取窗口内部的对象均被选中,而位于窗口外部以及与窗口边界相交的对象不被选中,如图1-31(a)所示。如果拾取窗口是从右向左定义的,那么不仅位于窗口内部的对象被选中,而且与窗口边界相交的那些对象也均被选中,如图1-31(b)所示。

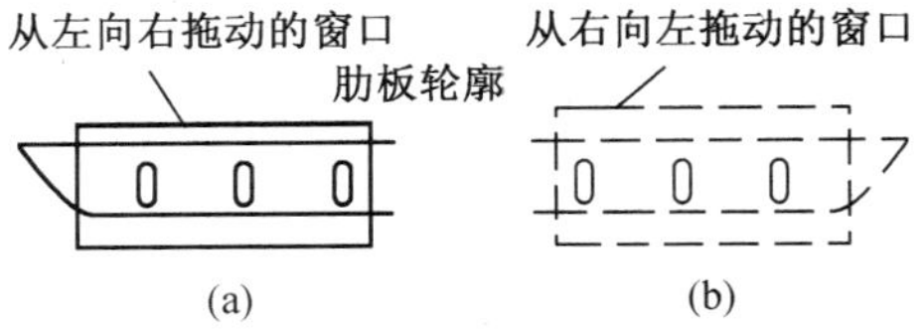

图1-31 两种不同窗口选择的结果

2. 窗口方式实训

该方式选择位于矩形拾取窗口内的所有对象。

在Select objects:提示下输入W并回车,AutoCAD会依次提示我们确定矩形拾取窗口的两个对角点:

Specify first corner:(指定窗口第一个角点的位置)

Specify opposite corner:(指定窗口另一个角点的位置)

我们依次做出响应后,位于由这两个点确定的矩形拾取窗口之内的所有对象被选中。

窗口方式与默认矩形拾取窗口方式的区别是:在Specify first corner:提示下确定矩形窗口的第一个顶点位置时,拾取框无论是否压住图形对象,AutoCAD均将拾取点看成拾取窗口的第一个顶点,而不会拾取所有对象。

3. 交叉窗口方式实训

在Select objects:提示下键入C并回车,AutoCAD依次提示我们确定矩形拾取窗口的两个对角点:

Specify first corner:(指定窗口第一个角点的位置)

Specify opposite corner:(指定窗口另一个角点的位置)

我们依次做出响应后,所选中的对象不仅包含位于矩形窗口内的对象,而且也包括与窗口边界相交的所有对象。

4. 不规则窗口方式实训

在 Select objects:提示下键入 WP 后回车,AutoCAD 提示:

First polygon point:(指定不规则拾取窗口的第一个顶点位置)

Specify endpoint of line or [Undo]:

在此提示下确定不规则拾取窗口的其他各顶点的位置后,由这些点确定的不规则窗口内的对象均被选中。不规则窗口选择方式与窗口方式的功能相似,但拾取窗口可以是任意多边形形状。

二、编辑图形命令的选择实训

实训 1 使用 Modify 菜单。

Modify 菜单中集成了大量的编辑命令选项,通过选择 Modify 菜单中的编辑命令来实现编辑操作。单击 Modify 菜单项,会弹出 Modify 下拉菜单。如图 1-32 所示。

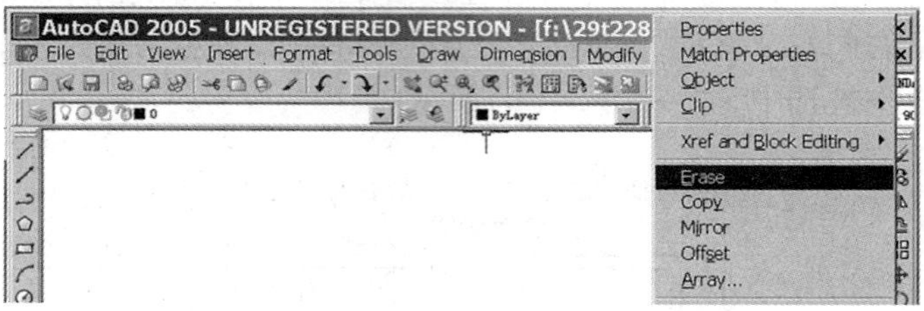

图 1-32 Modify 下拉菜单

实训 2 使用 Modify 工具栏。

Modify 工具栏如图 1-33 所示,我们可以使用 Modify 工具栏来编辑图形。工具栏中的每个工具按钮对应于相应的编辑命令,将鼠标置于工具栏中的工具按钮上就会自动显示出工具按钮的名称和功能。

图 1-33 Modify 工具栏

实训 3 使用命令行。

我们可以使用命令行来实现编辑操作。在命令提示行 Command:后输入绘图命令,按回车键,根据提示行的提示信息进行图形编辑操作。

三、编辑二维图形实训

（一）复制对象实训

实训 1　复制一个圆。

Command:COPY ↻

Select objects:（选择对象圆）

Select objects:（回车或按空格键以结束选择操作）

Specify base point or displacement,or[Multiple]: ↻

（1）Specify base point or displacement（指定基点或位移）

如果在该提示下直接确定一点的位置，即执行默认项，AutoCAD 提示：

Specify second point of displacement or <use first point as displacement>:

在此提示下再确定一点，AutoCAD 将所选择的对象按这两点确定的位移矢量进行复制。如果在该提示下直接按回车键，AutoCAD 将第一点的各坐标分量作为复制的位移量复制对象。

（2）Multiple

多次复制对象。执行该选项，AutoCAD 提示：

Specify base point:（指定基点）

Specify second point of displacement or <use first point as displacement>:

在该提示下依次确定位移的第二点，AutoCAD 将对象按基点与其他各点所确定的位移矢量进行多次复制。

（二）删除实训

实训 1　删除一个圆。

Command:ERASE ↻

Select objects:（选择对象圆）

Select objects:（回车或按空格键以结束选择操作）

AutoCAD 会依次删除选中的对象。

（三）镜像实训

实训 1　试绘出如图 1－34 所示对称图形。

先使用绘直线段命令以虚线为对称轴线图形的上半部分，如图 1－35。

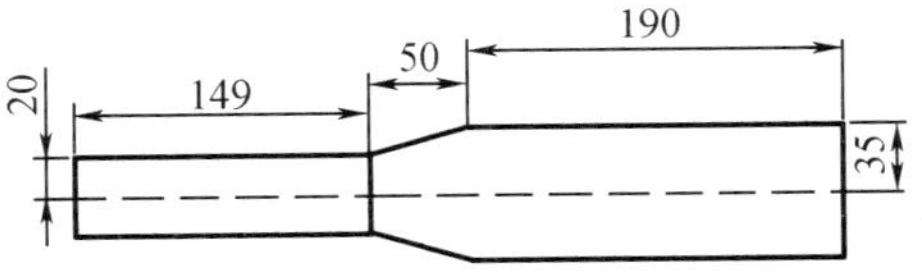

图 1－34　以虚线为对称轴线的图形

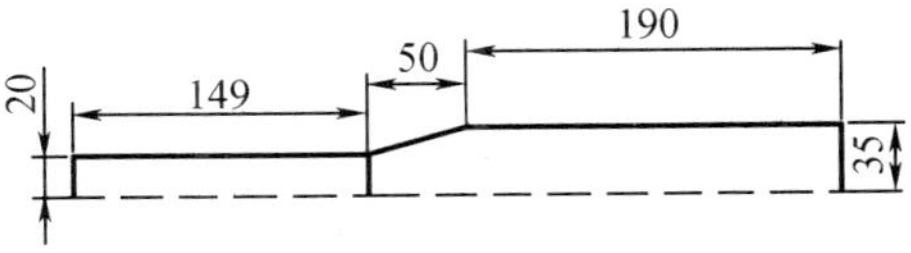

图 1－35　称轴线图形的上半部分

再使用镜像命令即可方便地绘出整个图形。

Command:MIRROR ↻

Select objects:（选择对象）

Select objects:（回车或按空格键以结束选择操作）

Specify first point of mirror line:（确定镜像线上的一点）

Specify second point of mirror line:(确定镜像线上的另一点)

Delete source objects? [Yes/No] < N > :

若直接按回车键,即执行默认项,AutoCAD 镜像复制对象,并保留原来的对象;若执行 Yes 选项,AutoCAD 除镜像复制对象外,还要删除掉原对象。

(四)偏移实训

实训 1　试绘出图 1 – 36 所示不同高度型钢对接侧视图。

先绘出不带型钢面板厚度的侧视图,如图 1 – 37 所示,然后再利用偏移命令绘出整个图形。

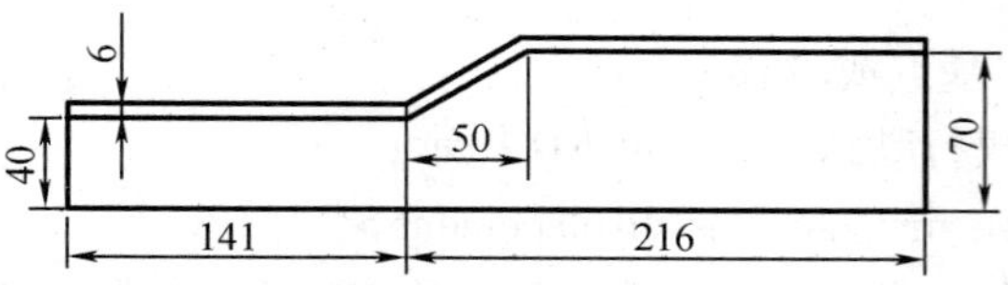

图 1 – 36　不同高度型钢对接侧视图

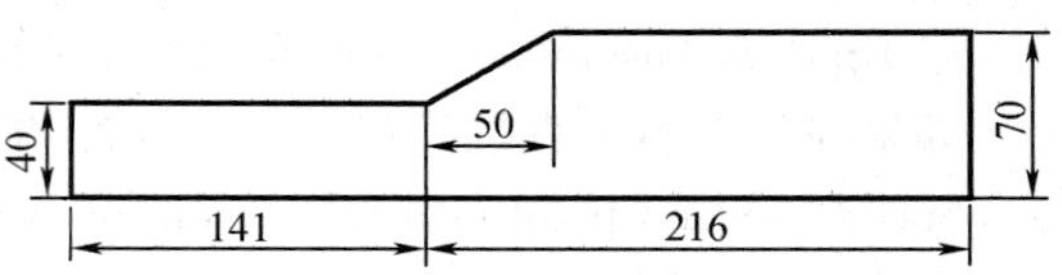

图 1 – 37　不带型钢面板厚度的侧视图

Offset ↻

Specify offset or [Through] < 1.0000 > :

(1) Specify offset to distance(指定偏移距离)

根据偏移距离复制对象。输入距离值后,AutoCAD 提示:

Select objects to offset or < exit > : (选择对象,也可以按回车键返出命令的执行)

Specify point on side to offset:(在要复制的一侧任意确定一点)

Select objects to offset or < exit > :(也可以继续选择对象进行复制)

(2) Through

使对象复制后通过指定的点。执行该选项,AutoCAD 提示:

Select objects to offset or < exit > :(选择对象,也可以按回车键退出命令的执行)

Specify through point:(确定对象要通过的点)

Select objects to offset or < exit > : (也可以继续选择对象进行复制)

注意:执行 OFFSET 命令时,只能以直接拾取的方式选择对象。

(五)阵列实训

实训 1　熟悉阵列能力功能。

command:ARRAY ↻

当选择矩形阵列时,弹出图 1 – 38 所示对话框,其中各项含义如下。

Select objects(选择对象)

Rectangular array (矩形阵列) Polar array(环形阵列)

rows (指定行数)

columns(指定列数)

Row offset(指定行间距)

Column offset (指定列间距)

Angle of array (指定倾斜角度)

AutoCAD 提供了矩形阵列和环形阵列两种阵列方式。当选择环形阵列时,对话框如图 1 – 39 所示。

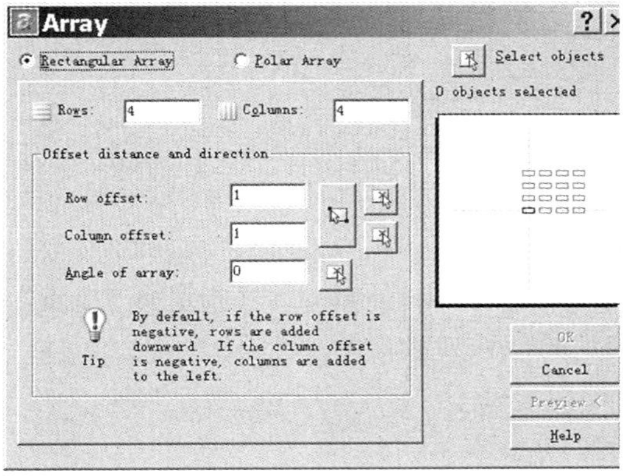

图 1－38　矩形阵列对话框

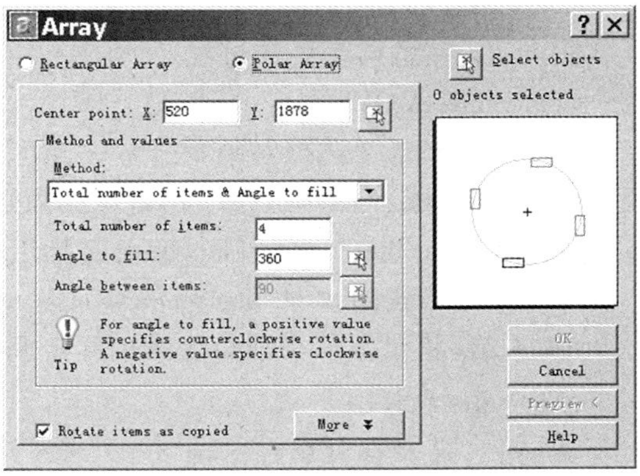

图 1－39　环形阵列对话框

center point(确定环形阵列的中心)

Method(填充方式),图中选择为将所有对象在指定角度范围内填充。

Total number of items (确定环形阵列对象个数)

angle to fill (确定环形阵列角度)

Rotate items as copied(阵列生成的复制物体是否以自身的基点为中心旋转一定的角度)

1. 矩形阵列

用参数指定阵列的行列间距时,如果行间距为正值,由原图向上排列;如果行间距为负值,由原图向下排列。如果列间距为正值,由原图向右排列,反之向左排列。用鼠标指定阵列的行列时,单位网格上的两个对角点的顺序确定了阵列的方式。若先确定单位网格上的左上角点、后确定右下角点,所选对象掐向下、向右的方向阵列。

2. 环形阵列

我们可以选择需要阵列的物体,并确定环形阵列的中心。当选择自身旋转时,阵列生成的复制物体会以自身的基点为中心旋转一定的角度。

实训 2　试绘出图 1－40 所示的圆按一定规律排列图形。

绘制该图形可以使用绘圆和阵列和命令。在任意位置绘半径为 30 的圆,然后使用阵列命令,根据尺寸在图 1－41 中的对话框中进行设置,既可绘出要求的图形。

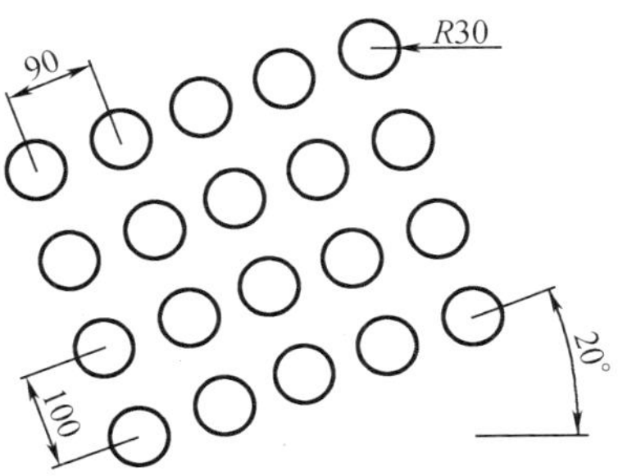

图 1－40　圆按一定规律排列的图形

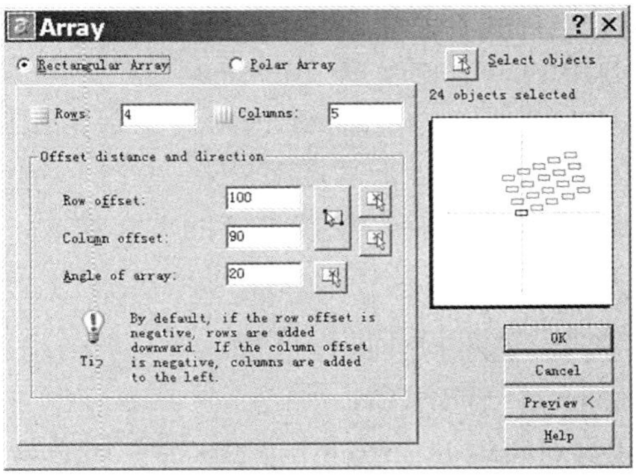

图 1－41　阵列尺寸设置

(六)移动实训

实训 1　熟悉移动操作过程。

Command：MOVE ↻

Select objects：(选择对象)…

Select objects：(回车或按空格键以结束选择操作)

Specify base point or displacement：(指定一点)

Specify second point of displacement or <use first point as displacement>：(指定第二个点)

AutoCAD 将对象从当前位置按由给定两点确定的位移矢量移动。

(七)旋转实训

实训 1　熟悉移动操作过程。

Command：ROTATE ↻

Current positive angle in UCS(当前的正角方向)：ANGDIR = counterclockwise(逆时针)

ANGBSE = 0

Select objects：(选择对象)

Select objects：(回车或按空格键选择操作)

Specify base point：(确定旋转基点)

Specify rotation angle or [Reference]：

Specify rotation angle 选项用于指定旋转角度，可以直接在提示中输入一角度值，也可以用鼠标拖动的方式确定旋转角度。方法为：在 Specify rotation angle or [Reference]：提示下拖动鼠标 AutoCAD 会从基点向光标处引出一条橡皮筋线。该橡皮筋线方向与零角度方向的夹角即为要转动的角度，同时所选对象会按此角度动态地转动。通过拖动鼠标使对象转到所需位置后，按空格键或回车键，即可实现旋转，并结束命令的执行。

Reference 选项以参考方式旋转对象。

(八)缩放实训

实训 1　熟悉缩放操作过程。

Command：SCALE ↻

Select objects：(选择对象)

Select objects：(回车或按空格键以结束选择操作)

Specify base point：(确定基点)

Specify scale factor or [Reference]：

其中，Specify scale factor 选项用于指定比例因子，若执行该默认项，AutoCAD 将把对象根据该比例因子相对于基点缩放。

Reference 选项将对象按参考的方式缩放。

(九)拉伸实训

实训 1　熟悉拉伸操作过程。

Command：STRETCH

Select objects to stretch by crossing – window or crossing-polygon...(以交叉多边形选择要拉伸的对象……)

Select objects：(选择对象)

Select objects:(回车或按空格键以结束选择操作)

Specify base point or displacement:(确定位移基点)

Specify second point of displacement or < use first point as displacement > :(确定位移的第二点)

AutoCAD 将位于选择窗口之内的对象移动,将与窗口边界相交的对象按规则拉抻(或压缩)或移动。在 Select objects:提示下选择对象时,对于由 LINE(线),ARC(圆弧)、SOLID(区域填充)和 PLINE(多段线)等命令绘制的直线或圆弧,或其整个均在选择窗口内,执行的结果是对它们进行移动。若其一端在选择窗口内,另一端在选择窗口外,即对象与选择窗口的边界相交,则有以下拉伸规则:

1. 线(LINE):位于窗口外的端点不动,而位于窗口内的端点移动,直线由此改变。

2. 圆弧(ARC):与直线类似,但在圆弧改变的过程中,圆弧的弦高保持不变, 同时由此来调整圆心的位置和圆弧起始角,终止角的值。

3. 区域填充(SOLID):位于窗口外的端点不动,位于窗口内的端点移动,由此来改变图形。

4. 多段线(PLINE):与直线或圆弧相似,但多段线两端的宽度,切线方向以及曲线拟合信息均不改变。

5. 其他对象:如果其定义点位于选择窗口内,对象发生移动,否则不动。

实训 2　试将图 1-42 中(a)图修改为(b)图。

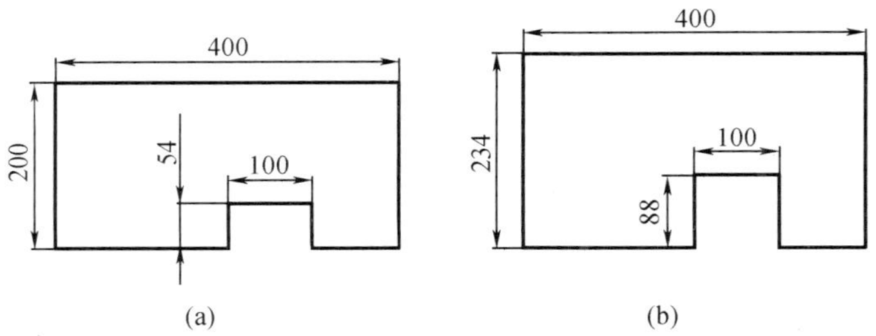

图 1-42　只是高度不同的(a)图和(b)图

不难看出,(a)图和(b)图各部分只是高度不同,所以使用拉伸命令修改最方便。用交叉窗口选择被拉伸对象时一定要把凹槽部分也选中,如图 1-43 所示。

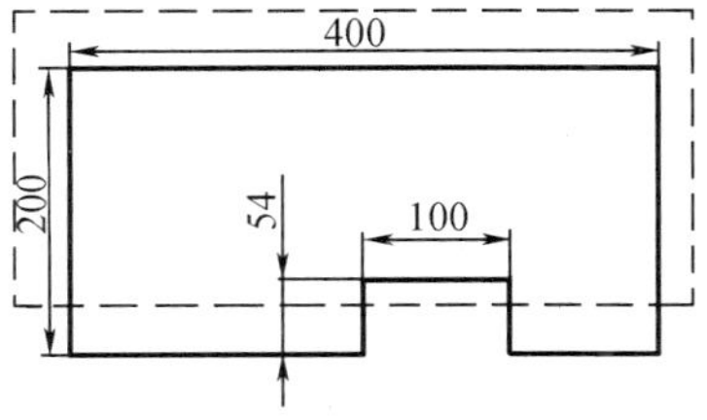

图 1-43　用交叉窗口选择被拉伸对象

(十)拉长实训

实训 1　熟悉拉长操作过程。

Command:LENGTHEN ↻

Select an object or[Delta/Percent/Total/Dynamic]:

提示中各选项的含义如下:

(1)Select an object

选择对象。

(2)Delta(增量)

改变圆弧的长度。执行此选项,AutoCAD 会提示:

Enter delta length or [Angle] <0.0000>:

要求我们输入圆弧长度的增量和角度。输入圆弧长度的增量后,AutoCAD 提示我们选择圆弧,该圆弧会按指定的长度增量在离拾取点近的一端变长或变短,且长度增量为正值时圆弧变长;长度增量为负值时圆弧变短。

(3)Percent(百分数)

输入新长度是原长百分之多少的百分数,圆弧或直线将按此百分数改变长度。执行该选项,AutoCAD 提示:

Enter percentage length <100.0000>:(指定非零正值)

Select an object to change or [Undo]:(选择对象或输入"U"取消上次操作)

Select an object to change or [Undo]:(选择其他对象)

所选圆弧或直线在离拾取点近的一端按指定的比例值变长或变短。

(4)Total (全部)

通过输入直线或圆弧的新长度或圆弧的新包含角改变长度。执行该选项,AutoCAD 提示:

Specify total length or [Angle] <1.0000>:(指定距离或键入 A 后指定要改变的角度)

要求我们线或圆弧的新长度或者角度。输入新长度值后,AutoCAD 提示

Select an object to change or [Undo]:

在该提示下选择直线或圆弧,AutoCAD 将所选直线或圆弧在离拾取点近的一端按新长度变长或变短。

角度选项用于确定圆弧的新包含角度,只适用于圆弧。执行该选项,AutoCAD 提示:

Specify total angle:(输入角度)

Select an object to change or [Undo]:

在该提示下选择圆弧后,该圆弧在离拾取点近的一端按新包含角变长或变短。

(5)Dynamic(动态)

动态地改变圆弧或直线的长度。执行该选项,AutoCAD 提示:

Select an object to change or [Undo]:(选择对象)

Select an object to change or [Undo]:(指定新端点或按回车键退出命令序列)

在该提示下确定圆弧或直线的新端点位置后,圆弧或直线长度发生相应改变。

实训 2　试由图 1-44(a)图圆弧绘出起点位置和半径相同的(b)图圆弧。读者自己完成。

图 1-44 起点位置和半径相同的左图圆弧和右图圆弧

（十一）修剪实训

实训 1 熟悉修剪操作过程。

Command:TRIM ↻

Current settings:Projection = UCS,Edge = None

Select cutting edges...

Select objects:(选择剪切对象)

Select objects:(回车或按空格键以结束选择操作)

Select objects to trim or shift - select to extend or [Project/Edge/Undo]:

提示中各选项的含义如下：

(1)Select objects(选择要修剪的对象)

选择要修剪的对象，即选择被剪边，为默认项。我们在该提示下选择被剪边后，AutoCAD 以剪切边为界，将被剪切对象上的多余部分剪切掉。

(2)Edge(边)

确定修剪边的隐含延伸模式。执行该选项，AutoCAD 提示：

Enter an implied edge extension mode[Extend/No extend] <No extend>:

其中，Extend 选项按延伸方式实现修剪。如果修剪边太短，没有与被剪边相交，那么 AutoCAD 会假想地将修剪边延长，然后再进行修剪。No extend 选项只按边的实际相交情况修剪，如果修剪边太短没有与被剪边相交，则不进行延伸修剪。

（十二）延伸实训

实训 1 熟悉延伸操作过程。

EXTEND ↻

Current settings:Project = UCS,Edge = <当前值>

Select boundary edges...

Select objects:(选择延伸对象)

Select objects:(回车或按空格键以结束选择操作)

Select object to extend or [Project/Edge/Undo]:

提示中各选项的含义如下：

(1)Select objects(选择要延伸的对象)

选择延伸边，为默认项。执行默认项即选择作为延伸边的对象，AutoCAD 会把该对象延长到指定的边界边。

(2)Edge(边)

Enter an implied edge extension mode[Extend/No extend] <No extend>:

选择 Extend 选项如果边界边太短，延伸边延伸后不能与其相交，AutoCAD 会假想将边界边延长，使延伸边伸长到与其相交的位置。选择 No extend 选项，将按边的实际位置进行延伸。

EXTEND 命令与 TRIM 命令的执行过程非常相似，不同的是 EXTEND 命令选择的是边界边，TRIM 命令选择的是剪切边。

AutoCAD2005 允许用直线（LINE），圆弧（ARC），圆（CIRCLE），椭圆或椭圆弧（ELLIPSE），多段线（PLINE），样条曲线（SPLINE）。构造线（XLINE），射线（RAY）以及文字（TEXT）等对象作为边界边。

实训 2　试由图 1－45 中左图相交直线段绘出两条竖线间线段被剪掉、其他与左图相同的右图。读者自己完成。

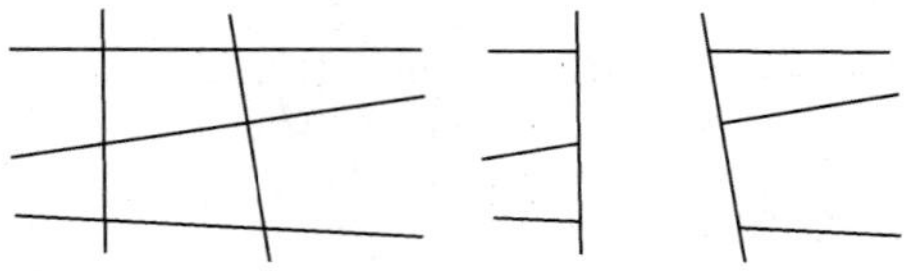

(a)　　(b)

图 1－45　为相交直线段的左图和为两条竖线间线段被剪掉的右图

（十三）打断实训

实训 1　熟悉打断操作过程。

BREAK ↻

Select objects：（选择对象）

Specify second break point or [First point]：

（1）Specify second break point（指定第二个打断点）

以选择对象时的拾取点作为第一断点，然后确定第二断点。若直接点取对象上的另一点，AutoCAD 将对象上位于两个拾取点之间的那部分对象删除。若键入“@”，AutoCAD 将对象在选择对象时的拾取点处一分为二。若在对象的一端之外拾取一点，AutoCAD 将位于两个拾取点之间的那段对象删除。

（2）First point（第一点）

重新确定第一断点。执行该选项，AutoCAD 提示：

Specify first break point：（确定第一个断点）

Specify first break point：（指定第二个断点）

在此提示下，我们按前面介绍的三种方法执行即可。

实训 2　试将图 1－46 所示矩形，以左右对称轴线分割成两个图形对象，并移动其中一个。

使用打断命令以左右对称轴线将矩形分割成两个图形对象，并移动其中一个，如图 1－47 所示。

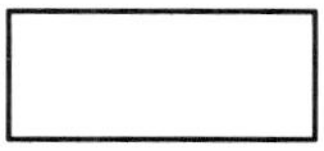

图 1－46　分割前矩形

图 1－47　分割并移动后矩形

(十四)圆角实训

实训 1　熟悉圆角操作过程。

FILLET ↻

Current settings:Mode = TRIM, Radius = 10.0000

Select first object or[Polyline/Radius/Trim]:

上面提示的第一行说明当前圆角操作的设置,第二行提示中的各选项含义如下:

(1)Select first object(选择第一个对象)

要求选择倒圆角的第一个对象,为默认项。我们选择后,AutoCAD 提示:

Select second object:(选择第二个对象)

在此提示下选择另一个对象,AutoCAD 按当前的倒圆角设置对他们倒圆角。

(2)Polyline(多段线)

对二维多段线倒圆角,执行该选项,AutoCAD 提示:

Select 2D polyline:(选择二维多段线):

AutoCAD 按当前的倒圆角设置在多段线的各顶点处倒圆角。

(3)Radius(半径)

确定倒圆角的圆角半径。执行该选项,AutoCAD 提示:

Specify fillet radius <10.0000>:(指定圆角半径)

我们响应后,AutoCAD 将返回至执行 FILLET 命令后的提示行状态,我们可以选择其他的选项。若进行倒圆角操作,需再次执行 FILLET 命令。

(4)Trim(修剪)

确定倒圆角操作的修剪(删除倒角以外部分)模式。执行该选项,AutoCAD 提示:

Enter Trim mode option[Trim/No trim] <Trim>:

Trim 选项表示在倒圆角的同时对相应的两个对象作修剪,No trim 则表示不进行修剪。

命令说明:

(1)若圆角半径设置太大,倒不出圆角,执行倒角操作后 AutoCAD 会给出提示。

(2)若对相交对象倒圆角时,如果修剪,倒出圆角后,AutoCAD 总是保留所点取的那部分对象。

实训 2　将图 1－48 所示三角形的三个角倒成半径为 50 的圆弧。

完成后如图 1－49。

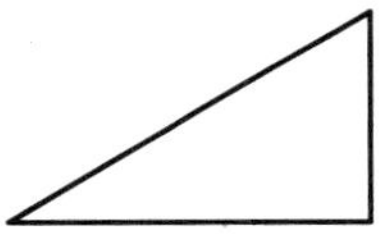

图 1－48　三角形

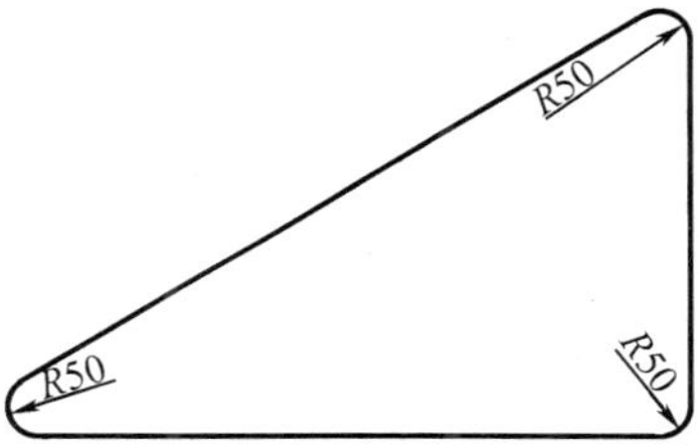

图 1－49　三个角倒成半径为 50 的圆弧的三角形

(十五)编辑多段线实训

实训 1　熟悉编辑多段线操作过程。

PEDIT ↻

Select polyline or[Multiple]:(选择多段线或多个物体)

如选择了直线或圆弧,而不是多段线,则提示如下:

Object selected is not a polyline

Do you want to turn it into one? <Y>

回答 Y 或按回车键将选择的直线或圆弧转换成一段多段线,然后再进行编辑。通常,这样做是为了用 Join 选项加入其他相连的线段,如果这些线段不是多段线,就必须按上述方式将其转变成多段线。必须强调的是,如果此时要将线段与多段线相连,它们的端点必须重合。用直线与直线,直线与圆弧,圆弧与直线以及圆弧与圆弧的连续操作或用端点对象捕捉模式可以使它们重合。

如果所选的第一段线已是多段线,AutoCAD 将直接给出有多个选项的以下提示:

Enter an option [Close/Join/Width/Edit vertex/Fit/Spline/Decurve/Ltype gen/Undo]:

提示行中各个选项的功能介绍如下:

(1) Close

Close 选项的功能类似于 LINE 命令的 Close 选项,用于封闭所编辑的多段线。如果多段线的最后一段为多段线圆弧,那么下一段将类似于圆弧与圆弧的连续,并用上一段多段线圆弧的方向作为开始方向,用第一段线段的起点作为封闭多段圆弧的端点,画一多段线圆弧。选择 Close 选项后,提示行中会出现如下提示:

Enter an option[Open/Join/Width/Editvertex/Fit/Spline/Decurve/

Ltype gen/Undo]:

即将 Close 选项换成了 Open 选项。执行 Open 选项会删除用 Close 选项画的线段,同时,Open 选项又替换成 Close 选项。如果封闭的多段线最后一段与第一段的起点相连,但不是用 Close 选项画的,那么使用 Open 选项无任何效果。

(2) Join

如果所有线段都顺序相连且端点重合,那么 Join 选项将选定的直线,圆弧和(或)多段线与先前选定的多段线连成一条多段线。执行该选项,AutoCAD 会提示:

Select objects:(选择对象)

…

Select objects:(回车或按空格键以结束选择操作)

AutoCAD 会将提示下所选的各对象连成一条多段线。

(3) Width

Width 选项用于确定多段线的宽度。执行该选项,AutoCAD 会提示:

Specify new width for all segments:

AutoCAD 会将多段线的各线段统一变为新输入的线宽值。

(4) Fit

选择此选项 AutoCAD 会用双圆弧曲线拟合多段线。

(5) Spline

用样条曲线拟合多段线。在 AutoCAD2005 中由系统变量 SPLINETYPE 控制拟合得到的样条曲线的类型。当 SPLINETYPE 的值为 5 时,生成二次 B 样条曲线;当其值为 6 时生成三次 B 样条曲线。系统变量 SPLINETYPE 的默认值为 6。系统变量 SPLINESEGS 控制拟合得到的样条曲线的精度,其值越大,精度也就越高。

(6) Decurve

使用该选项会删除在上述执行 Fit 或 Spline 选项操作时插入的额外顶点,并且拉直多段线中的所有线段,同时保留多段线顶点的所有切线信息,即恢复多段线原来的形状。

(7) Ltype gen

该选项规定非连续形多段线在各顶点处的绘线方式。执行该选项,AutoCAD 会提示:

Enter polyline linetype generation option[ON/OFF] <off>:

当选择 ON 选项时,多段线在各顶点处按折线处理;当选择 OFF 选项时,多段线在各顶点处的绘线方式由原型线控制,即 AutoCAD 在每一段多段线的两个顶点之间按起点,终点的关系绘制多段线。

(8) Undo

使用此选项将撤销 PEDIT 的最后一次操作。

(9) Edit vertex

编辑多段线的顶点。该选项涉及的子选项和相关操作非常多,故放在最后介绍。执行该选项,AutoCAD 会提示:

Enter a vertex editline option

[Next/Previous/Break/Insert/Move/Regen/Straighten/Tangent/Width/exit] <N>:

多段线顶点编辑的各选项说明如下:

①Next 和 Previous

执行 Edit vertex 选项进行编辑多段线顶点的操作时,AutoCAD 在屏幕上用小叉标记出多段线的当前的编辑点,且以第一个顶点作为当前编辑的顶点。执行 Next 选项,AutoCAD 把此标记移到多段线的下一个顶点。执行 Previous 选项,AutoCAD 选项把小叉标记移到前一个顶点处。

②Break

删除多段线上指定两顶点之间的线段。执行该选项,AutoCAD 把当前的编辑顶点作为第一断点,并提示:

Enter an option[Next/Previous/Go/Exit] <N>:

其中 Next 和 Previous 选项分别使编辑顶点后移或前移,以确定第二断点;Go 选项执行对位于第一断点到第二断点之间的多段线的删除操作;执行 Exit 选项将退出 Break 选项,返回到上一级指示。

③Insert

在当前编辑的顶点后面插入一个新顶点。执行该选项,AutoCAD 提示:

Specify location for new vertex:(选择一个新顶点)

④Move

将当前的编辑顶点移动到新位置。执行该选项,AutoCAD 提示:

Specify new location for marked vertex:(指定标记顶点的新位置)

⑤Regen

该选项用来重新生成多段线,来与 Width 选项连用。

⑥Straighten

拉直多段线中位于指定两顶点之间的线段。执行该选项,AutoCAD 把当前的编辑顶点作为第一拉直端点,并给出如下提示:

Enter an option[Next/Previous/Go/Exit]<N>:

Straighten 选项的这些子选项允许首先到另一个顶点,并将它作为第二点,或退出该选项。当选定了两个顶点后,用 Go 选项可以将这两点之间的线段用一段直线取代。

⑦Tangent

改变当前所编辑的切线方向,可用于曲线拟合。执行该选项,AutoCAD 提示:

Specify direction of vertex tangent:(指定顶点切向)

我们可以直接输入表示切线方向的角度值,也可以确定一点。确定这一点后 AutoCAD 以多段线上的当前点与该点的连线方向作为切线方向。确定顶点的切线方向后,AutoCAD 用箭头表示其方向。

⑧Width

改变多段线中位于当前编辑顶点之后的那一条线段的起始宽度和终止宽度。执行该选项,AutoCAD 依次提示:

Specify starting width for next segment<当前值>:

Specify ending width for next segment<当前值>:

我们依次响应后,屏幕上的图形并不立即改变,只有在执行"重生成(R)"选项后,相应的图形才发生改变。

⑨Exit

选择此选项将从顶点编辑状态退出,返回到执行 PEDIT 命令后的主提示下。

实训2 试修改图 1-50 所示多段线,将第 5 节点坐标由 2953,1334 修改为 3116,1334,将线宽修改为 10。

使用 PEDIT 命令,选择编辑顶点项,移动编辑顶点至第 5 节点,将其坐标由 2953,1334 修改为 3116,1334;再选择编辑线宽项,将新的线宽设置为 10。整个修改后的多段线如图 1-51 所示。

图 1-50 修改前多段线

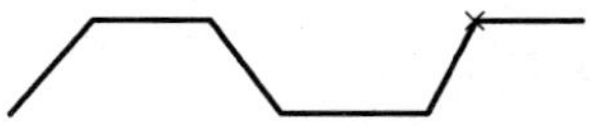

图 1-51 修改后多段线

(十六)编辑样条曲线实训

实训1 熟悉编辑样条曲线操作过程。

SPLINEDIT ↻

Select spline:(选择样条曲线)

Enter an option[Fit data/Close/Move vertex/Refine/Reverse/Undo]:

下面介绍提示中各个选项的含义:

(1)Fit data

修改样条曲线所通过的某些控制点。执行该选项时,样条曲线上各控制点的位置均出现一小方格,如图 1-52(b)图所示,(a)图为编辑前的样条曲线。同时 AutoCAD 给出如下提示:

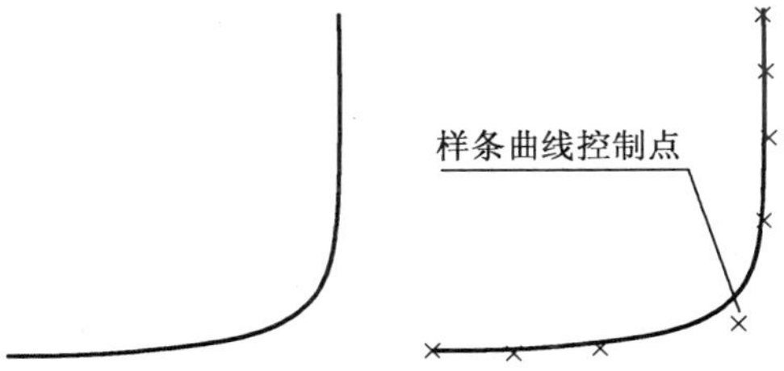

图 1-52　样条曲线控制点示意图

Enter a fit data option[Add/Close/Delete/Move/Purge/Tangent/toLerance/exit]<exit>:

Fit data 选项的各子选项说明如下:

①Add

用于在样条曲线的控制点集中加入新控制点。执行此选项,AutoCAD 提示:

Specify control point <exit>:(选择拟合点)

在此提示下可选择图中以小方格形式出现的控制点集合中的某个点,以确定新加入的点在点集中的位置。我们作出选择且,所选择的点均会亮显。同时 AutoCAD 提示:

Specify new point <exit>:(指定一点)

Specify new point <exit>:(指定另一点或按回车键)

在加亮显示点之间增加一个新拟合点。

如果我们选择的是样条曲线上的起始点,AutoCAD 提示:

Specify new point or[After/Before]<exit>:

在此提示下若直接确定新点的位置,AutoCAD 则把新确定的点作为样条曲线的起始点。如果执行 After 选项后确定新点,AutoCAD 就在第一点与第二点之间加入新点。

②Close

用一段样条曲线平滑地闭合一条敞开的样条曲线,或平滑一条首末端点重合的样条曲线。同时,由 Open 选项替代 Close 选项,我们可以使用 Open 选项再次打开封闭的样条曲线。

③Delete

删除样条曲线中的控制点。执行该选项,AutoCAD 提示:

Specify control point <exit>:

在此提示下选择一控制点,AutoCAD 会将该点删除,并根据其余控制点重新生成新的样条曲线。

④Move

移动控制点集中点的位置。执行该选项,AutoCAD 提示:

Specify new location or[Next/Previous/Select/exit]<N>:

其中,Next 选项向前选择拟合点; Previous 选项向后选择拟合点;Select 选项可以选择一个拟合点;Exit 选项退出 Move 子选项;Specify new location 选项将加亮显示点移到所选定的点。

⑤Purge

从图形数据库中清除样条曲线的拟合数据功能。执行该选项，AutoCAD 结束当前的 Fit data 选项，且提示变为：

Enter an option[Close/Move vertex/Refine/reverse/Undo/Exit] < exit > :

⑥Tangent

改变样条曲线在起点和终止点的切线方向。执行该选项，AutoCAD 提示：

Specify start tangent or[System default]：（指定起始点、选择一个选项或按回车键）

Specify end tangent or[System default]：（指定终止点、选择一个选项或按回车键）

如果选择了 System default 选项，AutoCAD 将计算切线。

⑦toLerance

修改拟合公差的值。执行该选项，AutoCAD 提示：

Enter fit tolerance < 1.0000E - 10 > :（输入值或按回车键）

⑧exit

退出 Fit data 选项，并返回执行 SPLINEDIT 命令后的主提示。

(2) Close

封闭当前所编辑的样条曲线。执行该选项后，当前的提示变为：

Enter an option [Open/Move vertex/Refit/reverse/Undo/exit] < exit > :

取消了 Fit data 选项，此时使用 Open 选项还可以再次打开样条曲线，但是对于原本首末端重合的样条曲线将失去其切向。其他样条曲线恢复到以前的状态。

(3) Move vertex

移动样条曲线上的当前点。执行该选项，AutoCAD 提示：

Specify new location or[Next/Previous/Select/exit] < N > :

该提示行中各选项的含义与 Fit data 选项中的 Move 子选项的含义完全相同，不再介绍。

(4) Refine 选项

对样条曲线的控制点进行细化操作。执行该选项，AutoCAD 提示：

Enter a refine option[Add control point/Elevate order/Weight/Exit] < exit > :

Refine 选项各子选项说明如下：

①Add control point

增加样条曲线的控制点数目。执行该选项，AutoCAD 提示：

Specify a point on the spline < exit > :

在此提示下选取某控制点，则会取消该点，增加新的点，且新点与样条曲线更加逼近。

②Elevate order

控制样条曲线的阶数，阶数越高，控制点则越多，AutoCAD 允许的最大阶数值是 26。执行该选项，AutoCAD 提示：

Enter new order < 4 > :（输入新的阶数）

③Weight

该选项用于改变控制点的权值。执行其时 AutoCAD 提示：

Enter new weight(current = 1.0000) or[Next/Previous/Select/Exit] < N > :

控制点的默认权值为 1.0，增加权值使样条靠近选定的点。负数或 0 值无效。

④exit 选项

退出当前的 Refine 操作,返回到上一级提示项。

(5) Reverse

Reverse 选项使样条方向相反,并不删除拟合数据。

(6) Undo

Undo 选项撤销上一子命令产生的效果。

(7) exit

exit 选项终止 SPLINEDIT 命令。

实训 2　修改图 1－53 所示样条曲线的端点切线方向,使之满足起点切线与水平线相切,终点切线方向与垂线相切。

使用样条曲线编辑命令,选择 Fit data 项,再选择 Tangent 项重新确定端点切线方向为图 1－54 所示。

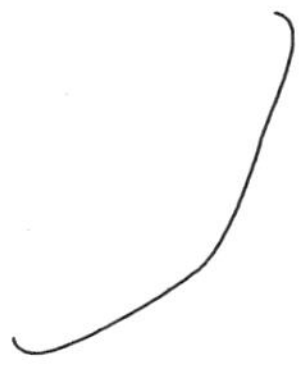

图 1－53　端点切线方向修改前的样条曲线

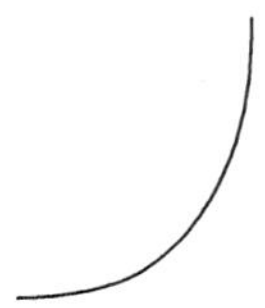

图 1－54　端点切线方向修改后的样条曲线

(十七)面域的并、差、交运算实训

面域是实体的一种,下面所讲面域的并、差、交运算功能,对其他实体,如三维实体同样适用。

1. 面域的并实训

实训 1　熟悉面域的并操作过程。

Union ↻

Select objects:1 found

Select objects:1 found, 2 total

…

Select objects:↻

2. 面域的差实训

实训 1　熟悉面域的差操作过程。

Subtract ↻

Select solids and regions to subtract from . .

Select objects(选择被减去的面域):1 found

Select objects(选择被减去的面域):↻

Select solids and regions to subtract . .

Select objects(选择减去的面域):1 found

Select objects:↻

3．面域的交实训

实训 1　熟悉面域的交操作过程。

Command:Intersect

Select objects:1 found

Select objects:1 found, 2 total

Select objects:↻

实训 2　进行图 1－55 所示的面域的并、差、交运算。

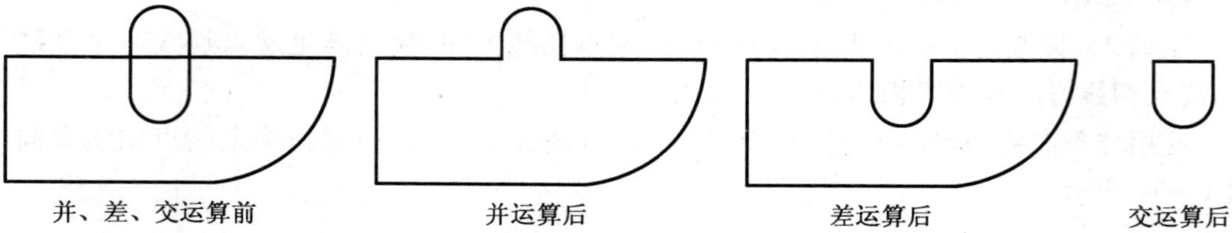

图 1－55　面域的并、差、交运算实例

四、船舶绘图编辑实训

(一)双层底旁桁材开孔编辑实训

某船双层底旁桁材如图 1－56 所示,其上开有椭圆形减轻孔和流水孔,它们在水平方向等间距布置,间距为 35,数量各为 5 个,现在图中只绘制出各一个,下面用图形编辑命令,绘制出其他各 4 个减轻孔和流水孔的图形。

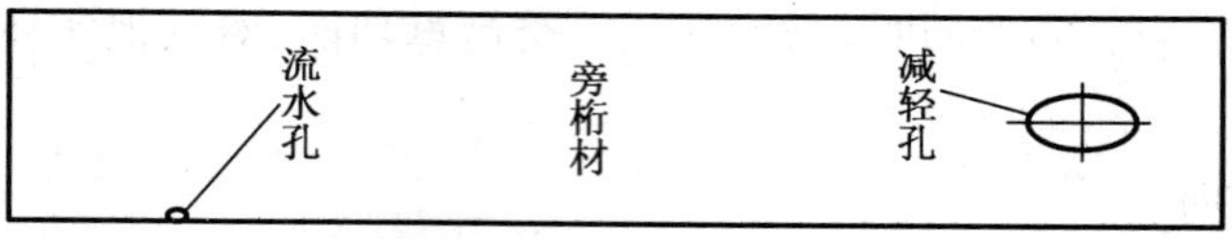

图 1－56　只绘制出一个减轻孔和流水孔的旁桁材

首先绘制流水孔。由于流水孔布置为等间距,所以使用阵列命令 ARRAY 对已绘制的流水孔进行编辑。操作过程如下:

Command: array ↻

Select objects: 1 found(选择流水孔)

Select objects:↻

Enter the type of array [Rectangular/Polar] <R>:↻(矩形阵列)

Enter the number of rows (---) <1>:(行数)↻

Enter the number of columns (|||) <1>:5(列数)↻

Specify the distance between columns (|||): 35(列间距)↻

再绘制减轻孔。注意,减轻孔阵列方向与流水孔不同,在输入列间距时,前面应加负号。操作过程如下:

Command: array ↻

Select objects:1 found(选择减轻孔)

Select objects:↻

Enter the type of array [Rectangular/Polar] <R>:↻(矩形阵列)

Enter the number of rows(---) <1>:(行数)↻

Enter the number of columns (|||) <1>:5(列数)↻

Specify the distance between columns (|||): -35(列间距)

绘制完所有开孔的旁桁材如图 1-57 所示。

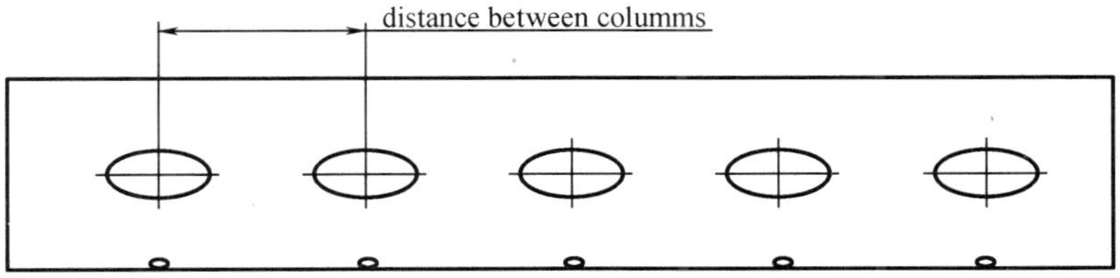

图 1-57　绘制完所有开孔的旁桁材

(二)实肋板所在双层底剖面图绘制实训

如图 1-58 所示为实肋板所在双层底剖面图,该图由内底板、外板、桁材、外底纵骨剖面线,圆形减轻孔、纵骨穿过孔,肋板垂直扶强材轮廓组成,圆形减轻孔在水平方向为等间距布置,纵骨穿过孔,肋板垂直扶强材除在旁桁材位置处空缺外,其他也为等间距布置。

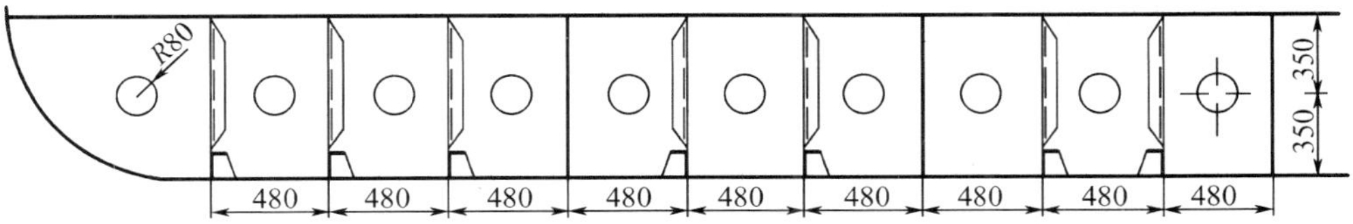

图 1-58　实肋板所在双层底剖面图

绘制该图,可使用阵列、复制和镜像等图形编辑命令。

操作方法一:

1. 按 1 绘图单位 =1 mm 输入尺寸,首先使用多段线命令 Pline 绘制带有线宽的内底板、外板、桁材、外底纵骨剖面线,线宽根据 1 绘图单位 =1 mm 设置为 0.5 绘图单位。

2. 使用直线命令 Line,以实线和虚线绘制最左侧的圆、纵骨穿过孔和肋板垂直扶强材主视图。如图 1-59 所示。

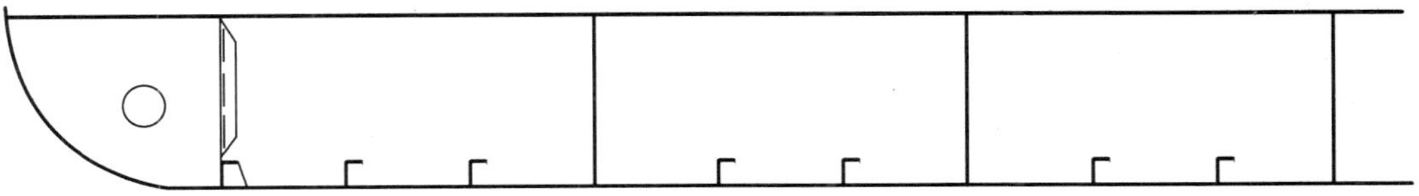

图 1-59　首先绘出的圆、纵骨穿过孔和垂直扶强材

3. 使用阵列命令 ARRAY,复制圆、纵骨穿过孔和肋板垂直扶强材,如图 1-60 所示。

4. 使用删除命令 ERASE,删除在旁桁材位置处空缺的纵骨穿过孔和肋板垂直扶强材。如图 1-61 所示。

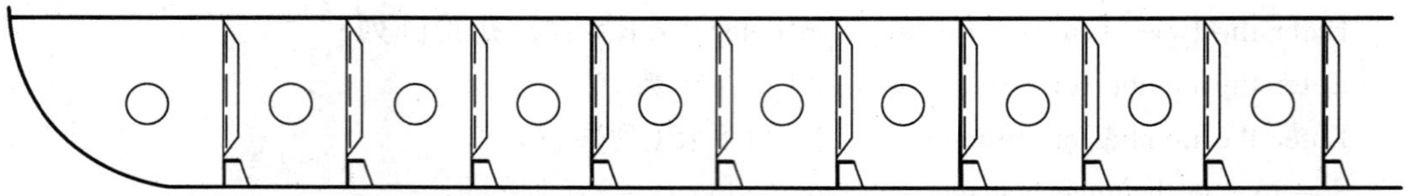

图 1－60　复制后的圆、纵骨穿过孔和肋板垂直扶强材

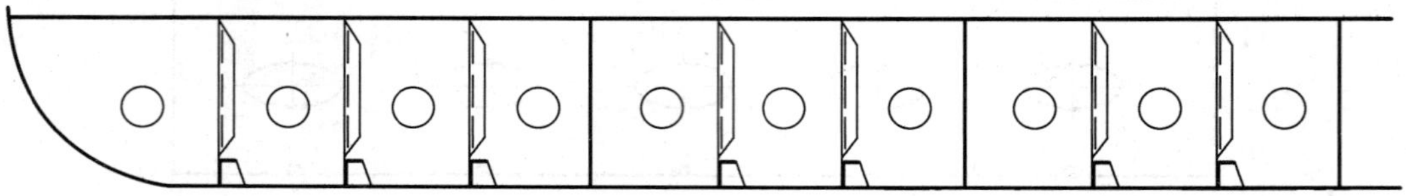

图 1－61　删除在旁桁材位置处空缺的复制对象

5. 使用镜像命令 MIRROR，对距中心线 480 和 5 * 480 处的纵骨、纵骨穿过孔和肋板垂直扶强材进行镜像，镜像轴线纵骨处垂直线。镜像后的图形如图 1－62 所示。

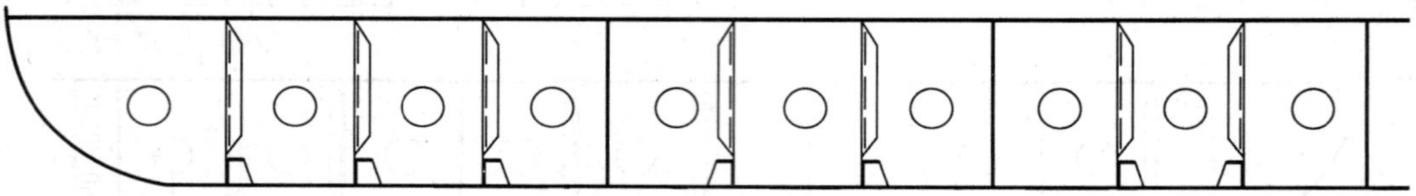

图 1－62　镜像后的图形

6. 使用尺寸标注命令进行尺寸标注，最后得到图 1－58 所示的图形。

操作方法二：

在方法"一"的"2"步完成后，使用阵列命令 ARRAY，复制圆形减轻孔，使用复制命令 COPY 将纵骨、纵骨穿过孔和肋板垂直扶强材复制到指定位置，再按方法"一"的步骤"4""5""6"完成绘图。

（三）甲板平面图绘制

某船甲板平面图如图 1－63 所示，该甲板主要由纵横构件和甲板开口组成，左右对称于中心线。通过合理使用图形编辑命令，可简化操作、提高绘图效率。该图可先不考虑甲板开口，使甲板纵横构件连续绘制，然后再使用编辑命令剪去开口中的多余部分。

1. 根据已知尺寸绘制出纵横构件线、分段线和边缘轮廓线。在各步骤中，可利用对称性，以中心线为基准绘制一半，再用镜像命令得到另一半。绘制出的图形如图 1－64 所示。

2. 由已知尺寸绘制与甲板开口长宽相同的矩形。使用绘制矩形 RECTANGLE 命令绘矩形，如图 1－65 所示。

3. 使用倒圆角命令 FILLET 倒出与甲板开口长宽相同的矩形的圆角，使用打断命令 BREAK 切去纵横构件线在甲板开口中多余的部分，如图 1－66 所示。

4. 标注尺寸，最后得到图 1－63 所示的甲板平面图。

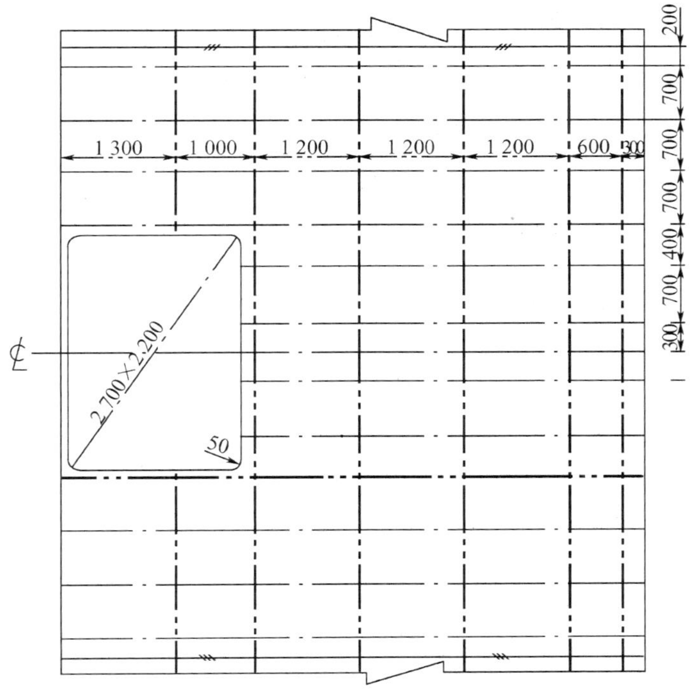

图 1－63　某船甲板平面图

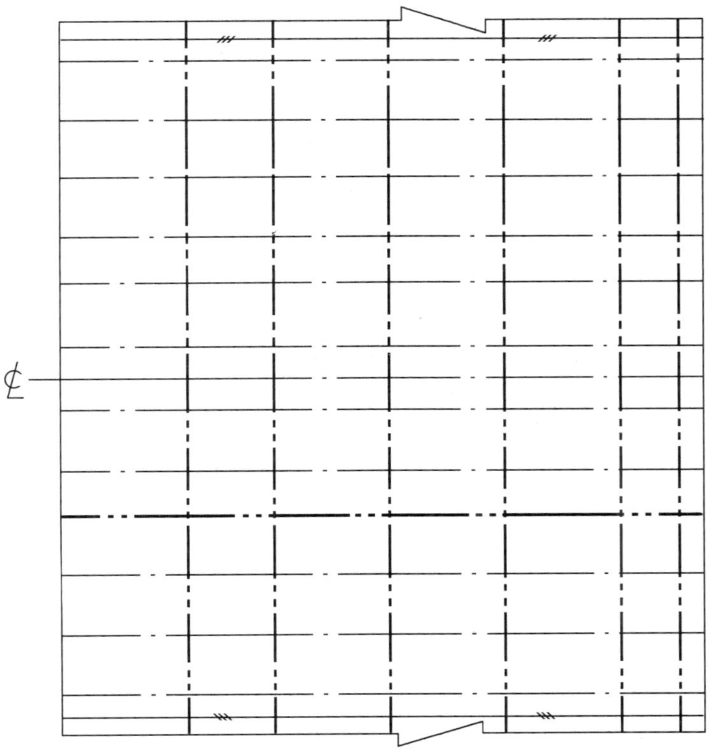

图 1－64　用镜像命令得到对称图形

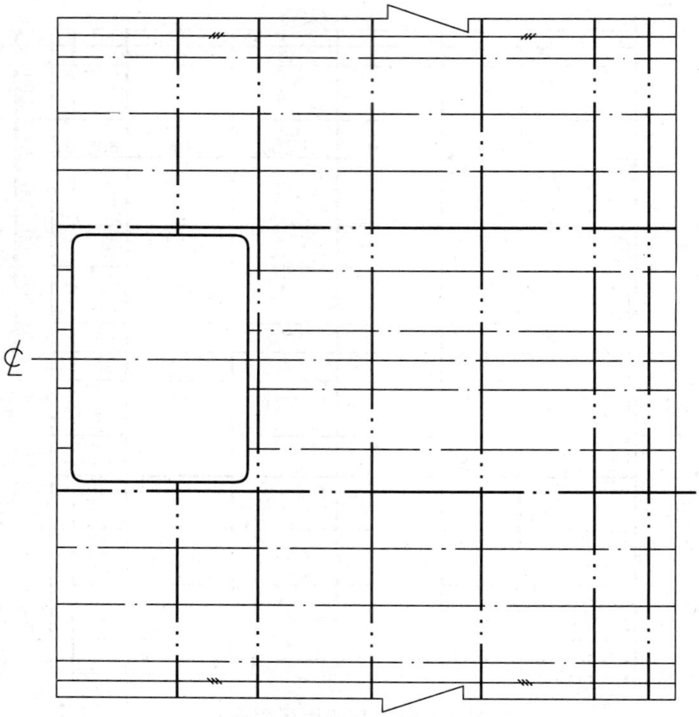

图 1-65 没有删除开口内的构件线和给开口倒圆角

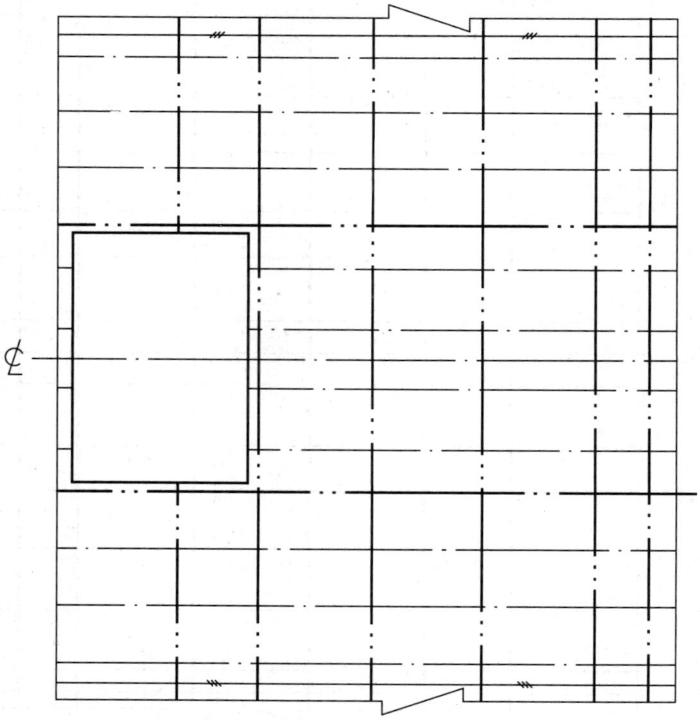

图 1-66 使用命令 FILLET 和 BREAK 编辑后的甲板开口

任务4 图形特性运用及图形输出实训

【实训目标】

1. 掌握区别图形对象特性的方法、图层的操作；熟练掌握赋予颜色、型线、线宽等图形特性方法和操作；

2. 熟练掌握创建布局、页面设置的方法和操作。

实施步骤、时间安排、实施方式见表1－4。

表1－4 任务4实施步骤、时间安排、实施方式

实施步骤	时间安排	实施方式
阅读教材、参考书及完成实训	课余与课上之约1:1	自学、查资料、相互讨论、完成实训、在网络教学系统留言，教师查看、评价并给予指导
讲解与示范	2学时	教师使用投影仪和局域网边讲解、边示范，学生同步观看、学习和记录，教师要注意引导学生发现问题，启发学生思考问题和寻找解决问题的方法
指导学生实际操作	3学时	每个班级分为若干组，每组8人以下，每组可安排不同工作任务，每个学生使用一台微机独立操作，遇到问题可相互讨论或请教老师，教师要注意及时评价学生实训完成情况，设法调动学生实训积极性
检查评价	1学时	教师与学生共同完成任务的检查评价，并对存在的问题进行分析与处理。学生将完成的任务自我检查评价打分后，通过局域网提交给老师，老师检查评价打分，指出存在问题和解决方法反馈给学生

一、图层运用实训

(一)层操作实训

实训1 图层过滤选择实训。

Command:LAYER ↻

打开Layer Properties Manager对话框，如图1－67所示。该图层特性对话框中有两个窗格：左侧的树状图和右侧的列表图。树状图显示图形中图层和过滤器的层次结构列表，用于确定在对话框图层列表中显示哪些图层。顶层节点“all(全部)”显示了图形中的所有图层，顶层以下为有条件(过滤器)显示。过滤器按字母顺序显示。该图示树状图中只给出了“All Used Layers(所有使用过的图层)”过滤器。我们可以单击左上角的第一个图标，打开图层特性过滤器对话框，从中确定过滤条件，如图1－68所示。通过Layer Filter Properties对话框的Filter name文本框填入滤器名，点击OK按钮可将图层过滤器命名保存。

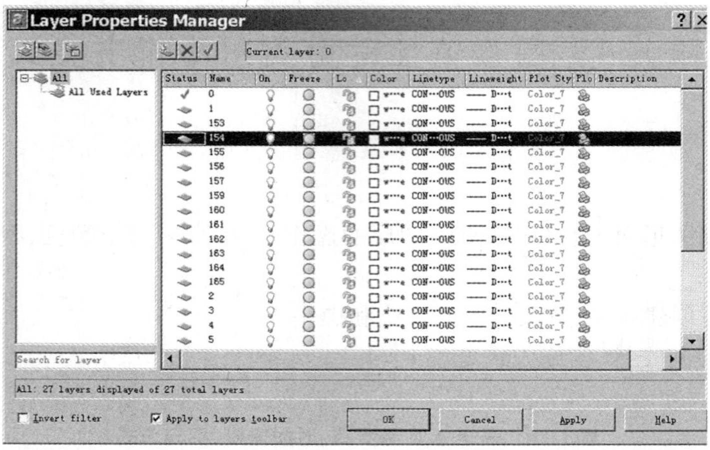

图 1－67　Layer Properties Manager 对话框

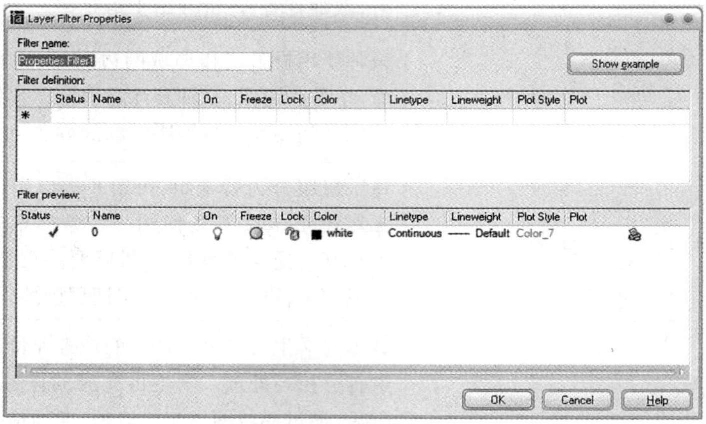

图 1－68　Layer Filters Properties 对话框

（二）图层在船舶绘图中应用实训

图层在船舶绘图中应用主要有：

（1）将不同的型线设置在不同的图层上，便于绘图，例如将虚线设置在某个图层上，凡是虚线均在此图层上绘制，既方便又快捷。

（2）利用图层对图形进行分类管理，例如，船体型线图中，就利用图层将不同剖面的型线绘制在不同的图层上，使图层名与剖面名称一致，便于查找和选择。

实训 1　图 1－69 所示的某分段外板展开图中包括各种型线、颜色和线宽，所以在绘制该图时设置了图 1－70 所示的图层，列表显示了每个图层的型线、颜色和线宽。

二、型线运用实训

实训 1　熟悉如图 1－71 所示型线库文件 ACAD. LIN 标准型线。

实训 2　设置图 1－72 所示的主甲板平面图中需要的型线。

图 1－69　包括各种型线、颜色和线宽某分段外板展开图

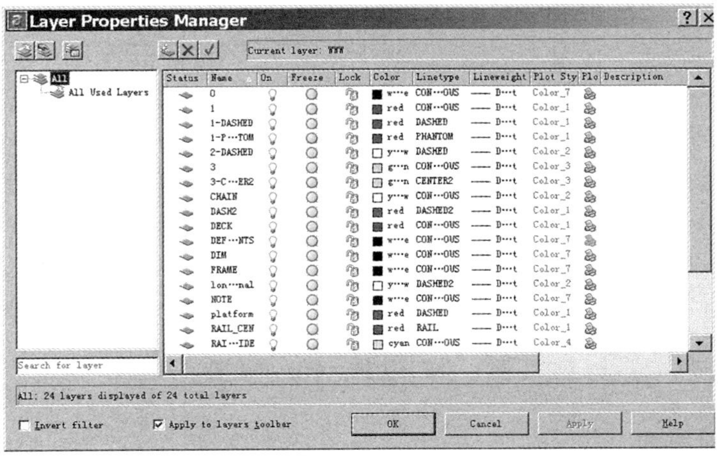

图 1－70　显示各个图层名、型线、颜色和线宽的列表

本实训中有实线、虚线和双点画线三种型线需要设置，设置过程如下。

通过命令：LINETYPE 或菜单：Format→Linetype，加载、设置型线。

AutoCAD 会打开 Linetype Manager 对话框，如图 1－73 所示。Linetype filters 下列表框用于过滤条件。型线列表中显示出满足过滤条件的型线。Linetype 栏将列出型线的名称，Appearance 栏给出了型线的实际表现形式，Description 栏则对型线的特性进行简单的描述。

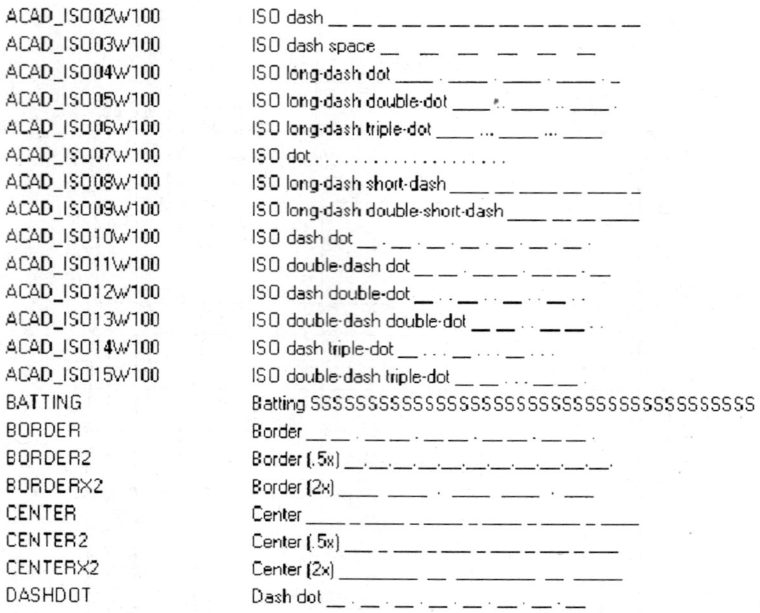

图 1－71　标准型线

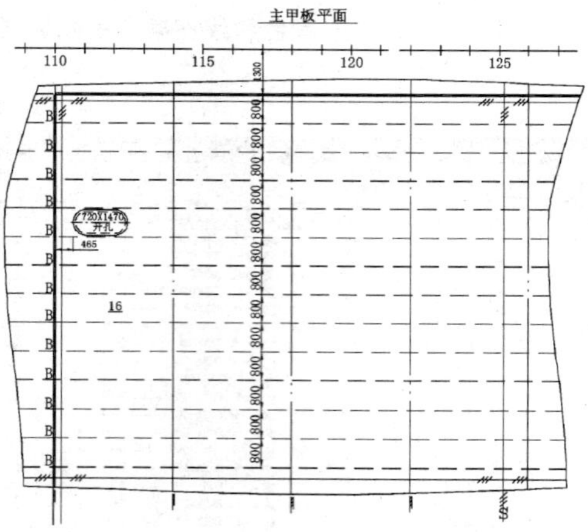

图 1－72　某船主甲板平面图

(1)加载新的型线

单击 Load 按钮，AutoCAD 会打开 Load or Reload Linetypes 对话框，如图 1－74 所示。它列出了目前正在使用的型线文件名称，以及该文件所带有的型线名称及说明，可以从中选择一种型线。如果还不满意，则可以通过单击 File 按钮打开 Select Linetype File 对话框选择不同的型线文件来完成加载。

(2)删除已有型线

选择某个型线，单击 Delete 按钮，该型线将被删除。

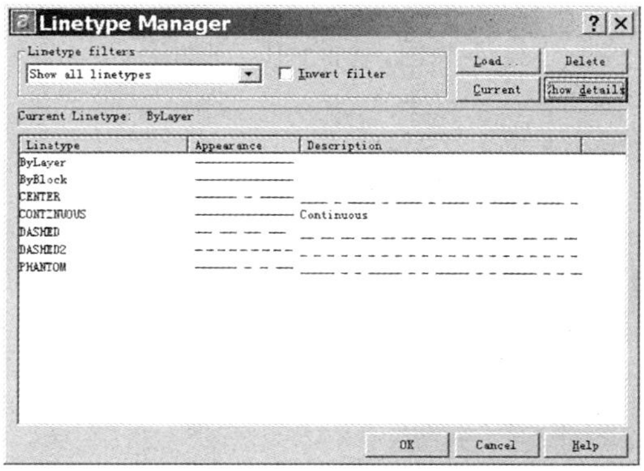

图 1－73　Linetype Manager 对话框

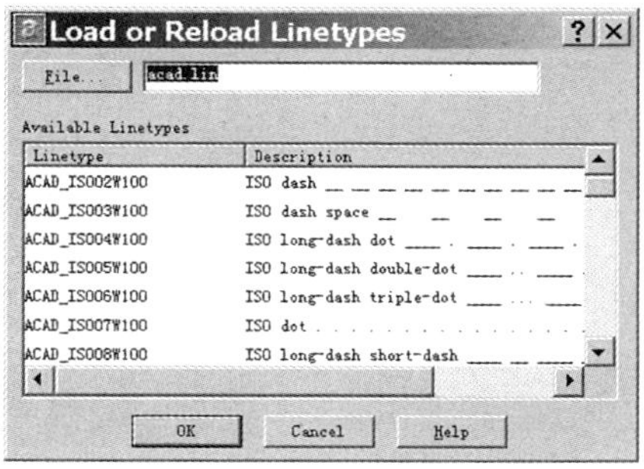

图 1－74　Load or Reload Linetypes 对话框

(3)设置当前型线

选择某个型线并单击 Current 按钮,则该型线将成为当前层默认使用的型线。

(4)详细设置型线

选择了某个型线并单击 Show details 按钮,则 Linetype Manager 对话框将会扩展为图 1－75 所示的对话框。同时,Show details 按钮变为 Hide details 按钮。

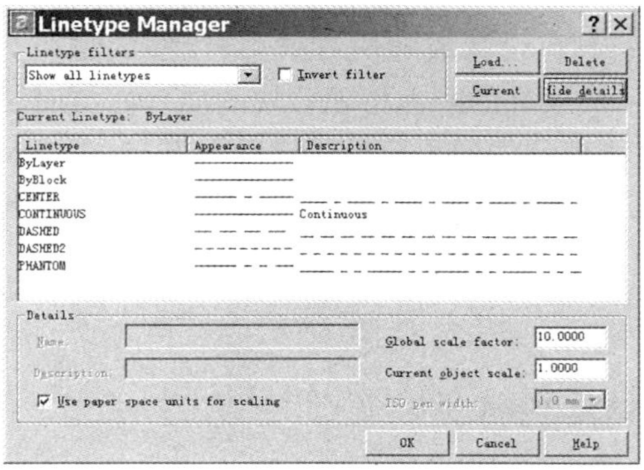

图 1－75　详细信息对话框

在这个对话框中,可以改变型线的全部缩放比例,这主要视实际的绘图需要而定。如果图形需要相对大一些,则最好设计的比例大一些,否则将它适当减少。可以改变当前对象的缩放比例,而用当前对象实际绘图出的图形将会遵循全部缩放比例当完成以上设置后,可以单击 Hide details 按钮,恢复到最初的 Linetype Manager 对话框。

三、颜色运用实训

实训 1　熟悉颜色运用操作过程。

如果对当前实体颜色进行设置,可以直接在命令行中键入 Color 命令,AutoCAD 会打开 Select color 对话框,如图 1－76 所示。

Select Color 对话框列出了目前所使用的 9 种标准颜色和 6 种灰度。我们可以通过选择调色板上的颜色来确定新的对象的绘图颜色,以后所绘制的实体颜色将会不同于层的颜色。该颜色将持续发生作用,直到再次使用 Color 命令来启用新的颜色为止。我们还可以选择 Select Color 对话框中的 ByLayer(随层)、ByBlock(随块)或某一具体颜色,它们的区别如下:

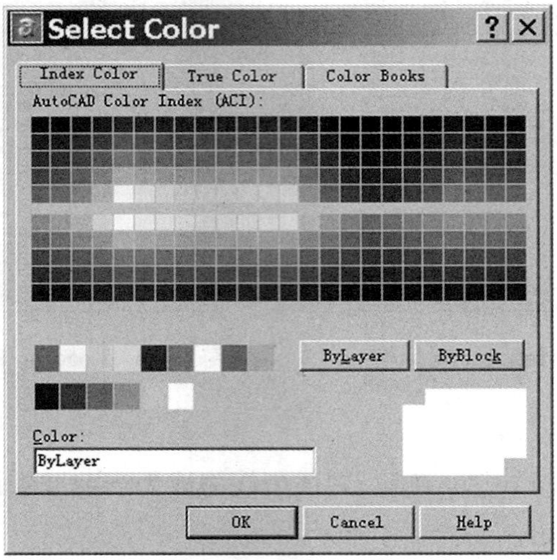

图 1-76 Select Color 对话框

(1)ByLayer(随层):所绘对象的颜色总是与所在图层的颜色相一致,这是最常用的方式。

(2)ByBlock(随块):将颜色设置成随块方式后,绘图的颜色为白色。当把在该颜色设置下绘制的对象做成块后,块成员的颜色将随着块的插入而与前层的颜色相一致,

但前提是在插入块时当前层的颜色应设置成随层方式。

(3)选用具体的颜色:选择具体的颜色作为绘图颜色后,AutoCAD 将以该颜色绘图,不再随着所在图层的颜色变化。

四、线宽运用实训

实训 1 熟悉线宽运用操作过程。

LINETYPE ↻

AutoCAD 会打开 Lineweight Settings 对话框,如图 1-77 所示。Lineweight Settings 对话框可以实现如下功能。

1. 线宽(Lineweight)

在线宽区域中显示标准设置(随层、随块和缺省)及有效的线宽值,系统缺省为 0.01 in① 或 0.25 mm。线宽列表的下方显示当前线宽,可以从列表中选择任意一个线宽值设置当前线宽。所有新建图层的线宽都为缺省设置。

2. 列出单位(Units forlisting)

列出单位用于指定线宽显示的单位,缺省的列出单位中有两个选项:毫米、英寸,选其一作为线宽显示的单位。

3. 显示线宽(Display Lineweight)

控制当前图形是否显示线宽。开关打开,当前图形在模型空间和图纸空间中都显示线宽。

---

① 1 in = 2.54 cm

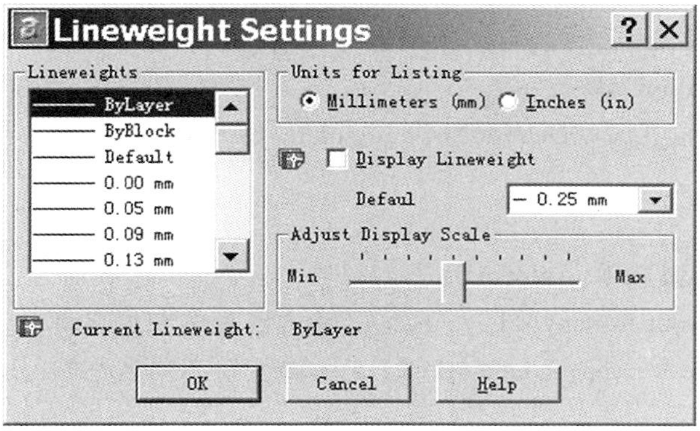

图 1－77　**Lineweight Settings** 对话框

也可以使用状态栏的线宽按钮,很方便地切换线宽显示的开关。

4. 缺省(Default)

控制线宽列表中缺省设置的值,这也是图层的缺省线宽。线宽列表中的缺省设置为 0. 01 in 或 0. 25 mm,即一个像素的宽度。

5. 调整显示比例(Adjust Display Scale)

控制模型空间中的线宽显示比例。在模型空间中,线宽以像素的形式显示,线宽显示为与打印出的真实宽度值成比例的像素宽度,可以调整显示比例,较好地显示不同线宽的线宽。

五、图形输出实训

(一)创建布局实训

实训 1　熟悉创建布局操作过程。

用户既可以在模型空间中工作,也可以在布局(图纸)空间中工作,还可以在两者之间切换。同时,在图形窗口中,有一个矩形的轮廓框表示图纸的大小,图形内的边界表示图纸的可打印区域,如图 1－78 所示。在 AutoCAD 中,可以根据页面设置和打印设备信息创建布局。

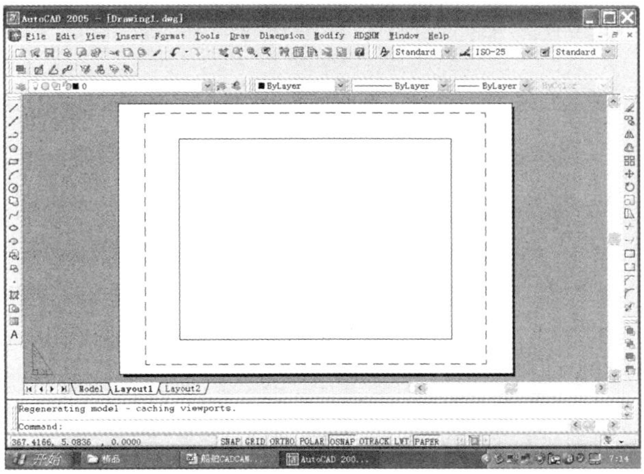

图 1－78　图纸空间图标与图纸空间

Command:LAYOUT

命令功能:创建新布局,对已有的布局进行更名、复制、全存、删除等操作。

执行该命令后,AutoCAD 提示:

Enter layout option[Copy/Delete/New/Template/Rename/Saves/Set/?] <set>:

各选项含义如下:

(1)Copy

复制布局。执行该选项,AutoCAD 提示:

Enter name of layout to copy <Layout1>:(输入已有的布局名称)

Enter layout name for copy <Layout1(2)>:(输入新布局名称)

(2)Delete

删除已有的布局。执行该选项,AutoCAD 提示:

Enter name of layout to delete <Layout1>:(输入布局名称)

(3)New

创建新布局。执行该选项,AutoCAD 提示:

Enter new layout name <Layout1(3)>:(输入新布局名称)

当第一次用 New 选项卡创建布局时,AutoCAD 会打开 Page Setup 对话框,用户可以通过该对话框设置布局的打印设备、页面。

(4)Template

基于现有样本插入新布局。执行该选项,AutoCAD 会打开 Select Template From Files 对话框,如图 1-79 所示。通过该对话框选择文本(.DWT)或图形文件后,单出打开按钮,AutoCAD 会打开 Insert Layout(s)对话框,在该对话框的 Layout Name(s)列表中列出了样本可图形文件所拥有的布局,从中选择所希望的布局,单击 OK 按钮,AutoCAD 在当前图形中插入该布局。

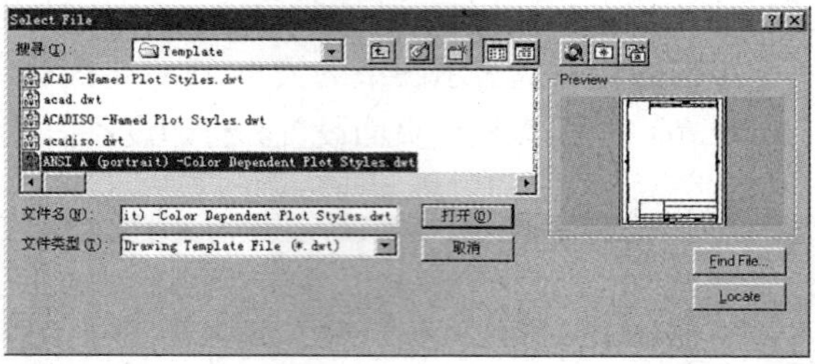

图 1-79 Select Template From Files 对话框

(5)Rename

更名已存在布局。执行该选项,AutoCAD 依次提示:

Enter layout to rename <Layout1>:(输入已有的布局名称)

Enter new layout name:(输入新布局名称)

(6)Saves

将指定的布局保存到样本文件中,执行该选项,AutoCAD 提示:

Enter layout to save to template <Layout1>:(输入要保存到样本的布局名称)

用户输入名称后回车,AutoCAD 会打开 Create Drawing File 对话框。通过该对话框确定样本文件的保存位置和文件名后，单击 Save 按钮，即可实现保存。

（二）页面设置实训

实训 1　熟悉页面设置操作过程。

Command：PAGESETUP

执行该命令，AutoCAD 会打开 Page Setup 对话框，如图 1－80 所示。

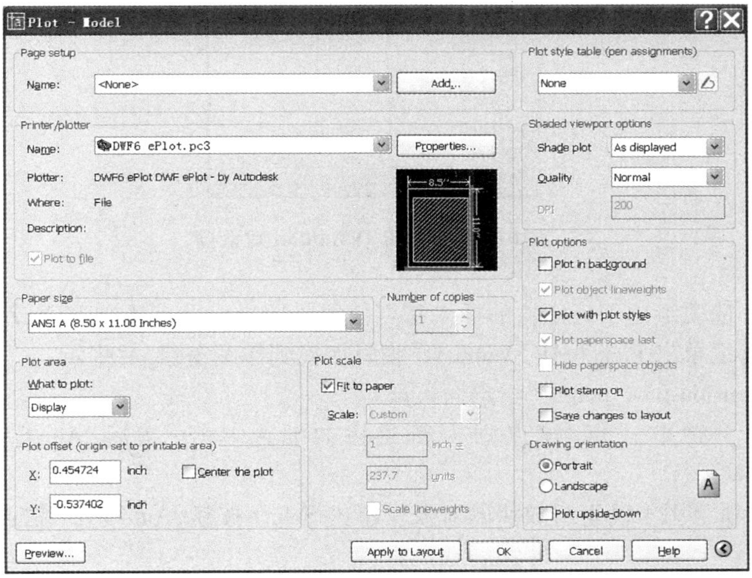

图 1－80　Page Setup 对话框

Page setup 下的 Name：下拉列表框用于确定页面设置名称，用户可以直接选择，也可以单出 Add 按钮来定义页面设置。Printer/plotter 下的 Name：下拉列表框用于确定打印机/绘图仪，用户可以从列表框中选择所需的打印机/绘图仪，并可点击右面的特性按钮了解所选打印机/绘图仪的特性；如果表框中没有所需的打印机/绘图仪，则在工具下拉菜单中选择 options 选项添加打印机/绘图仪，使其被添加到列表框中供选择。

此外该对话框中还给出图纸尺寸、打印份数、打印范围、打印比例、打印样式、打印预览等选择列表或选项供选择或定义。

知识与能力拓展　块与属性运用实训

一、创建块实训

实训 1　熟悉创建块操作过程。

Command：BMAKE

执行该命令后，AutoCAD 会打开 Block Definition 对话框，如图 1－81 所示。

Name 下拉列表框用于确定块的名字，输入即可。

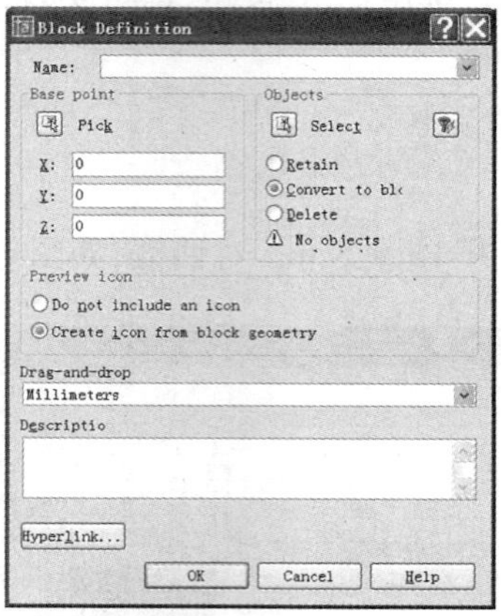

图 1－81　Block Definition 对话框

Base Point 选项组用于确定块的插入基点位置。用户可以直接在 X,Y,Z 文本框中输入基点坐标,也可以单击 Pick 按钮,AutoCAD 临时切换到作图窗口,并提示:

Specify insertion base point:(指定插入点)

在此提示下拾取一点,该点则为新建块的插入基点,然后,AutoCAD 返回 Block Definition 对话框。

Objects 选项组用于确定组成块的对象。单击 Select 按钮,AutoCAD 临时切换到作图窗口,并提示:

Select objects:

在此提示下选择组成块的各对象后回车,AutoCAD 返回 Block Definition 对话框。Retain 单选按钮表示创建块后仍然保留组成块的各对象;Convert to block 单选按钮表示保留组成块的各对象并转换成块;Delete 单选按钮表示创建块后仍删除组成块的各对象。

Preview Icon 选项组用于确定是否根据块的定义保存预览图标。

Drag－and－drop 下拉列表框用于拖动时的缩放单位,在下拉列表框中选择即可。

Description 列表框用于输入当前块的说明部分。

二、插入块实训

实训 1　熟悉插入块操作过程。

Command:INSERT

执行该命令后,AutoCAD 会打开 Insert 对话框,如图 1－82 所示。

Name 下拉列表框用于输入块或图形的名字。单击 Browse 按钮,AutoCAD 会打开 Select Drawing File 对话框,用户可以通过该对话框确定图形文件。

Insertion point 选项组用于确定块的插入点。用户可以直接在 X,Y,Z 文本框中输入点的坐标,也可以直接在屏幕上指定。

Scale 选项组用于确定块的插入比例。用户可以直接在 X,Y,Z 文本框中输入点块在三个方向上的比例,也可以直接在屏幕上指定。Uniform Scale 复选框表示所插入的块在 X,Y,Z 三个方向上的比例相同。

Rotation 选项组用于确定块插入时的旋转角度。用户可直接在 Angle 文本框输入角度,

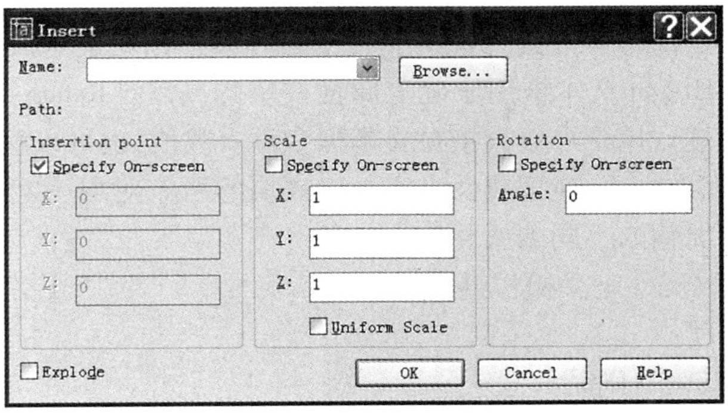

图 1-82 Insert 对话框

也可以在屏幕上指定。

Explode 复选框启用后,会将插入的块分解成组成块的各个基本对象。

三、块属性操作实训

实训1 熟悉定义属性操作过程。

Command:ATTDEF

执行该命令后,AutoCAD 会弹出 Attribute Definition 对话框,如图 1-83 所示。

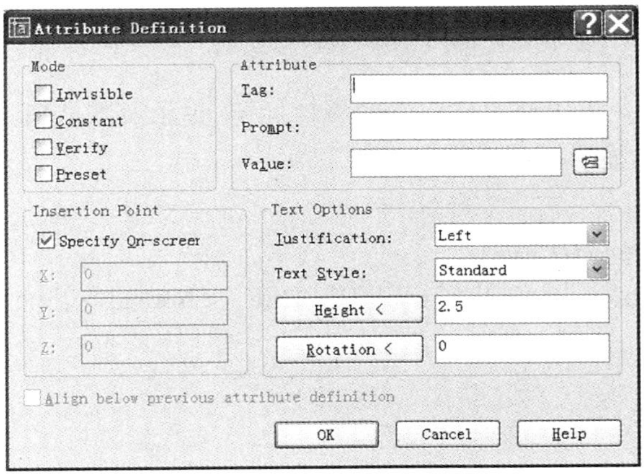

图 1-83 Attribute Definition 对话框

Mode 选项组用于设置属性的模式。其中,Invisible 复选框用于设置块插入后,是否显示属性的值。Constant 复选框用于设置属性是否为定值。Verify 复选框用于设置是否校验属性值。Preset 复选框用于确定是否将属性值设置成它的默认值。

Attribute 选项组用于确定属性的标记、插入块时 AutoCAD 提示输入属性值的提示句以及它的默认值,在相应的文本框中输入即可。

Insertion Point 选项组用于确定属性值的插入点,即属性文字相对于块的位置。用户可以直接在 X,Y,Z 文本框中输入点的坐标,也可以直接在屏幕上指定。单击 Pick Point 按钮,AutoCAD 临时切换到作图窗口,确定插入点后,返回 Attribute Definition 对话框。

Text Options 选项组用于确定属性文字的格式。其中,Justification 下拉列表框用于确定属性文字相对于参考点的对齐方式。Text Style 下拉列表框用于确定属性文字的样式,从下拉列表框选择即可。Height 文本框用于确定属性文字的高度。Rotation 下拉列表框用于确定属性文字的旋转角度。用户可以直接在文本框中输入数值,也可以直接在屏幕上指定。

注意,属性定义完成之后,应把属性文字与组成块的所有对象一起定义为块,再次插入块时即可根据不同情况输入不同的属性值。

实训 2　熟悉修改属性定义操作过程。

Command:DDEDIT

执行该命令后,AutoCAD 提示:

Select an annotation object or[Undo]:

在该提示下选择属性定义的标记后,AutoCAD 会打开 Edit Attribute Definition 对话框,如图 1-84 所示。

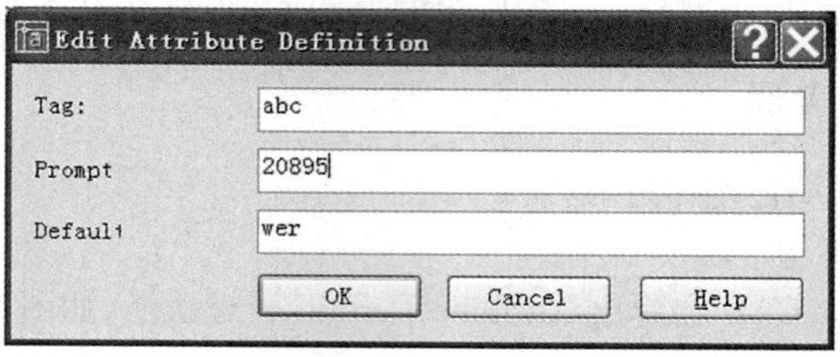

图 1-84　Edit Attribute Definition 对话框

通过该对话框,用户可以修改已定义的属性标记、提示及默认值。

实训 3　熟悉属性显示控制操作过程。

Command:ATTDISP

执行该命令后,AutoCAD 提示:

Enter attribute visibility setting[Normal/ON/OFF]<Normal>:

各选项含义如下:

(1)Normal

按属性定义时规定的模式显示各属性。

(2)ON

显示所有属性,与属性定义时的模式无关。

(3)OFF

不显示所有属性,与属性定义时的模式无关。

实训 4 熟悉属性提取操作过程。

Command:eattext

执行该命令后,弹出图 1-85 至 1-90 对话框,各对话框代表了提取块中各属性的过程,各个对话框含义如下:

(1)选择块属性

可以通过选择对象、当前图形、选择几个图形三种方式选择已经定义成块的属性中选择,如图 1-85。

(2)设置是否包含外部参照和嵌套块(见图 1－86)

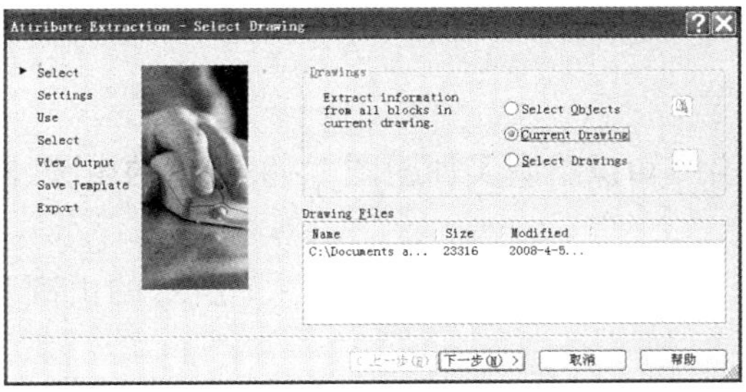

图 1－85 选择块属性

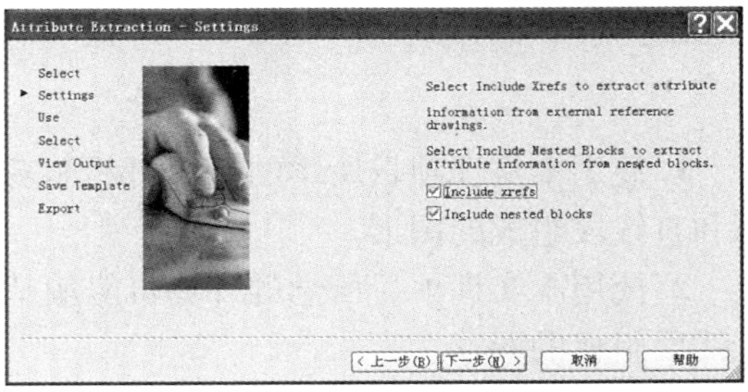

图 1－86 设置是否包含外部参照和嵌套块

(3)选择是否使用模板文件(见图 1－87)

(4)选择所提取块和属性包含的信息

如图 1－88 所示,块和属性信息包括名称、数量、基准点坐标、插入时的缩放系数、属性标志、属性值等。

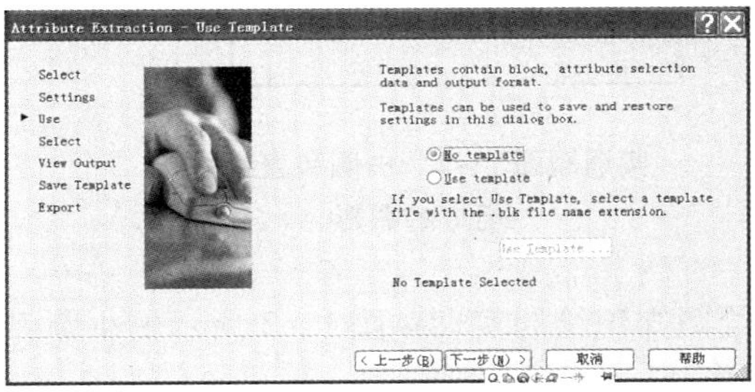

图 1－87 是否使用模板文件

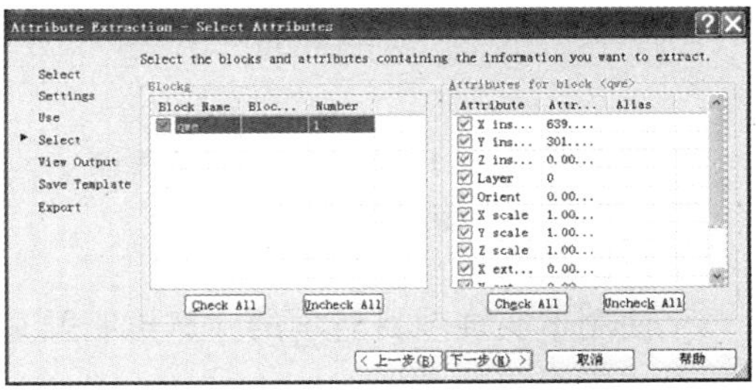

图 1－88 选择所提取块和属性包含的信息

(5)显示将输出的信息(见图 1－89)

(6)提示确定将保存的文件路径、名称和类型(见图 1－90)

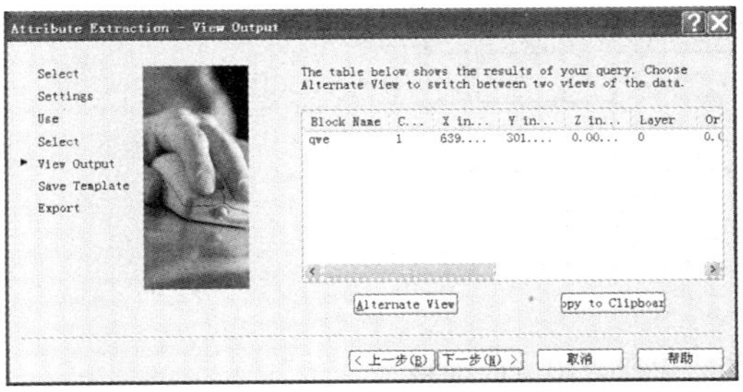

图 1－89 显示将输出的信息

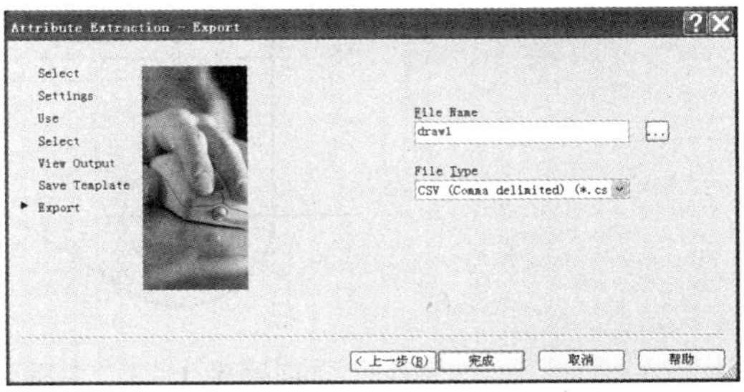

图 1－90 提示确定将保存的文件路径、名称和类型

实 训 题

1. 使用本实训项目所学的计算机船舶基本绘图知识绘制实训题图 1 – 1 所示的由圆、圆弧和直线段组成的图形。

2. 使用本实训项目所学的计算机船舶基本绘图知识绘制实训题图 1 – 2 所示的由圆和直线段组成的图形。

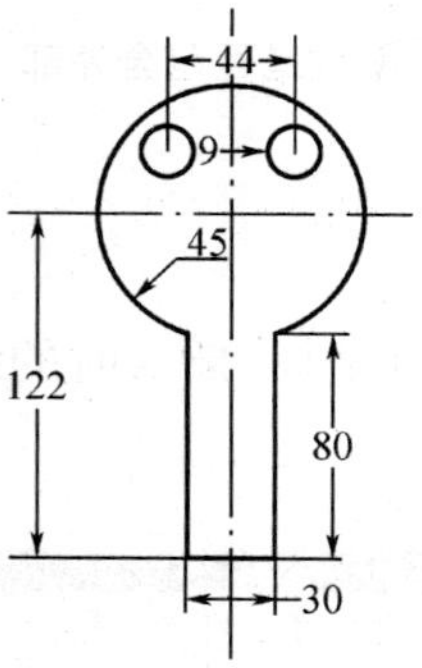

实训题图 1 – 1 由圆、圆弧和直线段组成的图形

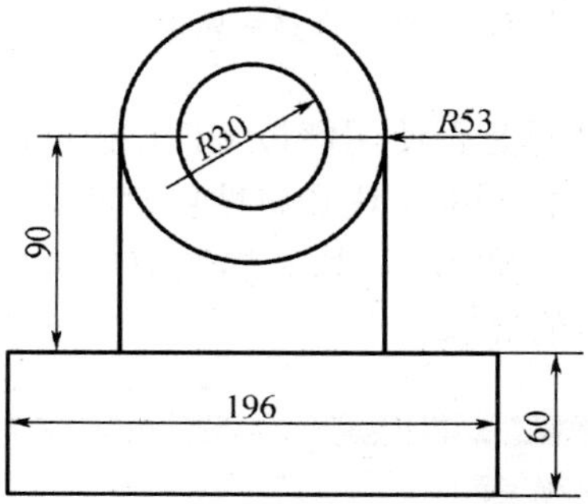

实训题图 1 – 2 由圆和直线段组成的图形

3. 使用本实训项目所学的计算机船舶基本绘图知识绘制实训题图 1 – 3 所示的由圆弧、圆和直线段组成的图形。

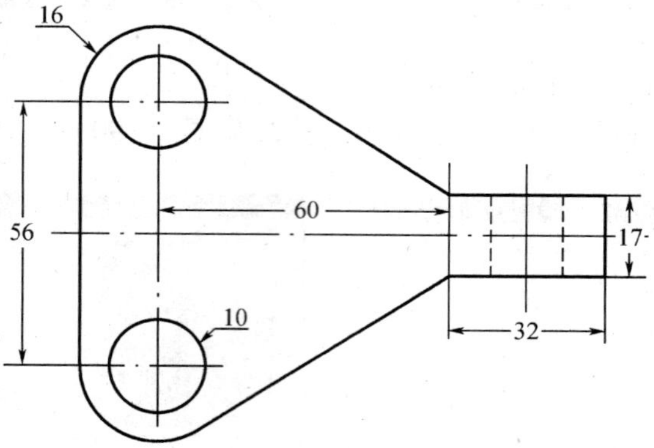

实训题图 1 – 3 由圆弧、圆和直线段组成的图形

4. 使用本实训项目所学的计算机船舶基本绘图知识绘制实训题图 1 – 4 所示的由圆弧、圆和直线段组成的图形。

5. 使用本实训项目所学的计算机船舶基本绘图知识绘制实训题图 1 – 5 所示的纵骨穿过孔图形。

6. 使用本实训项目所学的计算机船舶基本绘图知识绘制实训题图 1 – 6 所示的舭部肋板平面图及局部剖视图。

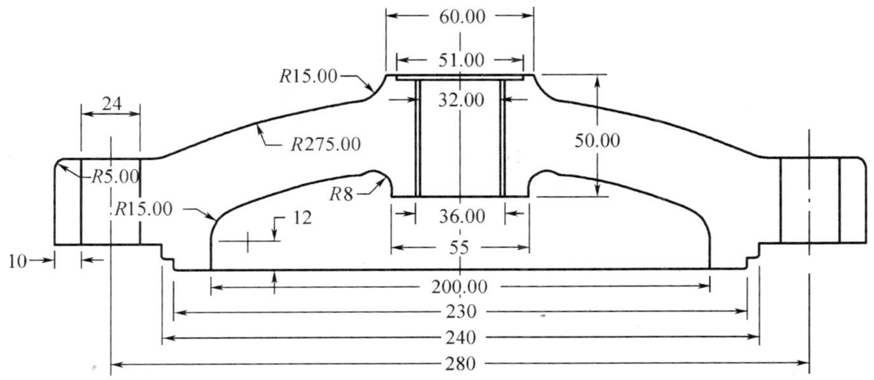

实训题图 1-4　由圆弧、圆和直线段组成的图形

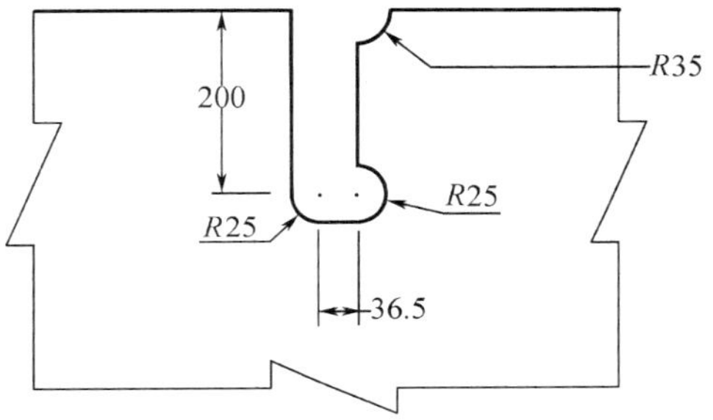

实训题图 1-5　纵骨穿过孔

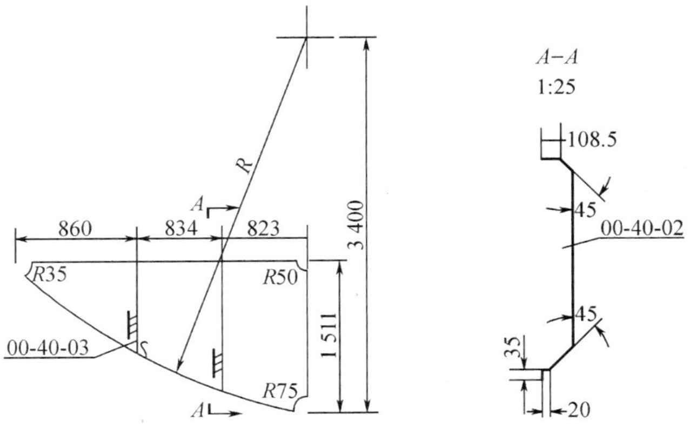

实训题图 1-6　舭部肋板平面图及局部剖视图

7. 编辑对象选择的选择主要有哪些种?

8. AutoCAD 中主要有哪些绘图编辑命令,它们具有怎样的功能,如何使用?

9. 使用 Windows 剪贴板可以进行哪些编辑操作?

10. 使用基本绘图和图形编辑命令绘制实训题图 1-7 所示的平台板平面图。

11. 使用基本绘图和图形编辑命令绘制实训题图 1-8 所示的舱壁板平面图。

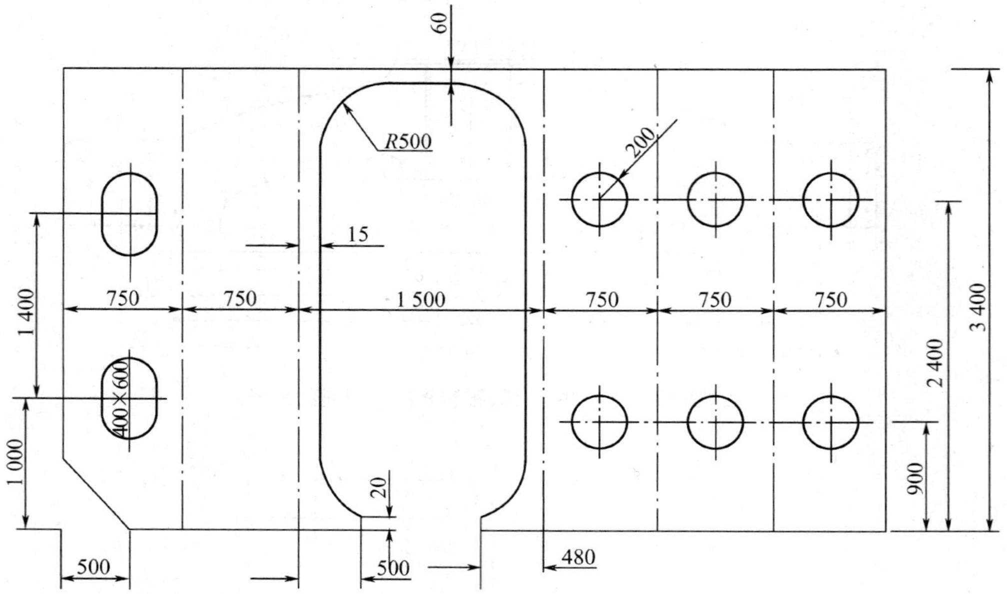

实训题图 1 -7　平台板平面图

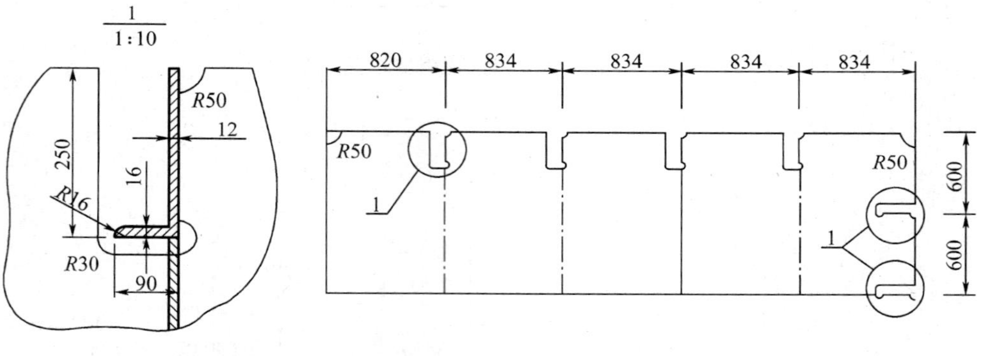

实训题图 1 -8　舱壁板平面图

12. 关于图层、型线、线宽和颜色的操作命令有哪些，功能如何？

13. 举例说明图层在船舶绘图中的应用。

14. 应用图形特性管理知识和已学习过的其他船舶 CAD 绘图知识，绘制实训题图 1 -9 所示的图形。

15. 应用图形特性管理知识和已学习过的其他计算机船舶绘图知识，绘制实训题图 1 -10 所示的舷侧外板展开图。其中，尺寸只供绘图使用，可不进行标注。

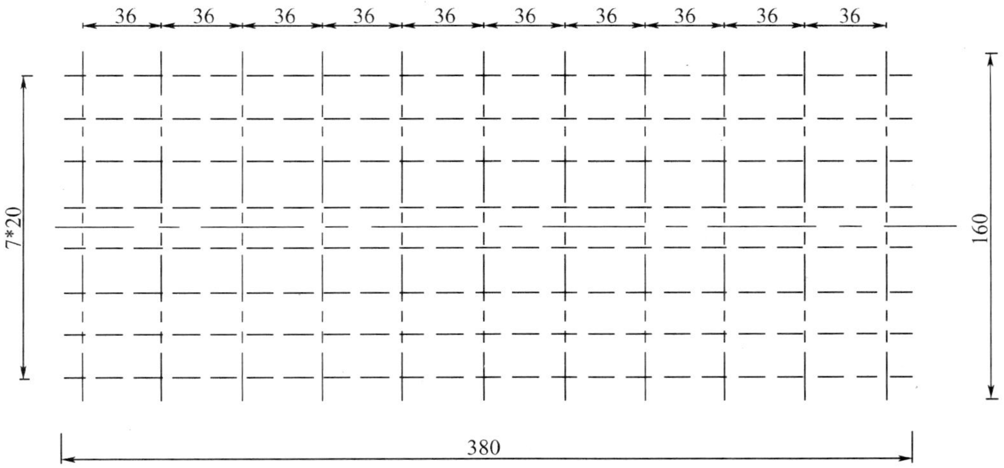

实训题图 1 – 9　甲板平面图

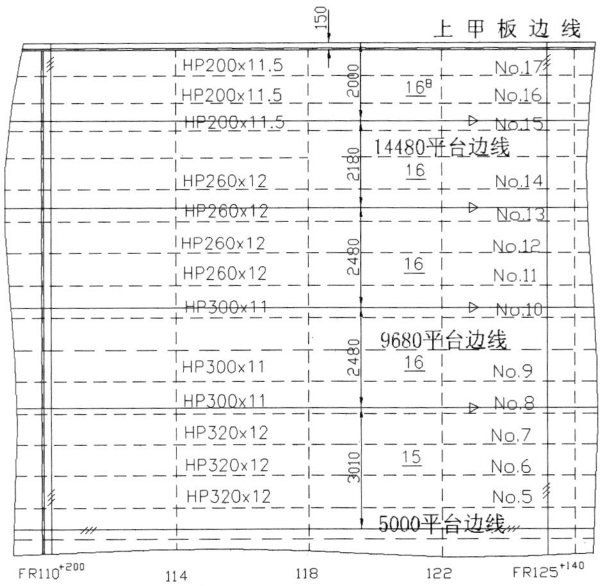

实训题图 1 – 10　舷侧外板展开图

实训项目二　Tribon 船舶基本绘图实训

任务 1　显示控制等基本操作实训

【实训目标】

1. 熟练掌握 Drafting 常用命令的使用方法；
2. 掌握根据绘制需选择基本二维图形绘制命令的方法；
3. 掌握文件操作、显示控制操作、几何图形特性和图幅格式修改操作。

实施步骤、时间安排、实施方式见表 2－1。

表 2－1　任务 1 实施步骤、时间安排、实施方式

实施步骤	时间安排	实施方式
阅读教材、参考书及完成实训	课余与课上之比约 1∶1	自学、查资料、相互讨论、完成实训、在网络教学系统留言，教师查看、评价并给予指导
讲解与示范	2 学时	教师使用投影仪和局域网边讲解、边示范，学生同步观看、学习和记录，教师要注意引导学生发现问题，启发学生思考问题和寻找解决问题的方法
指导学生实际操作	6 学时	每个班级分为若干组，每组 8 人以下，每组可安排不同工作任务，每个学生使用一台微机独立操作，遇到问题可相互讨论或请教老师，教师要注意及时评价学生实训完成情况，设法调动学生实训积极性
检查评价	1 学时	教师与学生共同完成任务的检查评价，并对存在的问题进行分析与处理。学生将完成的任务自我检查评价打分后，通过局域网提交给老师，老师检查评价打分，指出存在问题和解决方法反馈给学生

一、显示控制操作实训

（一）屏幕缩放操作实训

屏幕缩放操作是图形绘制过程中最常用的操作命令，该命令可以保证用户在屏幕上任意的缩放图形，使缩放操作满足绘图的需要。该命令在 Controls（控制工具栏）中，放大使用 ，缩小使用 。

实训 1 将图中左边对角线交叉的矩形，放大显示为图中右边对角线交叉的矩形。

在 Controls(控制工具栏)中点击  图标(Zoom In)，按提示选中屏幕上的“1”点，再选取“2”，形成矩形框，图形将被放大，如图 2－1 所示。

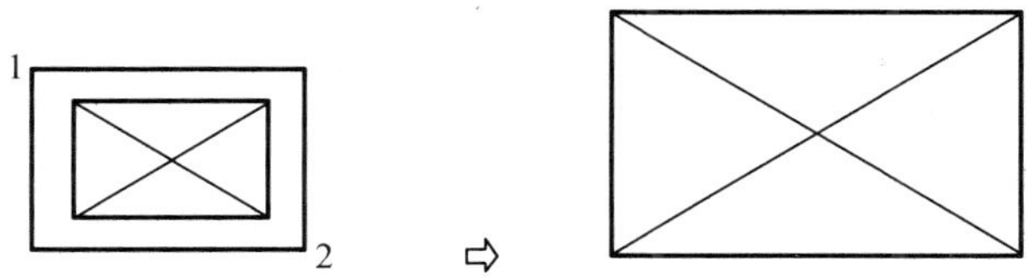

图 2－1 放大前后的图形

实训 2 将图中左边对角线交叉的矩形，缩小显示为图中右边角线交叉的矩形。

在 Controls(控制工具栏)中点击  图标(Zoom Out)，选中屏幕上的“1”点，再选取“2”，形成矩形框，图形将被缩小，如图 2－2 所示。

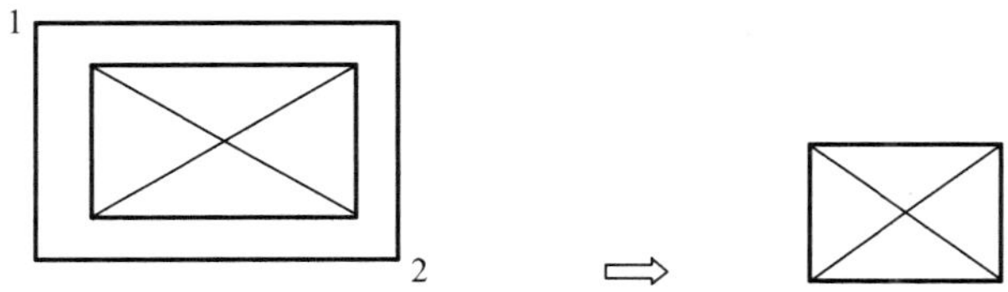

图 2－2 缩小前后的图形

(二)图形充满屏幕操作实训

使图形充满屏幕也是经常使用的显示控制操作，该命令在 Controls(控制工具栏)中，使用  (Zoom Auto)。

实训 1 将图 2－23 中左边图形充满屏幕，显示为图 2－23 中右边图形。

在 Controls(控制工具栏)中点击图标  (Zoom Out)，系统自动使图形充满屏幕，如图 2－3 所示。

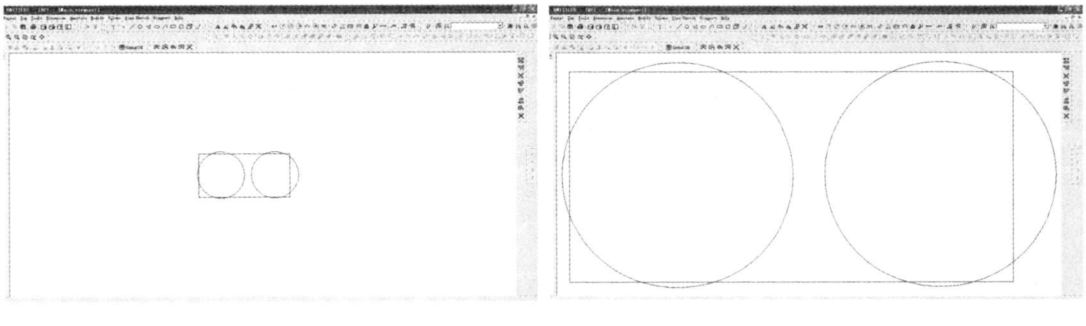

图 2－3 使图形充满屏幕

(三)模型表面着色后显示操作实训

显示着色后的模型表面并进行缩放、旋转、移动、不同视点轴侧观察等操作，可以直接地观察模型外观，是经常使用的显示控制操作，这些操作命令在 Shading（模型显示工具栏）中。

实训 1　对某小型横骨架式船舶主体结构进行轴侧观察。新建模型显示窗口，选择 (Isometric view—looking FOR 从前看的等轴侧视图）命令，着色后的模型显示如图 2 - 4 所示。

图 2 - 4　着色后的小型横骨架式船舶主体结构模型

二、几何图形特性和图幅格式修改操作实训

(一)颜色的修改操作实训

对已存在的几何图形颜色的修改选用下拉菜单 Modify→Colour，这时系统将出现图 2 - 5 所示对话框。

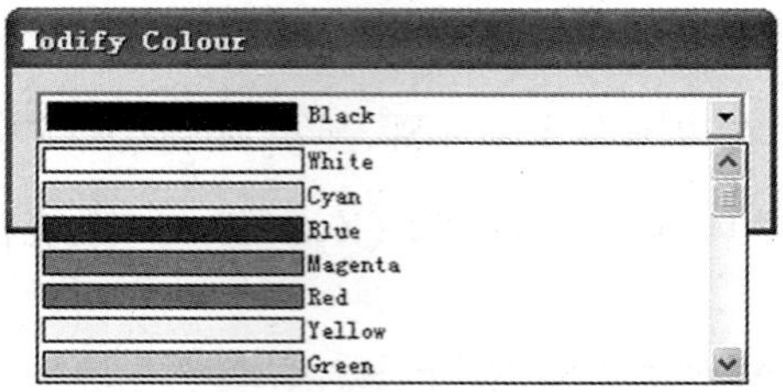

图 2 - 5　颜色选择对话框选择

选取一种颜色，点取“OK”即可。这时选取绘制的几何图形将改变成该颜色。使用 (OC)又返回 Colour 设置对话框，使用 (Quit)退出 Colour 设置对话框。

(二)型线修改操作

对已存在的几何图形型线的修改选用下拉菜单 Modify→Line type，这时系统将出现图 2 - 6 所示对话框。

这时选取绘制的几何图形将改变成该型线。使用 (OC)又返回 Line type 设置对话框，使用 (Quit)退出 Line Type 设置对话框。

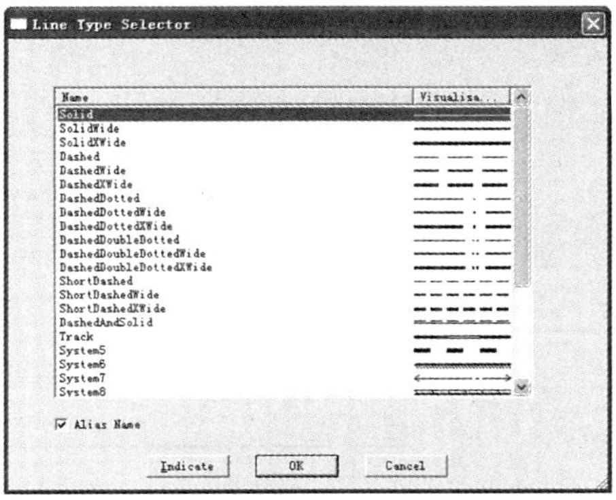

图 2-6 型线选择对话框选择

实训 1 将不可见加强材轮廓线型线改为虚线，如图 2-7 所示，图中左边为修改前，右边为修改后。

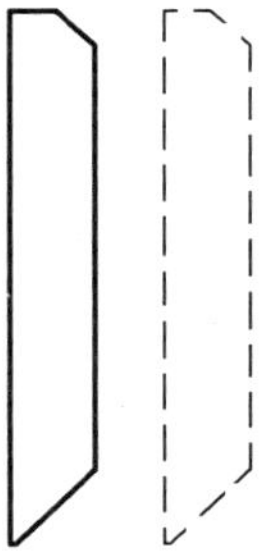

图 2-7 型线修改实例

（三）图幅格式修改操作实训

通常图幅是企业进行生产设计的一种规定的企业标准，它通常包括图框、标题栏等，因此，对于图幅格式的修改，使之符合本企业的标准，是非常重要的。

实训 1 图幅格式（FORM）的修改。

图幅的修改在 Tools 下拉菜单中，选取 Tools→Draw Form，有打开和保存两个选项，如图 2-8 所示。

假如是对 A3 图幅格式修改，选取 Open，输入 A3，将从系统中调出 A3 的图幅格式，这时用户可以修改 A3 图幅的内容，比如修改标题栏中的内容，将标题 Tribon Solutions Ab 改为渤海船舶职业学院，修改后选取 Save 将修改保存，如图 2-9 所示。也可以在 File 下拉菜单下选取 Import→Dxf，把 AutoCAD 绘制的图幅格式转成 Dxf 图形调入系统，再使用 Save 将其保存为系统的标准图幅，备调用。

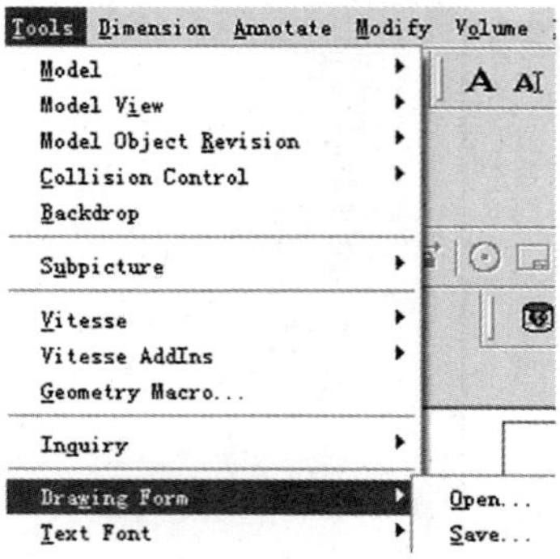

图 2-8 图幅格式的打开和保存

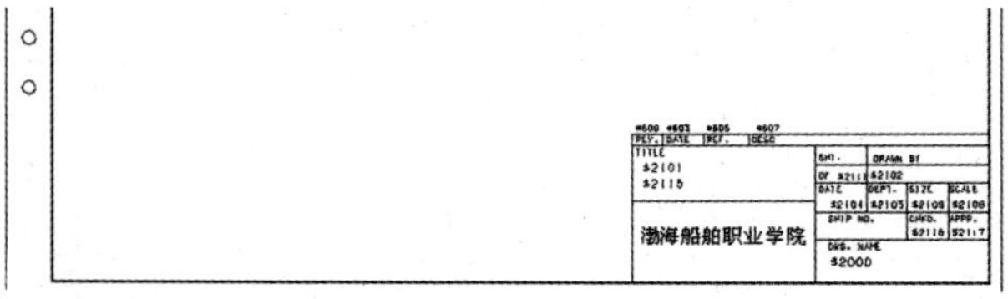

图 2-9 修改标题后的图幅格式

任务 2 Drafting 基本绘图操作实训

【实训目标】

1. 熟练掌握绘制点、直线、圆弧等基本二维图形命令的交互操作；
2. 熟练掌握文字标注命令交互操作；
3. 熟练掌握尺寸标注命令交互操作；
4. 熟练掌握几何图形编辑的交互操作过程；
5. 熟练掌握船舶基本绘图实际应用的方法和技巧。

任务实施步骤、时间安排、实施方式见表 2-2。

表 2-2 任务 2 实施步骤、时间安排、实施方式

实施步骤	时间安排	实施方式
阅读教材、参考书及完成实训	课余与课上之比约 1:1	自学、查资料、相互讨论、完成实训、在网络教学系统留言，教师查看、评价并给予指导
讲解与示范	2 学时	教师使用投影仪和局域网边讲解、边示范，学生同步观看、学习和记录，教师要注意引导学生发现问题，启发学生思考问题和寻找解决问题的方法
指导学生实际操作	6 学时	每个班级分为若干组，每组 8 人以下，每组可安排不同工作任务，每个学生使用一台微机独立操作，遇到问题可相互讨论或请教老师，教师要注意及时评价学生实训完成情况，设法调动学生实训积极性
检查评价	1 学时	教师与学生共同完成任务的检查评价，并对存在的问题进行分析与处理。学生将完成的任务自我检查评价打分后，通过局域网提交给老师，老师检查评价打分，指出存在问题和解决方法反馈给学生

一、几何图形的绘制实训

几何图形绘制命令的调用，可以根据绘图需要，通过使用工具栏或下拉菜单实现。Tribon 系统绘图的特点是，通常需要交替使用两种或两种以上工具栏。比如，在一个工具栏中选择了某个绘图命令后，还需要到另外一个工具栏中选择确定点的方式。在几何图形绘制过程中对于一些特殊点的捕捉，可以使用二维点模式（2D point mode）工具栏和三维点工具栏（3D request）提供的方式完成。

几何图形绘制中使用最多的直线、圆弧（包括圆）等命令，这些绘图命令的每一种又对应多种绘制方式，需要我们根据绘图要求去选择，例如绘制直线命令，对应两点、一点加角度、相交、水平、垂直、平行、相切等等方式，下面我们通过实例说明他们的绘制方法。

实训 1　绘制图 2－10 所示给出已知数据的左右两个直角三角形。

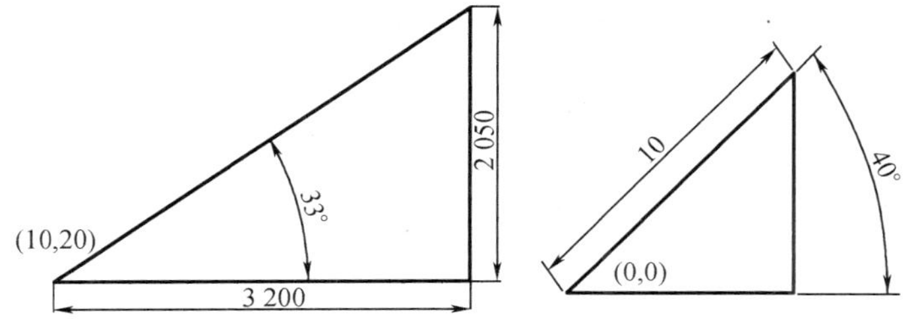

图 2－10　给出已知数据的直角三角形

本例中绘制第一个三角形可以有多种方式，例如比较方便的方法是，通过已知的左边角点坐标，加上直角边边长确定三角形三个角点坐标，已知三角形左下角点坐标为（100，20），那么右下角点坐标为（3300，20），上角点坐标为（3300，2070），接下来选择通过两个端点绘直线的方式，如图 2－11 所示，最终可绘出三个边。具体操作过程读者自己完成，其他方法请读者积极思考。

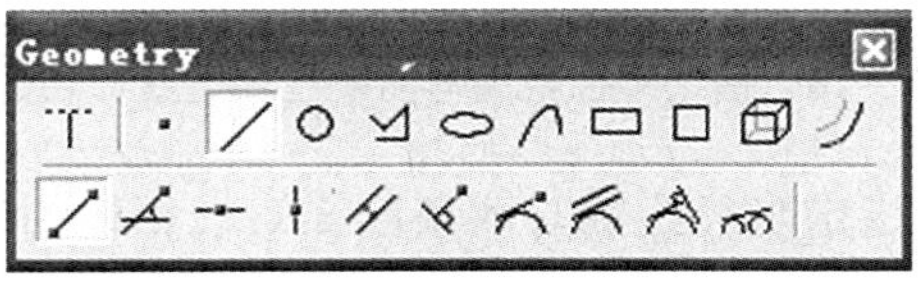

图 2－11　选择通过两个端点绘直线的方式

当绘制图 2－10 第二个直角三角形时，它给出左边角点坐标、斜边长和一个夹角，相对简便的方法通常是先计算出另外两个上角点坐标（7. 66，6. 43），用与上面同样方法绘出斜边，再用一点加角度和相交直线的方法绘出两个直角边，如图 2－12 所示。具体操作过程读者自己完成，其他方法请读者积极思考。

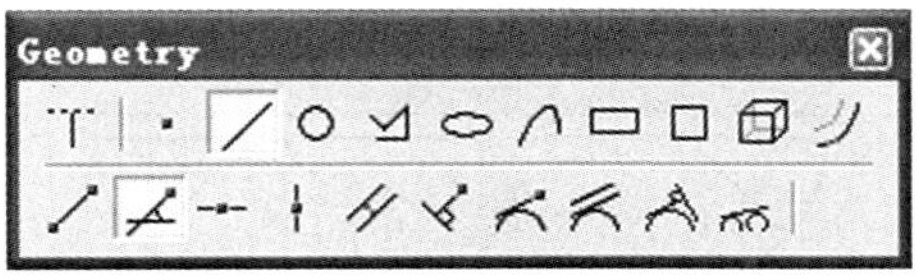

图 2－12　选择一点加角度和相交直线绘直线的方式

通过本例可以看出，绘直线段最基本、最容易掌握的方法是先确定直线段的两个端点，再使用通过两个端点绘直线段的绘制方式。

实训2　绘制出如图2－15所示的圆弧。

选择两个端点和半径绘制圆弧方式，如图2－13所示。再通过已经存在的点方式选择圆弧两个端点，如图2－14所示。系统将按要求绘出圆弧。

图2－13　选择两个端点和半径绘制圆弧方式

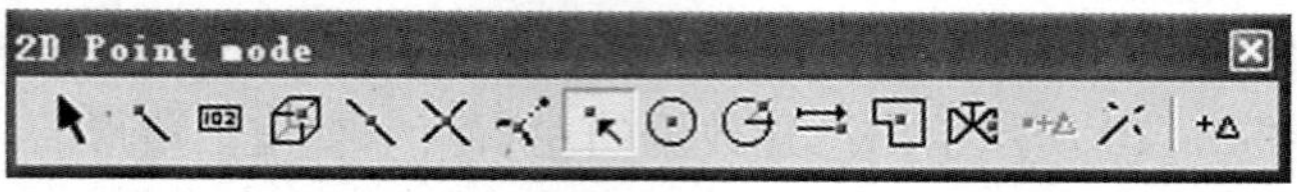

图2－14　选择已经存在的点方式

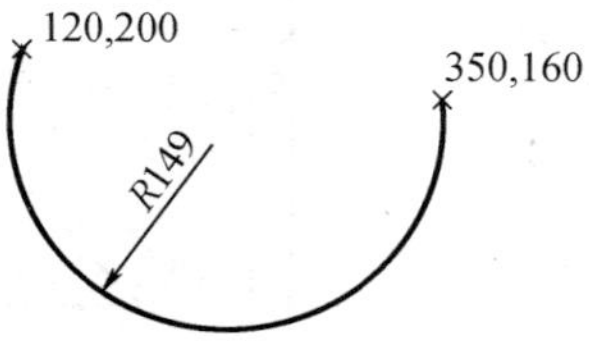

图2－15　指定两个端点和半径绘制圆弧

实训3　绘制图2－16中所示与两条直线段相切，半径为70的圆。

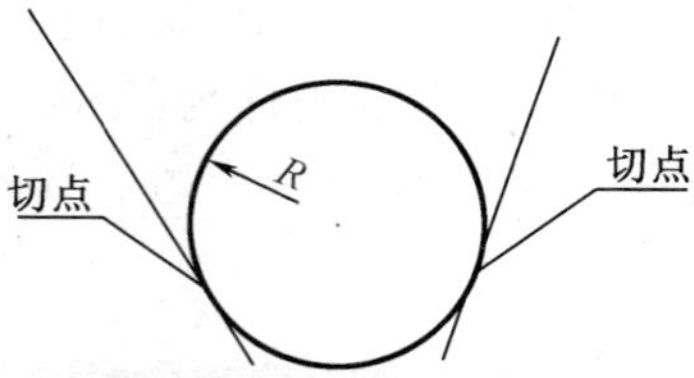

图2－16　指定半径绘制与两条已知直线相切的圆

如图2－17所示，选择指定半径绘制与两条已知直线相切的绘圆方式，系统将按要求绘出圆弧。

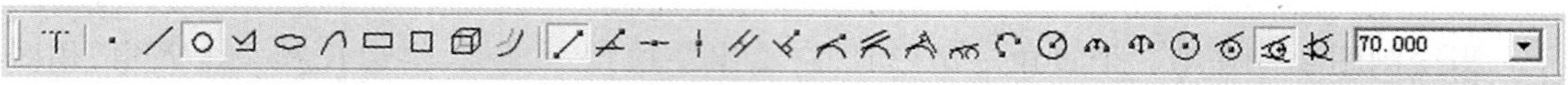

图2－17　选择指定半径绘制与两条已知直线相切的绘圆方式

实训4　绘制图2－18所示由直线段和圆弧组成的外板剖面线。

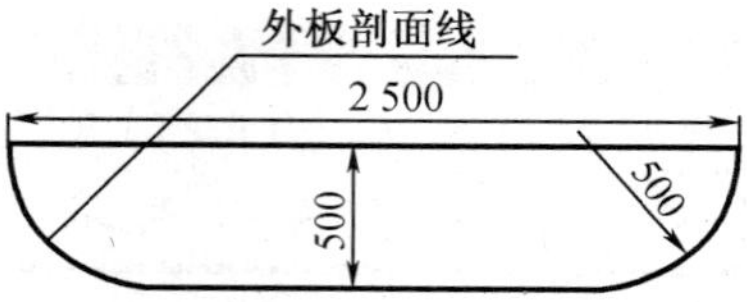

图2－18　由直线段和圆弧组成的外板剖面线

首先在 Format 下拉菜单中选择粗实线型线，如图 2－19 所示。根据内底板长度，确定内底板剖面线端点坐标，使用 ⟋ 命令绘出内底板和外板平直部分剖面线。

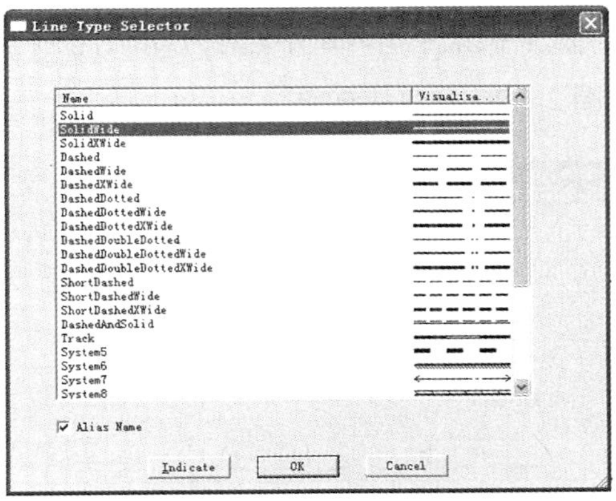

图 2－19　选择粗实线型线

注意输入端点坐标选择二维点模式工具栏中的第 3 项坐标输入模式，如图 2－20 所示。

图 2－20　选择二维点模式工具栏中的第 3 项坐标输入模式

使用两点加半径绘圆弧方式绘出舭圆弧，如图 2－21 所示。

图 2－21　两点加半径绘圆弧方式

实训 5　绘制轴剖面图形。在几何工具栏（Geometry）上选 ，将出现 2D Primitive 对话框，如图 2－22。选取 1，点取现有图形上两点，如直线段上下端点，将出现轴剖面图形，结果如图 2－23。

实训 6　云线的绘制（Cloud）

在几何工具栏（Geometry）上选 ，将出现 2D Primitive 对话框，如图 2－22 所示。

选取 4，在屏幕上绘制四个点（形成一个矩形框），点击 OC 后形成云状线，结果如图 2－24。

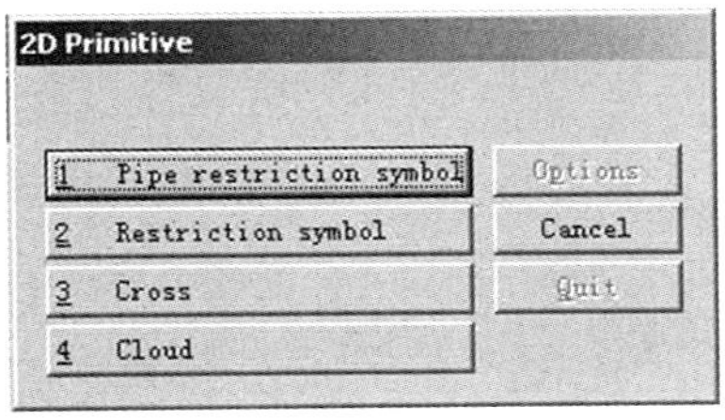

图 2－22　2D Primitive 对话框

图 2－23　轴剖面图形

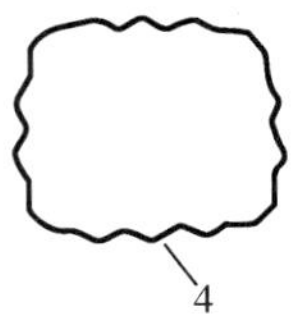

图 2－24　矩形云状线

实训 7　绘制剖视线(Hatching)。

用 45°阴影线绘制图示任意多边形内的剖视线。

选取 Format→Hatch pattern,将出现选取剖视线图形对话,从中选取所需的剖视线(45°阴影线)如图 2－25 所示。从下拉菜单 Insert 中选取 Hatch,根据提示选取插入剖视线的边界,选点击 ✓ ,将得到如图 2－26 右边的结果。

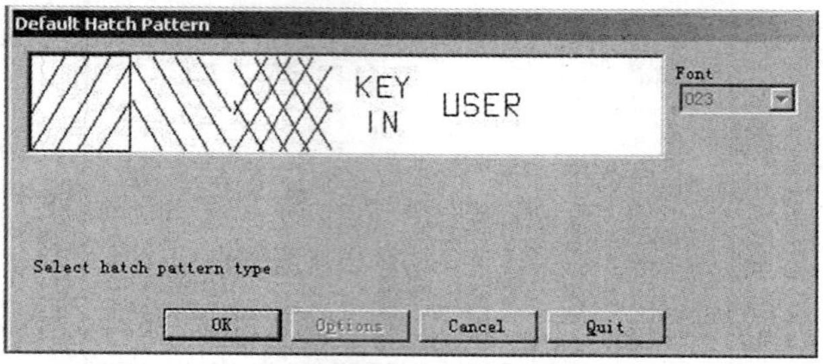

图 2－25　剖视线图形选取对话

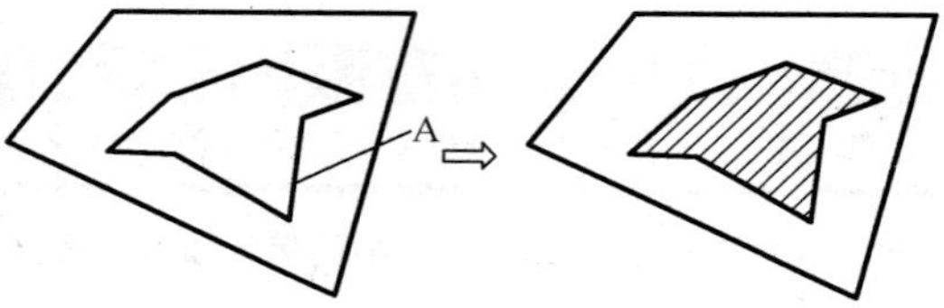

图 2－26　剖视线插入前后

实训 8　绘制如图所示的表示开口尺寸的开口标注线。

在几何工具栏(Geometry)上选 ，将出现 2D Primitive 对话框,如图 2－22 所示。选取第 3 项(Cross),再分别点取对角的四个点,输入文本参数 1 000 * 2 000,结果如图 2－27 所示。

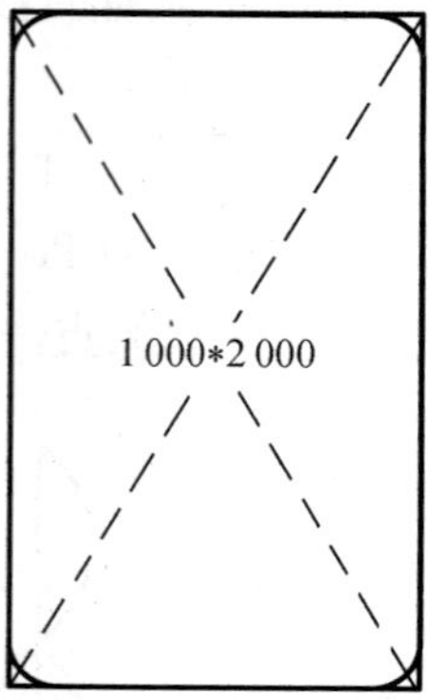

图 2－27　输入文本参数后的图形

二、文字、符号标注实训

如前所述，在 Insert 下拉菜单中有标注文字、符号的功能，如图 2－28 所示的左右菜单选项分别是单行和多行文字标注的菜单选项。

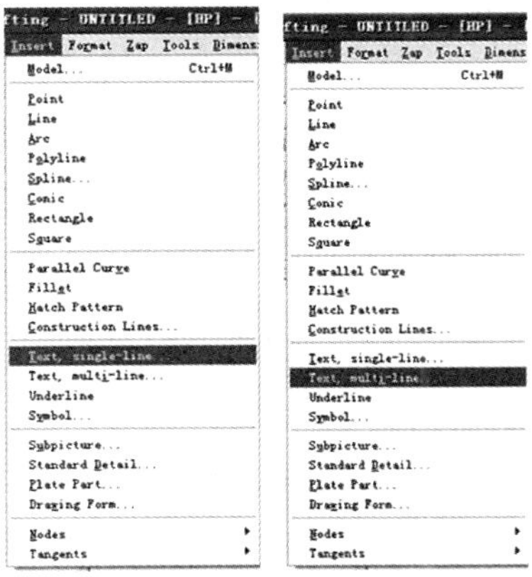

图 2－28　单行文字标注

下面通过实际操作理解和掌握他们的使用方法。

实训 1　单行标注“基于 Tribon 船舶基本绘图”，多行标注“2. 6. 3 尺寸标注 (Dimension) 2. 6. 3. 1 直线标注 (Linear)”，并将单行标注倾斜 10°。

选择单行标注菜单，在系统弹出的对话框中键入文字，如图 2－29 所示。

再选择 Options 选项，从中选择标注文字时的倾斜选项，如图 2－30 所示。

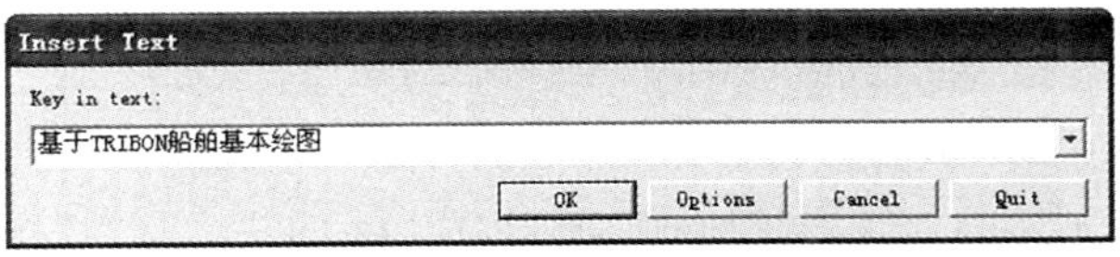

图 2－29　单行文字标注

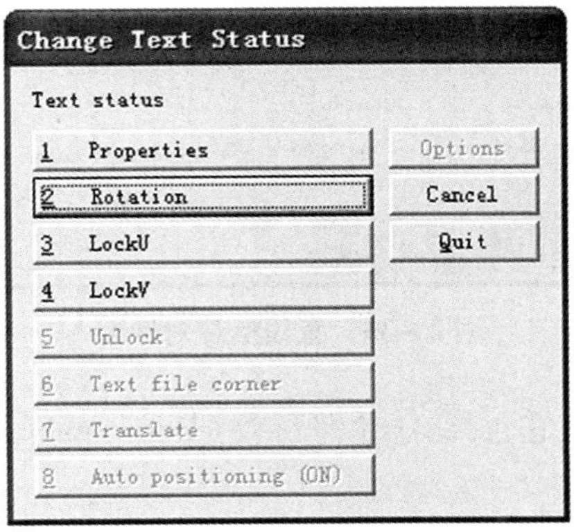

图 2－30　标注文字时的倾斜选项

再输入角度 10°，系统标注出倾斜文字，如图 2－31 所示。

选择多行标注，在系统弹出的对话框中键入文字，键入第一行后回车，再键入第二行，如图 2－32 所示。

图 2－31　单行标注倾斜 10°

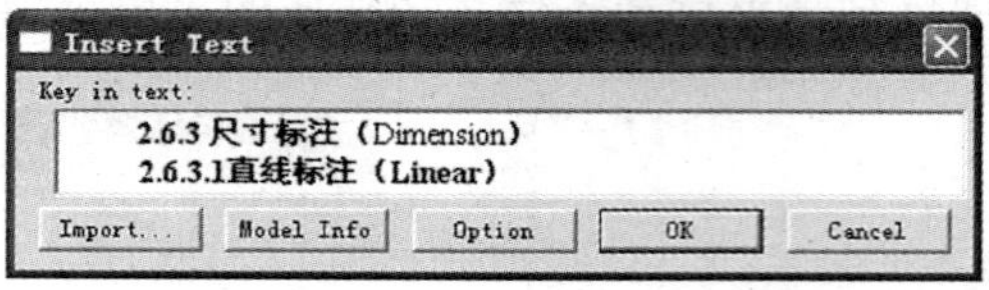

图 2－32　多行文字标注

Tribon 系统备有一些特殊符号供标注使用，如图 2－33 所示。

实训 2　标注横剖面中心线符号。在 Insert 下拉菜单中选择 Sympal 选项，从中选择中心线符号，确定插入位置，系统即标注出该符号，如图 2－34 所示。

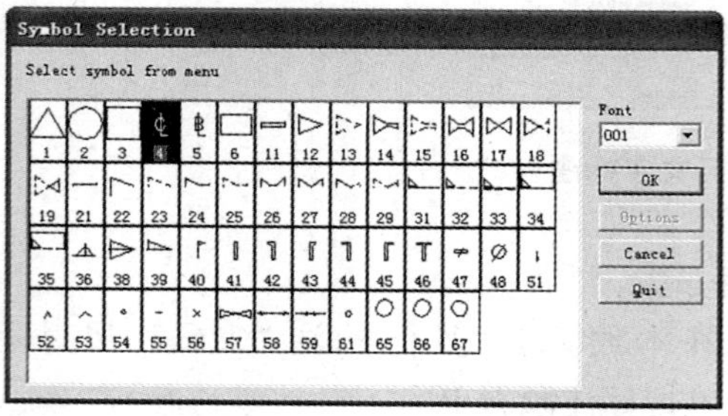

图 2－33　Tribon 系统备有的一些特殊符号

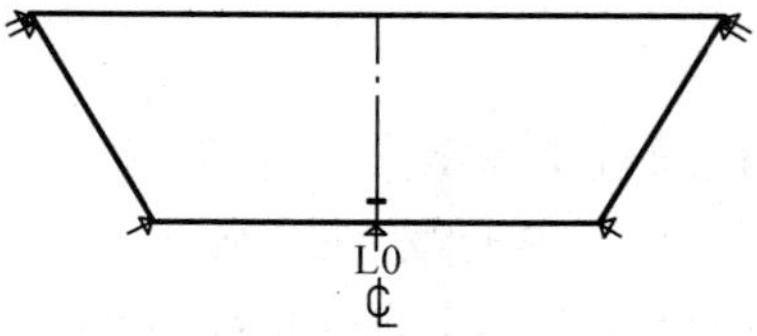

图 2－34　标注后的横剖面中心线符号

三、尺寸标注（Dimension）实训

（一）直线标注（Linear）实训

选取 Dimension→Linear，进行直线标注，如图 2－35 所示。

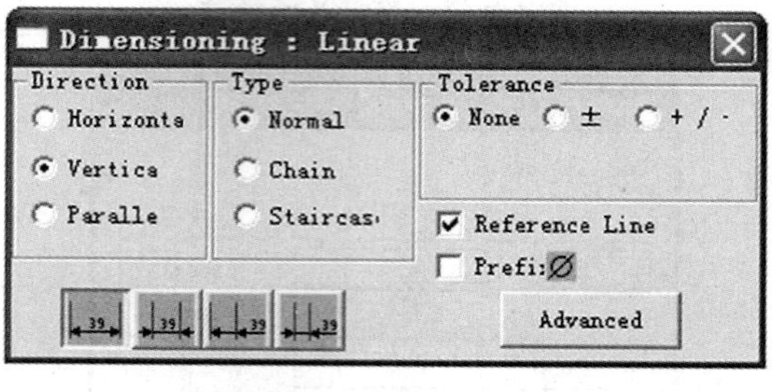

图 2－35　直线标注对话框

Direction：直线标注方向，它包括：①水平标注（Horizontal）；②垂直标注（Vertical）；③平行标注（Parallel）。

Type：标注类型，它包括：①正常标注（Normal）；②连续标注（Chain）；③阶梯标注（Staircase）。

Tolerance：标注公差选项。

Reference Line：标注延长线的控制开关。

Prifx：加入直径符号 Φ。

高级选项 Advanced，如图 2－36 所示。

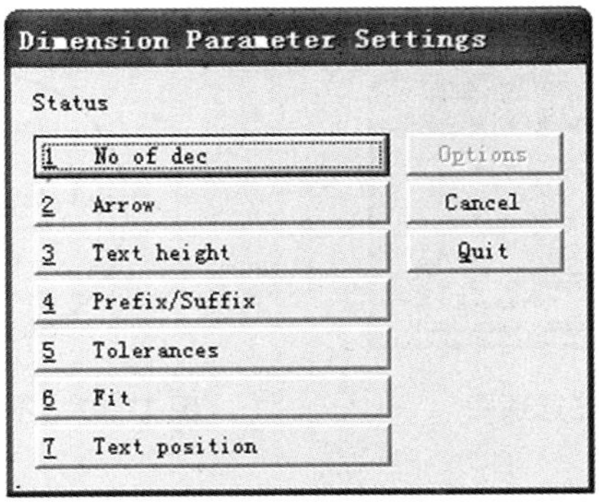

图 2－36 高级选项 Advanced

它包括：①设置十进制（No of dec），②设置箭头的形式及大小（Arrow），③设置标注文字的高度（Text Height），④设置标注文字的前缀和后缀（Prefix/Surfix），⑤设置标注的公差值（Tolerances），⑥设置标注文字的方向（Fit），⑦设置文字位置（Text Position）。

实训 1 对图 2－37 所示直线进行标注（Linear）。

操作方法：对图中直线目标，用 （Node）点取目标的端点，点击 （OC），再点击 （Offset CrunSOR），在屏幕上适合的位置拾取一下，如图 2－37 所示。

（二）半径标注（Radius）实训

选取 Dimension→Radius，进行半径标注，如图 2－38 所示。其操作结果如图 2－39 所示。

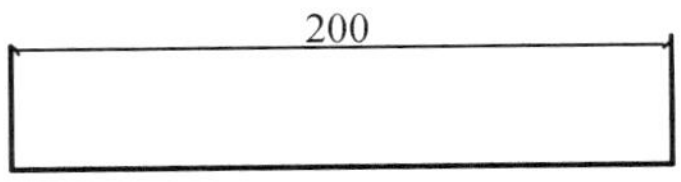

图 2－37 直线标注

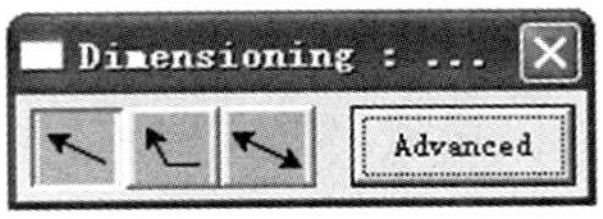

图 2－38 半径标注选项

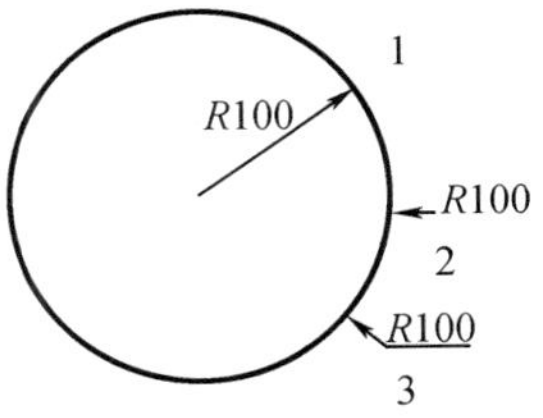

图 2－39 不同半径标注选项结果图

（三）直径标注（Diameter）实训

选取 Dimension→Diameter，进行直径标注，如图 2－40 所示。其操作结果如图 2－41 所示。

四、标注距船体基线、中心线、艉垂线和任意坐标平面距离实训

选取 Dimension→3D→Distance to Plane→Linear，如图 2－42 所示。

选取 1，2 和 3 系统提示输入坐标平面的值，比如输入 X＝0，代表在 X＝0 处的 YZ 平面，系统接下来会提示拾取一点，当在能够表示 X 方向距离的图形上拾取一点后，系统会标

出该点到 X = 0 处的距离，选取 Y，Z 与此相同；选取 4 后，系统会提示拾取一点，当在能够表示基线方向距离的图形上拾取一点后，系统会标出该点到基线的距离，选取 5 标注距中心线的距离，选取 6 标注距艉垂线的距离。例如在如图 2 – 43 所示的横剖面图上，可以标出甲板距基线(From BL)的高度，旁桁材和甲板开口距中心线(off CL)的距离，其结果见 2 – 43 图。

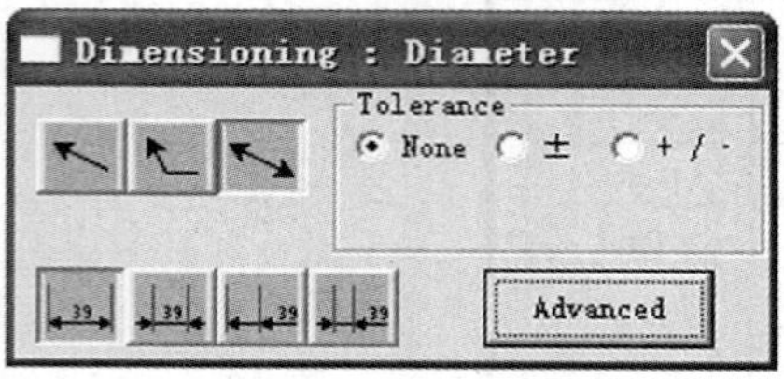

图 2 – 40 直径标注选项图

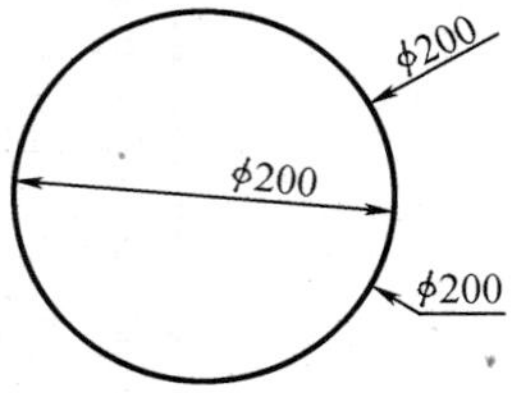

图 2 – 41 不同直径标注选项结果

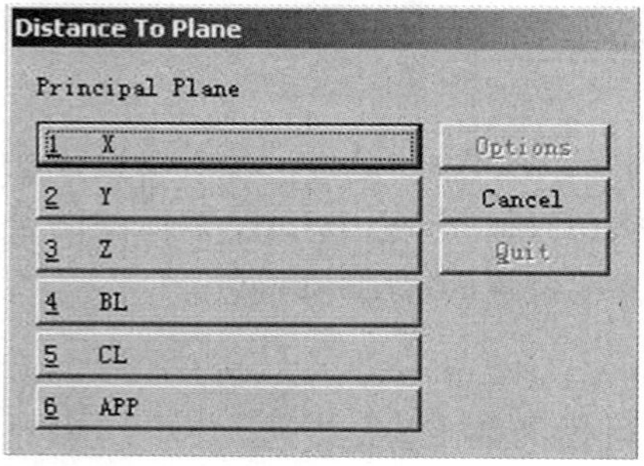

图 2 – 42 船体基准线到坐标平面距离标注选项

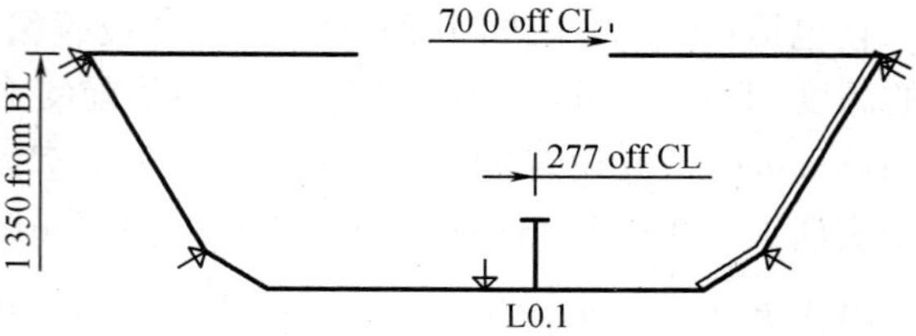

图 2 – 43 横剖面图上标出距基线高度和距中心线距离

五、图形编辑实训

几何图形的编辑是在已有图形基础上进行复制、删除、移动、旋转、镜像、偏移、修剪、延伸等各种编辑操作，可以大大提高绘图效率。需要指出的是，在 Tribon 系统中几何图形的编辑操作方式与在 AutoCAD 系统中有很大不同，比如镜像、偏移等增加图形数量的编辑是先选择复制命令，再选择 Transformation(移动工具栏)中的一种方式实现所需编辑。

实训 1 试绘出如图 2 – 44 所示对称图形。

先使用绘直线段命令以虚线为对称轴线图形的上半部分，如图 2 – 45。

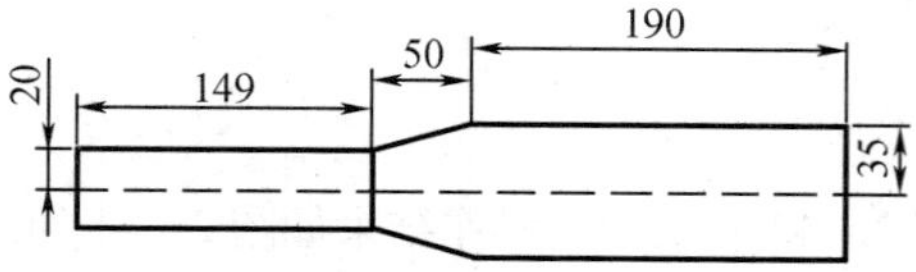

图 2 – 44 以虚线为对称轴线的图形

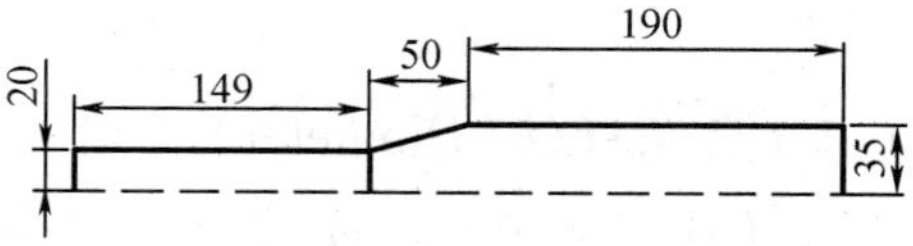

图 2 – 45 对称轴线图形的上半部分

从 Modify 下拉菜单中选择 Copy 命令，在系统提示下从前面介绍过的 Transformation(移动工具栏)中选择镜像方式，然后再选择被镜像对象和镜像轴线即可实现镜像复制，对每个被镜像对象重复以上过程，即可绘出整个图形。

实训 2　试绘出图 2－46 所示不同高度型钢对接侧视图。

先绘出不带型钢面板厚度的侧视图，如图 2－47 所示。

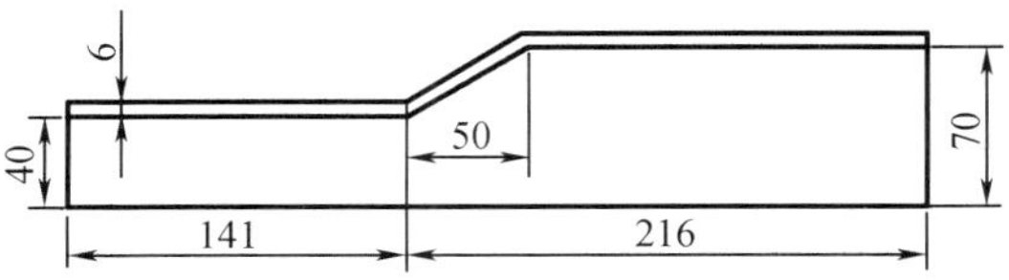

图 2－46　不同高度型钢对接侧视图

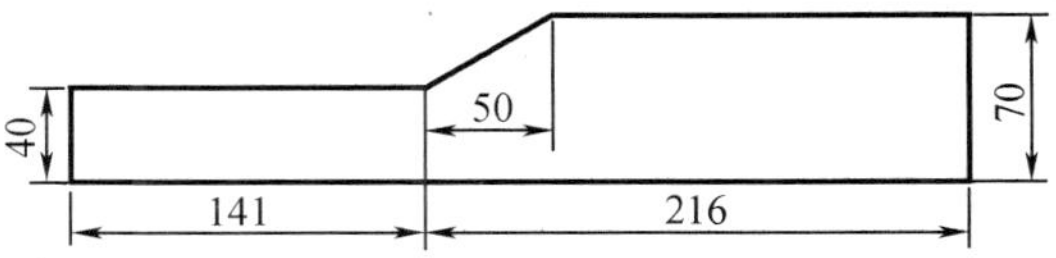

图 2－47　不带型钢面板厚度的侧视图

从 Modify 下拉菜单中选择 Copy 命令，在系统提示下从前面介绍过的 Transformation（移动工具栏）中选择平行方式，然后再选择被平行复制对象、平行复制方向和距离即可实现平行复制，对每个被平行复制对象重复以上过程，即可绘出整个图形。

实训 3　试将图 2－48 中（a）图修改为（b）图。

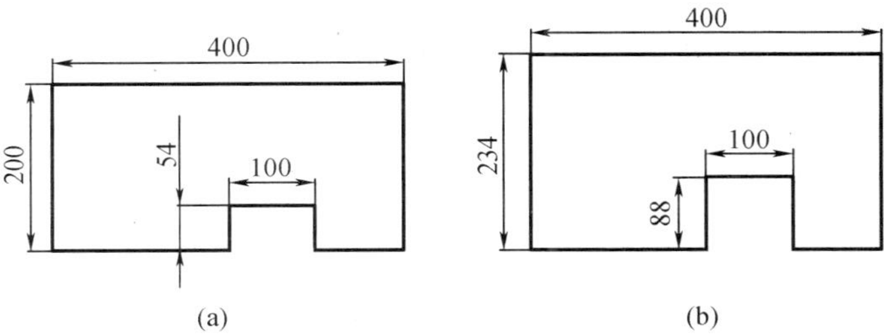

图 2－48　只是高度不同的（a）图和（b）图

不难看出，左图和右图各部分只是高度不同，所以使用 Stretch（拉伸命令）修改最方便。用窗口选择被拉伸对象时一定要把凹槽部分也选中，如图 2－49 所示。

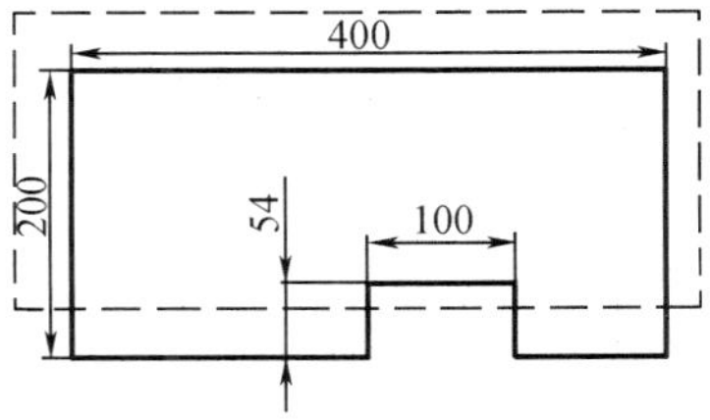

图 2－49　用交叉窗口选择被拉伸对象

从 Modify 下拉菜单中选择 Stretch 命令，选择拉伸对象后弹出如图 2－50 所示拉伸方式对话框，从中选择 Smooth 方式，在系统提示下从前面介绍过的 Transformation（移动工具栏）中选择两点方式，然后指定第一点和第二点位置，系统将被拉伸部分从第一点拉伸到第二点。拉伸后的图形如图 2－51 所示。

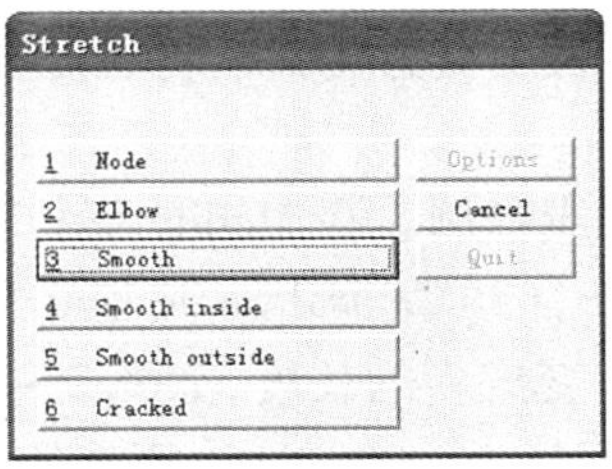

图 2－50　拉伸方式对话框

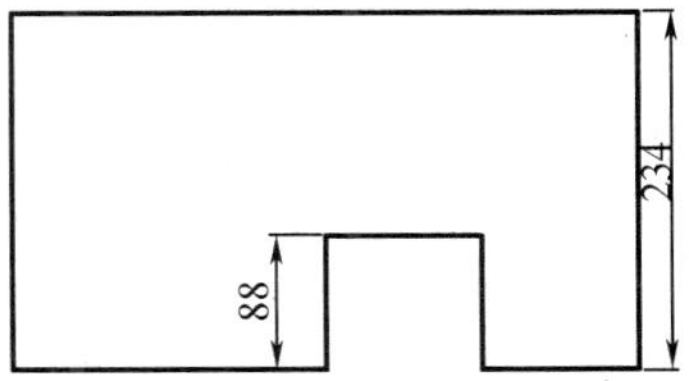

图 2－51　拉伸后的图形

实训 4　从一线段端点作到已知线段的垂线，如图 2－52 所示，在作直线方式中选用 方式，用 Node 模式点选位置 1，再用 方向键选位置 2，系统将作出到已知线段的垂线，如图 2－53 所示。

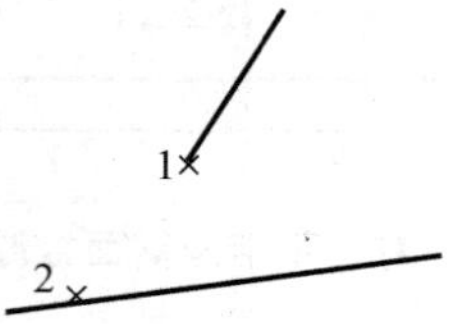

图 2－52　从一线段端点作到已知线段的垂线

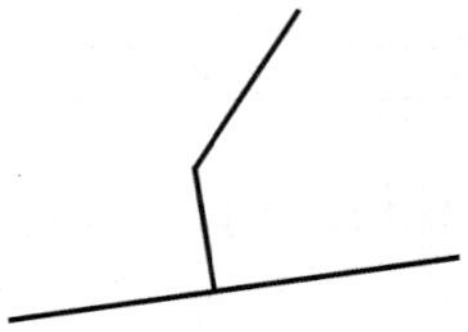

图 2－53　作出到已知线段的垂线

实训 5　分别将两条线段延长和收缩到选定的边界。在 Modify 下拉菜单下，选取 Trim →To entity，将使目标线段的端点延伸或收缩到选定的边界，如图 2－54 所示，先选 1 线，然后选 2 线，这时 2 线的端点延伸到 1 线；再选取 3 线，这时 3 线伸出 1 线的部分缩回到 1 线。

选取 （OC）将允许再选取其他的边界线，连续二次 OC 或 （Quit）退出该命令。

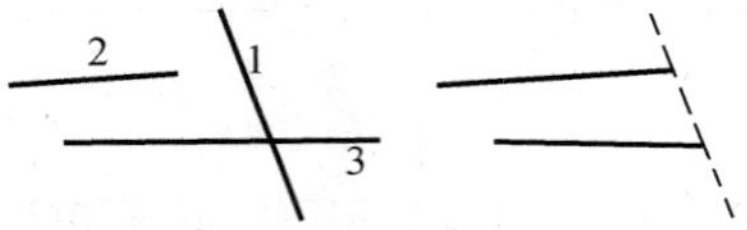

图 2－54　使目标线段的端点延伸或收缩到选定的边界

实训 6　试由图 2－55 中左图相交直线段绘出两条竖线间线段被剪掉、其他与左图相同的右图。读者自己完成。

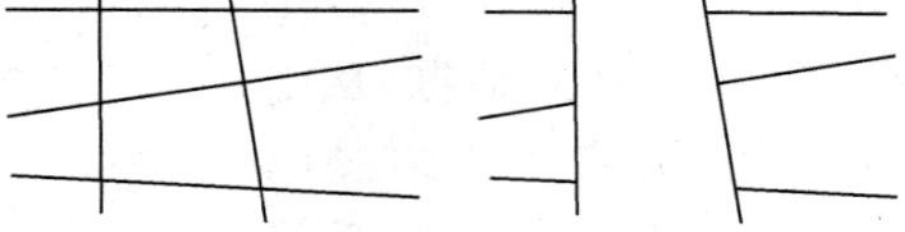

(a)　　(b)

图 2－55　为相交直线段的左图和为两条竖线间线段被剪掉的右图

实训 7　改变直线段长度，将长度为 3 900 的线段长度变为 4 500，将长度为 3 900 的线段长度增加 1 000。

我们使用沿给定长度裁剪（Trim by length）功能完成本例。在 Modify 下拉菜单下，选取 Trim→By length，将出现（1）New length，（2）Delta length，（3）Central angle 三个选项，我们选取 New length，输入新的总长度，选取原有的线，线段将变成新的长度，如图 2－56 所示。如果我们在上面三个选项中选取 Delta length，输入长度增量为 1 000，选取原有的线，线段将增加1 000 长度，如图 2－57 所示。

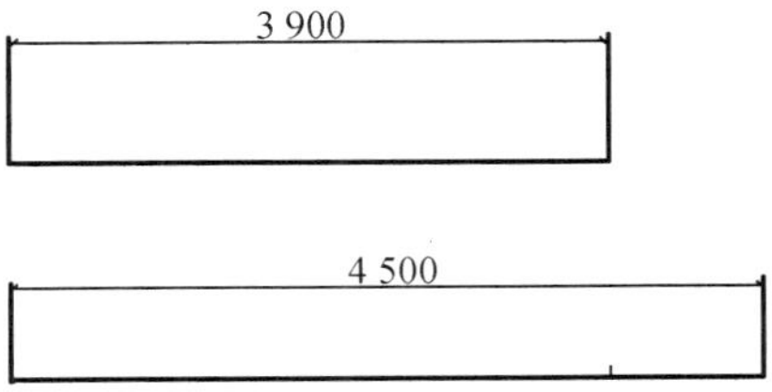

图 2-56 线段变成新的长度

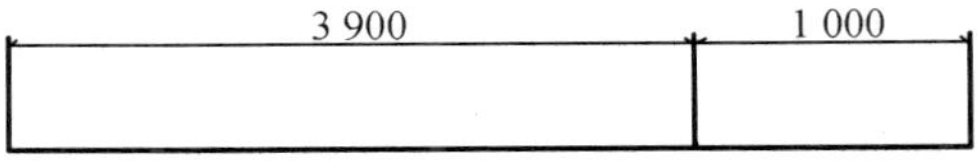

图 2-57 线段增加 1 000 长度

实训 8 以两条线段为界线删除圆的一部分。

Gap 命令可以删除几何图形的一部分。在 Modify 下拉菜单下,选取 Trim→Gap,选取希望裁剪的几何体 1,再选取要裁剪的边界 2,3,系统提示 Keep 和 No Keep 供选取,结果如图 2-58 所示。

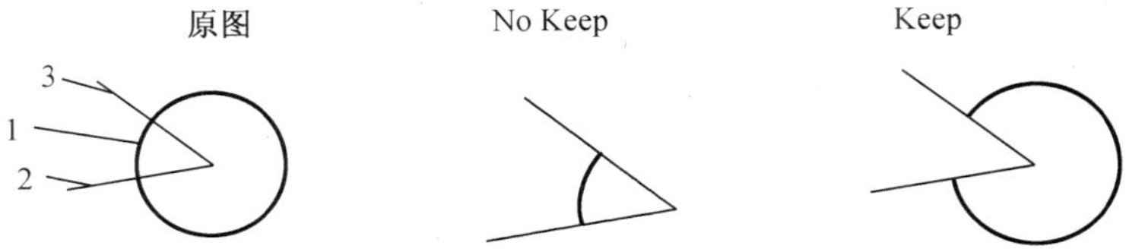

图 2-58 Keep 和 No Keep 选项的结果

实训 9 甲板开口倒圆角。

首先作出矩形甲板开口。在二相交的线段间进行倒角,使用 Modify→Trim→Fillet,系统将出现倒角设置对话框,如图 2-59 所示。

选取倒圆角,系统将出现参数输入对话框,如图 2-60 所示。

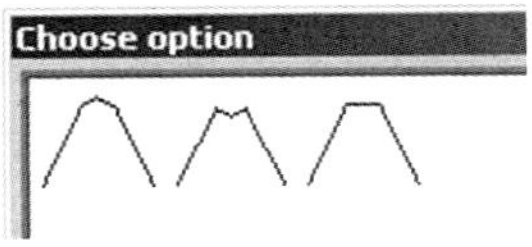

图 2-59 倒角设置对话框

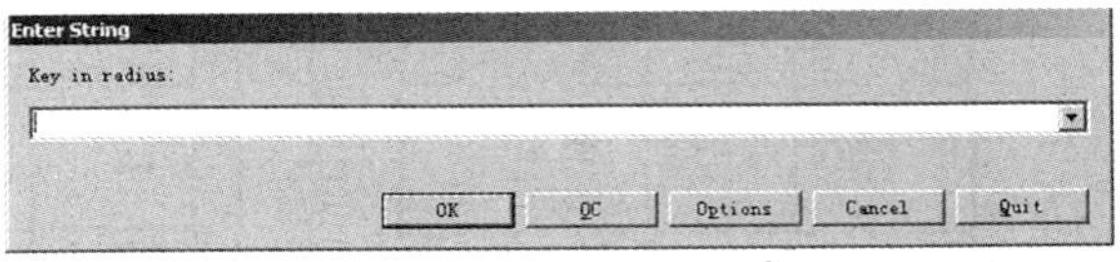

图 2-60 倒圆角参数输入对话框

输入倒角半径,选取两条线,在两线的交汇处将出现倒角,如图 2-61 所示。

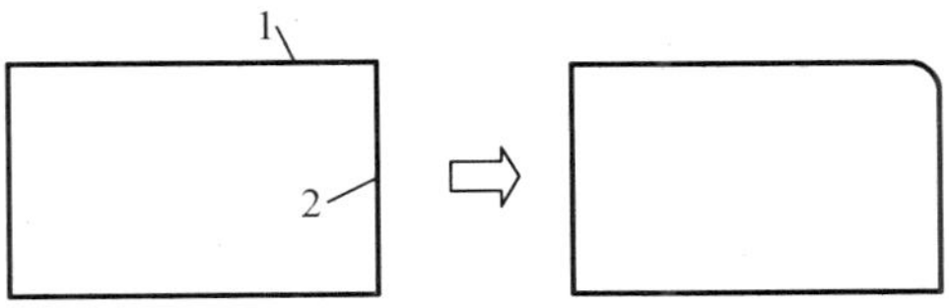

图 2-61 在两线交汇处的倒角结果

实训 10 平行线的绘制(Parallel)。

选取 Insert→Parallel Curve,在输入参数框中输入偏移参数,点取目标,将出现一目标平行的几何型线,如图 2-62 所示。

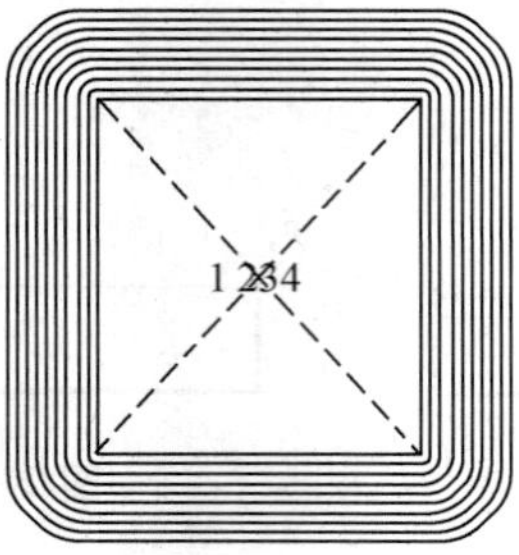

图 2－62　与目标平行的几何图形

实　训　题

1. 使用本实训项目所学的 Tribon 基本绘图知识和技能绘制实训题图 2－1 所示的由横剖面、纵剖面、内底板和外底板组成的图形。

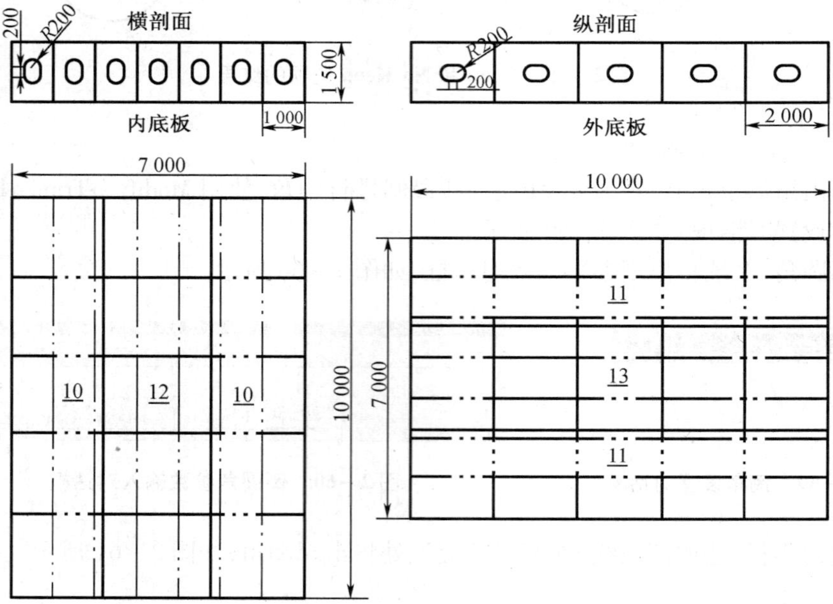

实训题图 2－1　双层底分段三视图

2. 使用本实训项目所学的 Tribon 基本绘图知识和技能绘制实训题图 2－2 所示的双层底横剖面图。

3. 使用本实训项目所学的 Tribon 基本绘图知识和技能绘制实训题图 2－3 所示的舱壁板平面图和节点图。

4. 使用本实训项目所学的 Tribon 基本绘图知识和技能绘制实训题图 2－4 所示的甲板平面图。

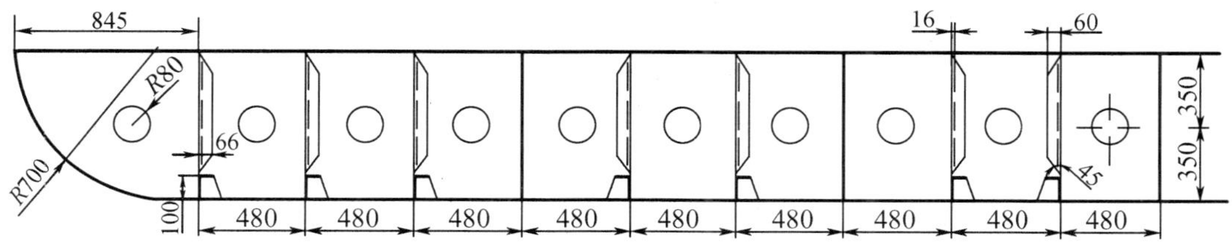

实训题图 2-2　双层底横剖面图

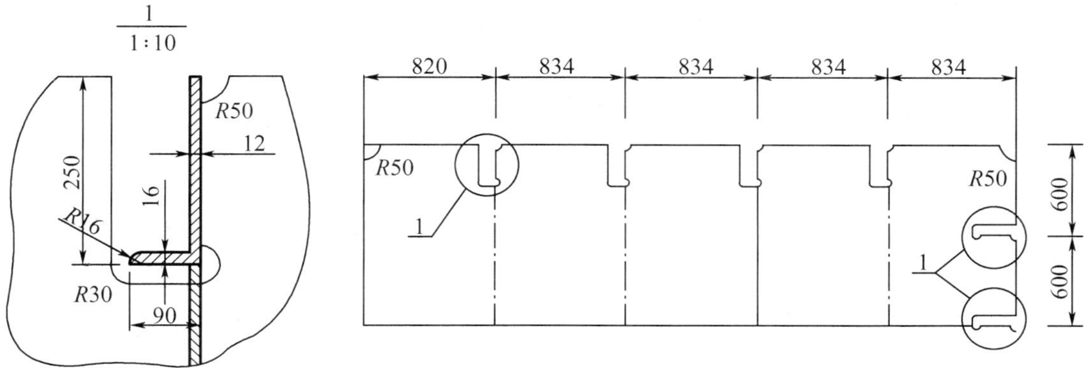

实训题图 2-3　舱壁板平面图和节点图

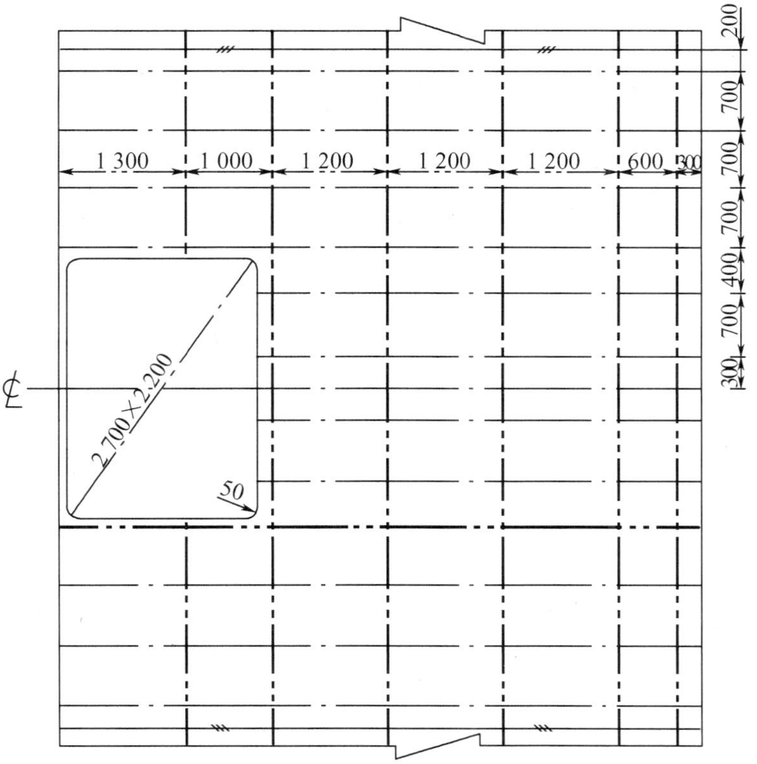

实训题图 2-4　甲板平面图

5. 使用实训项目所学的 Tribon 基本绘图知识和技能绘制实训题图 2 -5 所示的边底横剖面图。T 型纵骨尺寸全部为 T160X20/480X20。

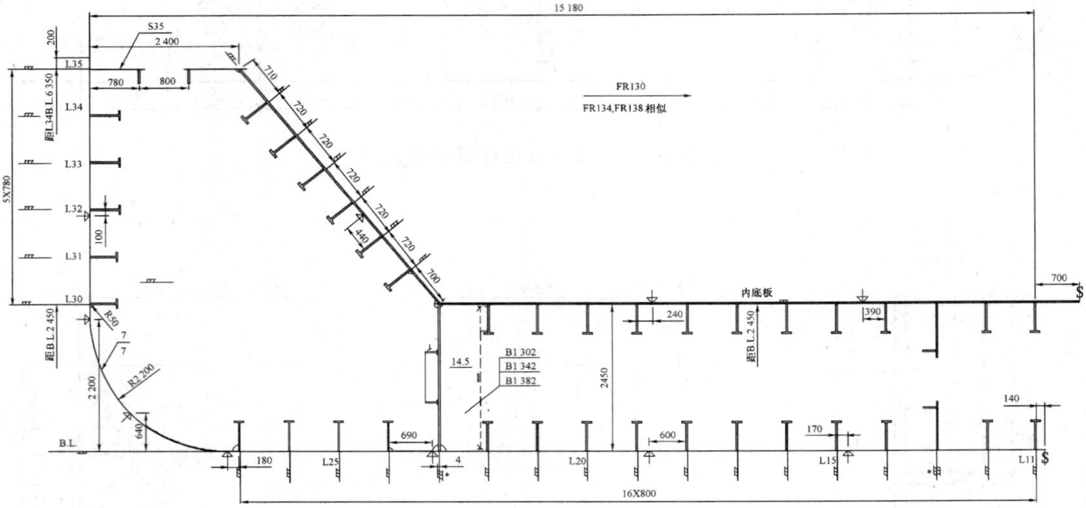

实训题图 2 -5 边底横剖面图

实训项目三　船体型线光顺实训

任务1　熟悉船体型线系统功能

【实训目标】

1. 掌握型线系统的启动和退出方法，能熟练启动和退出系统；

2. 掌握型线系统各部分基本的操作方法和流程；

3. 掌握型线系统主要数据文件的编辑操作方法，在保证文件正常功能的前提下，能进行文件简单的编辑操作。

任务实施步骤、时间安排、实施方式见表3－1。

表3－1　任务1实施步骤、时间安排、实施方式

实施步骤	时间安排	实施方式
阅读教材、参考书及完成实训	课余与课上之比约1∶1	自学、查资料、相互讨论、完成实训、在网络教学系统留言，教师查看、评价并给予指导
讲解与示范	2学时	教师使用投影仪和局域网边讲解、边示范，学生同步观看、学习和记录，教师要注意引导学生发现问题，启发学生思考问题和寻找解决问题的方法
指导学生实际操作	3学时	每个班级分为若干组，每组8人以下，每组可安排不同工作任务，每个学生使用一台微机独立操作，遇到问题可相互讨论或请教老师，教师要注意及时评价学生实训完成情况，设法调动学生实训积极性
检查评价	1学时	教师与学生共同完成任务的检查评价，并对存在的问题进行分析与处理。学生将完成的任务自我检查评价打分后，通过局域网提交给老师，老师检查评价打分，指出存在问题和解决方法反馈给学生

一、熟悉HD－SHM船体型线系统熟悉

实训1　熟悉HD－SHM船体型线系统约定。

HD－SHM船体型线系统使用中除特别说明外，做以下约定：

(1)系统输入输出文件中的尺寸数据以毫米为单位。

(2)文件名中“??”是与工作子目录名的最后二个字符相同的船号编码。

(3)船长坐标是指到 0 号肋骨的距离,正肋骨方向为正,负肋骨方向为负。

实训 2　熟悉型线系统功能属性表组成。

型线系统功能属性表由 8 个功能属性页组成。它们是:三向光顺、型线后处理、外板肋位文件、甲板抛势表、肋骨型值表、样条转换、接口、辅助工具。

二、熟悉三向光顺功能实训

实训 1　熟悉三向光顺功能和操作。

功能:三向光顺属性页提供一系列型线三向光顺处理的功能。

操作:点击“运行”按钮,系统即启动图形平台中的船体型线交互三向光顺系统,在图形平台中的具体操作在下一实训项目中学习。

三、熟悉型线后处理功能实训

实训 1　熟悉型线后处理功能和操作。

功能:提供两类型线后处理功能。

操作:在属性页对话框中按要求选择前半艘和后半艘型线文件名后缀。单击“拼接”按钮。系统即开始拼接生成全船性型线文件。运行结束,系统显示:“生成全船性型线文件”运行结束,生成的文件是: WLINE??. DAT 和 BLINE??. DAT!

利用此功能,可以选择绘制后半艘水线图、纵剖线图、横剖线图、前半艘水线图、纵剖线图、横剖线图,生成型线绘图文件 DRLF. HDG,并立即启动图形平台,在图形平台中显示要绘制的型线图形。

四、外板肋位文件生成实训。

实训 1　外板肋位文件生成实训

外板肋位文件属性页生成外板系统所用的肋位坐标文件 CHARP??. DAT

输入文件:需要有肋距板缝信息文件 GFCF??. DAT。

系统如果在当前工作目录下找到这个文件,即把该文件的数据显示在属性页的各输入框中。如果在当前工作目录下找不到该文件,则应在属性页的各输入框中输入数据,生成该文件。

肋号肋距输入框给出不同肋距的区间:

肋号 1,建造肋距 1,肋号 2,建造肋距 2,…,肋号 d

环缝肋位输入框给出作为外板环缝的各肋位。肋位是一带有四位小数的实数,其整数部分表示肋号,四位小数表示从该肋号向艏加的距离。

拟纵缝输入框给出拟纵缝的描述数据。所谓拟纵缝,指的是参加船体型线三向光顺的纵向折角线,舷顶线之类的型线,它们在外板系统中将作为外板纵缝线。分前后半艘逐个给出拟纵缝。最多可以各有三根拟纵缝,用序号 1,2,3 表示。前后连续的拟纵缝应具有相同的序号。每段拟纵缝要给出如下信息: < 序号 >,‘前(后)半艘后缀’, < 起始肋号 >, < 终止肋号 >, < 宽度列号 >, < 高度列号 >

其中宽度列号,高度列号给出拟纵缝型值点在肋骨型值表文件 FB???. DAT 和 FH???. DAT 中的位置。

当 GFCF??. DAT 文件中有拟纵缝的描述数据时,还要求有以下输入文件:

型线光顺基本信息文件	SBI???. DAT
肋号文件	FN???. DAT
肋骨宽度型值文件	FB???. DAT
肋骨高度型值文件	FH???. DAT

输出文件:外板系统使用的肋位坐标文件 CHARP??. DAT。该文件是一个正文文件,文件按各肋位船体长度坐标从小到大的顺序给出肋位和肋位上拟纵缝的型值。格式如下:

肋位 1 船长 1　X11　Y11　X12　Y12　X13　Y13

肋位 2 船长 2　X21　Y21　X22　Y22　X23　Y23

……

肋位 n 船长 n　Xn1　Yn1　Xn2　Yn2　Xn3　Yn3

这里,肋位包括所有的肋骨线及环缝肋位。

五、甲板抛势表生成实训

实训 1　甲板抛势表生成。

输入文件:甲板梁拱曲线最多可由三段组成,从船舯向舷侧,每段梁拱都可以是直线段或圆弧段。在属性页中逐段给出各段梁拱的宽、拱高,如果是圆弧段,则还要选中圆弧选择框。在“型值间距”输入框中给出生成甲板抛势表时的计算步长。在船名输入框中给出船名。

输出文件:系统运行结果是甲板抛势表文件:PAOSHI??. DAT。

六、肋骨型值表生成实训

实训 1　肋骨型值表生成。

输入文件:运行时当前工作目录下必须存在肋骨线文件:FRAME??. DAT。此外,必须在属性页对话框中按要求分别输入:

开始肋号、终止肋号、水线高度、直剖宽度、输出比例。

其中水线高度和直剖宽度的输入格式为:“值”和“初值(步长)终值”两种形式的组合。例如:

0(50)200,300,500(500)3000,因此上述数据可展开为:

0,50,150,200,300,500,1000,1500,2000,2500,3000

输出文件:点击“运行”按钮,系统即开始生成肋骨型值表。当运行结束后,将得到以下文件:TABOFF??. DAT

七、样条转换实训

实训 1　样条转换。

样条转换属性页提供下列功能:

二进制样条文件转换成 ASCII 样条文件(⇒),通过该功能可查看二进制样条文件中的内容。

ASCII 样条文件转换成二进制样条文件(⇐),通过该功能可生成、替换、修改二进制样条文件中的样条。

操作：二进制样条文件转换成ASCII样条文件(⇒)，在“二进制样条文件”下拉框中选择船体型线样条文件的类型：FRAME或WLINE或BLINE。在“ASCII样条文件”输出框中给出文本文件的文件名。点击“⇒”按钮，系统会弹出一个对话框，要求输入样条名的起始序号和终止序号。

八、辅助工具使用实训

实训1　辅助工具使用。

选中“联机打印”方式。选择打印页面为“纵向”或“横向”，给出每页行数。用鼠标点击“打印”按钮，系统即弹出“打开文本文件”对话框；选择要打印的文本文件后，点击“打开”按钮，系统即联机打印出选中的文本文件。

九、熟悉数据文件实训

实训1　熟悉数据文件。

1. 船型基本信息　　文件名：SBIxxx. DAT　　xxx为三位字符的船名代码(以后所出现xxx均为船名代码)

2. 站线离舯、水线高、纵剖宽信息　　文件名：SDIxxx. DAT

3. 水线信息　　文件名：SWDxxx. DAT

4. 纵剖线信息　　文件名：SBDxxx. DAT

5. 站线首末点信息　　文件名：SSDxxx. DAT

6. 纵剖线、水线交点表　　文件名：SIDxxx. DAT

7. 上层建筑信息　　文件名：SDDxxx. DAT

8. 空间线信息　　文件名：SKDxxx. DAT

9. 抛势信息　　文件名：SDKxxx. DAT

任务2　船体型线交互三向光顺实训

【实训目标】

1. 掌握型线系统的操作流程；

2. 掌握读船体型值和图形显示控制的方法；

3. 掌握整个交互三向光顺的方法和过程，熟练掌握定义型线、编辑型值表、单根型线交互光顺、边界线与特殊空间线处理的方法和操作；

4. 熟练掌握光顺前处理的操作方法。

任务实施步骤、时间安排、实施方式见表3-2。

表 3-2　任务 2 实施步骤、时间安排、实施方式

实施步骤	时间安排	实施方式
阅读教材、参考书及完成实训	课余与课上之比约 1:1	自学、查资料、相互讨论、完成实训、在网络教学系统留言,教师查看、评价并给予指导
讲解与示范	2 学时	教师使用投影仪和局域网边讲解、边示范,学生同步观看、学习和记录,教师要注意引导学生发现问题,启发学生思考问题和寻找解决问题的方法
指导学生实际操作	9 学时	每个班级分为若干组,每组 8 人以下,每组可安排不同工作任务,每个学生使用一台微机独立操作,遇到问题可相互讨论或请教老师,教师要注意及时评价学生实训完成情况,设法调动学生实训积极性
检查评价	1 学时	教师与学生共同完成任务的检查评价,并对存在的问题进行分析与处理。学生将完成的任务自我检查评价打分后,通过局域网提交给老师,老师检查评价打分,指出存在问题和解决方法反馈给学生

船体型线交互三向光顺是整个系统的基础和核心,下面以 150 t 冷藏船为例实训。

一、实训所需实船信息

150 t 冷藏船主尺度、前后半艏型值表(表 3-1,表 3-2)、艏艉部详细尺寸如下:

总长:49 000　　垂线间长:45 000　　型宽:8 500　　型深:4 000　　设计吃水:2 800

该船为倾斜龙骨、艉封板,全船划分为 10 个理论站,全船肋骨间距为 550,分布为 -5 至 82,0 号肋位在 0 号理论站后 250,艉轴出口中心距基线 1 200。

图 3-1 和图 3-2 分别为 150 t 冷载船艏、艉部侧视图。

二、船体型线交互三向光顺实训

实训 1　对于 150 t 冷藏船前半艏只显示其 1400 和 2800 水线。

操作:在显示控制对话框中选择 1 400 和 2 800 水线,其他水线隐藏,如图 3-3 所示。显示结果在图 3-4 中。

实训 2　如图 3-5 所示,150 t 冷藏船 0 号纵剖面(轮廓线)没有生成和进行前处理之前,各个水线端部没有与中心线相交,既各个水线缺少端部部分,试通过正确方法完成缺少的部分。

首先建立轮廓线。方法是在站线纵剖线交点表中填入轮廓线在各个站的高度值,在纵剖线控制信息表中根据艏部侧视图所提高的尺寸填入控制点,并接受。通过显示控制可以发现此时轮廓线已经生成,但是各个水线端部并没有变化。这是由于没有进行前处理,既没有光顺轮廓线的原因。

接下来进行前处理,在对话框中选择光顺轮廓线,然后按接受按钮,系统将各个水线自动与中心线相交,如图 3-6 所示。

表 3-3 前半艏型值表

站号	半宽值										高度值						
	700 水线	1 400 水线	2 100 水线	2 800 水线	3 500 水线	上甲板边线	艉楼甲板边线	艏楼甲板边线	外板顶线	弦墙顶线	1 500 纵剖线	3 000 纵剖线	上甲板边线	艉楼甲板边线	艏楼甲板边线	外板顶线	弦墙顶线
5	3 770	4 100	4 250	4 250	4 250	4 250	-	-	-	4 250	80	200	4 000	-	-	-	4 900
6	2 930	3 500	3 810	4 000	4 120	4 190	-	-	-	4 250	80	790	4 020	-	-	-	4 920
7	1 960	2 580	3 020	3 340	3 580	3 800	-	-	-	4 090	370	2 050	4 170	-	-	-	5 070
8	1 020	1 530	1 950	2 340	2 660	3 150	-	-	-	3 600	1 370	4 190	4 440	-	-	-	5 350
9	320	560	810	1 090	1 460	2 110	-	3 200	-	3 330	3 180	6 360	4 790	-	6 690	-	6 940
10	-	-	-	70	280	840	-	1 740	-	1 960	6 620	-	5 240	-	7 140	-	7 560

表 3-4 后半艏型值表

站号	半宽值										高度值						
	700 水线	1 400 水线	2 100 水线	2 800 水线	3 500 水线	上甲板边线	艉楼甲板边线	艏楼甲板边线	外板顶线	弦墙顶线	1 500 纵剖线	3 000 纵剖线	上甲板边线	艉楼甲板边线	艏楼甲板边线	外板顶线	弦墙顶线
5	3 770	4 100	4 250	4 250	4 250	4 250	-	-	-	4 250	80	200	4 000	-	-	-	4 900
4	4 100	4 200	4 250	4 250	4 250	4 250	-	-	-	4 250	80	180	4 000	-	-	-	4 900
3	3 520	3 940	4 100	4 170	4 220	4 250	-	-	-	4 250	80	300	4 000	-	-	-	5 450
2	2 150	2 720	3 150	3 550	3 920	4 150	4 250	-	4 250	—	250	1 850	4 000	6 100	-	6 175	—
1	560	860	1 410	2 400	3 300	3 810	4 200	—	4 200	—	2 150	3 250	4 050	6 150	—	6 225	—
0	-	-	-	850	2 080	2 850	3 620	—	3 620	—	3 180	4 390	4 100	6 200	—	6 275	—
艉封板	—	—	—	—	1 390	2 280	3 080	—	3 080	—	3 600	6 100	4 170	6 270	—	6 345	—

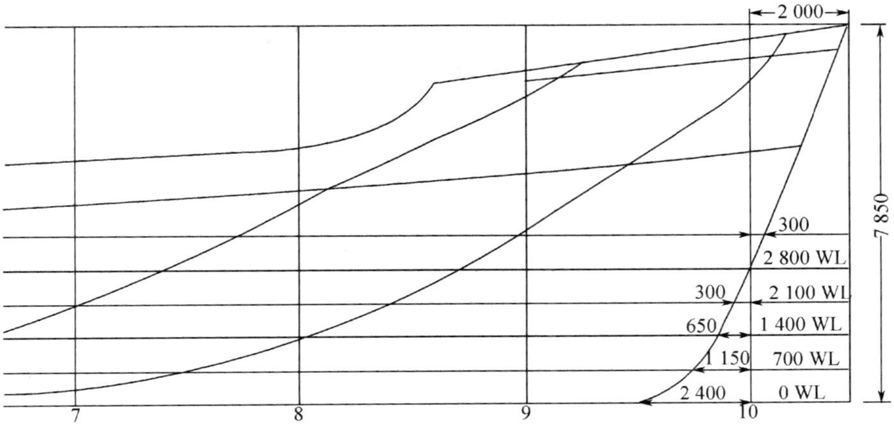

图 3－1　150 t 冷藏船艏部侧视图

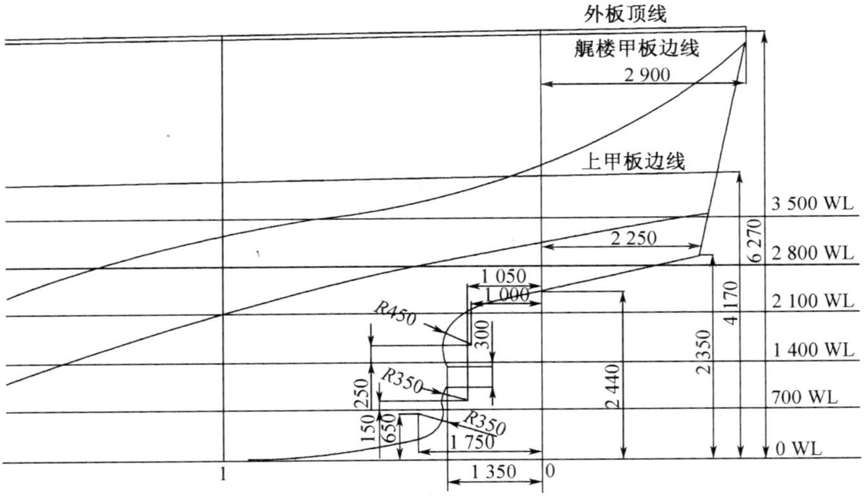

图 3－2　150 t 冷藏船艉部侧视图

实训 3　试通过光顺前处理生成 150 t 冷藏船各个水线端部圆弧。

在图 3－13 中各个水线虽然与中心线相交了，既各个水线不再缺少端部部，但是端部形状为尖角形状，而本船水线端部设计形状为圆弧，所以需要通过前处理提供的生成水线圆头的功能生成。

方法是在水线控制信息表中最后一个控制点后的水线圆弧半径位置处填入半径、在圆心半宽处填入圆心半宽，而圆心离舯不要填，由系统根据轮廓线自动生成，如图 3－7 所示。

在水线控制信息表中最后一个控制点后填入半径、圆心半宽后，在光顺前处理中选择水线圆头切点线光顺中的二向光顺，系统既自动生成如图 3－8 所示的水线圆弧。

实训 4　图 3－9 所示的型线图为 150 t 冷藏船只是输入了站型线值的图形，试通过单根型线交互光顺功能各个型线站线以外部分，并进行光顺。

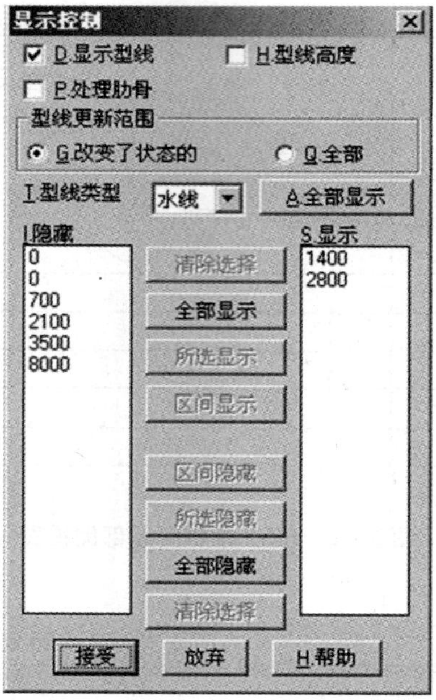

图 3-3　只显示 1 400 和 2 800 水线的显示控制对话框

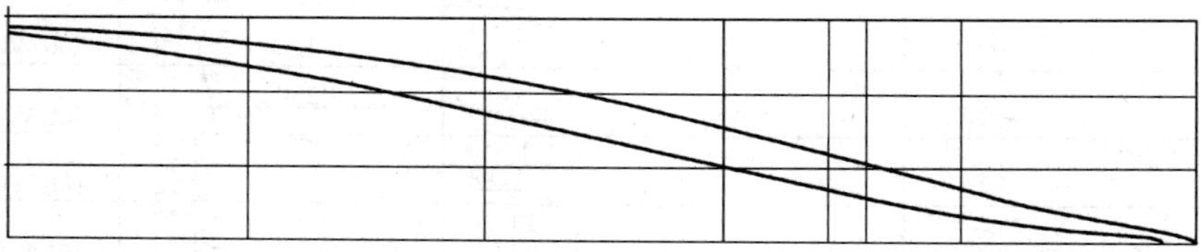

图 3-4　前半艏 1 400 和 2 800 水线

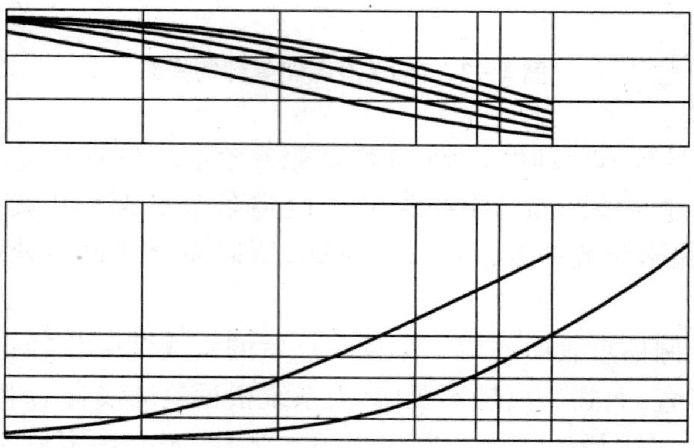

图 3-5　无轮廓线、各个水线没有与中心线相交的水线和纵剖线图

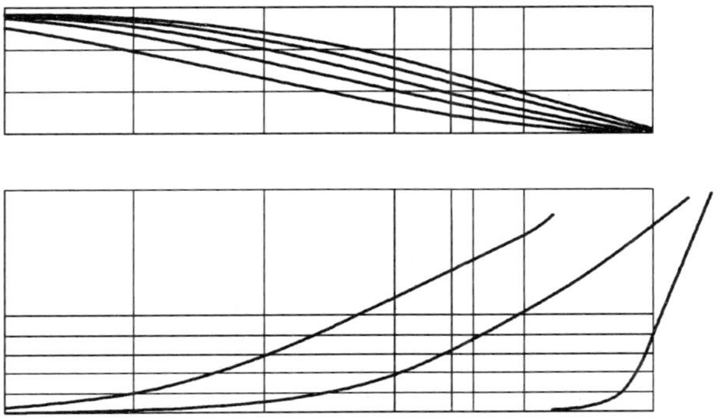

图 3-6　轮廓线前处理后各个水线与中心线相交的水线和纵剖线图

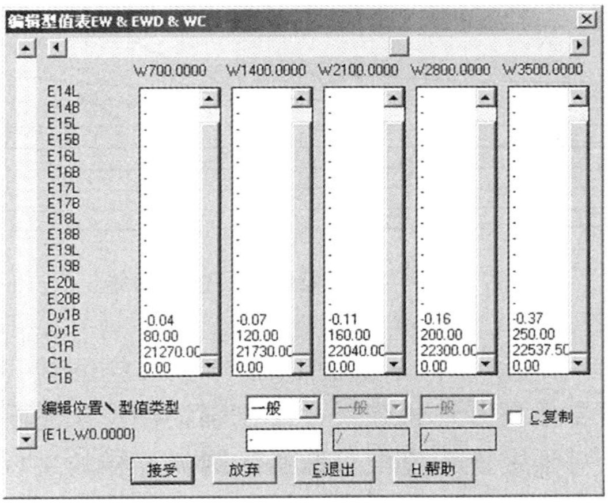

图 3-7　水线控制信息表中最后一个控制点后填入半径、圆心半宽

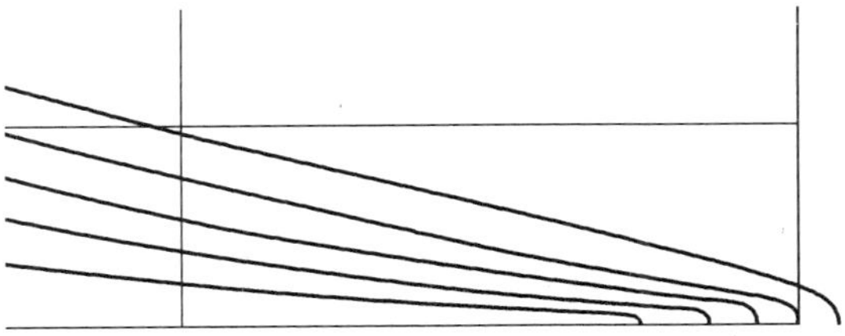

图 3-8　系统自动生成的水线圆弧

首先完成轮廓线。根据图 3-1 所示，该船轮廓线除了站型线值外，还有 4 个控制点，分别是端点（距舯 24 500，高度 7 850）、2 100 水线处点（距舯 22 200）、1 400 水线处点（距舯 21 850）、700 水线处点（距舯 21 350）。本例中通过单根型线交互光顺增加控制点，操作过程是选择轮廓线后在单根型线交互光顺子菜单中选择增加控制点，在提示输入坐标值后输入上述控制点的坐标值，然后返回并接受修改结果。对轮廓线进行粗光顺和精光顺。光顺后的轮廓线如图 3-10 所示。

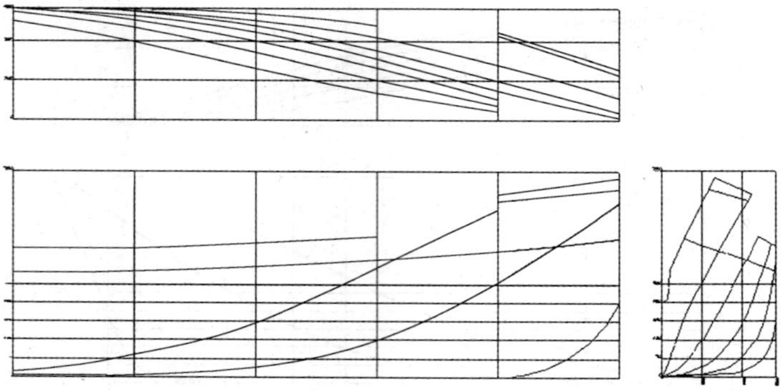

图 3－9　只是输入了站型线值的图形

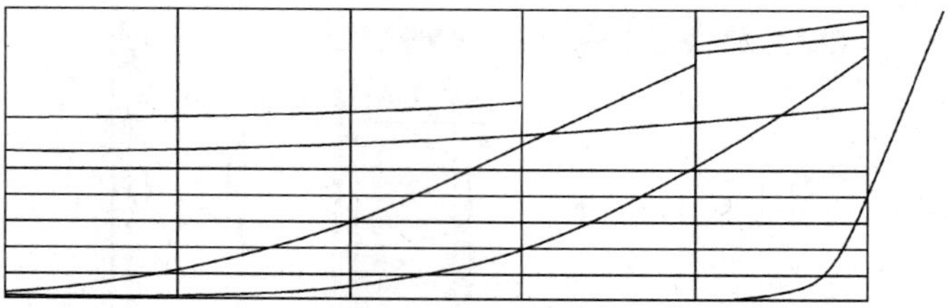

图 3－10　增加控制点后的轮廓线

接下来完成甲板线。甲板线不同于剖面线，属于三维空间线，其上的点需有三个方向的坐标值，完成其放样需要根据其形状和尺寸绘制辅助图形。先看主甲板线，其端部在水线面上投影为圆弧，但是对于甲板系统没有像水线圆弧那样的生成功能，只能通过单根型线的交互，通过增加控制点完成。具体过程是先在纵剖面上延长主甲板线（按其变化趋势）至轮廓线，过该交点作垂线与水线图上基准线相交；在水线图上作出辅助圆，使辅助圆半径等于甲板圆弧半径，圆最前端在轮廓线与甲板线交点投影点处，既垂线与水线图上基准线相交处，如图 3－11 所示。然后在水线图上选择主甲板线，在辅助圆上增加控制点，通常在圆上增加 3 个点就可以满足精度要求，其中一个点一定是垂线与圆弧的切点，如图 3－12 所示。

这里需要注意的是，在水线图上增加的主甲板线的 3 个控制点只有长和宽，没有高度，还需要补充高度值。方法是过这 3 点作垂线（有 1 点已经作过）与纵剖面图上的主甲板线相交，如图 3－13。测量出交点处高度，将其填入甲板线控制信息表中对应点高度值处，如图 3－14。注：甲板线 1 代表主甲板。至此，添加了高度值的甲板控制点就是真正意义上的三维空间点，在三个视图方向上都起控制作用。否则，如果缺少一个方向的坐标，就不能成为三维空间线。例如缺少高度，则在纵剖面和横剖面图上控制点就不起作用。

最后完成舷墙顶线。如图 3－15 所示，该船舷墙顶线比较特殊，在距 9 号站 1 700 处一个折角点，并在此点后向舯通过圆弧过渡，完成该空间线的关键是确定过渡部分（包括折角点）的空间位置坐标。在纵剖面图上，过渡部分的形状已经完全确定，而在其他两个视图上没有确定。根据纵剖面图上过渡部分形状确定其他视图形状的方法是除了确定折角点外，再确定几个辅助点在其他视图上的坐标，本例在过渡部分选择 2 个辅助点。先确定折角点在水线和横剖面上的投影，方法是在纵剖面图上过折角点作垂线并延长至水线图，在水线图上将舷墙顶线按照其变化趋势延长至与所作垂线相交，交点既为折角点在水线图上的投影，如图 3－15 所示；由水线图上半宽和纵剖面图上高度可以得到折角点在横剖面上的投影。

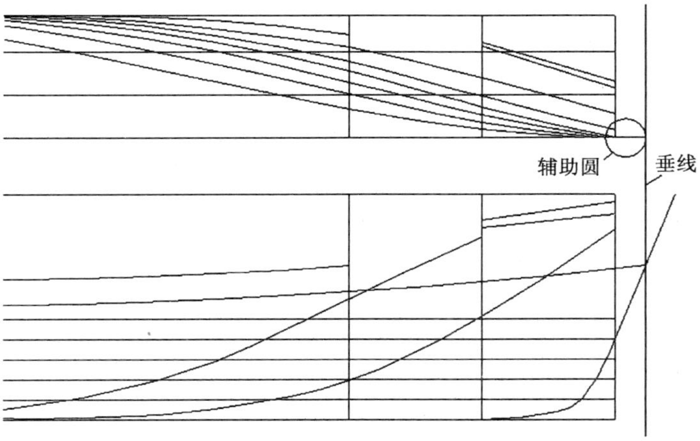

图 3－11　作出垂线和辅助圆

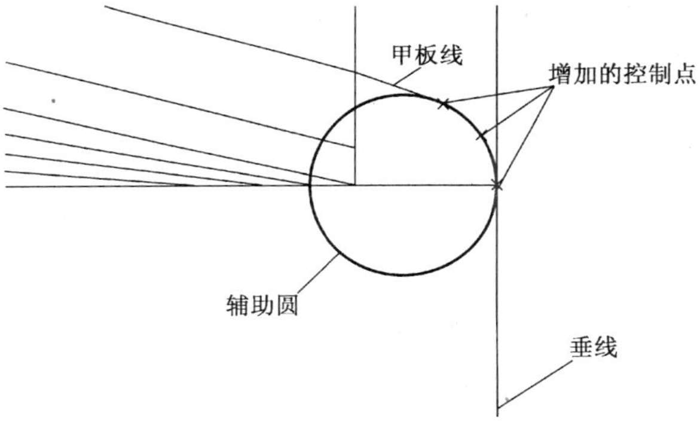

图 3－12　通过辅助圆在甲板线上增加控制点

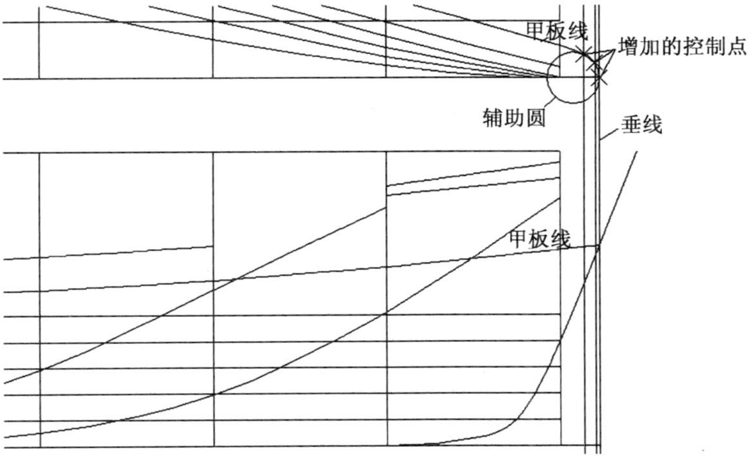

图 3－13　过控制点作垂线与纵剖面图上的主甲板线相交

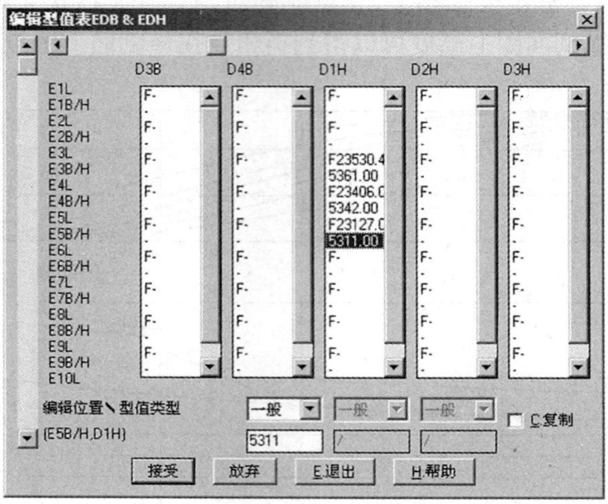

图3-14 将交点处高度其填入甲板线表中对应点高度值处

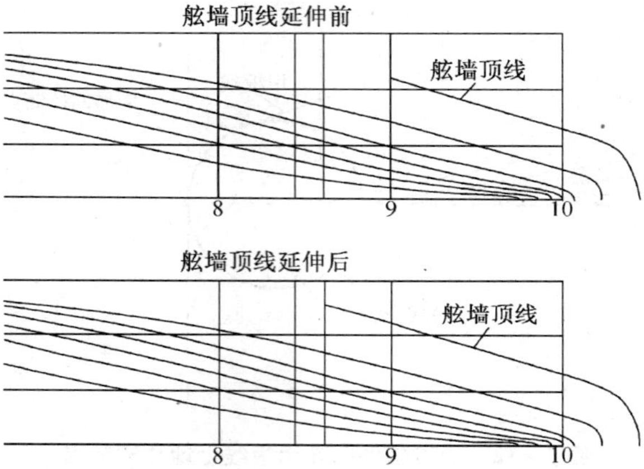

图3-15 将舷墙顶线按照其变化趋势延长至与所作垂线相交

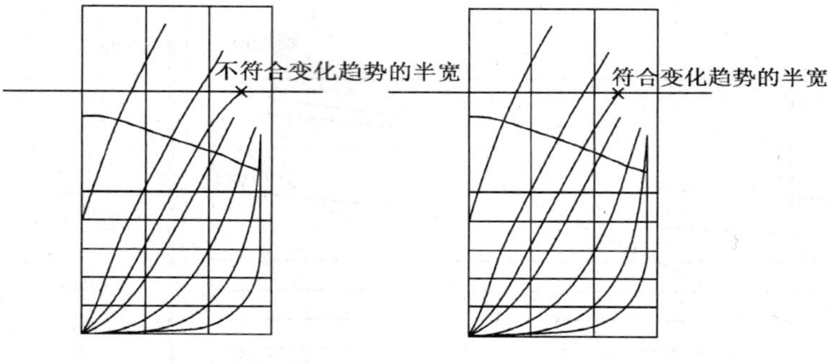

图3-16 根据相邻横剖线的变化趋势确定辅助点的半宽

舷墙顶线过渡部分辅助点的半宽确定需要在辅助点处插值横剖线，在横剖面图上根据相邻横剖线的变化趋势确定辅助点的半宽，如图 3 – 16 所示。过渡部分的辅助点确定后，舷墙顶线在三个视图上的投影就完全确定了，如图 3 – 17 所示。

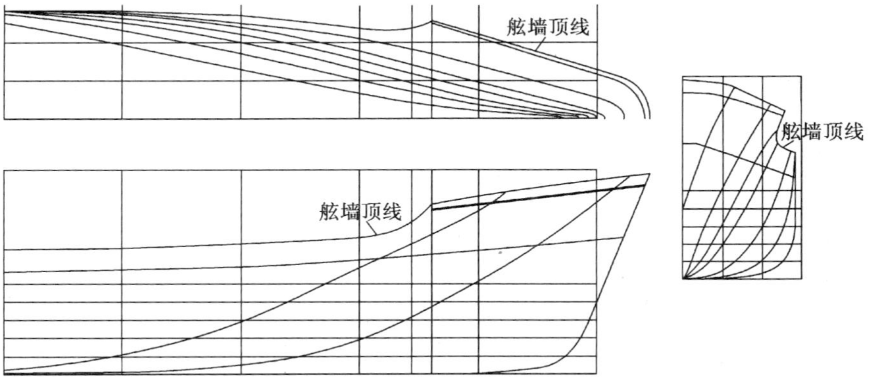

图 3 – 17 舷墙顶线在三个视图上的投影

实训 5 光顺 150 t 冷藏船后半艏肋骨型线。

在站型线线光顺的基础上可以进行肋骨型线的光顺。由于肋骨型线的间距比站型线线要小得多，所以即使站型线线已经光顺了，在此基础上生成的肋骨型线也不一定光顺，仍需要利用系统提供的肋骨型线光顺功能进行光顺。如图 3 – 18 所示，光顺前的肋骨型线很不光顺，此时，通常不采用单根肋骨型线交互的方法进行光顺。因为此时不光顺肋骨型线很多，一个一个光顺，效率一定很低。可以先利用系统提供的自动肋骨光顺功能进行光顺，然后再对没有光顺的肋骨进行单根交互光顺。方法在显示控制对话框中选择处理肋骨后，在交互三向光顺型线主菜单中选择自动肋骨光顺子菜单，自动光顺后的肋骨型线如图 3 – 19 所示。自动光顺后的肋骨型线仍有部分不光顺，需要进行单根肋骨交互光顺，其方法与单根型线交互光顺相同。完全光顺后的肋骨型线如图 3 – 20 所示。

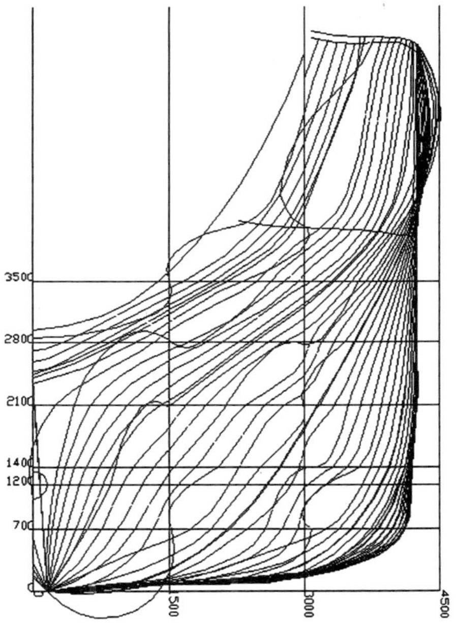

图 3 – 18 光顺前的肋骨型线图

实训 6 定义、删除型线。

通过菜单用于定义或删除所有种类的型线，包括水线、纵剖线、站线、甲板线、空间线、肋骨定义、环缝线，以及修改船型信息，包括船型、底部升高结束离舯、设计水线高度、横剖线和底平线相切结束处的离舯等。进入此菜单后，系统显示如下的对话框供操作。

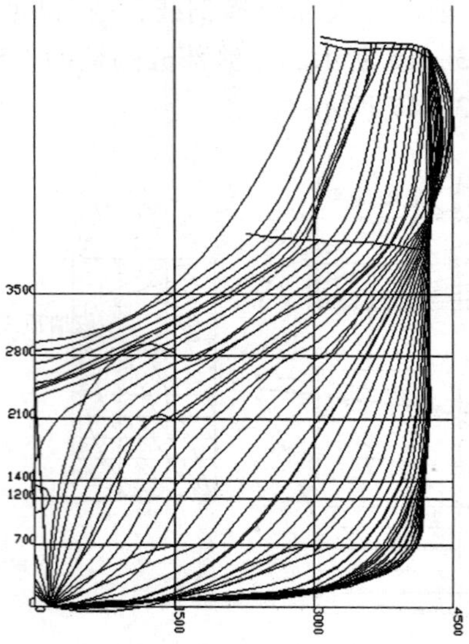

图 3－19　自动光顺后的肋骨型线

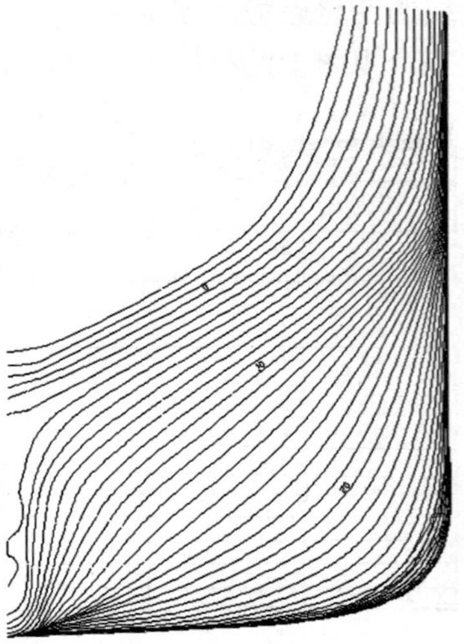

图 3－20　完全光顺后的肋骨型线

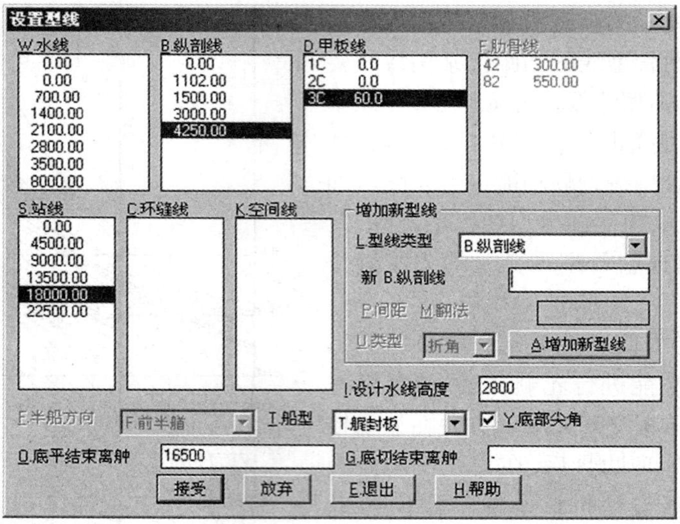

图 3－21　设置型线对话框

（1）设置或修改船型信息

在“半船方向”后面的选择框中选择是“后半艏”船还是“前半艏”船；在“船型”后面的选择框中选择是“艉封板”船还是一般船；在“底部尖角”前的方框中设置中纵剖线是否折角线的船型；在“底平升高结束离舯”后面输入底部升高结束离舯；在“设计水线高度”后面输入设计水线高度；在“底切结束离舯”后面输入横剖线和底平线相切结束处的离舯。例如，对于本书应用实例 150 t 冷藏船，带有“底部尖角”，设计水线高度 2 800，如图 3－22 所示；“底平结束离舯” 16 500，如图 3－23 所示；船型为“艉封板”。因此，有设置型线对话框中所填数值。

图 3－22　150 t 冷藏船底部尖角和设计吃水情况

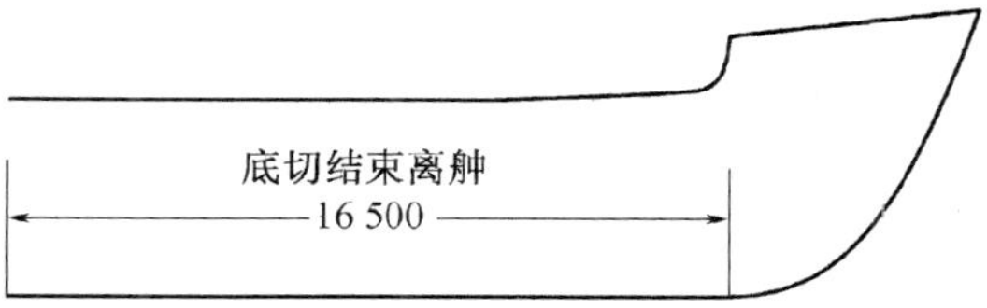

图 3－23　150 t 冷藏船底切结束离舯情况

(2) 增加新的型线定义、新甲板定义、新空间线定义和新肋骨间距定义

先在“型线类型”后面的选择框中选择要增加的型线的类型(可选择的类型为“水线”、“纵剖线”、“站线”、“甲板线”、“空间线”、“肋骨线”或“环缝线”,其中最后一个选项在肋骨型值表生成以前为“肋骨线”,生成以后为“环缝线”)。在选择了型线类型后,在新型线名后面输入型线位置(水线为高度、纵剖线为半宽、站线为离舯距离、甲板线为甲板边线序号或者甲板边线序号后随 C 表示同时定义一根甲板中心线、空间线为序号、肋骨线为肋号、环缝线为肋号、距肋骨距离/10 000)后按回车,对于甲板定义,还要在下面的“翻法”中输入甲板生成方法,而对于肋骨线,则要在下面的“间距”中输入肋骨间距或首肋骨离舯后按回车(注意:在定义肋骨前一定要先设置好船的方向,即是前半艏还是后半艏),对于空间线,则要在下面的“类型”中选择空间线的类型(可选择“折角”、“切点”、“平面轮廓”、“侧面轮廓”、“横向轮廓”),这样就可以生成所要的型线或定义所要的甲板翻法、肋骨间距或空间线类型了。

例如,对于本书应用实例 150 t 冷藏船,根据前半艏型值,在图 3－48 所示的设置型线对话框中定义了“水线”、“纵剖线”、“站线”、“甲板线”。这里需要说明,8 000 水线和 4 250 纵剖线是为了显示图形时,水线图和纵剖面图不重叠而设置的,实际不存在;甲板线中的 1C,2C,3C 分别代表主甲板、艏楼甲板线和舷墙顶线。也可以将主甲板、艏楼甲板线和舷墙顶线全部或部分定义成空间线处理,因为甲板边线和甲板中心线也是空间线,区别在于甲板边线和甲板中心线通过甲板抛势可以相互生成。

已知全船肋距为 550,起止为 －5～82,前半艏第一根肋骨为 42 号,距舯为 300,,所以前半艏肋骨线应该这样定义:在“新肋骨”提示下输入“42”,在间距提示下输入“300”,再次在“新肋骨”提示下输入“82”,再次在间距提示下输入“550”,即完成了肋骨定义。假如该船肋距从 70 号起至 82 号止为 500,则将上述输入“82”时改为“70”,输入“550”后,再次在“新肋骨”提示下输入“82”,再次在间距提示下输入“500”。

(3) 删除已经定义了的型线

双击型线表中要删除的型线,或双击甲板定义表或肋骨定义表中要删除的甲板或肋骨定义,则在确认后删除所选的型线。

注意:设置型线对话框中“F 肋骨线”处为灰显,表示已经生成肋骨型值,不允许删除肋骨线重新进行定义,此时如果发现肋骨线定义错误,就需要对有关数据文件直接进行编辑,或删除所有与肋骨定义有关的数据文件。

实训 7　编辑型值表。

此菜单用于以表格形式编辑型值表,可以编辑所有的型值表。进入此菜单后,系统显示一个可编辑的型值表选择菜单如图 3－24 所示,若肋骨型值表尚未生成,则下面四个肋骨型值表不显示。在这里,所有的多值点表都在相应的交点表中编辑,对于有多值的交点,在数字前面显示一个"＊"号来表示,编辑时,多值数据在后两个编辑框中。对于控制信息表中的控制点,还可以修改其控制点类型。选择了要编辑的型值表后,系统进入图3－25所示型值表编辑对话框。

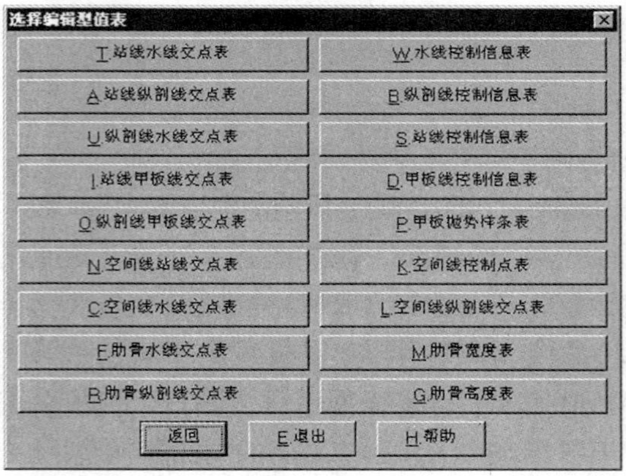

图3－24　编辑型值表菜单

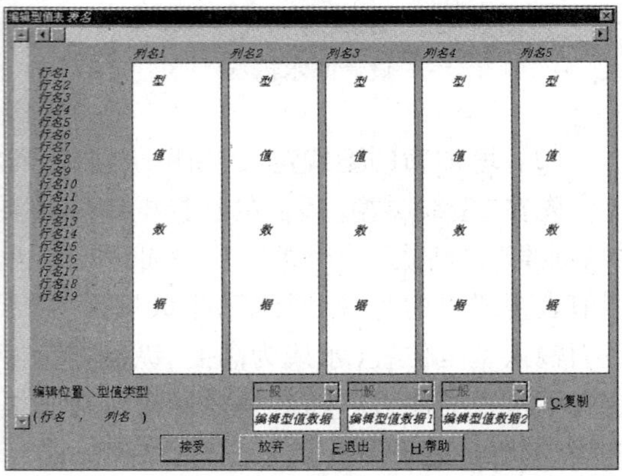

图3－25　型值表编辑对话框

它有一张19行5列的显示表框,左面的滑条可以上下移动行的显示区域,上面的滑条可以左右移动列的显示区域,行名和列名分别是如下的格式之一:

水线:W 高度,如 W4500.0000 为 4 500 mm 水线

纵剖线:B 宽度,如 B5000.0000 为 5 000 mm 纵剖线

站线:S 离舯,如 S115000.0000 为离舯 115 000 mm 的站线

甲板边线高度:D 甲板边线序号 H

甲板边线宽度:D 甲板边线序号 B

甲板边线离舯:D 甲板边线序号 L

甲板中心线高度:DC 甲板中心线序号 H

空间线:K 线号 L、K 线号 B、K 线号 H,分别表示空间线离舯、宽度、高度。

控制点:E 点号 L、E 点号 B、E 点号 H,分别表示控制点的离舯、宽度、高度。

首点导数:Dy1B

末点导数:Dy1E

水线圆头:C1R、C1L、C1B 分别表示半径、圆心离舯、圆心半宽。

肋骨线:F 肋号,如 F100.0000 为 100 号肋骨线

环缝线:F 肋号.偏移,如 F100.0500 为 100 号肋骨 +500 mm 处

特殊点:T1,只出现在肋骨高度、宽度表里,可当控制点用。

编辑方法是:先用滑条将要编辑的位置显示出来,然后用鼠标双击该位置,最后在第一个编辑框中编辑选中的数据(无型值用减号 - 表示和输入)。若编辑的表有多值,则还可以在后两个编辑框中编辑多值数据。另外还可以快速复制数据,复制方法是:先选一下"C.复制"前的方框激活复制功能,然后在各编辑框中将数据改成要复制的值,最后双击型值表中要复制的位置,连续在多处双击即可将数据快速复制到各双击处,这时还可以用滑条改变型值表的显示区域将数据复制到其他地方。在完成复制后一定要再选一下"C.复制"前的

方框关闭复制功能,才能转入编辑状态。在对整张表编辑完成后,选“接受”按钮接受编辑,选“放弃”按钮放弃本次编辑。

若编辑的型值表带有多值表,要按系统对多值表点数的数量规定(站线多值和水线纵剖线多值为 400 点,肋骨多值为 500 点)。

在对数据表进行编辑,修改型值后,系统不会自动修改型线图形,因此,若要立即观察修改后的型线,可用“型线显示控制”菜单先删除图形后,再用“型线显示控制”菜单显示图形,则此时所显示的型线为修改后的型线。

例如,若将 150 t 冷藏船前半艏半宽值输入,则点击“站线水线交点表”选项,在对应位置添入半宽值,如下 3 – 26 图所示对话框,此表中 2 个 0 号水线分别表示底平线和边平线,如果船舶没有艏倾和艉倾,即 0 号纵剖线在底部与基线重合,则可以添边平线。这些值在这里不添的话,最后可以通过自动插值得到。

再例如,若将 150 t 冷藏船前半艏高度值输入,则点击“站线纵剖线交点表”选项,在对应位置添入高度值,如下图 3 – 27 所示对话框。

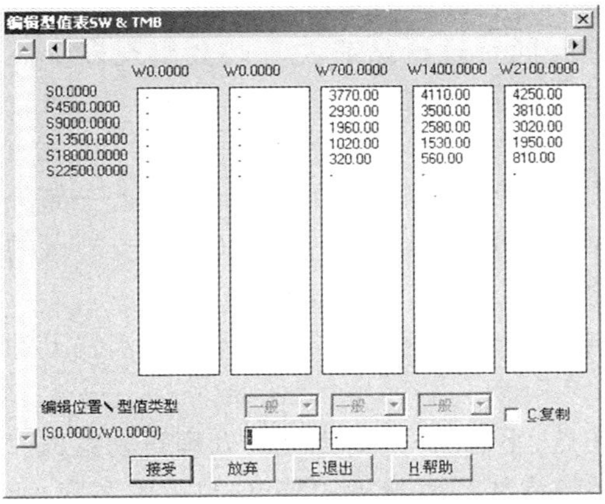

图 3 – 26　150 t 冷藏船前半艏
“站线水线交点表”

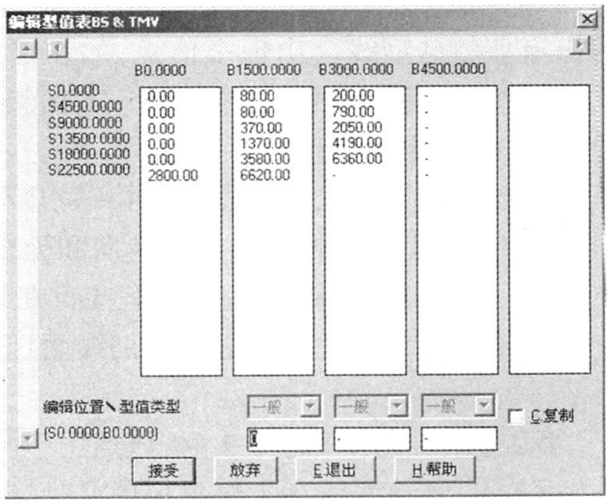

图 3 – 27　150 t 冷藏船前半艏
“站线纵剖线交点表”

注意:此表中 B0.0000 纵剖线的值型值表中没有,是根据艏部侧视图填写的。

实训 8　站线以外端部型线的确定。

对于站线以外端部型线,型值表上虽然没有型值,但是通过图上给出的标注,可以得到确定端部型线所需的型值。例如 150 t 冷藏船前半艏 10 号理论站以外的艏楼甲板端部型线,如图所示,在水线图上,端部形状为圆弧,半径已知,最前缘一点的型值可以通过轮廓线得。我们可以先用 AUTOCAD 将圆弧绘出,然后在上面取几个点作为控制点填人甲板控制信息表,或通过交互方式直接拾取这些控制点。这样在水线图上,端部型线就解决了。由于在水线图上得到的点只要离舯和半宽,所以必需在纵剖面图上补充高度。方法是,在纵剖面图上,用 AUTOCAD 将艏楼甲板边线按照自然变化趋势延伸到轮廓线,垂直于基线、过水线图上所增加的控制点作辅助线,与纵剖面上艏楼甲板线相交,交点高度就是相应控制点高度,将其填入控制信息表中高度位置,就全部完成了艏楼甲板边线站线以外端部型线。对某些形状特别复杂的型线,如果控制点不够用,可以增加站线定义,将控制点信息填入与站线的交点表中。对于其他型线站线以外的端部型线,例如,水线、纵剖线、空间线等都可以采取相同的方法处理。所以,根据不同情况,可以通过利用各型线控制信息表和增加型线定义等多种方法解决。当水线端部是圆弧时,可以直接通过“水线圆头”功能处理,比上述方法更简便。

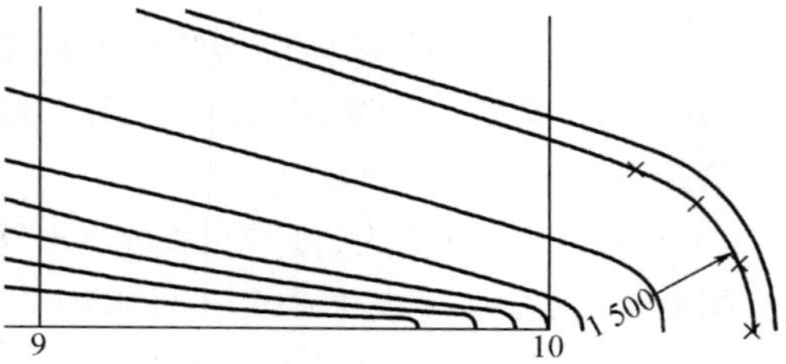

图3-28　150 t冷藏船水线图10号理论站以外艏楼甲板边线端部型线

(一)各型线控制信息表和多值点表

该系统具有所有型线的控制信息表,用于补充型表以外的型值和型线的首尾端导数。另外,有些特殊型线会出现多值点,如在球鼻艏处,同一理论站或肋骨站会出现多个高度值,可以填到型值表中同一位置处。下面叙述各表的具体填法。

(1)水线控制信息表

该表由20个水线控制点(离舯+宽度)、水线首末导数和水线圆头半径圆心三部分组成。其中控制点用于控制曲线的走向和无交点型值部分的形状,并且可以设置控制点的类型(一般、走向、固定、折角),但是有些点在某些条件下有特殊意义,不能它用。

第1点:当该水线低于边平纵剖线而且船体有平行纵体时,填平行纵体在该水线上的结束点。

第2点:当该水线有圆头时,该点用于圆头切点,不需填写,由光顺前处理自动生成。

第3点:当该水线高于艉封板首点时,该点填该水线与艉封板的交点,只需填宽度,离舯由光顺前处理自动生成。

第4点:对于有艉封板的第一根水线,该点填艉封板的首点宽度。

第7点:该点一般不能填,仅当水线样条的首点不正确时填写样条首点,可以同时将它设置为走向控制点。

首末导数在一般情况下可以不填,对于水线,首点导数在有平行纵体时一般为0,末点导数在有圆头时若给出了半径时为圆头切点处的导数(不需填写,由光顺前处理自动生成),若已插值了小直剖且去掉了半径时填-999999。

当水线有圆头且尚未插值小直剖时,必须填写圆头半径和圆心高度,当圆头末点不在0纵剖线上时,还需填写圆心的离舯。在插值了小直剖后,应该去掉圆头半径,并将水线末点导数填-999999。

(2)纵剖控制信息表

该表由20个纵剖线控制点(离舯+高度)和纵剖线首末导数组成。特殊控制点的意义如下:

第1点:当该纵剖线宽于0水线而且船体有平行纵体时,填平行纵体在该纵剖线上的结束点。

第2点:当该纵剖线比最高水线与艉封板的交点宽度窄时,该点填该纵剖线与艉封板的交点，只需填高度，离舯由光顺前处理自动生成。

第 7 点：该点一般不能填，仅当纵剖线样条的首点不正确时填写样条首点，可以同时将它设置为走向控制点。

纵剖线首点导数在有平行纵体时一般为 0，末点导数一般不填，当有艉封板时，必须将艉封板的纵剖斜率填入 0 纵剖线的末点导数。

(3) 站线控制信息表

该表由 20 个站线控制点（高度 + 宽度）和站线首末导数组成。特殊控制点的意义如下：

第 1 点：填该站线上与 0 纵剖线的交点等高的平底最大宽度。

第 7 点：填该站线的首点，仅当站线样条首点不对时才需填写，可以同时将它设置为走向控制点。

(4) 甲板线控制信息表

由甲板站线宽度表、甲板站线高度表、甲板纵剖线离舯表、甲板纵剖线高度表、甲板宽度控制点（10 个点）导数表和甲板高度控制点导数表组成。只需填写中昂的各站高度（甲板站线高度表最后一列）和中昂首末点导数（甲板高度首末点导数表最后一列）。

(5) 空间线控制信息表

由空间线水线交点表、空间线纵剖线交点表、空间线控制点表和空间线站线交点表组成。

空间水线交点表每两行表示一根空间线与各水线交点的离舯和宽度，空间纵剖线交点表每两行表示一根空间线与各纵剖线交点的离舯和高度，空间控制点表每两行两列表示一根空间线控制点（10 个点），其中第一个控制点为空间线首点，第二个控制点为空间线末点，可以设置控制点类型（对于新加的空间线，离舯型值的类型为固定，宽度和高度型值的类型为一般）。每个控制点的填法是：前一行两列都填离舯，后一行前一列填宽度，后一行后一列填高度。

空间线站线交点表每两列表示一根空间线与各站线交点的高度和宽度。

(6) 站线水线、站线纵剖、肋骨水线、肋骨纵剖、纵剖水线交点表及它们的多值点表

该五表分别填写站线、肋骨线与水线的宽度、与纵剖线的高度或纵剖线与水线的离舯，若有多个交点，则可将它们填入相应的多值表中，最多可以有两个多值点。

纵剖线与水线的交点表，一般只需填写 0 纵剖和边平纵剖与所有水线的交点离舯，其他型值可如五 11 节所述生成。

（二）特殊型线的填表方法

本系统一般将特殊型线的型值填在与其相交的各型线的控制点表里。

(1) 水线圆头的圆心线和切点线

水线圆头的半径和圆心有一个专门的型值表填写，而切点线只能将它与各水线的交点填在水线控制点表的第二点中。这时水线的末导数应该填水线在切点处的导数，而当切点或半径未填写时，水线的末导数应填与中纵剖线交点出的导数。而切点和水线末导数是由光顺前处理同时生成的，删除时也应该同时删除。

(2) 底平升高线

当船底有底平升高时，应该首先将船型信息中的“底平升高结束离舯”填好，然后将有底平升高的各站线的升高斜率（ = 宽/高）填入其首导数中，之后再将底平线与各站线交点

的半宽填入第一根水线与站线的交点表中。这样在光顺前处理中同时选做底平线和中纵剖线就可完成底平线的处理。

(3)艉封板线

当船有艉封板时,应该首先将船型信息中的船型设置成艉封板型,然后将艉封板首点的半宽填入第一根水线的第四个控制点中(其离舯不能填),将其离舯和高度填入中纵剖线的第二个控制点中,将艉封板的斜率填入中纵剖线的末导数中,将艉封板与各水线交点的半宽填入水线第三个控制点中,将艉封板与各纵剖线交点的高度填入纵剖线第二个控制点中,将艉封板与甲板线的交点高度填入甲板线末点中。这样在光顺前处理中选做光顺艉封板就可将艉封板与各型线的交点完全求出来。另外还可以将艉封板与站线的交点填入站线第三个控制点中,将艉封板与空间线的交点填入空间线第二个控制点中,将艉封板与肋骨线的交点填入肋骨线第一个控制点中。

(4) 封闭剖面线

当剖面线(水线、纵剖线、站线或肋骨线)有封闭段时,可由剖面线的位置信息来定义,即在正常位置后加小数来表示,肋骨线一律加0.5(当作环缝线定义);其他剖面线加0.1~0.4,所加小数由封闭段和非封闭段的位置关系来决定,如下所示:

封闭段所在方位	封闭段和非封闭段的图形坐标关系
0.1 左下	X小Y小
0.2 左上	X小Y大
0.3 右下	X大Y小
0.4 右上	X大Y大

型值表填法与一般剖面型线相同(封闭段和非封闭段与其他型线的交点型值应该分开填写)。

(三)特殊型线的处理

像图3-29所示的艉轴出口端面线属于特殊型线,在本系统中可以作为折角型的空间线处理。

艉轴出口端面是一个圆,在水线和纵剖面图上投影为一条直线,在横剖面图上投影是一个圆。在原始型线图中,艉轴出口端面的半径和空间位置是已知的。

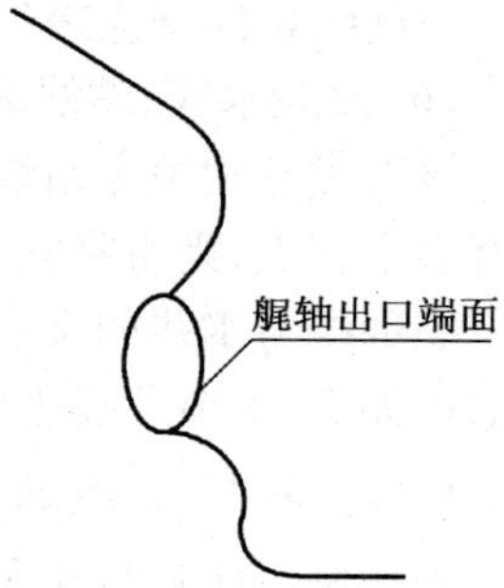

图3-29　艉轴出口端面

当艉轴中心线在纵中剖面上时,艉轴出口端面高度会出现多值,当艉轴中心线不在纵中剖面上时,艉轴出口端面半宽和高度都会出现多值。由于空间线控制信息不允许多值,所以对艉轴出口端面,要采取分段处理的方式,使之不出现多值。对于第一种情况,空间线要定义为上下两个半圆,后一种情况空间线要定义为四个四分之一圆。每个四个四分之一圆确定三个点即可,即两个端点和一个中间点。然后在“空间线控制信息表”中输入相应的值。输入时要注意,第一和第二点输入端点,第三点以后输入中间点。

实　训　题

1. 试绘出 HD－SHM2000 系统操作流程图。

2. HD－SHM 船体型线系统包括包括哪些属性页，说明每个属性页的功能。

3. 型线系统对输入、输出文件尺寸数据单位、文件名、船长坐标做了哪些约定？说出 HD－SHM 船体型线系统主要数据文件的名称？

4. 型线三向交互光顺的主要功能是什么？

5. “读船体型值表”的作用是什么？

6. 光顺前处理的功能？

7. 简述单根型线的光顺过程

8. 以表 3－1 所提供的型值和图 3－1 所示的侧视图，进行 150 t 冷藏船的前半艏型线三向交互光顺。各水线圆弧半径如下。

水线	700 水线	1 400 水线	2 100 水线	2 800 水线	3 500 水线
圆弧半径	90	130	170	210	250

实训项目四　基于 TRIBON 系统的船体型线生成与光顺实训*

任务 1　创建边界线实训

【实训目标】

1. 理解和掌握 Tribon Lines 系统的操作流程；
2. 掌握创建一个 Lines 文件的操作；
3. 理解和掌握参数设置方法；
4. 掌握 Lines 系统常用工具栏所包含各命令的使用；
5. 掌握创建 Boundary 曲线的操作过程；
6. 理解和掌握创建艉封板线、甲板线等控制线的操作过程。

任务实施步骤、时间安排、实施方式见表 4－1。

表 4－1　任务 1 实施步骤、时间安排、实施方式

实施步骤	时间安排	实施方式
阅读教材、参考书及完成实训	课余与课上之比约 1:1	自学、查资料、相互讨论、完成实训、在网络教学系统留言，教师查看、评价并给予指导
讲解与示范	2 学时	教师使用投影仪和局域网边讲解、边示范，学生同步观看、学习和记录，教师要注意引导学生发现问题，启发学生思考问题和寻找解决问题的方法
指导学生实际操作	3 学时	每个班级分为若干组，每组 8 人以下，每组可安排不同工作任务，每个学生使用一台微机独立操作，遇到问题可相互讨论或请教老师，教师要注意及时评价学生实训完成情况，设法调动学生实训积极性
检查评价	1 学时	教师与学生共同完成任务的检查评价，并对存在的问题进行分析与处理。学生将完成的任务自我检查评价打分后，通过局域网提交给老师，老师检查评价打分，指出存在问题和解决方法反馈给学生

一、创建一个 Lines 文件实训

实训 1　建立一条船的 Lines 文件。

Tribon 系统中有类型为 Lines 的文件，用于保存一条船的船型相关数据，创建一个 Lines 文件的过程如下。

选择开始→程序→Tribon M3→Lines，启动 Lines，进入 Lines 工作界面，如图 4 – 1 所示。

在下拉菜单 File 中选择 New 新建一个 ＊. Lines 文件，例如取名为 150TLCC，如图 4 – 2 所示，然后点击 New 按钮保存。

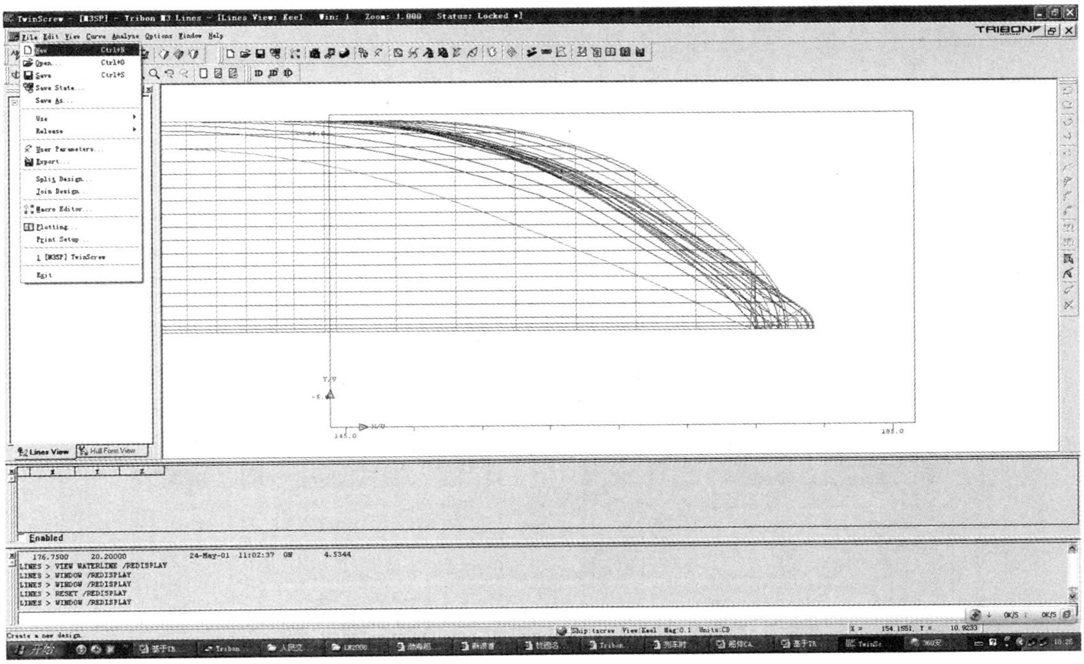

图 4 – 1　Lines 工作界面

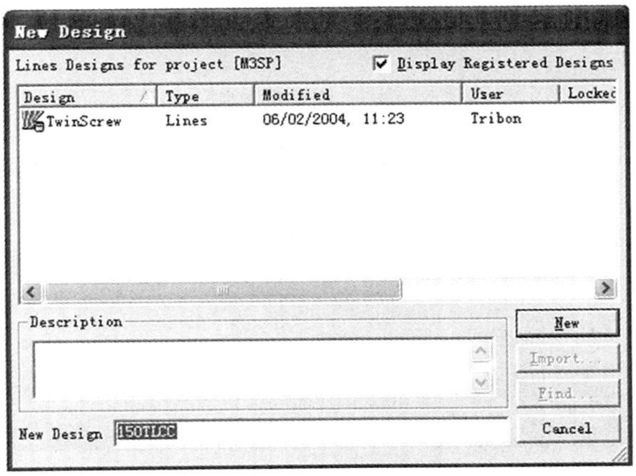

图 4 – 2　新建一个 ＊. Lines 文件对话框

Lines 文件创建后，以后每次使用只需打开和保存修改后的文件。

二、参数设置实训

实训 1 进行参数设置。

参数设置主要包括主尺度、坐标原点、坐标轴方向、船长方向 X 坐标表示方式、0 号肋骨位置、肋骨间距等。在下拉菜单 File 中选择 User Parameters，如图 4 - 3 所示，或在标准工具栏（Standard）中选择 图标，会弹出参数设置（User Parameters）对话框，在对话框中选择 Particulars 项，从中设置参数，如图 4 - 4 所示。沿船长的 X 坐标有 3 种方式给出，站号 Station numbers，肋骨号 Frame numbers，X 距离值 X distances，可以在 User Parameters 对话框的 Data Set 页中选择，比如选择 distances，如图 4 - 5 所示。

图 4 - 3 在 File 中选择 User Parameters

三、熟悉常用工具栏实训

实训 1 熟悉标准工具栏（Standard）。

标准工具栏如图 4 - 6 所示。

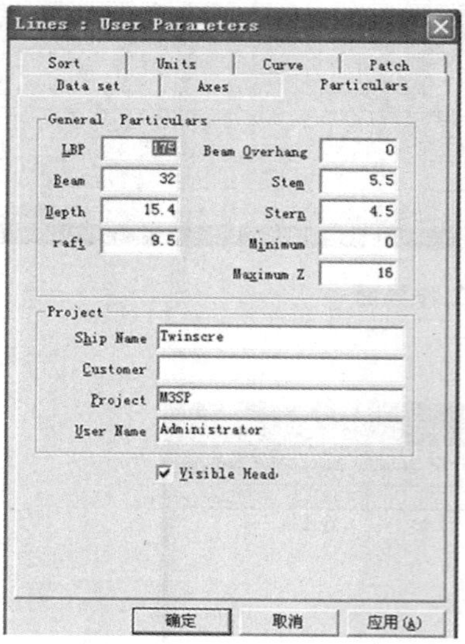

图 4 - 4 参数设置对话框

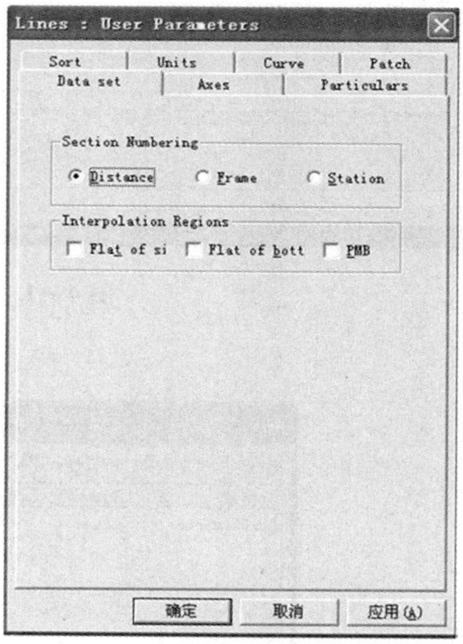

图 4 - 5 参数设置对话框的 Data Set 页

图 4 - 6 标准工具栏（Standard）

标准工具栏中的命令从左到右依次是新建文件、打开文件、保存文件、保存状态、宏编辑器、添加窗口、查看、渲染、选择曲线、参数设置、创建、光顺、2D 创建、3D 创建、曲面片编辑、曲线编辑、曲线末端控制、曲面片生成、甲板生成、平行中体生成、静水力曲线生成、分析曲线、目录、打印设置、放样手册、输出。

实训 2 熟悉视图工具栏(View)。

视图工具栏如图 4 -7 所示。

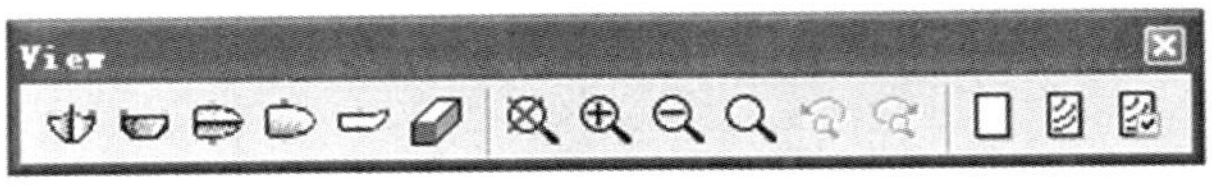

图 4 -7 视图工具栏(View)

视图工具栏中的命令从左到右依次是横面剖视图、艉部横剖面视图、从下向上看水线面视图、从上向下看水线面视图、纵剖面视图、轴测图、显示全部视图、放大视图、缩小视图、指定窗口视图、上一个视图、下一个视图、清空、刷新视图、只对重新打开的对象刷新。

实训 3 实训编辑工具栏。

编辑工具栏如图 4 -8 所示。

图 4 -8 编辑工具栏(Edit)

编辑工具栏中的命令从左到右依次是撤销、重做、连接点成曲线、拟合曲线、显示点、显示曲线、显示曲率、显示控制点、显示节点、围绕节点显示、围绕曲线显示、曲面片编辑、曲线修改、接受曲线、退出。

实训 4 熟悉识别工具栏。

识别工具栏如图 4 -9 所示。

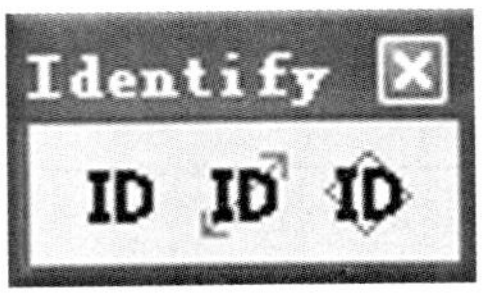

图 4 -9 识别工具栏(Identify)

识别工具栏中的命令从左到右依次是查询曲线名称、按一定范围查询曲线名称、查询曲面名称。

四、创建 Boundary 曲线实训

(一)创建尾轮廓线 Stern Profile 实训

边界曲线 Boundary、折角型曲线 Knuckle、相切型曲线 Tangent 的创建,主要是通过 Great 命令实现。在下拉菜单或工具栏中选择 Great 命令,弹出 Lines:Great Curve 对话框,如图 4 -10 所示。

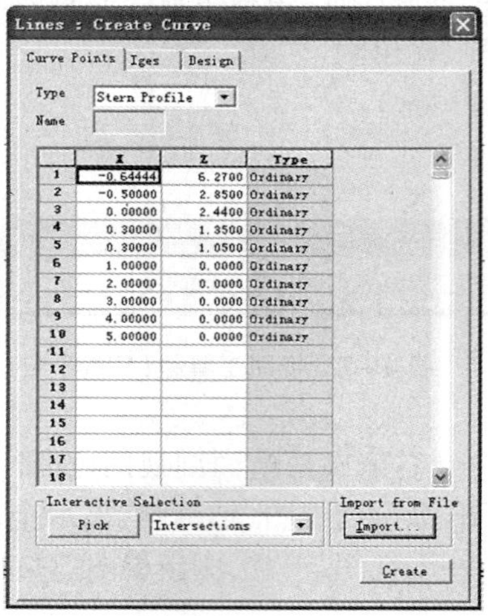

图 4－10　Lines:Great Curve 对话框

在对话框中选择 Curve Points 页，在类型中选择 Stern Profile，它是专用曲线，无需命名。曲线坐标值可以在下面的表中填入，也可以通过 Import 按钮将预先准备在数据文件中的坐标值输入。坐标值输入后点击 Creat 按钮，再通过选择 Edit 工具栏中的命令，最终生成 Stern Profile 曲线。

先点击视图工具栏中的 命令，将当前视图设为 Buttock 纵剖视图，再点击 Edit 工具栏中的 命令显示曲线上点，点击 命令将曲线上的点拟合成曲线，如图 4－11 所示。点击 命令保存曲线并退出，点击 命令退出。

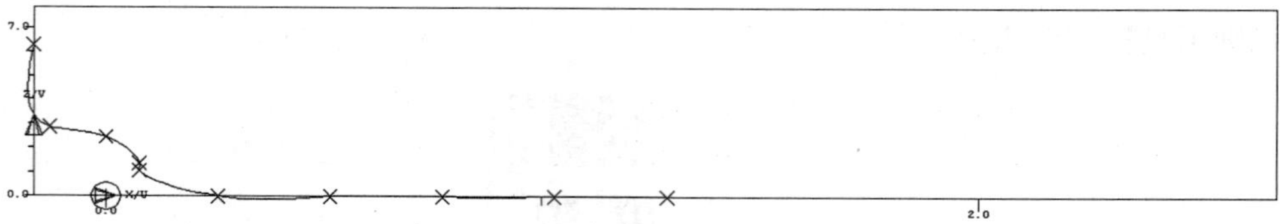

图 4－11　由已知点拟合成的 Stern Profile 曲线

我们做例子的这条船带艉封板，所以很明显上面显示的艉轮廓曲线需要修改，艉封板部分应该是直线。点击 命令，系统会提示选择曲线，选择已生成的 Stern Profile 曲线，在弹出的 Lines:Edit 对话框中选择 Fitting 页，如图 4－12 所示，对曲线上艉封板最下面的点类型进行修改。

在 Lines 中曲线上的点有 3 种类型，Ordinary 普通、Knuckle 折角、Tangent 切点型，其中后两者可以设置角度。对曲线上已有点修改类型的方法是，先在 Fitting 页中选择所要的点类型，再到图中选择要修改类型的点。

例如，现将艉封板最下面一点改为折角点，在 Fitting 页中将该点类型设为 Knuckle 折角，再到图中选择该点，修改后的曲线如图 4－13 所示。

在 Lines 中可以将某段线作为直线段，并可以设置直线段的角度，方法是根据 Lines 中

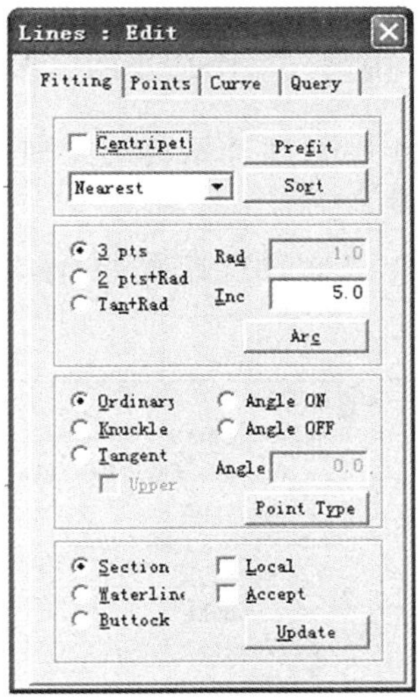

图 4－12 在 Lines:Edit 对话框中选择 Fitting 页

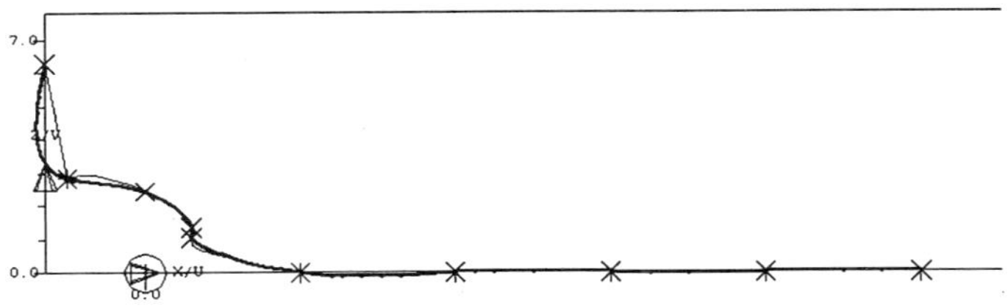

图 4－13 艉封板最下面一点改为折角点后的图形

曲线在两个折角点之间生成直线段，在两个端点切线方向一致情况下生成与切线方向一致的直线段的规则，在 Fitting 页中设置端点类型，如果是切点还需要设置切线方向。另外，在 Lines:Edit 对话框 Points 页中最下方的 Line 按钮，可以将指定的两点之间生成直线。

例如，要将艉封板与纵中剖面的剖切部分生成直线段，可以通过将其两个端点设为折角类型点来生成，生成后的艉轮廓线如图 4－14 所示。再比如，欲将与基线重合的部分生成为直线段，可以通过将开始重合点设为切点类型点，并将该点角度设为 0 度，即可生成所需要的直线段。

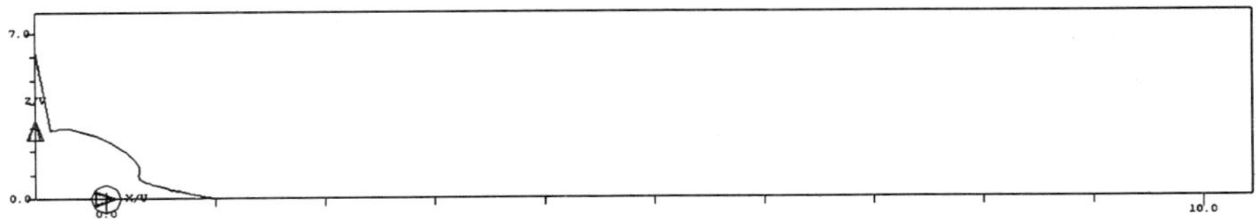

图 4－14 生成艉封板线和与基线重合部分后的艉轮廓线

在编辑工具栏中点击  命令，重新拟合曲线，在视图工具栏中点击  命令重新生成视图，重新生成的曲线如图 4－7 所示。

如果曲线还需要光顺，点击编辑工具栏中点击命令选择曲线，弹出对话框，从中选择 Curve 页，在最下方的 Tolerance 中填入一个适当的公差值，比如 0.001，该值是光顺时曲线改变的位移值，点击下方的 Auto Fair，即开始自动光顺。点击命令刷新屏幕进行观察，如果需要再进行光顺，直至满意。

点击命令保存曲线并退出。这时再查看 Curve Tree 曲线树，在 Boundary 中 Stern Profile 已经存在，如图 4－15 所示。

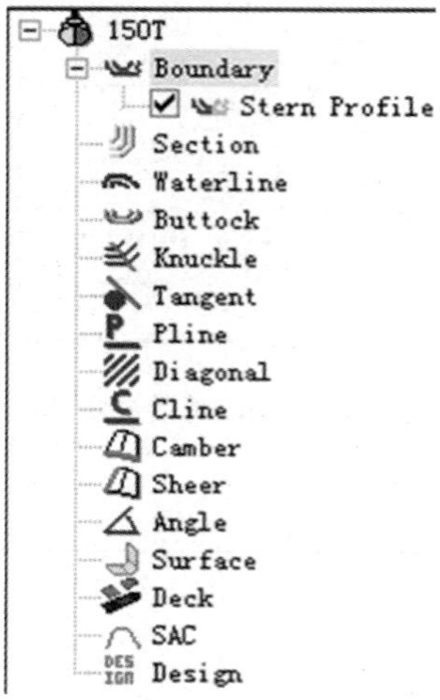

图 4－15　曲线树视图

对于自动光顺需要注意的是，公差值不能过大和光顺的次数不能太多，因为自动光顺的总趋势是使曲线直线化，这样会使曲线与原来偏离的过大。

(二)创建首轮廓线 Stem Profile 实训

创建首轮廓线 Stem Profile 与创建艉轮廓线 Stern Profile 的过程相同。

五、创建控制线实训

(一)创建艉封板实训

3D 控制线多数是 Pline 曲线，即可以通过给出其上的一系列点(x,y,z)来生成，也可以通过已知它在两个相互垂直视图上的 2D 投影曲线来生成。所以可以先创建 2D 曲线，再合成 3D 控制线，Lines 系统具有这样的功能。

对于创建艉封板，可以先创建在横剖面和纵剖面上的 2D 曲线，再合成 3D 曲线。

首先在横剖面图上生成艉封板的 2D 曲线。在标准工具栏中点击命令，在弹出的对话框中选择 Curve Points 页，在曲线类型中选择 Cline，命名为 ttran，坐标值通过在下面的表中填入，也可以通过 Import 按钮输入预先准备在数据文件中的数据，如图 4－16 所示。

坐标值输入后点击 Creat 按钮，再通过选择 Edit 工具栏中的命令修改，最终在横剖面图上生成名为 ttran 的 Cline 曲线，如图 4－17 所示。

接下来在纵剖面图上生成艉封板的 2D 曲线，方法与上面相同，命名为 btran。由于艉封板在纵剖面图上的投影为直线段，所以给出两个端点的坐标值即可，如图 4－18 和图 4－19 所示。

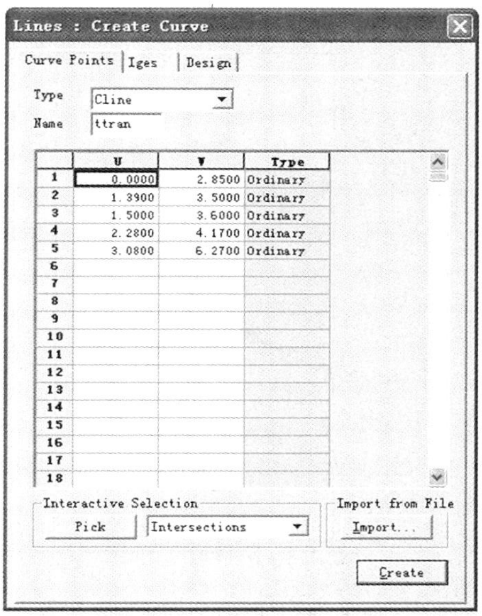

图 4－16　名为 ttran 的 Cline 曲线坐标输入

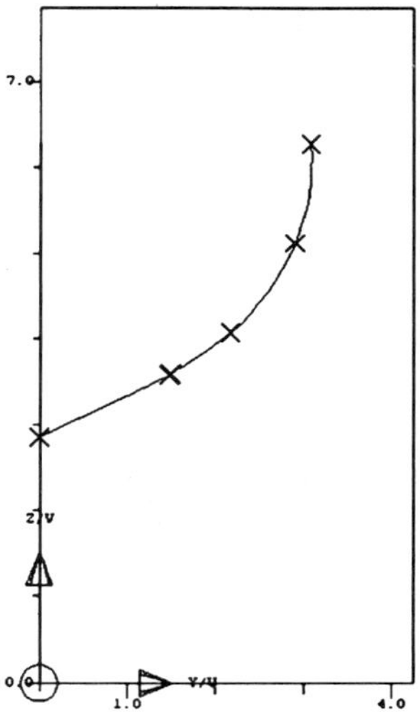

图 4－17　名为 ttran 的 Cline 曲线图

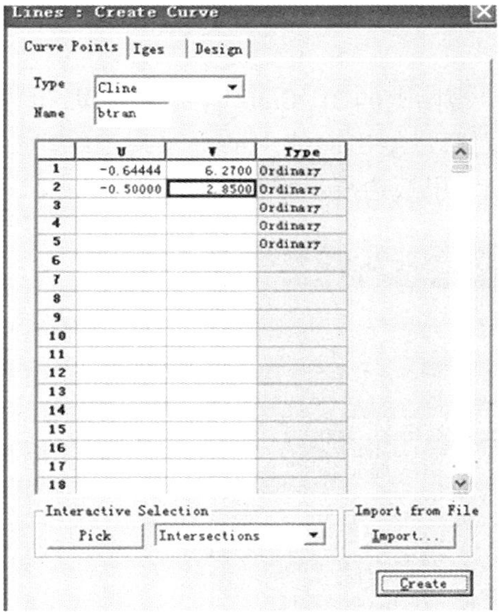

图 4－18　艉封板在纵剖面投影坐标输入

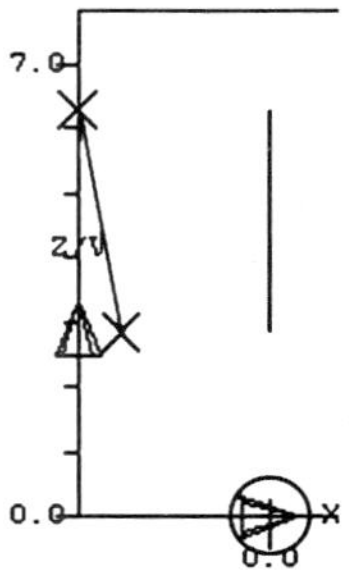

图 4－19　艉封板在纵剖面上的投影图

现在艉封板在横剖面和纵剖面上的2D曲线均已生成，下面合成艉封板的3D曲线。方法是在标准工具栏中选择3D Construction命令，点击  图标，在弹出的对话框中选择Merge页，Curve选择Knuckle(折角)类型，曲线名Name填入tran，主视图Master选择横剖面图Section，辅视图SLAVE选择纵剖面图Buttock，这时会在两个视图中显示已有视图清单供选择，我们选择前面所做的Cline曲线，如图4－20所示。点击Creat按钮创建，生成的3D艉封板曲线，它在横剖面图上的投影如图4－21所示。

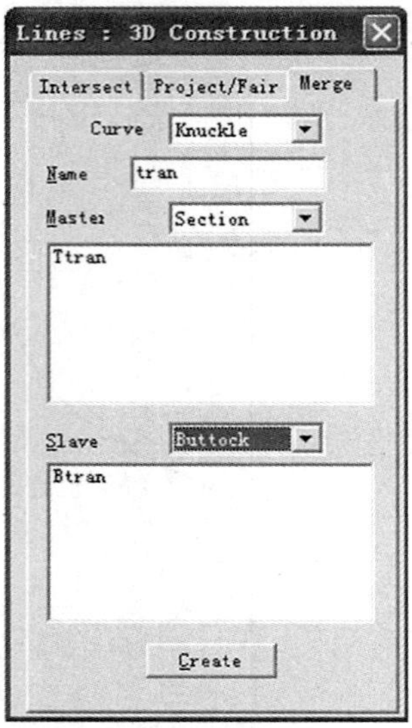

图 4－20　主视图和辅视图中已有前面所做的 Cline 曲线可供选择

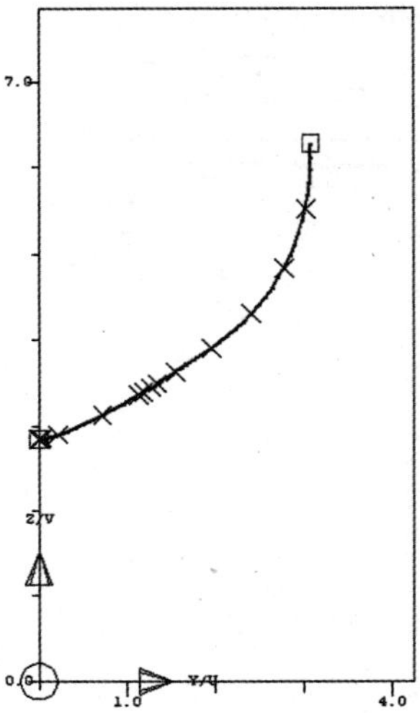

图 4－21　艉封板在横剖面上的投影图

(二)创建甲板边线实训

甲板边线是 3D 曲线，既可以通过上述两个视图上的 2D Cline 合成来创建，也可以给出曲线上的一系列三维坐标值来创建。下面我们通过给出曲线上的一系列三维坐标值来创建甲板边线。在 Lines：Great Curve 对话框中准备甲板边线三维坐标值，如图 4－22 所示。

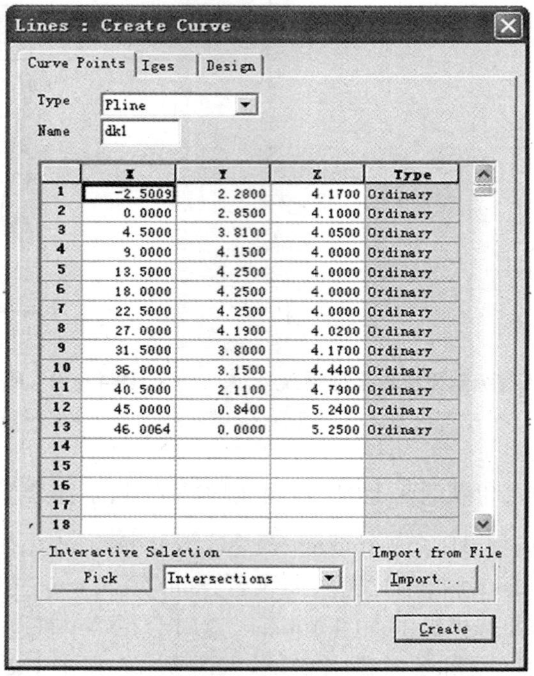

图 4－22　在 Lines：Great Curve 对话框中准备甲板边线三维坐标值

点击 Creat 按钮创建，生成甲板边线曲线，它在水线面图上的投影如图 4－23 所示。

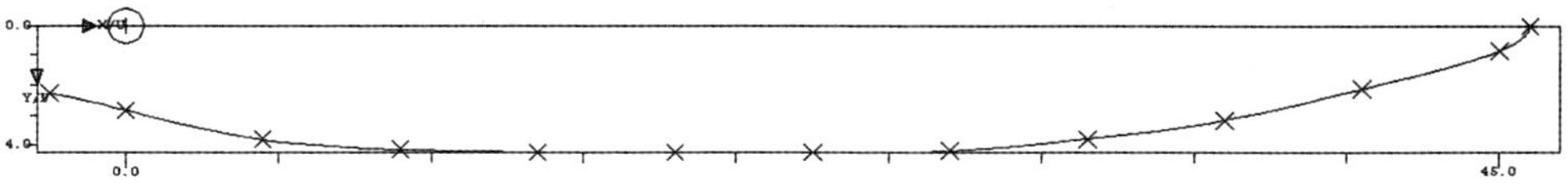

图 4－23　甲板边线在水线面图上的投影

上述边界控制线与船体剖面线密切相关，在光顺船体剖面线的过程中还需要对他们进行修改。

任务 2　船体型线光顺及表面生成实训

【实训目标】

1. 掌握创建横剖面线的方法和操作过程；
2. 掌握型线三向光顺的方法和操作过程；
3. 掌握水线末端控制（生成 End Surface）的方法和操作过程；
4. 掌握生成船体表面曲面 Surface 的方法和操作过程。

任务实施步骤、时间安排、实施方式见表 4－2。

表 4－2　任务 2 实施步骤、时间安排、实施方式

实施步骤	时间安排	实施方式
阅读教材、参考书及完成实训	课余与课上之比约 1∶1	自学、查资料、相互讨论、完成实训、在网络教学系统留言，教师查看、评价并给予指导
讲解与示范	2 学时	教师使用投影仪和局域网边讲解、边示范，学生同步观看、学习和记录，教师要注意引导学生发现问题，启发学生思考问题和寻找解决问题的方法
指导学生实际操作	9 学时	每个班级分为若干组，每组 8 人以下，每组可安排不同工作任务，每个学生使用一台微机独立操作，遇到问题可相互讨论或请教老师，教师要注意及时评价学生实训完成情况，设法调动学生实训积极性
检查评价	1 学时	教师与学生共同完成任务的检查评价，并对存在的问题进行分析与处理。学生将完成的任务自我检查评价打分后，通过局域网提交给老师，老师检查评价打分，指出存在问题和解决方法反馈给学生

一、创建横剖面线实训

横剖面线通常是船体型线中最先被创建,在Lines系统中它是通过数据文件创建的,它是否光顺对船体型线光顺非常重要。

(一)横剖面线数据文件准备实训

使用系统提供的横剖面型值输入工具Britfair Digit,其选择方法如图4-24所示。

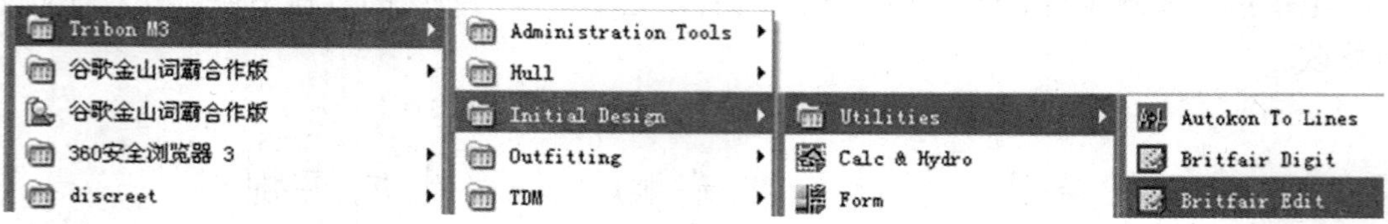

图4-24 横剖面型值输入工具Britfair Edit的选择方法

选择该工具后出现如图4-25所示的界面,从中选择GPF页弹出General Particulars对话框,再点击Import按钮使用输入文件或直接在下面的表格中输入船舶主尺度,如图4-26所示。

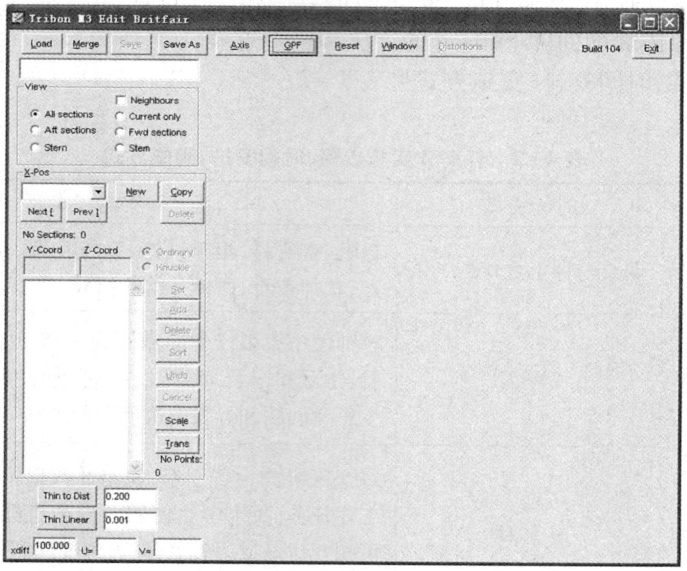

图4-25 Edit Britfair对话框

如果想使用站号作为横剖面位置坐标,在横剖面型值输入工具Edit Brtifair界面中选择Axis页,将Use Station选中,将船舶垂线间长值填入界面左下角xdiff处。点击界面中的New按钮即可输入坐标值。坐标值输入后,在右边的窗口会自动显示出横剖面线的大致形状,以便检查,如图4-27所示。

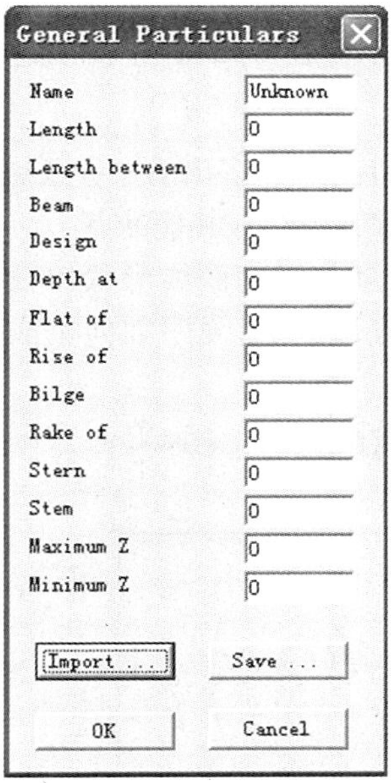

图 4－26　**General Particulars** 对话框

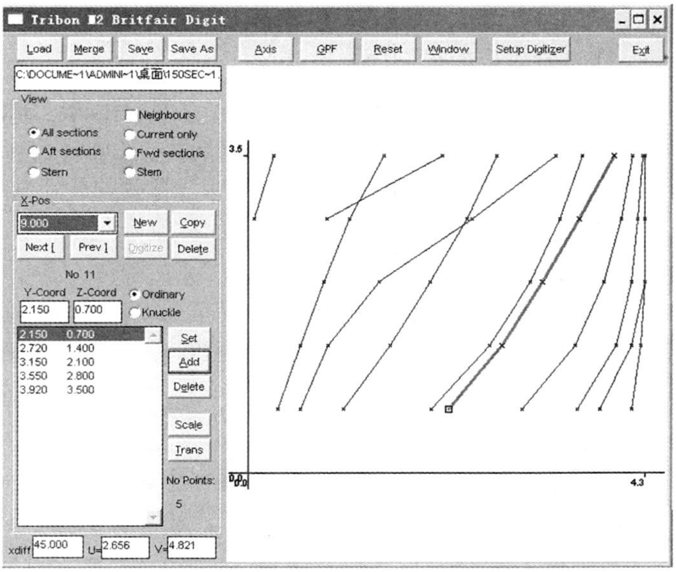

图 4－27　坐标值输入后自动显示的横剖面线大致形状

生成的 *.brf 数据文件格式如下（横剖面位置以距尾垂线距离表示）。

NONAME
1
2　0.000 000　0.000 000
0.850 000　2.800 000
2.080 000　3.500 000
0
5　4.500 000　4.500 000
0.560 000　0.700 000
0.860 000　1.400 000
1.410 000　2.100 000
2.400 000　2.800 000
3.300 000　3.500 000
0
……
0
0 0 0

（二）生成横剖面线实训

在 Great 对话框中选择 Design 页，在 Type 中选择 Britfa，点击 Import 按钮，找到上述准备的横剖面数据文件（ *.Brf）并使用。

点击标准工具栏中的 命令，弹出 Fairing 对话框，选择 Fit 页，在 Curve Type 中选择

Section，在 Selection 中选择 All，在 Interplation 中选择 Design，在 Options 中选择 Show，点击 Apply 按钮，即显示出生成的横剖面线，如图 4－28 和图 4－29 所示。在 Options 中如果选择 Accept，则这些生成的横剖面线被接受。

点击 命令选择横剖面线中的任意一条进行编辑。横剖面线上比输入多出的一些点是横剖面与边界控制线相交自动生成的，例如横剖面与轮廓线、甲板线相交都会生成相应的点。

从生成的横剖面线图中可以明显看出，有些部位由于缺乏控制，横剖面线形状比较随意，并不符合设计要求，需要增加控制线或控制点。下面以该船底部为例，说明如何生成符合设计要求的横剖面线。

该船底部具有斜升，在半宽处斜升高度为 200，据此我们在横剖面图上用 Cline 命令做一条这样的斜升线，取名为 XSX，如图 4－30 和图 4－31 所示。

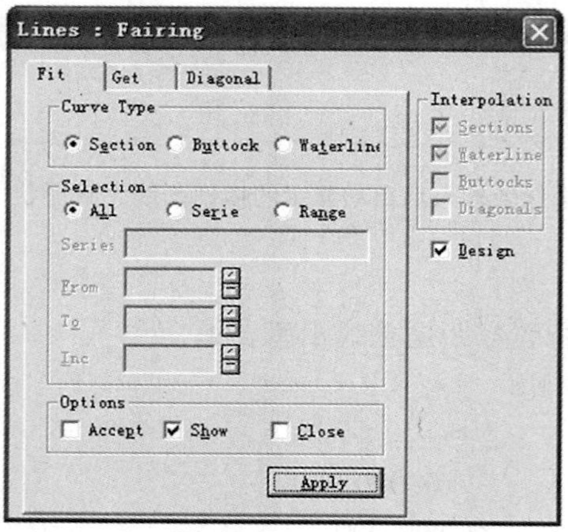

图 4－28　Fairing 对话框中的 Fit 页

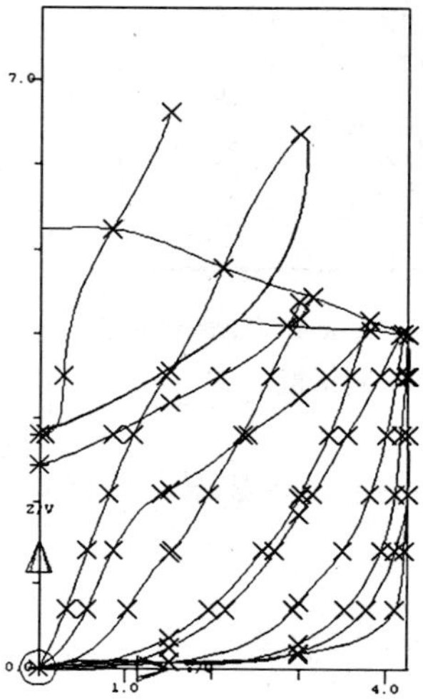

图 4－29　生成的横剖面线

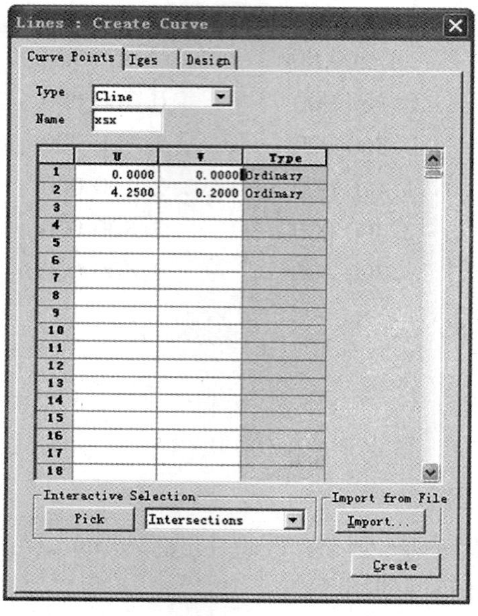

图 4－30　斜升线的取名和坐标值输入

图 4-31　在横剖面图生成的斜升线

按照横剖面线与斜升线相切的大致位置定出切点 Y 坐标值，结合各站 X 坐标值，可以在水线图上 $Z=0$ 处做出一条 Tangent 控制线，如图 4-32 所示。

对该曲线进行光顺后，再根据各站切点 Y 坐标值和斜升线的斜率求出在切点在各站处的 Z 值，再做一条 3D Tangent 控制线。这时再导入横剖面线会发现其在底部的形状有了很多改善，如图 4-33 所示。

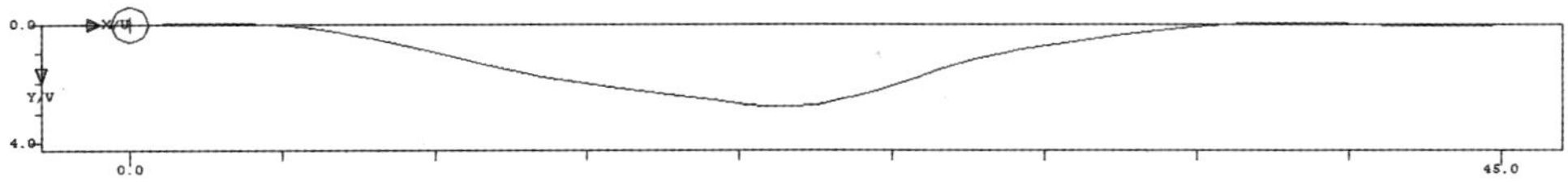

图 4-32　在水线图上 Z=0 处做出一条 Tangent 控制线

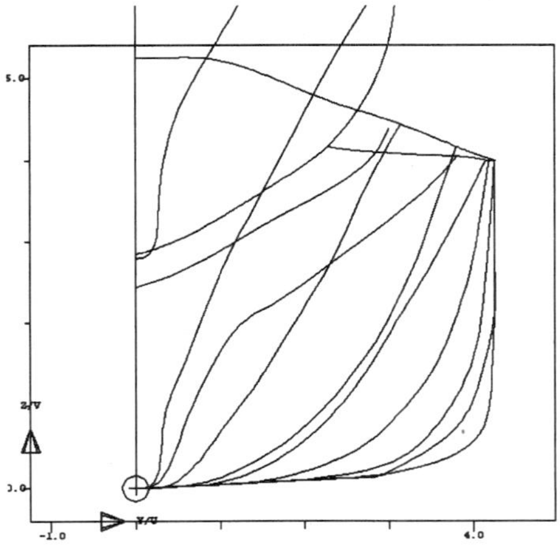

图 4-33　增加控制线后的横剖面线形状

（三）横剖面线的单根交互光顺实训

点击  命令逐个选择每一条横剖面线，修改或删除影响型线光顺的型值点，注意对于横剖面线与边界控制线的交点，不要轻易修改或删除，确实需要修改或删除的点，要经过核实和兼顾整个型线的变化趋势。

在命令输入栏中输入 dis sec 0 thr 10 1/ku 命令，要求系统显示各条横剖面线的曲率。

二、型线三向光顺实训

（一）分割船体实训

创建一系列 3D 曲线之前，在船中处将船体分割为艏艉两部分，然后分别创建艏艉部的

3D 曲线。这是因为，如果不分割船体，型线三向光顺很容易出错。分割的方法是，在 File 下拉菜单中选择 Slip 命令，在弹出的对话框中对艏艉部船体分别命名为 150TLCCf 和 150TLCCa，选择 5 号横剖面作为分割剖面，如图 4 - 34 所示。点击 Slip 按钮完成分割，这时在被分割船路径中出现了 150TLCCf 和 150TLCCa 两部分船体。

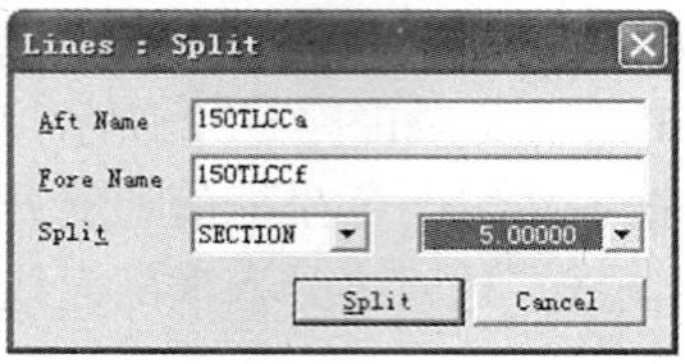

图 4 - 34 对艏艉部船体分别命名并选择 5 号横剖面作为分割剖面

在 File 下拉菜单中选择 Open 命令打开船体前半部分 Lines 文件(150TLCCf)，这时界面中只有前半部分图形和树状视图，如图 4 - 35 和图 4 - 36 所示。

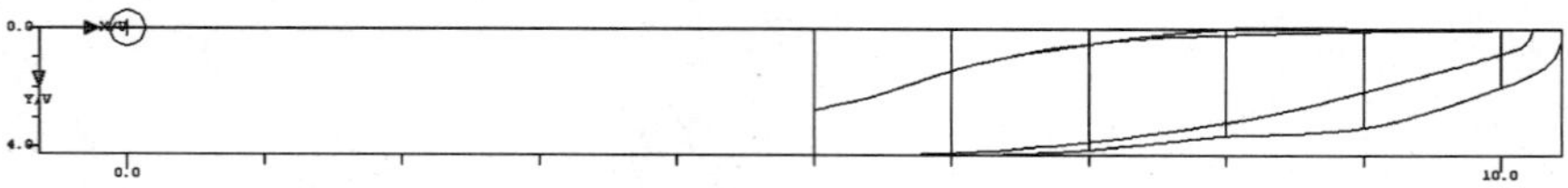

图 4 - 35 只有船体前半部分图形

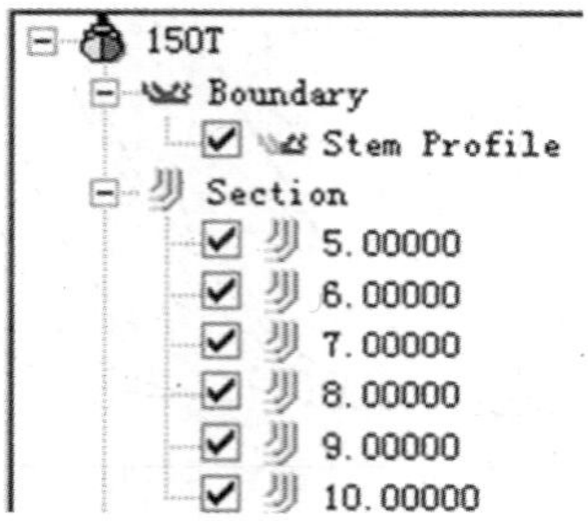

图 4 - 36 只有前半部树状视图

(二)型线三向光顺实训

1、创建 2D Cline 曲线实训

通过定义 2D Cline 曲线和横剖面线相交创建 3D 曲线。2D Cline 曲线尽量通过有共同曲率的点，尽量不要有反曲情况，越简单越好，一般由 4 个点构成即可，尽可能均匀分布。

在标准工具栏中点击图标，在弹出的 2D Comstructur 对话框中选择 Cline 页，Curve 类型选择 Curve，曲线名 Name 中填入曲线名，点击 Create，系统会提示在屏幕上拾取点，拾取所需点后按 Esc 键系统会自动拟合曲线并显示曲线，进入单根曲线修改状态，可进行修改，点击命令保存曲线并退出，点击命令不保存退出。同样方法重复生成多条 Cline 曲线，如图 4 - 37 和图 4 - 38 所示。

2. 生成 3D 曲线实训

下面通过 Cline 生成 3D 曲线，生成的 3D 曲线是用于型线光顺的 Pline 曲线，方法如下。

在标准工具栏中点击 图标，在弹出的 3D Comstructur 对话框中选择 Intersect 页，Curve 类型选择 Pliene 类型，曲线名 Name 可以与下面选择插值的 Cline 曲线名一致，比如下面选择插值的 Cline 曲线名是 P1 就填入 P1，With 栏选择 Sections，点击 Create 生成 Pline 曲线，如图 4－39 所示。

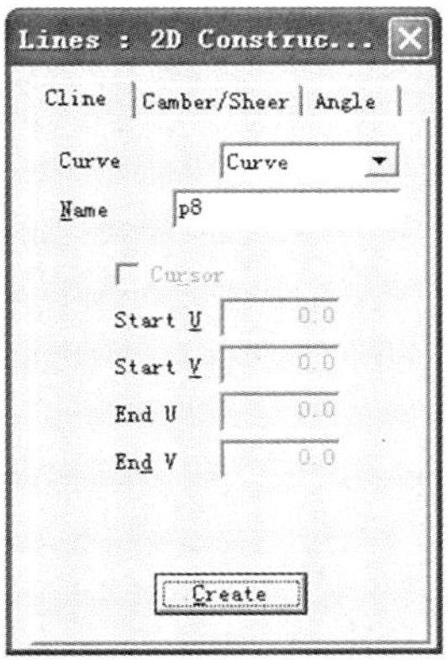

图 4－37　选择 Cline 页

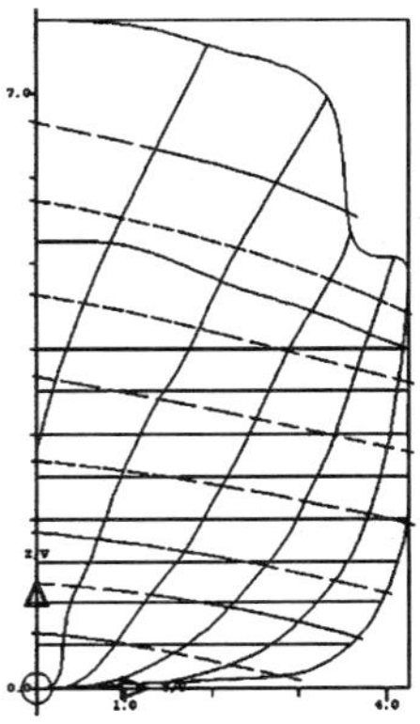

图 4－38　生成多条 Cline 曲线

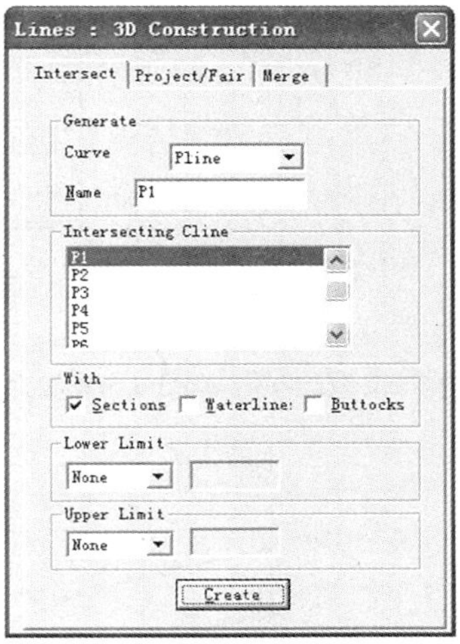

图 4－39　选择 Intersect 页

需要注意的是，如果船舶有底平线和边平线，平面内 Pline 上的点要删除，并将 Pline 与底平线和边平线的交点类型设为切点型，分别在纵剖面和水线面将切点角度设为零，与分割线的交点设为切点型，在横剖面图中垂直于或平行于水平线，则在纵剖面图或水线面图中将切点角度设为零。

3. 加入 Pline 后生成横剖面线实训

在标准工具栏中点击 图标（Fairing 光顺），在弹出的对话框中选择 Fit 页，Interpolation 栏中什么都不填，在 Selection 栏中选择 All，在 Option 栏中只选择 Show，点击 Apply 按钮，如图 4－40 所示。

系统将新旧横剖面线一起显示，我们可以进行观察、比较，如图 4－41 所示。

从上图看，新旧横剖面线基本一致，说明上面生成的 Cline 和 Pline 曲线基本光顺、合理，否则需要对上面生成的 Cline 和 Pline 曲线进行进一步的修改，使之满足利用其插值后新旧横剖面线一致。如果还有问题，就要考虑是 Cline 和 Pline 曲线数量不足，可以增加其数量，再观察结果任何，直至满足要求。

如果插值结果满意了，点击 Fairing 对话框中的 Accept 按钮，接受插值结果，原来旧的横剖面线将被替换。

4. 加密横剖面线实训

在标准工具栏中点击 图标，在弹出的对话框中选择 Fit 页，Interpolation 栏中什么都不填，在 Selection 栏中选择 Rangl，填入数据，在 Option 栏中只选择 Show，点击 Apply 按钮，

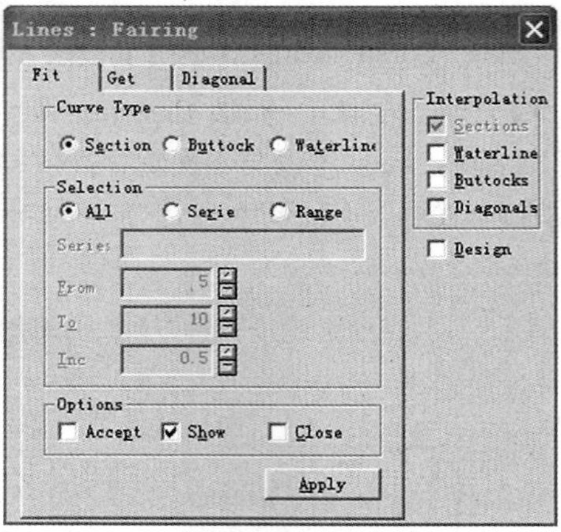

图 4-40　Fairing 对话框中的选项

横剖面线被加密,如图 4-42 所示。

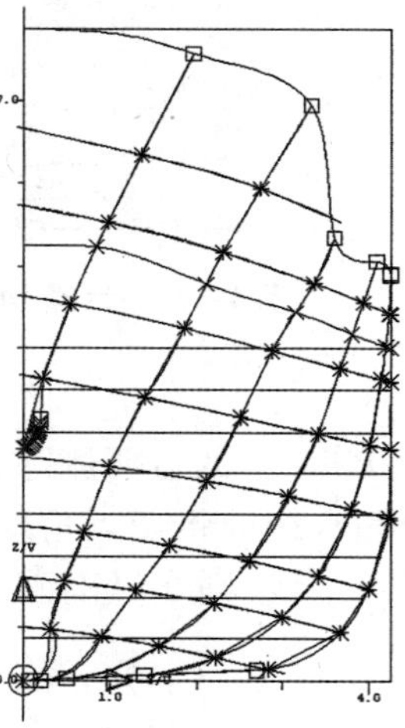

图 4-41　加入 Pline 后生成的横剖面线

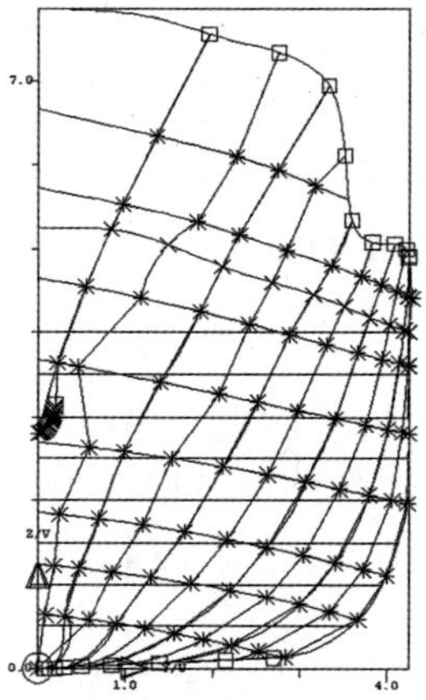

图 4-42　加密后的横剖面线

加密后的横剖面线会有个别的不光顺,通常需求修改 Pline 曲线,必要时适当增加 Pline 曲线,使横剖面线光顺。

5. 插值水线、纵剖线实训

在横剖面线光顺后,就可以使用 Pline 曲线、横剖面线插值水线、纵剖线,插值方法与插值横剖面线完全相同。

水线、纵剖线插值后,要进行仔细检查,发现不光顺,要分析原因,通常是修改 Pline 曲线和横剖面线。

(三)水线末端控制(生成 End Surface)实训

船舶在水线末端通常有一定的控制要求,比如水线面与艏柱的交线通常设计成圆弧,并且圆弧半径沿着吃水方向是变化的。水线末端的控制,可以通过定义 End Surface 实现。

定义 End Surface 有两种方法,一种是通过生成 Half Siding 曲线定义,一种是通过生成

radii 定义，对于水线末端有圆弧半径值要求的，可以通过后一种方法定义，下面就对这种方法进行讲解。

1. 生成圆弧半径曲线（radii）实训

在标准工具栏中点击图标，在弹出的对话框中选择 HS/Radius 页，从中选择 Stem，从 Curve 中选择 Radius，在 Method 中选择，再在下面 Manual 栏中键入各水线半径和水线高度，点击 Create 按钮，生成艏圆弧半径曲线，如图 4－43 所示。

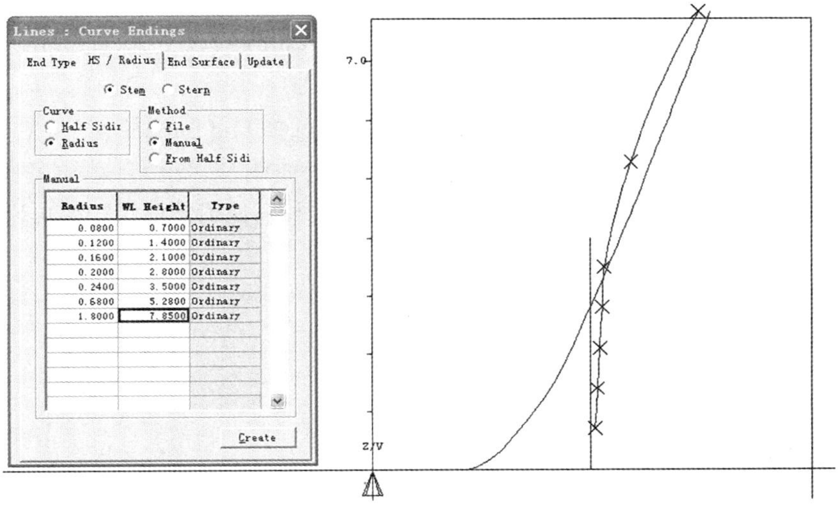

图 4－43　艏圆弧半径曲线

从图中可以看出，首圆弧半径曲线是以艏垂线为竖坐标，以基线为横坐标，以圆弧半径为横坐标值、以水线高度为竖坐标值拟合的曲线，系统自动命名为 Stem Radius，和其他船体曲线一样可以进行编辑。

2. 生成 End Surface 实训

在标准工具栏中点击图标，在弹出的对话框中选择 End Surface 页，从中选择 Stem，从 Create 中选择 End Surface，点击 Create 按钮，生成 End Surface，如图 4－44 所示。

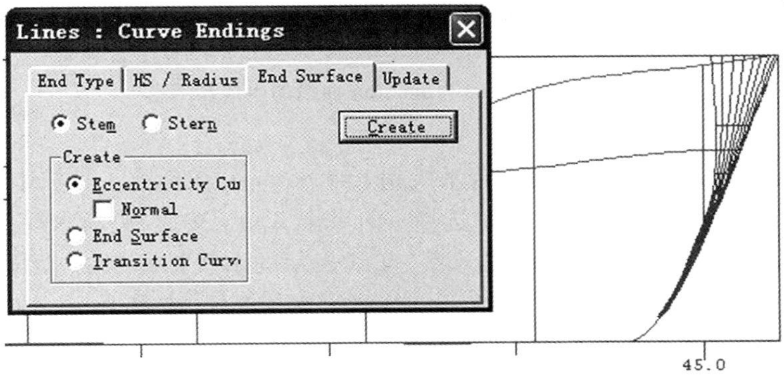

图 4－44　End Surface 的生成和图形

可以通过在显示工具栏中点击图标,显示 End Surface。

3. 拟合水线到 End Surface 实训

为拟合水线到 End Surface,需要先定义一条 Transition 曲线,控制水线与 End Surface 拟合的位置,Transition 曲线是一条 2D Cline 曲线,要求在纵剖面图中定义。

Transition 曲线的坐标值可以根据各水线的首圆弧半径值和水线的变化趋势确定,即在各水线处,由艏轮廓线向船尾方向偏移艏圆弧半径的基础上,再向船尾方向偏移一个值(在水线图上根据水线变化趋势和首圆弧半径值确定),作为横坐标值。另外,要根据首圆弧半径曲线变化趋势,将 Transition 曲线延长到基线以下和外板顶线以上,保证插值所有水线,都能拟合水线到 End Surface。

在标准工具栏中点击图标,在弹出的对话框中选择 End Surface 页,从 Create 中选择 Transition,点击 CREAT 按钮,生成 Transition 曲线,接受曲线,系统会自动命名曲线为 Stem Transition,保存在 BOUNDRAY 栏中,如图 4-45 所示。和其他船体曲线一样可以进行编辑。

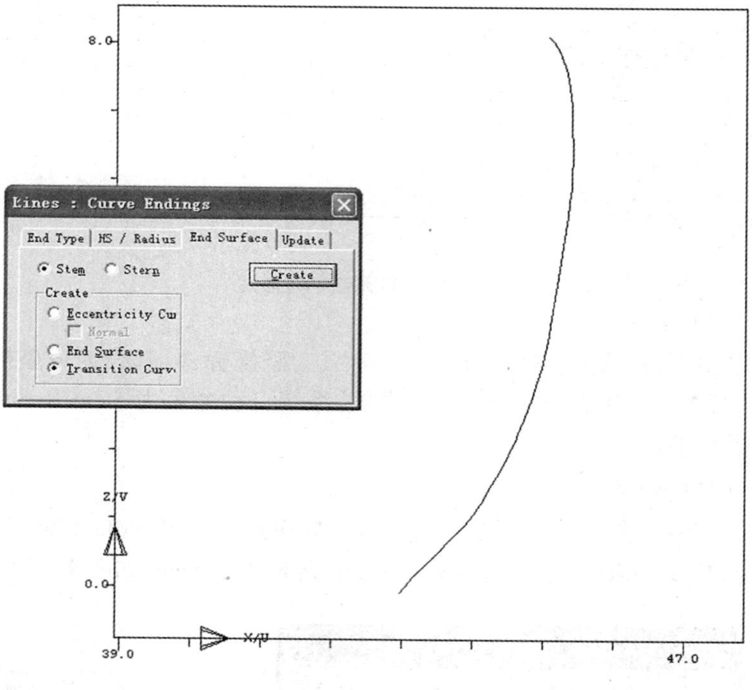

图 4-45　Stem Transition 曲线的生成和图形

生成 Transition 曲线后,接下来拟合水线到 End Surface,在标准工具栏中点击图标,在弹出的对话框中选择 Update 页,从中选择 All,点击 Apply 按钮,更新水线,如图 4-46 所示,带有虚线的水线是与圆弧拟合后的水线,实线表示的水线是原来的水线。在 Accept 没有被选择前,更新的水线不保存,如果更新的水线可以接受了,选择 Accept 并点击 Apply 按钮保存。

当水线被更新后,系统会自动命名生成一条水线与圆弧的切点线,在 Boundary 栏中,如图 4-47 所示。

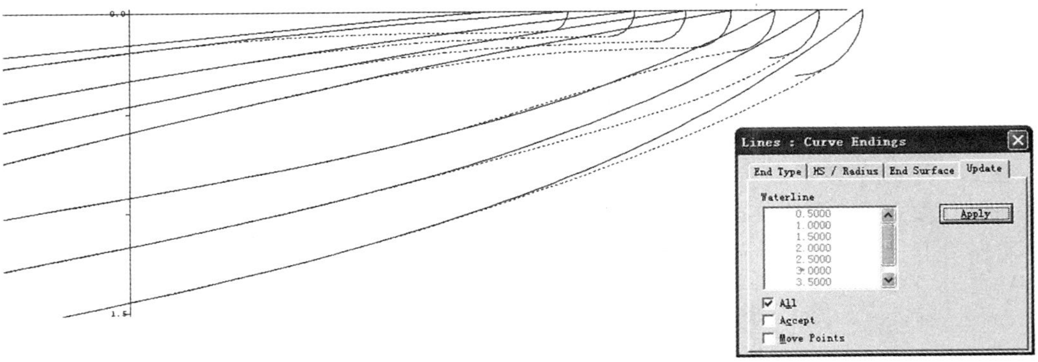

图 4－46　拟合水线到 End Surface

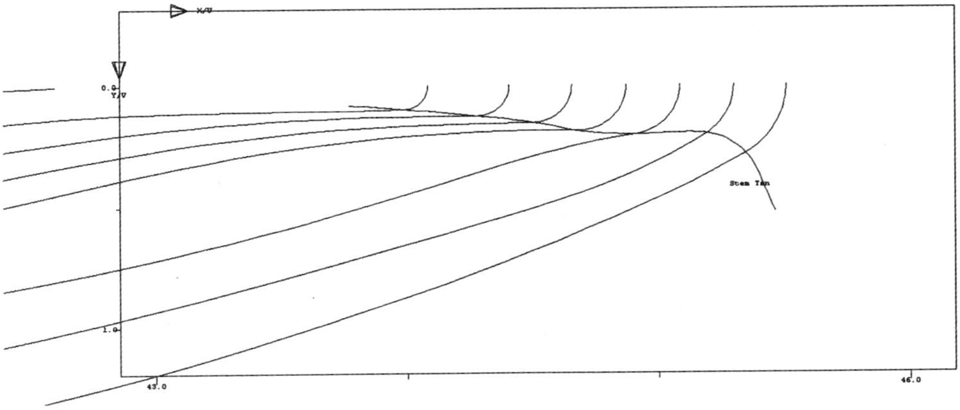

图 4－47　水线与圆弧的切点线

4. 更新横剖面线实训

水线更新后，要对横剖面线进行重新生成，方法是在第一次生成横剖面线插值曲线的基础上，增加插值各水线。如果 End Surface 被创建，还需要说明利用它插值船体型线，方法是，在标准工具栏中点击 图标，在弹出的对话框中选择 End Type 页，在 Stem 栏中选择 End Surface，点击 Apply 按钮，如图 4－48 所示。

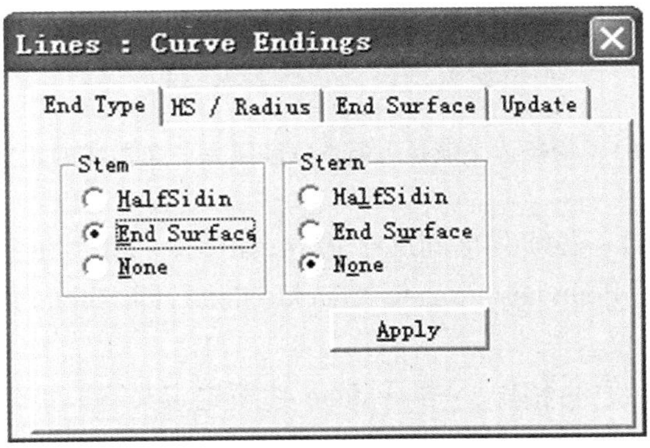

图 4－48　更新横剖面线操作

最后，还要加上更新后的横剖面线再次插值水线，并进行光顺性检查。

5. 合并文件实训

上面我们以船舶艏部（前半部分）为例，讲解了型线光顺过程，艉部与此类似。当船舶艏艉部型线光顺均完成后，就可以进行将他们合并到一起。

在 File 下拉菜单中点击 Join Ship，在弹出的对话框中 Join With 栏中填入被分割的前或后部分船体文件名，在 As Save 栏中填入合并后的船体文件名，在并选择合并的位置，点击 Join 按钮合并，如图 4－49 所示。

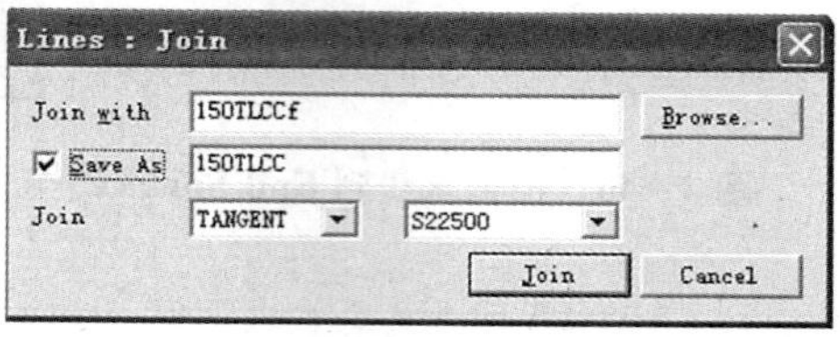

图 4－49　合并文件操作

（四）生成船体表面曲面 Surface 实训

方法是通过定义若干曲面片 Patche，用他们拼接成整个船体表面。

1. 熟悉 Patche 生成规则

（1）只能有 2,3,4 个边的 Patches 被定义，每条边必须是一条曲线，如图 4－50 和图 4－51 所示。

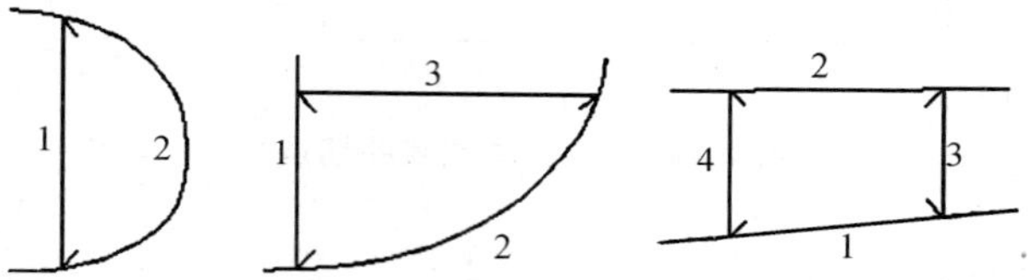

图 4－50　有 2,3,4 个边的 Patches 正确定义

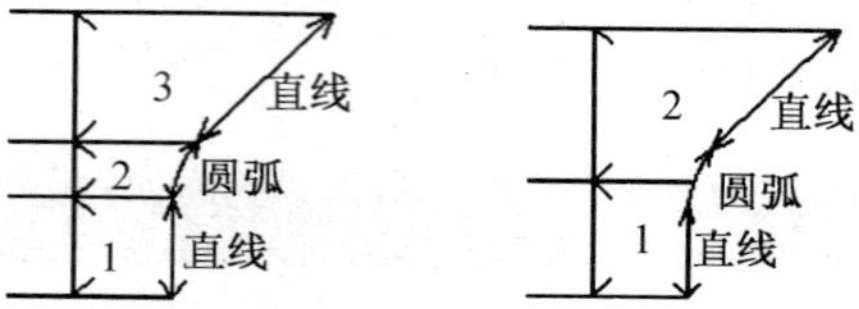

图 4－51　每条边必须是一条曲线和不是一条曲线的定义实例

（2）两个相邻的 Patche 必须共享同一个边界，如图 4－52 所示。

（3）Patche 不能穿过 Boundary Tangen Knuckle 曲线，即 Patche 内不能包含这些曲线，如图 4－53 所示，为正确定义。

（4）为了保证 Patche 之间相切，平的 Patche 必须先定义，曲面的 Patche 应该由船中向艏艉定义。比如，底平线、边平线内平的 Patche 必须先定义。

遵循上述规则，Patche 之间就不会有间隙和其他错误发生。

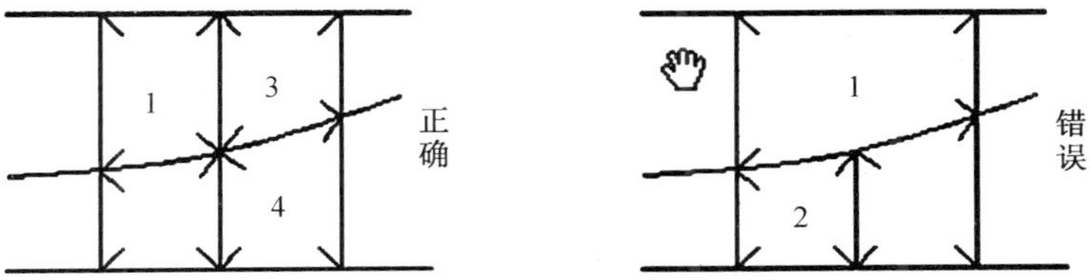

图 4－52　两个相邻 Patche 必须共享同一个边界的正确和错误实例

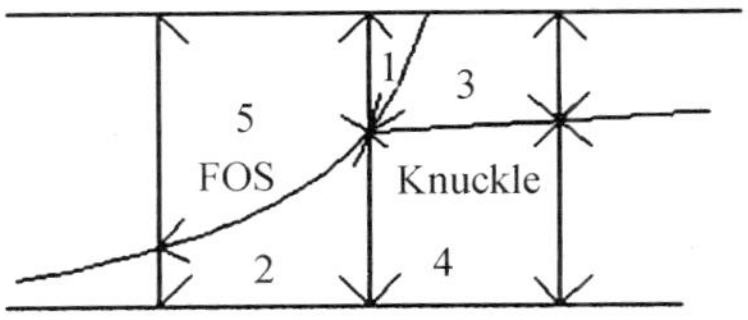

图 4－53　Patche 不穿过 Boundary Tangen Knuckle 曲线的正确实例

2. Patche 边界的创建实训

Boundary Tangen Knuckle 曲线、水线、纵剖面线、横剖面线等都可以作为 Patche 的边界。但是仅用这些线作为 Patche 的边界，往往还不够用，需要再定义一些辅助线。这些辅助线的定义方法，可以采用上述 3D Pline 曲线的定义方法，根据创建 Patche 边界的需要去定义。

3. 创建 Patche 实训

在标准工具栏中点击 图标，在弹出的对话框中选择 Generate 页，如图 4－54 所示。

以船底的一块 Patche 为例，在 Name 处输入名称，这里取名为 Patche1，由于该曲面片位于船底部平面部分所以边界选择 Boundary 类型，只用其边界进行插值计算生成 Patch，选择 Tangent Continuit 进行边界连接。点击 Generate 按钮，系统提示用光标选择边界，选择顺序不限，被选择的边界名称显示在输出栏中。点击显示工具栏中的 图标，显示生成的 Patche，如图 4－55 所示。

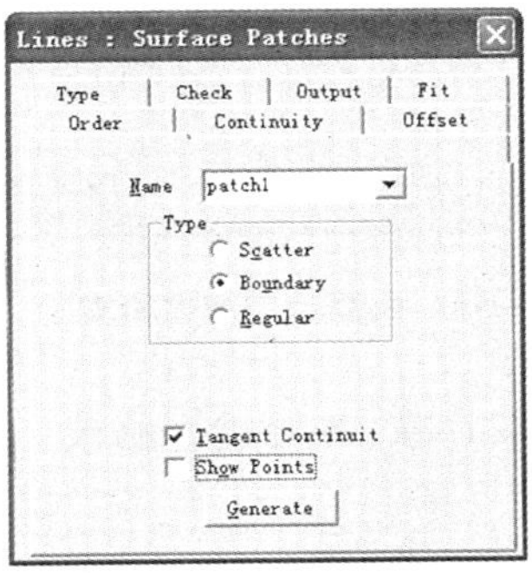

图 4－54　在创建 Patche 的对话框中选择 Generate 页

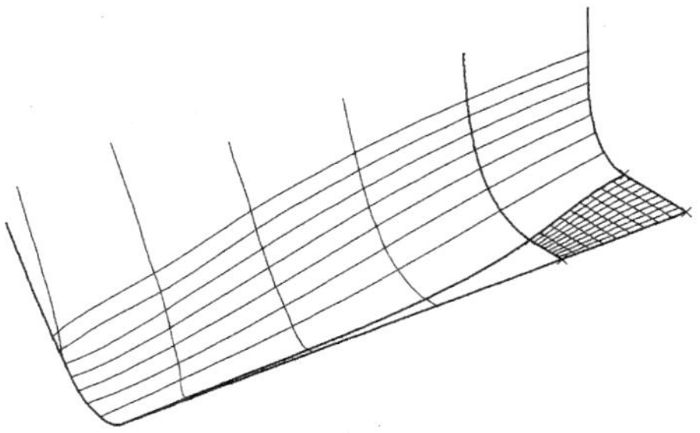

图 4－55　显示生成的 Patche 图形

继续生成 Patche，有下面的提示说明生成是正确的。

```
|Patch      | Max  Dist| Max  Dist|Exceeds Tol|
|           | Boundary|   Curves|     0.0100|
|---------+----------+----------+-----------|
|PATCH1    |   0.0002|   0.0000|           |
+-------------------------------------------+
LINES > DISPLAY PATCH /ALL /STORED
```

对于非平面类型的 Patche，选择 Scatter 类型，这样系统将利用 Patche 边界内所有的曲线插值生成曲面片。

4. 检查曲面片精度实训

这一步检查是检查生成才曲面片与原曲线的偏离程度。在标准工具栏中点击图标，在弹出的对话框中选择 Check 页，选择 Points，并选择 Sections，Waterline，Buttock，选择需要检查的 Patche，点击 Check 按钮开始检查，如图 4－56 所示。

检查结果如下。

```
LINES > CHECK PATCH "Patch1" /CURVE_TYPE= SECTION WATERLINE BUTTOCK /SHOW
Patch      Max. Dist        X          Y          Z          Mean    Stand Dev
-----      -------------------------------------------       ----    ---------
PATCH1       0.0002   25.8677     1.7720     0.0831        0.0000       0.0001
```

5. 检查曲面片连续性实训

这一步检查是检查生成才曲面片的连续性。在标准工具栏中点击图标，在弹出的对话框中选择 Check 页，再选择 Boundary，选择所有 Patche(ALL)，点击 Check 按钮开始检查，如图 4－57 所示。

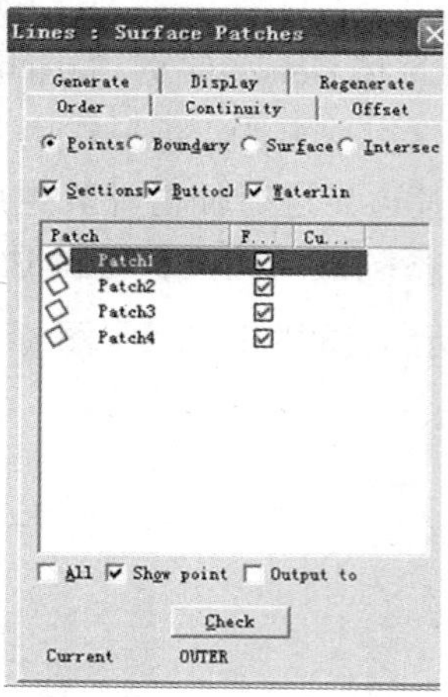

图 4－56　曲面片精度检查

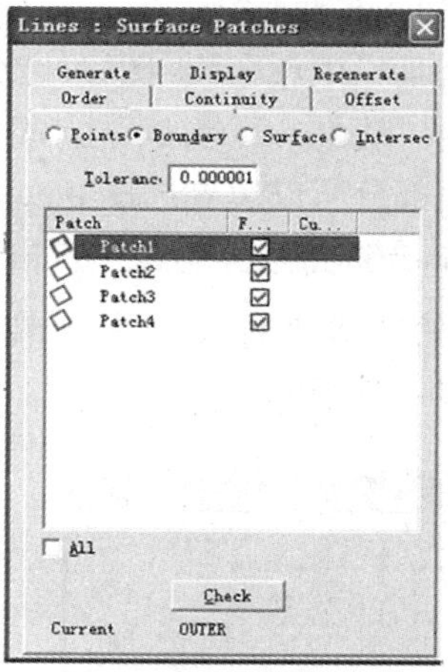

图 4－57　曲面片连续性检查

如果曲面片之间有高亮显示，说明他们之间有不连续存在，需要进行修改。应该修改 Patch 边界或修改类型。

如图 4－58 所示，4 个曲面片连成的区域内没有高亮显示，只有整个边界有高亮显示，说明他们之间没有不连续存在。

如果系统提示重新生成 Patch 或提示修改类型，可以在 Surface Patchs 对话框中的 Regenerate 页和 Type 页中进行重新生成和修改类型。

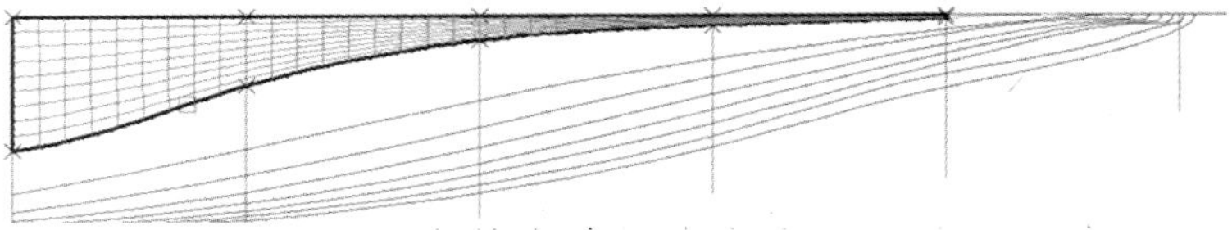

图 4 – 58　只有整个边界有高亮显示的曲面片

在标准工具栏中点击 图标，可以对已生成的船体曲面进行渲染，如图 4 – 59 所示。

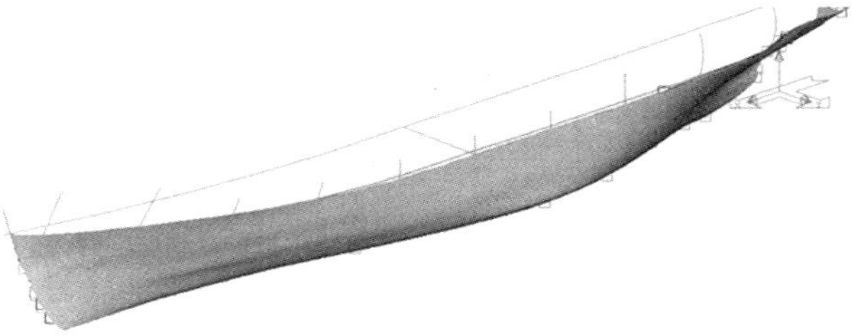

图 4 – 59　船体曲面的渲染

实　训　题

1. Tribon Lines 系统的功能是什么？说明系统操作流程。
2. Lines 文件的功能是什么？说明创建一个 Lines 文件的方法。
3. 参数设置的主要内容是什么？说明设置方法。
4. Lines 系统常用工具栏有哪些，它们所包含命令有哪些？
5. Boundary 曲线功能是什么？说明创建 Boundary 曲线的方法和过程。
6. 控制线的作用是什么？说明创建艉封板线、甲板线方法和过程。
7. 说明创建横剖面线的方法和过程。
8. 说明型线三向光顺方法和过程。
9. 简述水线末端控制（生成 End Surface）的方法和过程。
10. 简述生成船体表面曲面 Surface 方法和过程。
11. 已知某船首尾部侧视图和型值表，该船垂线间长 27 000，20 个理论站，设计吃水 1 150，试用 Tribon Lines 系统生成和光顺该船型线，并生成船体表面曲面。

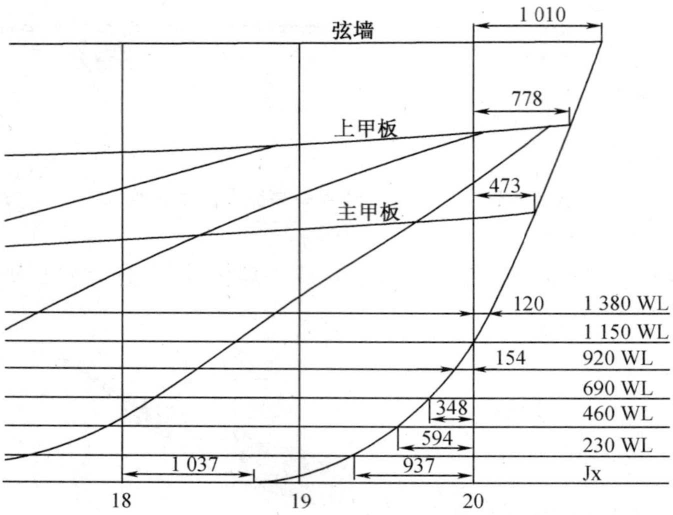

实训题图 4－1　艏部侧视图

半宽值(前半部分)

站号和离舯 / 水线甲板线	10	11	12	13	14	15	16	17	18	19	20
	0	1 375	2 750	4 125	5 500	6 875	8 250	9 625	11 000	12 375	13 750
230WL	2 316	2 298	2 203	2 010	1 734	1 396	1 042	716	415	175	–
460WL	2 570	2 528	2 432	2 242	1 953	1 615	1 256	890	543	229	–
690WL	2 628	2 597	2 516	2 352	2 083	1 748	1 385	1 010	640	296	–
920WL	2 645	2 625	2 568	2 427	2 178	1 858	1 500	1 115	733	367	–
1150WL	2 650	2 643	2 603	2 481	2 256	1 960	1 608	1 226	830	442	–
1380WL	2 650	2 647	2 627	2 528	2 328	2 060	1 723	1 345	933	525	–
主甲板边线	2 650	2 650	2 644	2 580	2 439	2 236	1 979	1 675	1 316	890	416
上甲板边线	2 650	2 650	2 650	2 610	2 530	2 490	2 377	2 171	1 943	1 697	1 218
弦墙顶线	2 650	2 650	2 650	2 620	2 550	2 510	2 430	2 260	2 043	1 800	1 380

高度值(前半部分)

站号和离舯 / 纵剖线甲板线	10	11	12	13	14	15	16	17	18	19	20
	0	1 375	2 750	4 125	5 500	6 875	8 250	9 625	11 000	12 375	13 750
0	0	0	0	0	0	0	0	0	0	60	1 150
575	47	47	47	47	47	47.1	56	112	534	1 505	2 464
1 150	103	103	103	103	103	122	326	993	1 747	2 349	2 846
1 725	160	160	160	160	223	650	1 384	1 985	2 390	–	–
2 300	220	231	288	572	1 290	1 951	2 367	–	–	–	–
主甲板边线	1 650	1 658	1 678	1 709	1 747	1 797	1 853	1 912	1 987	2 084	2 160
上甲板边线	2 560	2 570	2 580	2 590	2 600	2 610	2 620	2 662	2 702	2 769	–
弦墙顶线	3 490	3 500	3 510	3 520	3 530	3 540	3 550	3 560	3 570	3 580	3 590

水线、甲板线、弦墙顶线圆弧半径、圆心横坐标(前半部分)

	230WL	460WL	690WL	920WL	1150WL	1380WL	主甲板边线	上甲板边线	弦墙顶线
圆弧半径	130	140	150	160	170	180	397	1790	2140
圆心横坐标	0	0	0	0	0	0	0	0	0

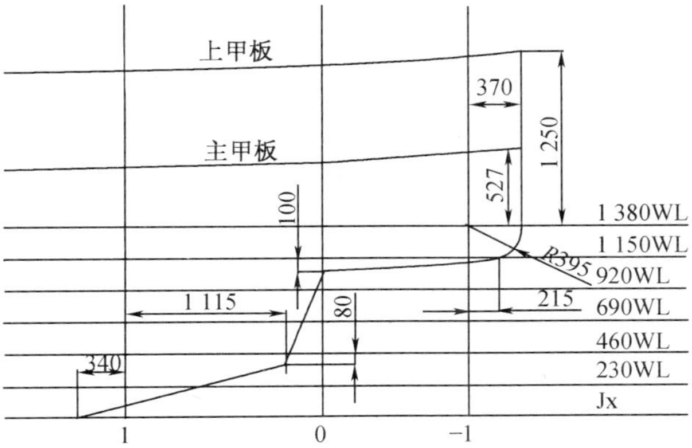

实训题图 4 – 2　艉部侧视图

半宽值(后半部分)

站号离舯 / 水线甲板线	10	9	8	7	6	5	4	3	2	1	0	–1
	0	1 375	2 750	4 125	5 500	6 875	8 250	9 625	11 000	12 375	13 750	14 750
230WL	2 316	2 281	2 187	1 950	1 573	1 133	712	365	164	84	–	–
460WL	2 570	2 528	2 465	2 356	2 163	1 849	1 315	750	340	145	–	–
690WL	2 628	2 608	2 575	2 522	2 425	2 256	1 907	1 300	681	302	–	–
920WL	2 645	2 643	2 633	2 609	2 571	2 503	2 343	1 995	1 339	650	–	–
1150WL	2 650	2 650	2 650	2 643	2 633	2 609	2 556	2 463	2 337	2 162	1 820	927
1380WL	2 650	2 650	2 650	2 650	2 650	2 645	2 630	2 600	2 538	2 458	2 342	1595
主甲板边线	2 650	2 650	2 650	2 650	2 650	2 650	2 648	2 640	2 625	2 594	2 518	1 868
上甲板边线	2 650	2 650	2 650	2 650	2 650	2 650	2 648	2 640	2 625	2 594	2 518	1 868

高度值(后半部分)

站号离舯 / 纵剖线甲板线	10	9	8	7	6	5	4	3	2	1	0	–1
	0	1 375	2 750	4 125	5 500	6 875	8 250	9 625	11 000	12 375	13 750	14 750
0	0	0	0	0	0	0	0	0	0	89	1 050	1 129
575	47	47	47	47	57	93	175	365	629	892	1 091	1 138
1 150	103	103	103	106	145	235	398	636	868	1 039	1 121	1 209
1 725	160	160	160	181	266	411	615	833	1 005	1 085	1 140	1 563
2 300	220	238	283	409	563	724	893	1 028	1 128	1 213	1 337	–
主甲板边线	1 650	1 662	1 673	1 686	1 699	1 710	1 729	1 753	1 777	1 800	1 830	1 893
上甲板边线	2 350	2 362	2 373	2 385	2 397	2 410	2 429	2 453	2 477	2 500	2 530	2 594

部分水线圆弧半径、圆心横坐标(后半部分)

	230WL	460WL	690WL	920WL
圆弧半径	100	110	120	130
圆心横坐标	0	0	0	0

实训项目五　外板系统运用实训

任务1　板缝生成实训

【实训目标】

1. 掌握外板系统各部分功能的操作；

2. 熟练掌握板缝描述文件准备的操作；

3. 熟练掌握外板展开中外板描述文件准备的操作；掌握外板零件文本文件回写的操作方法；掌握生成外板零件图和下料图、外板零件清单、活络样板调节表、外板零件加工样板图、坡口标准定义的操作；

4. 掌握展开艏艉柱板，并生成加工用样箱或样板的操作；

5. 掌握样箱、胎架的定义、计算显示的操作。

任务实施步骤、时间安排、实施方式见表5-1。

表5-1　任务1实施步骤、时间安排、实施方式

实施步骤	时间安排	实施方式
阅读教材、参考书及完成实训	课余与课上之比约1:1	自学、查资料、相互讨论、完成实训、在网络教学系统留言，教师查看、评价并给予指导
讲解与示范	2学时	教师使用投影仪和局域网边讲解、边示范，学生同步观看、学习和记录，教师要注意引导学生发现问题，启发学生思考问题和寻找解决问题的方法
指导学生实际操作	3学时	每个班级分为若干组，每组8人以下，每组可安排不同工作任务，每个学生使用一台微机独立操作，遇到问题可相互讨论或请教老师，教师要注意及时评价学生实训完成情况，设法调动学生实训积极性
检查评价	1学时	教师与学生共同完成任务的检查评价，并对存在的问题进行分析与处理。学生将完成的任务自我检查评价打分后，通过局域网提交给老师，老师检查评价打分，指出存在问题和解决方法反馈给学生

一、熟悉外板系统实训

实训1　外板系统约定。

(1)系统输入输出文件中的尺寸数据以毫米为单位。

(2)文件名中＊＊是与工作子目录名的最后二个字符相同的船号编码。

(3)外板端缝线作为肋骨处理,存放在肋骨线文件FRAME＊＊.DAT中,名为xxx.xxxx,其整数部分为肋号,四位小数表示向艏加的距离。

(4)船长坐标是指到0号肋骨的距离,正肋骨方向为正,负肋骨方向为负。

(5)外板零件名由分段号和件号构成,之间用'/'连接,长度可达14位,例如:BH502/6A。

船体外板系统启动后,出现系统窗口,外板系统功能属性表由9个功能属性页组成。它们是:板缝、外板与样板、艏艉柱板、样箱、胎架、样条插值、外板展开图、肋骨型线图、辅助工具。

二、船体型线和结构线文件准备实训

实训1　数据文件准备。

1. 肋骨型线文件:FRAME＊＊.DAT

可索引的二进制文件,是型线三向光顺系统的输出文件,存放光顺的肋骨线样条,也存放外板端缝线样条。

2. 水型线线文件:WLINE＊＊.DAT

3. 直剖型线线文件:BLINE＊＊.DAT

为保证外板系统计算的精度,直剖型线线文件中必须有小直剖型线,例如宽度为:0,50,100,200,300,500,700,1000的小直剖型线。

4. 肋位坐标文件:CHARP＊＊.DAT

它是由HD-SHM型线光顺系统生成的文件,也可由人工编辑而成。肋位包括所有的肋骨线及端缝线,都必须在文件中列出。注意:CHARP＊＊.DAT文件中增添或删除了某肋位(端缝线)后,就必须删除纵缝线文件LSEA2＊＊.DAT,并通过SEAM程序重新计算生成LSEA2＊＊.DAT文件。

5. 结构线文件:JGX＊＊.DAT

可索引的二进制文件,是HD-SHM结构零件系统的生成的文件,存放结构线的型值信息。结构线文件是进行外板纵缝线计算和胎架计算的重要输入文件。

三、板缝生成实训

(一)船舶信息文件准备实训

船舶信息文件的文件名是:CONIN＊＊.DAT。该正文文件是船体外板系统最基本的数据文件。

用鼠标点击"船舶信息文件准备"按钮,系统弹出"船舶信息文件准备对话框",在编辑框中输入相应数据后按"确定"键,即生成船舶信息文件。

(二)柱缝描述文件准备实训

实训1　150 t冷藏船在上一实训项目中已作为实训对象给出,型线系统的工作已经完成，试生成该船艏部柱缝线。

首先在型线系统生成的肋骨型线图上使用 AUTOCAD 中的 SPLINE 命令沿艏圆弧切点外侧附近绘出光顺的柱缝线投影线，再录取柱缝线与部分肋骨交点处的高、半宽，起止点要录取高、半宽、船长三维从标，为清晰起见，将录取的坐标整理填入表格如下。

表 5-2　柱缝线坐标

高	半宽	船长(距 0 号肋骨距离)	备注
7 736	1 328	46 700.0	起点
23	119	38 350.0	终点
6 360.1	873.6		
4 051.0	361.3		
3 125.9	238.6		
1 727.2	172.4		
952.6	115.5		
577.7	95.0		
278.5	95.0		
170.0	95.0		
101.0	95.0		

将表中值填入“柱缝描述文件准备”对话框，点击确定按钮返回板缝属性页，再点击计算柱缝按钮完成计算。选择肋骨型线图按钮进入 AUTOCAD 系统绘制带有柱缝线的肋骨型线图，绘制的肋骨型线图如图 5-5 所示。

(三)纵缝描述文件准备实训

实训 1　已知 150 t 冷藏船 K 行板宽为 600，与相邻外底板的接缝在艏部止于 69.04 环缝，在艉部与 2 号柱缝线相交，试生成该船 K×A 纵缝线。

纵缝描述文件的文件名是：LSEA1 * *.DAT

节点坐标量取：在 1∶10(或 1∶20)横剖面型线图上量取纵缝线与横接缝(或肋骨线)之交点的高或半宽。用鼠标点击“纵缝描述文件准备”按钮，系统弹出图 5-2 所示“纵缝描述文件准备”对话框。

该船 K 行板为曲面板，宽为定值，所以定义纵缝线时应选择相对某结构线增加弧长增量方式，如图 5-1。注意，对于连续的纵缝线虽然全船使用同一编号，但是在描述文件中是分开的。本船 K×A 纵缝线在艉部与 2 号柱缝线相交，如果在各肋位或环缝处全部选择相对某结构线增加弧长增量方式，就无法与柱缝线相交，而如果采用给定宽或高的方式又很难定义弧长为定值的纵缝。解决这一问题的方法是，在靠近 2 号柱缝线的肋位处采用给定宽或高的方式定义纵缝线，而在其他各肋位或环缝处全部选择相对某结构线增加弧长增量方式，描述文件如下。

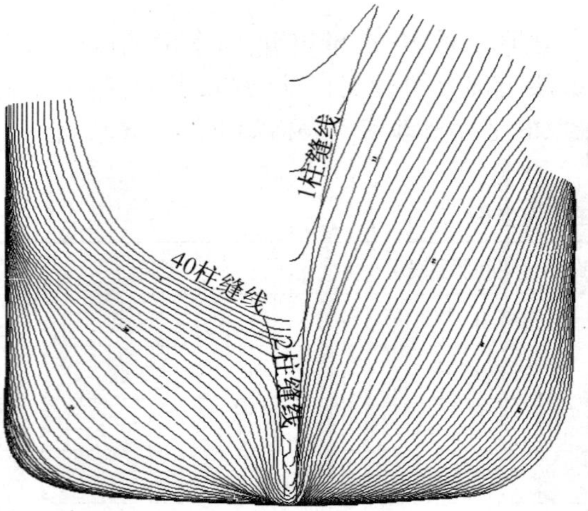

图 5-1 带柱缝线的肋骨型线图

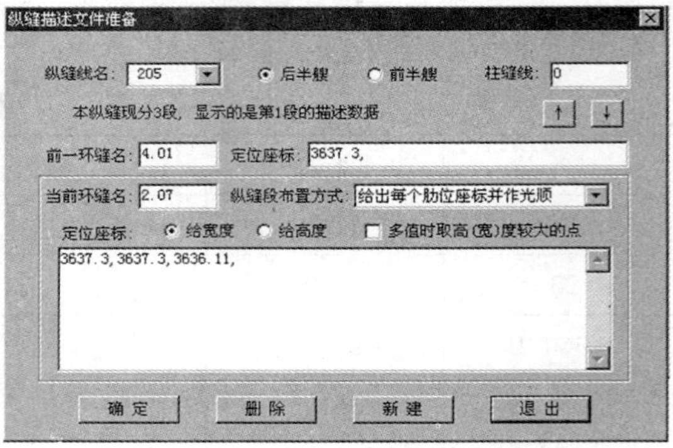

图 5-2 纵缝名选择对话框

1,2,2,0,49.0400,59.0400,69.0400, 8,8,1101,600,1101,600,/

1,6,5,2,49.0400,40.0400,30.0400,21.0150,15.0100,5.0200,4.0000,8,8,8,8,8,1,1101,600,1101,600,1101,600,1101,600,1101,600,600,/

上述文件中的 1101 是定义在中心线处的结构线,其定义方法在下一实训项目介绍。生成的纵缝线如图 5-3,图中表示为 1 号纵缝线。

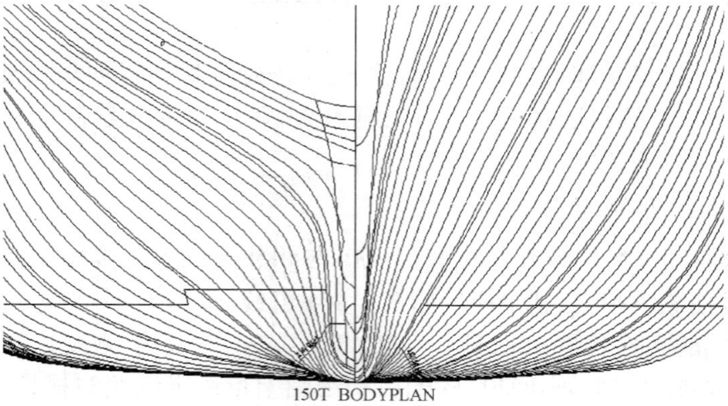

图 5-3 K×A 纵缝线

(四)计算柱缝实训

系统对柱缝描述文件中描述的艏柱缝或艉柱缝型值进行光顺,生成柱缝线在纵剖面和横剖面上的投影圆弧样条以及型值坐标,存入柱缝线文件。

计算柱缝线,需要以下输入文件:肋骨型线文件(FRAME * *.DAT)、船舶信息文件(CONIN * *.DAT)、肋位坐标文件(CHARP * *.DAT)、柱缝描述文件(POST1 * *.DAT)。

计算结果为以下输出文件:

(1) 柱缝线文件:POST2 * *.DAT

该文件是二进制的数据文件,存放柱缝线在纵剖面和横剖面上的投影圆弧样条以及型值坐标。

(2) 柱缝线绘图文件:POST * * . HDG

该文件存放柱缝线在纵剖面和横剖面上的投影圆弧样条的绘图数据。使用“辅助工具”属性页中的“图形文件输出”按钮,可在图形平台上把该文件中的绘图数据转换成图形,供操作者观察检查。图中,每一柱缝线的端点处标有该柱缝线名。图中还特意给出轮廓线和0#肋骨位置线。

(3) 运行信息文件:RESULT. DAT

用于存放程序运行时的中间数据和出错信息。

操作者用鼠标点击“计算柱缝”按钮,系统即进行计算柱缝。处理结束,在“运行结果”框中显示:“完成计算柱缝”。

(五)计算纵缝实训

计算纵缝线,需要以下输入文件:

(1) 肋骨型线文件: FRAME * * . DAT

(2) 船舶信息文件: CONIN * * . DAT

(3) 肋位坐标文件: CHARP * * . DAT

(4) 纵缝描述文件: LESA1 * * . DAT

(5) 柱缝线文件:POST2 * * . DAT(当纵缝与柱缝线相关时)

(6) 结构线文件:JGX * * . DAT(当纵缝与结构线相关时)

计算结果为以下输出文件:

(1) 纵缝线文件:LESA2 * * . DAT

该文件是二进制的数据文件,存放纵缝线在各肋位处的三维型值坐标和端点坐标。

操作者用鼠标点击“计算纵缝”按钮,即弹出纵缝名选择对话框供操作者选择想要计算的纵缝线名。

处理结束,在“运行结果”框中显示:“完成纵缝计算”。

注:当肋位坐标文件 CHARP * * . DAT 中增加或删除了某端缝线时,请务必删除 LSEA2 * * . DAT 文件,通过本按钮功能重新计算生成 LSEA2 * * . DAT 文件。

(六)删除纵缝实训

按“删除纵缝”按钮,可从纵缝线文件 LESA2 * * . DAT 中删除指定的纵缝。

本功能需要的输入/输出文件是纵缝线文件:LESA2 * * . DAT。

操作者用鼠标点击“删除纵缝”按钮,即弹出纵缝名选择对话框供操作者选择想要删除的纵缝线名。选中要删除的纵缝线名后,系统即从纵缝线文件 LESA2 * * . DAT 中删除选中的纵缝线。

任务2　外板、工装及相关图形生成

实训目标

1. 熟练掌握外板展开中外板描述文件准备的操作;掌握外板零件文本文件回写的操作方法;掌握生成外板零件图和下料图、外板零件清单、活络样板调节表、外板零件加工样板图、坡口标准定义的操作。

2. 掌握展开艏艉柱板，并生成加工用样箱或样板的操作；

3. 掌握样箱、胎架的定义、计算显示的操作。

任务实施步骤、时间安排、实施方式见表 5－3。

表 5－3 任务 2 实施步骤、时间安排、实施方式

实施步骤	时间安排	实施方式
阅读教材、参考书及完成实训	课余与课上之比约 1:1	自学、查资料、相互讨论、完成实训、在网络教学系统留言，教师查看、评价并给予指导
讲解与示范	2 学时	教师使用投影仪和局域网边讲解、边示范，学生同步观看、学习和记录，教师要注意引导学生发现问题，启发学生思考问题和寻找解决问题的方法
指导学生实际操作	9 学时	每个班级分为若干组，每组 8 人以下，每组可安排不同工作任务，每个学生使用一台微机独立操作，遇到问题可相互讨论或请教老师，教师要注意及时评价学生实训完成情况，设法调动学生实训积极性
检查评价	1 学时	教师与学生共同完成任务的检查评价，并对存在的问题进行分析与处理。学生将完成的任务自我检查评价打分后，通过局域网提交给老师，老师检查评价打分，指出存在问题和解决方法反馈给学生

一、外板与样板生成实训

（一）外板描述文件准备实训

外板描述文件的文件名是：EXPAN＊＊. DAT。

用鼠标点击“外板描述文件准备”按钮，系统弹出图 5－4 订单“外板描述文件准备”对话框。

在“序号”组合框中选择描述数据块序号，系统就显示已定义的该序号的外板描述数据，供浏览或修改。在“零件列表”下拉框中列出了已描述的外板零件的零件名，零件名按字符顺序排序。在“零件列表”下拉框中选择零件，系统即显示描述该外板零件的描述数据块的序号和该序号的外板描述数据，供浏览或修改。如果不想定义坡口信息，只要让“近舯邻板厚”输入框为空。

在各输入框内输入相应数据后按“确定”键，即把该序号的外板描述数据写入外板描述文件。

（二）外板零件展开实训

实训 1　试进行 5. 02 至 15. 01 环缝之间第 1 号到第 2 号纵缝线之间的外板零件展开，已知该外板零件属于 101 分段，零件名为 101/2//A。

查阅运行信息文件：RESULT. DAT 得到如下展开数据。

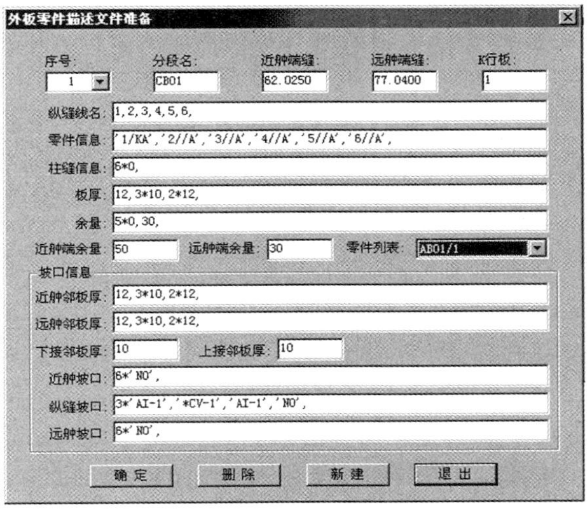

图 5－4 “外板描述文件准备”对话框

处理外板零件：序号 2－2(2)，零件名 101/2//A

fls＝21.0150 21.0000 20.0000 19.0000 18.0000 17.0000 16.0000 15.0100

zls＝11700.00 11550.00 11000.00 10450.00 9900.00 9350.00 8800.00 8350.00

xls1＝331.07 352.42 435.43 523.99 616.75 710.24 809.11 899.93

yls1＝1767.43 1763.15 1743.79 1718.62 1684.85 1642.29 1584.59 1521.05

fxyz1＝21.0150 331.07 1767.43 11700.00 15.0100 899.93 1521.05 8350.00

xls3＝106.74 111.36 128.45 151.75 160.72 164.38 168.71 176.09

yls3＝589.80 588.88 585.14 579.00 576.34 574.81 571.55 566.60

fxyz3＝21.0150 106.74 589.80 11700.00 15.0100 176.09 566.60 8350.00

n4＝10008 10008

符号含义如下：

FLS＝｛一组肋骨号｝

ZLS＝｛一组肋骨船长｝

XLS1 ＝｛一组上旁节点的高｝

YLS1 ＝｛一组上旁节点的半宽｝

XLS3 ＝｛一组下旁节点的高｝

YLS3 ＝｛一组下旁节点的半宽｝

N4,ZLS0 ＝ <上旁肋骨数> <下旁肋骨数> <上旁远舯端船长> <下旁远舯端船长>

(三)文本零件回写实训

外板零件数据文本文件中的零件数据通常是复制而来。某些外板零件由计算机计算展开后，可能需要人工对展开尺寸作少量修改。这时，通过“外板零件图”按钮的文本输出功能从外板零件库中读出零件记录送文件 PART2 ＊ ＊. DAT，对 PART2 ＊ ＊. DAT 作修改后复制到文件 PART1 ＊ ＊. DAT 中去。也有部分零件需要人工展开，展开数据放在 PART1 ＊ ＊. DAT 中。

本功能的输出文件是外板零件库文件：PARXY ＊ ＊. DAT。

按“文本零件回写”按钮，即把外板零件数据文本文件中的外板零件回写到外板零件库。

（四）生成外板零件图实训

点击“外板零件图”按钮，即启动图形平台。在图形平台里的操作。

实训 1　试输出 5. 02 至 15. 01 环缝之间第 1 号到第 2 号纵缝线之间的外板零件下料图，已知该外板零件属于 101 分段，零件名为 101/2//A。

在外板与样板属性页中选择外板零件图按钮，弹出图 5 - 5 所示零件显示打印程序对话框，从中选择所需零件，再草图按钮就输出图 5 - 6 所示的外板零件下料图。

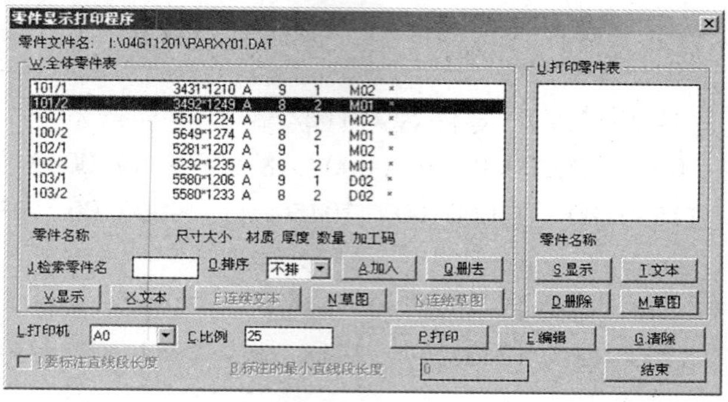

图 5 - 5　零件显示打印程序对话框

（五）生成外板零件清单实训

点击“外板零件清单”按钮，即弹出分段名选择对话框供操作者选择想要列在外板零件清单中的外板零件所属的分段名。在选中了若干个分段名后，系统即生成列有所选分段的外板零件的外板零件清单文件。如果这时已选中了“联机打印”，则联机打印出外板零件清单。

（六）生成活络样板调节表实训

输入文件：船舶信息文件（CONIN ＊ ＊. DAT）、肋骨型线文件（FRAME ＊ ＊. DAT）、肋位坐标文件（CHARP ＊ ＊. DAT）、柱缝线文件（POST2 ＊ ＊. DAT）、纵缝线文件（LESA2 ＊ ＊. DAT）、外板描述文件（EXPAN ＊ ＊. DAT）、外板零件库（PARXY ＊ ＊. DAT）。

输出文件：活络样板调节表文件（SGDY ＊ ＊. DAT）、外板零件库（PARXY ＊ ＊. DAT）。

活络样板计算程序根据外板零件的纵向曲度确定零件的冷工火工加工信息，把它拼入零件的加工编码后，写入外板零件库的零件记录中。

在“活络样板”组框内确认“调节间距”输入框和“船体内侧样板”或“船体外侧样板”单选框输入无误。“调节间距”的缺省值在系统缺省文件 HDCONFIG. DAT 中定义。通常，活络样板布置在外板曲面“凹”的一侧，有利与加工。因此，通常选择计算船体内侧样板，但当想要计算的外板零件的横向曲线外飘时就要选择计算船体外侧样板。

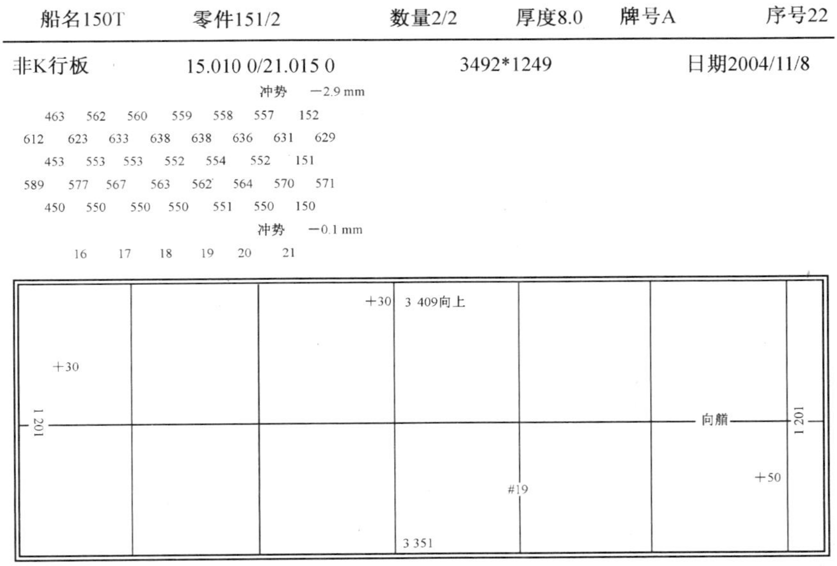

图 5－6　外板零件下料图

点击“样板调节表”按钮，即弹出分段名选择对话框，在选中了若干个分段名后，系统即生成所选分段的外板零件的活络样板调节表文件。如果这时已选中了“联机打印”，则联机打印出活络样板调节表。

(七)生成外板弯曲加工样板图实训

输入文件：船舶信息文件(CONIN＊＊.DAT)、肋骨型线文件(FRAME＊＊.DAT)、肋位坐标文件(CHARP＊＊.DAT)、柱缝线文件(POST2＊＊.DAT)、纵缝线文件(LESA2＊＊.DAT)、外板描述文件(EXPAN＊＊.DAT)、外板零件库(PARXY＊＊.DAT)。

输出文件：样板图绘图文件(<分段名>－<件号>.HDG)、外板零件库(PARXY＊＊.DAT)。

操作与活络样板所述基本相同。

生成样板图绘图文件后，使用“辅助工具”属性页中的“图形文件输出”按钮，可在图形平台上把该文件中的绘图数据转换成图形。

(八)坡口标准实训

“坡口标准”功能按钮以对话框方式进行坡口标准的定义、浏览、修改、删除。

用鼠标点击“坡口标准”功能按钮，系统即弹出图5－7所示“坡口标准定义”对话框。

在“坡口代号”下拉框中列有已定义的坡口代号。选择坡口代号，系统显示已定义的该坡口代号的描述数据，供浏览或修改。也可在“坡口代号”中键入坡口代号，即开始建立一个新的坡口标准。

定义大坡口时，给出开设大坡口时的最小板厚差，在开设面下拉框中选择开设在正面还是反面，给出大坡口长度是板厚差的多少倍，再给出开设大坡口后板中间的留根。

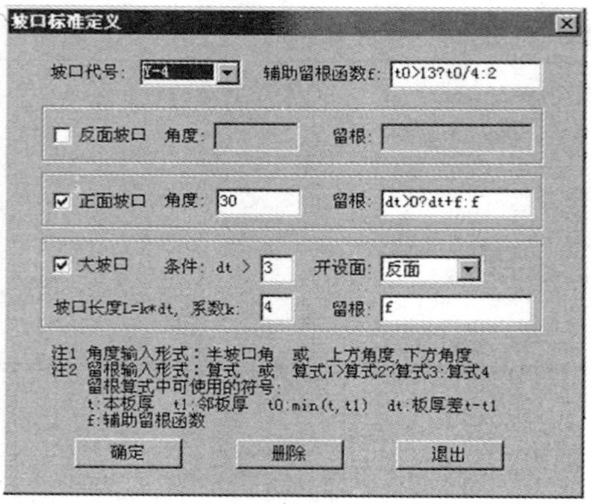

图5-7 “坡口标准定义”对话框

二、艏艉柱板生成实训

艏艉柱板属性页形式如图5-8所示。

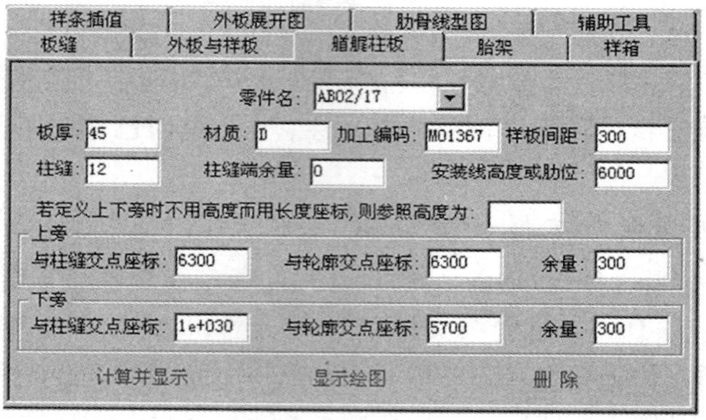

图5-8 艏艉柱板属性页

(一)艏艉柱板描述文件准备实训

在各输入框中输入或修改数据。按“计算并显示”按钮，即把属性页输入框中的艏艉柱板零件描述数据写入艏艉柱板描述文件。

(二)计算并显示实训

点击“计算并显示”按钮，系统即开始艏(艉)柱板零件计算。当处理进行到定义加工用样箱时，系统弹出图5-9所示“艏艉柱板横向模板布置”窗口，窗口内显示艏艉柱板的中心模板的图形。中心模板图形下面的水平线是样箱基板，上面的曲线是轮廓线，中间的曲线是柱缝投影线，左方是下接缝线，右方是上接缝线，中间与轮廓线垂直的线是横向模板线，以黄色显示的是安装线。窗口左上角显示有样箱尺寸。窗口下方布置有5个按钮。操作者可对横向模板进行添加、删除、移动等操作。

操作者点击“确定”按钮，即完成艏艉柱板横向模板布置。如果操作者点击“放弃”按钮，则不生成该艏艉柱板零件加工用样箱定义文件，系统回到艏艉柱板属性页。

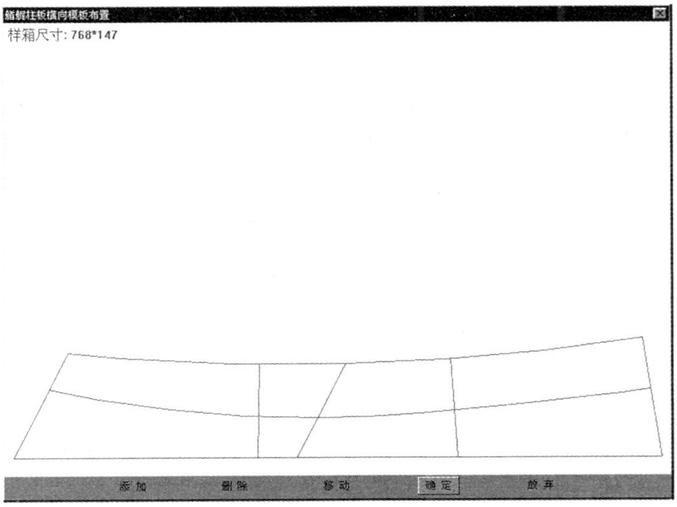

图 5-9 “艏艉柱板横向模板布置”窗口

(三)显示绘图实训

输入文件:样箱定义文件(<分段名> - <件号>. BOX).

输出文件:样箱绘图文件(<分段名> - <件号>. HDG).

点击“显示绘图”按钮,系统即弹出“样箱显示绘图”窗口。

三、样箱生成实训

(一)样箱定义实训

在属性页各输入框中输入数据,定义样箱。样箱的定义数据被存放在各样箱文件中。样箱文件的文件名是: <分段名> - <件号>. BOX。这里,分段名> - <件号>给出了外板零件的名字。样箱文件中还存放有样箱模板的定义数据。

系统自动把已定义的样箱在属性页的“样箱名”组合框中列出,在下拉列表中样箱名按字符顺序排序。如果产品目录中已定义有样箱,则在属性页各输入框中显示其中一个样箱的定义数据。操作者可在<样箱名>下拉框中选择零件,选中的样箱的定义数据即显示在属性页输入框中,供浏览或修改。

在各输入框中输入或修改数据。在“近(远)艑板缝”输入框中输入环缝或柱缝。在“上(下)方板缝”输入框中输入纵缝或柱缝。“远艑板缝”允许缺省。在“上(下)方板缝”输入框中允许输入多个板缝名,各板缝名间以空格分隔,下方板缝先近后远,上方板缝先远后近。当板缝是柱缝时,在柱缝号前冠以字母 P。

按“计算并显示”按钮,即把属性页输入框中的样箱定义数据写入样箱文件。

(二)计算并显示实训

输入文件:船舶信息文件(CONIN * * . DAT)、肋位坐标文件(CHARP * * . DAT)、肋骨型线文件(FRAME * * . DAT)、水线样条文件(WLINE * * . DAT)、直剖线文件(BLINE * * . DAT)、纵缝线文件(LSEA2 * * . DAT)、柱缝线文件(POST2 * * . DAT)。

输出文件:样箱定义文件(<分段名> - <件号>. BOX)、样箱绘图文件(<分段名>

－＜件号＞. HDG）。

点击“计算并显示”按钮，系统即开始样箱计算。当样箱是投影改造型样箱时，系统弹出图 5－10 所示“样箱模板配置”窗口。

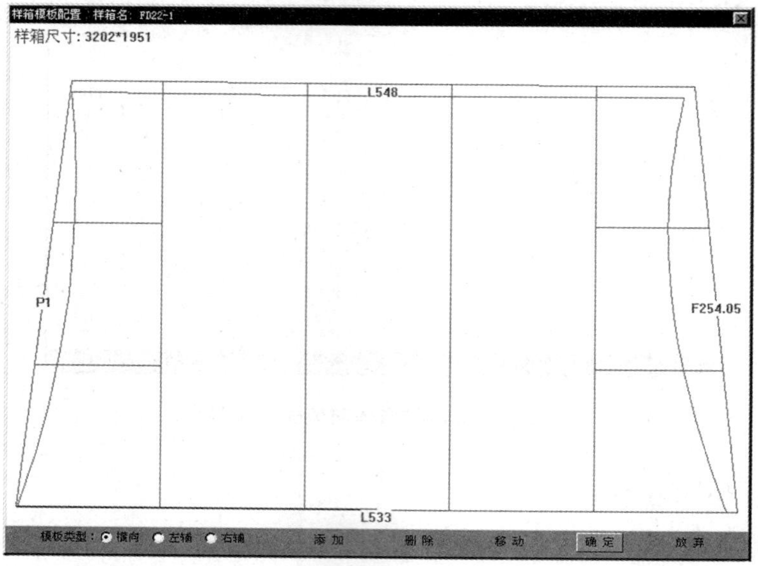

图 5－10　“样箱模板配置”窗口

操作者点击“确定”按钮，即完成样箱模板布置。系统生成该外板零件的样箱定义文件，并转入下步显示加工用样箱的样板图形，生成样箱绘图文件的处理。

（三）显示绘图实训

根据样箱定义文件中数据，显示该外板零件加工用样箱的样板图形，生成样箱绘图文件，如图 5－11 所示。如果生成了样箱绘图文件，系统自动启动图形平台，在图形平台里显示样箱各视图的图形，操作者可利用图形平台的功能绘制出外板零件加工用样箱制作图。

输入文件是：样箱定义文件（＜分段名＞－＜件号＞. BOX）。

输出文件是：样箱绘图文件（＜分段名＞－＜件号＞. HDG）。

点击“显示绘图”按钮，系统即弹出“样箱显示绘图”窗口：

窗口内列出外板零件名，安排有：样板选择框、图形显示窗以及“绘图”和“退出”两个按钮。

共有 5 种视图：基面样板视图、侧面样板视图、横向样板视图、左辅样板视图和右辅样板视图。

用鼠标在“样板选择框”中选择样板或样板视图，选中的样板或样板视图的图形即显示在图形显示窗内。按“绘图”按钮，即把图形显示窗内的图形数据写入样箱绘图文件。

按“退出”按钮，即退出“样箱显示绘图”窗口。此时，如果生成有样箱绘图文件，系统则自动启动图形平台，在图形平台上把该文件中的绘图数据转换成图形。

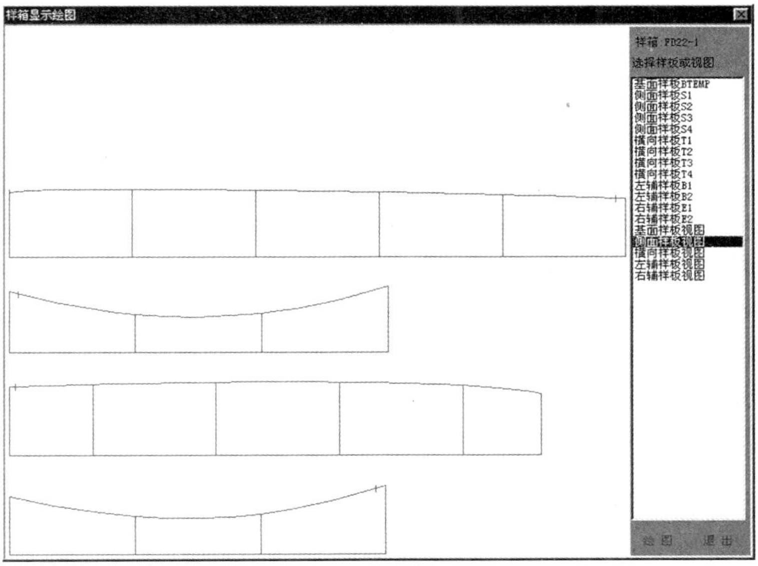

图 5-11　“样箱显示绘图”窗口

四、胎架生成实训

(一)胎架定义文件准备

胎架定义文件的文件名是：TJ * * . DAT。文件的每一个记录是分段胎架计算的数据，以斜杠/表示记录结束。

(二)修改胎架定义数据实训

在“胎架名”下拉框中选择要修改胎架定义数据的胎架。点击“修改胎架定义数据”按钮，系统弹出“胎架定义”窗口：

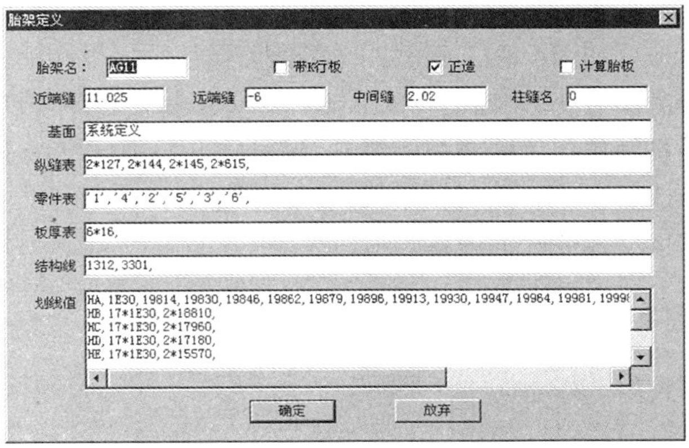

图 5-12　“胎架定义”窗口

各输入框中显示有该胎架的定义数据。

对输入框中数据进行修改后，点击“确定”按钮，系统即检查输入数据的相容性，若发现数据不匹配则报警,若数据匹配,则把这些数据组织成胎架定义记录,写入胎架定义文件,原先的胎架定义记录被替换。

(三)建立新胎架实训

点击"建立新胎架"按钮,系统弹出"胎架定义"窗口,在各输入框中输入相应的数据。其中,"基面"为空时表示由系统决定胎架基面;"画线值"框可输入多行,每行定义一条画线,以二个字母的画线信息开头,继之以画线节点的型值坐标。在各输入框中输入相应的数据后,点击"确定"按钮。

(四)删除已定义的胎架实训

在"胎架名"下拉框中选择要删除的胎架。点击"删除已定义的胎架"按钮,系统即从胎架定义文件中删除该胎架的胎架定义记录。

(五)运行实训

输入文件是:船名信息文件(CONIN * * . DAT)、肋骨型线文件(FRAME * * . DAT)、肋位坐标文件(CHARP * * . DAT)、柱缝线文件(POST2 * * . DAT)、纵缝线文件(LSEA2 * * . DAT)、结构线文件(JGX * * . DAT)、胎架定义文件(TJ * * . DAT)。

输出文件如下:

(1)胎架图

(2)定位数据文件: TJDY * * . DAT

在"胎架名"下拉框中选择要运行计算的胎架。点击"运行"按钮,系统即弹出"胎架形式"窗口,显示出所计算分段胎架的分段名、肋骨线、板缝线、胎架基准面的中心线和垂直于横剖面的一族剖面在横剖面上的投影;显示出胎架在基准面上的投影图, 包括分段轮廓、胎架立柱在基准面上的投影和基准面上的两个坐标轴, 以及分段中间环缝和两根立柱中心线。图中" + " 表示立柱。在观察了胎架显示图形后,如果用鼠标点击"确定"按钮,则输出分段胎架图和各定位数据表。

五、样条插值实训

样条插值属性页形式如图 5 - 13 所示。样条插值属性页提供在肋骨样条、水线样条、直剖样条等 3 种样条上的插值功能,插值点的 3 维船体坐标显示在系统的"运行结果"输出框中。如果样条上有满足插值条件的多个插值点,则这些点的坐标都被显示。如果样条上没有满足插值条件的插值点,则在"运行结果"输出框中提示:"没有交点"。样条插值功能通常用于柱缝或纵缝描述文件的数据准备。

六、外板展开图实训

外板展开图属性页形式如图 5 - 14 所示。

输入文件是:船舶信息文件(CONIN * * . DAT)、肋骨型线文件(FRAME * * . DAT)、肋位坐标文件(CHARP * * . DAT)、柱缝线文件(POST2 * * . DAT)、纵缝线文件(LESA2 * * . DAT)、外板零件库(PARXY * * . DAT)、结构线文件(JGX * * . DAT)。输出在图形平台中显示的外板展开图和绘制的外板展开图。

点击"运行"按钮,系统即启动图形平台。

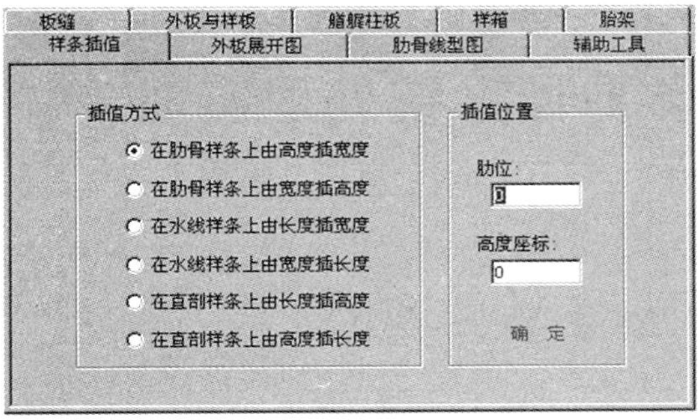

图 5－13　样条插值属性页

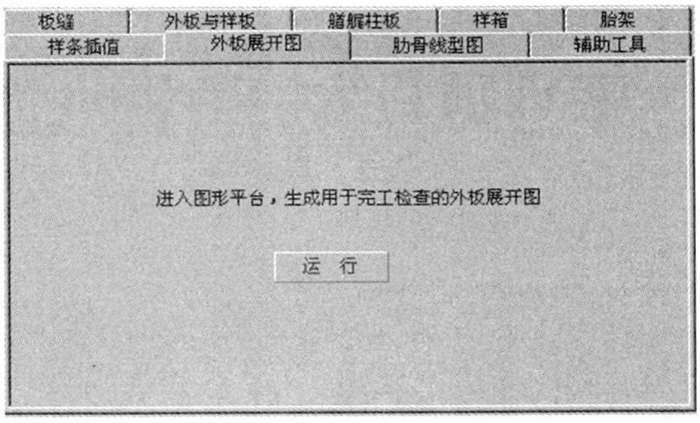

图 5－14　肋骨型线图属性页

七、肋骨型线图实训

必需的输入文件有:肋骨型线文件(FRAME＊＊.DAT)船舶信息文件(CONIN＊＊.DAT)

可选的输入文件有：柱缝线文件(POST2＊＊.DAT)、纵缝线文件(LEAS2＊＊.DAT)端缝裁剪文件(BUTT＊＊.DAT)、结构线文件(JGX＊＊.DAT)、格子线文件((后半艘)SDI＊＊A.DAT 或 SDI＊＊.DAT、(前半艘)SDI＊＊F.DAT 或 SDI＊＊.DAT)。

点击“运行”按钮,系统即启动图形平台。

实　训　题

1. 船体外板系统可以完成哪些功能?
2. 船体外板系统中在输入、输出文件等方面做了哪些约定?
3. 简述准备柱缝描述文件和纵缝描述文件的方法。
4. 说出本系统外板展开的种类和方法。外板属性页具有哪些外板零件处理功能?
5. 简述准备艏、艉柱描述文件的方法?
6. 简述样箱、胎架属性页的功能。
7. 对给出的150 t冷藏船,根据已完成的型线系统数据文件和该船的肋骨型线图中的板缝排列,完成以下内容:

(1)生成板缝线;(2)进行典型外板零件展开;(3)展开艏艉柱板，并生成加工用样箱或样板;(4)由系统生成外板展开图、肋骨型线图,并进行观察。

实训项目六　Tribon 船体曲面系统处理实训*

任务 1　外板板缝生成实训

【实训目标】

1. 熟练掌握生成外板展开图、肋骨型线图等各种视图的方法、步骤和操作；
2. 熟练掌握用多种方法创建外板板缝的步骤、过程和操作；
3. 熟练掌握菜单中选择对象、保存和退出等常用命令的使用方法和操作过程。

任务实施步骤、时间安排、实施方式见表 6 – 1。

表 6 – 1　任务 1 实施步骤、时间安排、实施方式

实施步骤	时间安排	实施方式
阅读教材、参考书及完成实训	课余与课上之比约 1:1	自学、查资料、相互讨论、完成实训、在网络教学系统留言，教师查看、评价并给予指导
讲解与示范	2 学时	教师使用投影仪和局域网边讲解、边示范，学生同步观看、学习和记录，教师要注意引导学生发现问题，启发学生思考问题和寻找解决问题的方法
指导学生实际操作	3 学时	每个班级分为若干组，每组 8 人以下，每组可安排不同工作任务，每个学生使用一台微机独立操作，遇到问题可相互讨论或请教老师，教师要注意及时评价学生实训完成情况，设法调动学生实训积极性
检查评价	1 学时	教师与学生共同完成任务的检查评价，并对存在的问题进行分析与处理。学生将完成的任务自我检查评价打分后，通过局域网提交给老师，老师检查评价打分，指出存在问题和解决方法反馈给学生

一、熟悉船体曲面系统实训

通过船体曲面建模，可得到外板展开、外板骨材展开等生产信息及生成外板展开图、肋骨型线图等图纸。由于教材篇幅有限、很难做到毫无遗漏地讲解所有使用细节，读者可结合 Tribon 用户指南“Tribon Curved Hull Modelling User’s Guide”，应用 Tribon 软件进行船舶生产设计。

二、开始曲面建模模工作(Getting Started)实训

(一)曲面建模中的视图(Curved Hull Views)实训

创建如下两种视图:三维模型视图和剖视图,除此之外,还有四种视图是曲面建模模块特有的:肋骨型线图、外板展开图、外板展开草图、外板骨材展开草图。

(二)参数设置(Curved Hull Defaults)实训

1. 缺省 surface (The default surface)设置

在开始曲面建模之前首先应选择相应的 Surface。选择下拉菜单 Curve→Default→Surface,弹出如图 6-1 所示选项框。

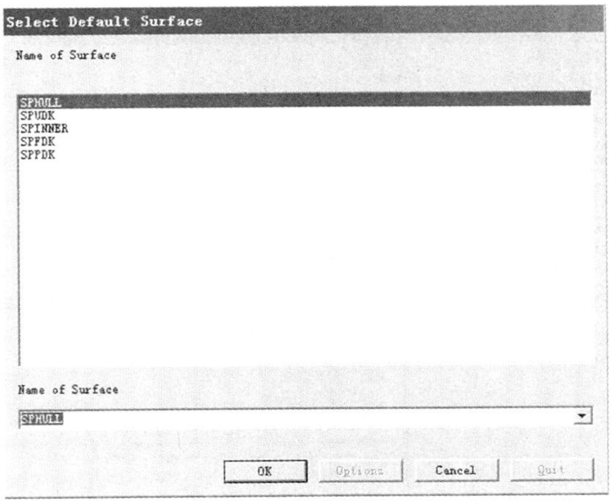

图 6-1 船体曲面 Surface 选项框

选项框中列出了当前工程已定义的 Surface 名称,通常一个工程有一个 Surface 可供选择,也可能有多个 Surface。选择一个 Surface,然后点击 OK 键。选中的 Surface 被系统定义为缺省 Surface,此后所有的建模操作都是在缺省 Surface 上进行的。

2. 缺省限制框(The default box)

设置缺省限制框的步骤:开始下拉菜单 Curved→Default→Box,将显示如图 6-2 对话框。

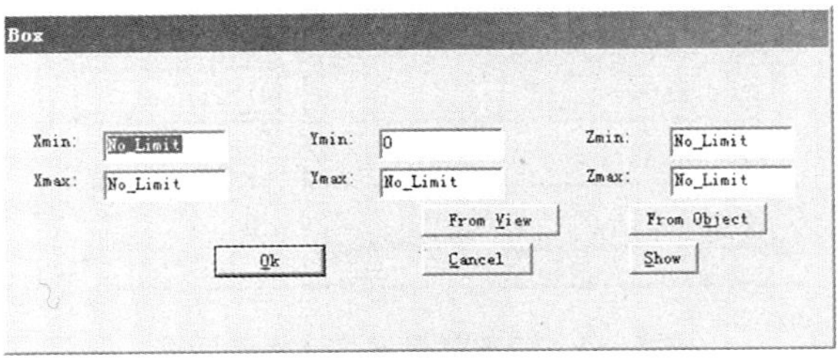

图 6-2 设置缺省限制框对话框

在相应区域输入所需值,点击 OK 键确定。对话框支持相对位置语法 FR 和 LP,但必须输入大写字母。最初,我们建议设置一个覆盖全船的默认框。通过这种方法所有创建的模

型将在全船中显示。然后就可以设置这个对话框来适应每一个模型。如果你在船体一个很小的区域建模的话,设置默认框来显示这点是很有意义的。创建的模型被系统限定在缺省限制框内。因此如果要在创建完船艉段模型后再创建船艏段模型,必须修改缺省限制框的设置。如果不把缺省限制框转换到船首,建模时系统将会报错。这是由于所创建的模型超出缺省限制框限定的范围。

3. 缺省参数 (The default parameters)

缺省参量文档通过功能 Hull Tolls→Default Parameters 来查看和编辑。应用这一功能图 6-3 所示对话框将会出现。

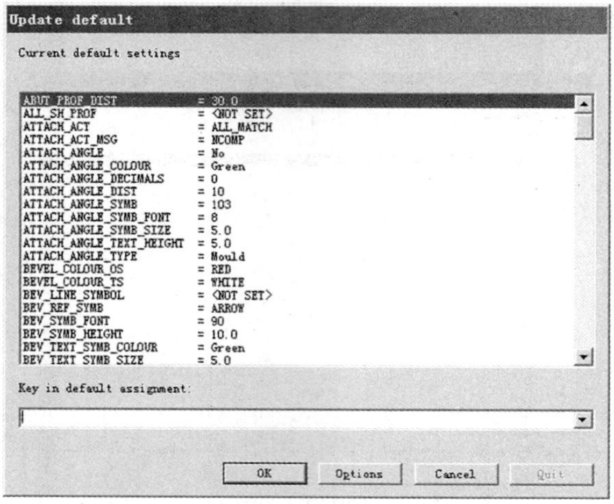

图 6-3　缺省参量设置对话框

为了当前曲面船体的一部分修改一个设置,只要单击缺省值,修改相应缺省之后单击 OK 键。在当前运行期间这将持续修改选定的默认值。为了把一个设置持久的转换成当前或随后所有的船体曲面建模阶段,单击所需确认值,修改相应值。点击 Option 键,图 6-4 所示对话框将会出现。

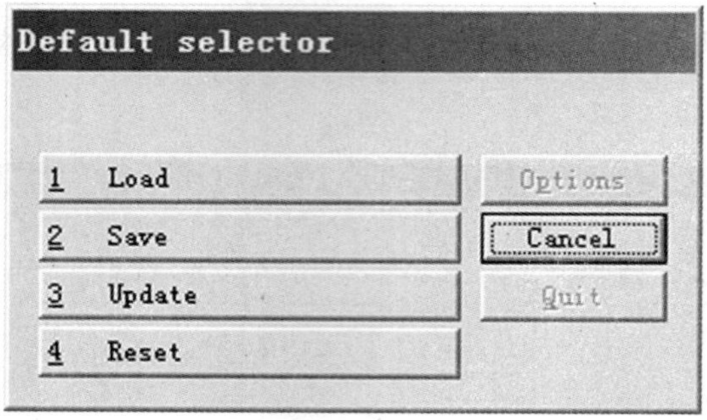

图 6-4　缺省参量设置选择对话框

点击 Save 按钮来持久保存新的缺省值。这些缺省参数应由管理员来设置,一般来说用户先前不准许修改。

(三)Select 菜单 (The Select Menu)使用

在 Curve→Select 功能下有六个不同的选择:

In Drawing:在视图中选择操作对象。当这个功能开始后系统将提示'Indicate'。点击选择目录中的每个添加条目。在每个所要求的条目选定后点击'OC'。

Advanced:在绘图时选择一个过滤器作选择将更加便捷,或者快速选择大量模型而不用单击每个模型。当启动这一功能后,如图 6-5 所示的激活对象选择对话框将出现。

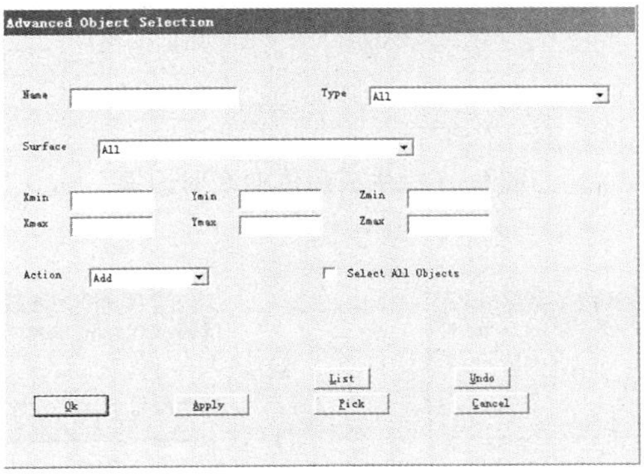

图 6-5　激活对象选择对话框

Store:它将保存当前选择目录中的所有模型,这一系统将把模型的当前版本存入数据库。如果在选择目录中没有对模型作任何改变的话,系统将弹出因为模型没有变化所以没有保存的信息。注:当保存一个模型后,他并没有从选择目录中自动移出。这模型仍是被激活的,下一步建模功能也许可以应用它。

Skip:这功能是将一个模型从选择目录中移出。系统将提示'Indicate',点击每一个你想从选择目录中移出的模型。同时'Indicate'提示选择 Option 键,此键可用来定义过滤区域。这在建模作选择时将更加容易。注:在没有保存时点击跳过键,将导致对所有模型作的修改都没有保存,模型保持和上次激活时一样。如果要使对模型的修改能执行,先点击 Store 键然后再点击 Skip 键。

Skip All:这功能将把所有模型从选择目录中移出。在没有保存时点击跳过键,将导致对所有模型作的修改都没有保存,模型保持和上次激活时一样。

List:这功能将显示在目录中所有被激活的模型。

三、船体型线(Hull Curves)生成实训

(一)创建船体型线(Creating Hull Curves)

1. 定义型线(Defining the line of a Hull Curve)

开始下拉菜单:Curved→Model→Create Hull Curve,弹出如图 6-6 所示选项框。

从中点击 Advanced 按钮,弹出如图 6-7 所示选项框。

(1)By Plane:定义一平面,其与船体曲面相交得到一根型线。图 6-8 所示有 7 种方法可供来定义平面。

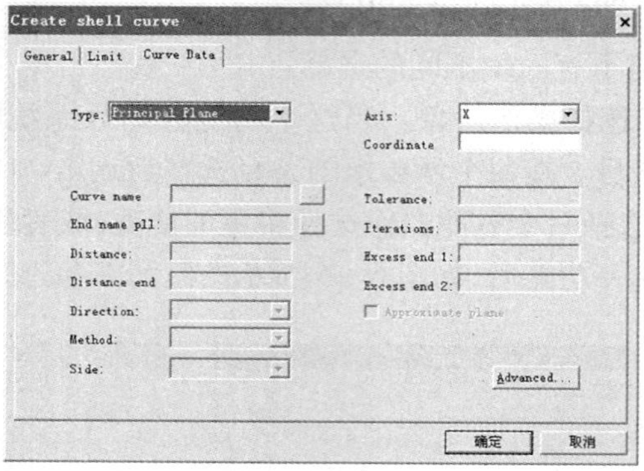

图 6-6 生成船体曲线对话框

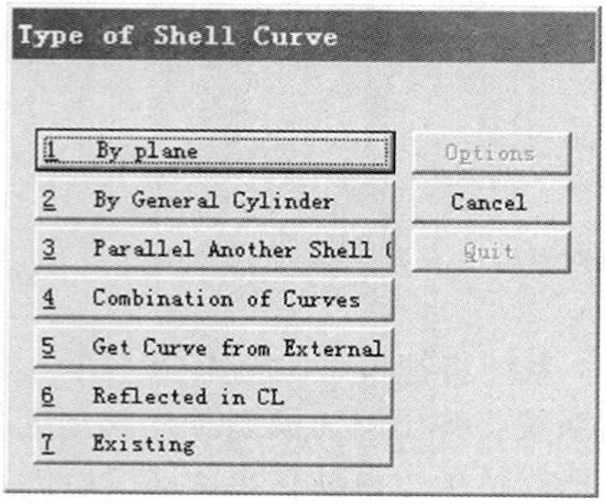

图 6-7 船体曲线类型选择对话框

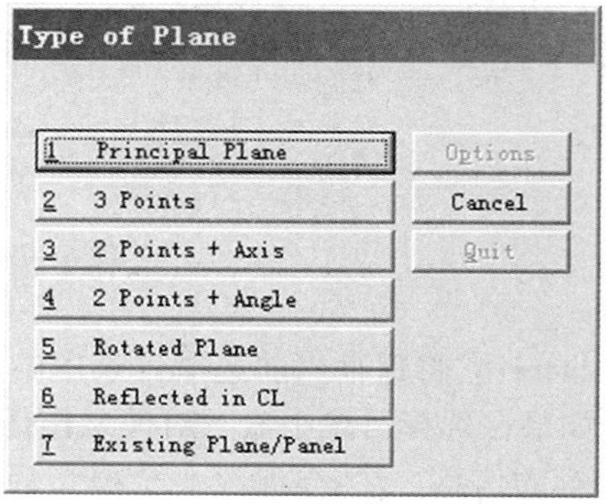

图 6-8 平面类型对话框

常用的前 4 种方法为：

Principal Plane：所定义平面垂直于船体坐标系坐标轴。即这些平面是通过 X、Y 或 Z 坐标轴定义的。用户选择一个坐标轴并且给一定位值，如 X = FR1，Y = LP10 + 300 等。可同时定义多个相似平面，如：FR0(1)FR20 或 X = 0(1000)10000。

3Points：3 点确定唯一平面。用户给定三点 X，Y，Z 的坐标值，系统生成通过三点的唯一平面。

2Points + Axis：定义 2 点坐标和一坐标轴，平面平行于该坐标轴并通过 2 点。

2Points + Angle：定义 2 点坐标，同时定义与平面相交的两坐标轴及坐标轴与平面间的夹角。

(2) By General Cylinder：柱面法：用户定义一系列二维点，同时定义一根母线，母线平行于某一坐标轴。系统将母线沿二维点(插值)移动得一柱面，柱面与船体曲面相交线为所求型线。

(3) Parallel Another Shell Curve：：平行于另一条型线(包括型材的轨迹线)来定义型线。这曲线可以均一的偏移于已存在的型线，或者在型线的末端定义值来做不均一的偏移，系统将在这两点之间作偏移得出型线。

(4) Combination of Curves：合并两条已存在的相交型线。

(5) Get curve from external：如果存在从初步设计中导出的曲线，可以将它们调入曲面建模中来定义型线。

(6)Reflected in CL:型线是否对称。

(7)Existing Plane/Panel:利用已经存在的平面或板架生成型线。

如果已经定义好船体型线的轨迹,系统就会出现如图 6-9 所示对话框。

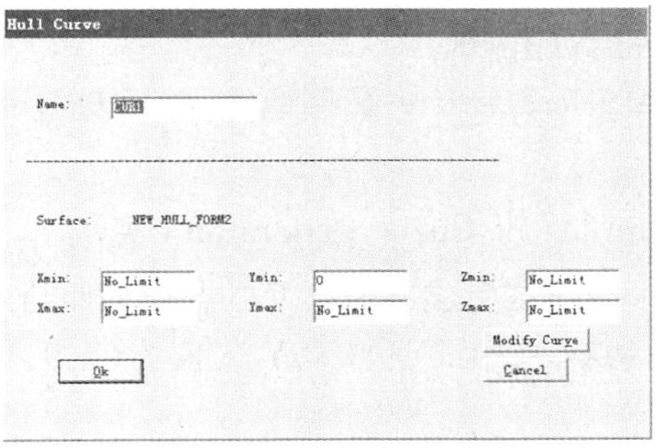

图 6-9　船体曲线定义对话框

Name:为船体型线定义一个唯一的名字(船体型线的名称规则由系统管理员在进行工程初始化时确定)。例如:肋位线,纵剖线,水线的命名规则如下。

肋位线,<project letters>X<frame number>,如:在 20 号肋位处的船体曲线,ESX20;纵剖线,<project letters>Y<co-ordinate or LP number>,例如在距中 1000 毫米处的纵剖线 ESY1000,如:在 2 号位的纵剖线,ESY2;水线,<project letters>Z<co-ordinate or LP number>,如:在距基线 5000 毫米处的水线,ESZ5000,在 25 号位的水线,ESZ25。

如果用户不为型线定义名字,系统自动命名型线。

对话框中还给出当前限制框的范围和当前 Surface。当命名完成时点击 OK 键。此时,船体型线仅存在于当前工作区,并未存如数据库中。如创建的型线符合用户要求,选择下拉菜单 Curved→Select→Store 将型线存入数据库,然后选择下拉菜单 Curved→Select→Skip All 退出当前操作。

(二)修改已存在的型线(Modifying an existing Hull Curve)

假定是当前视图并且船体曲线存在于一个视图中。选择下拉菜单 Curved→Select→Advanced 弹出图 6-5 所示激活对象选择对话框,将 Type 选项设置为 Hull Curve,点击 Indicate 键。信息栏提示'Indicate',点击要修改的型线。系统将高亮显示被选择型线,并再提示'Indicate'选择下根型线。选定要修改的型线后点击 OC 键结束选择。

选择下拉 Curved→Model→Modify。系统弹出如图 6-9 所示对话框。Name 改变船体型线的名字。点击 Modify Curve 键将出现如图 6-10 对话框。

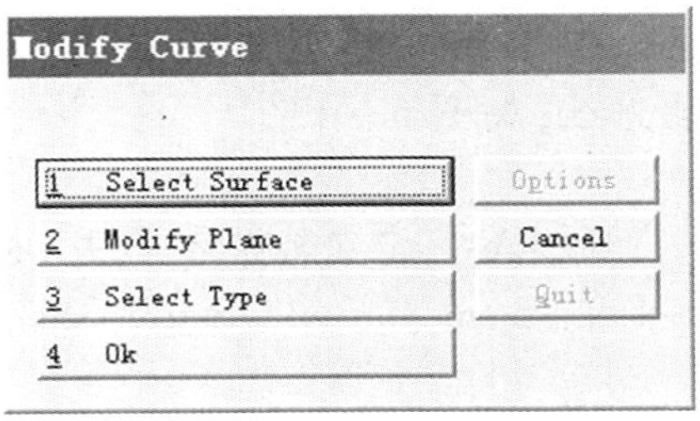

图 6-10　修改曲线对话框

Select Surface：选择船体曲面；

Modify Plan：显示船体型线的定义数据，用户可根据需要进行编辑；

Select type：选择定义船体型线的方法（前面已介绍）；

OK：1，2和3项修改完成后，点击OK确认，系统将在视图中重新生成型线并退回修改船体型线对话框。完成修改后点击OK。

选择下拉菜单Curved→Select→Store保存型线，然后选择下拉菜单Curved→Select→Skip All退出当前操作。

（三）型线生成（Examples of Curve generaton）实训

用三点法定义（Three points）法生成通过以下三点的平面与船体表面相交的型线，第一点的X，Y，Z值为（100，300，4000），第二点的X，Y，Z值为（7，9，10），第三点的X，Y，Z值为（100，300，400）。

确保图面有比较合适的视图，设置缺省Surface和限制框范围。

选择下拉菜单Curved→Model→Create Hull Curve且选择第一项By Plane。系统将显示图6－8所示平面类型对话框，选择第二选项3 Points。系统将显示如图6－11所示选项框。

选择第一选项3 Co－ordinates。系统将显示如图6－12所示对话框。

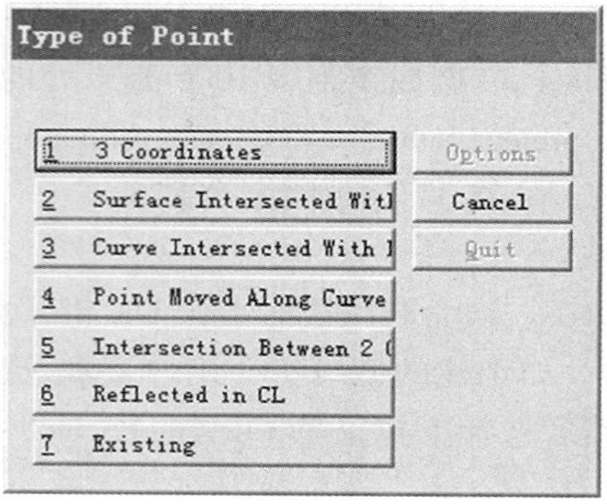

图6－11　点类型对话框

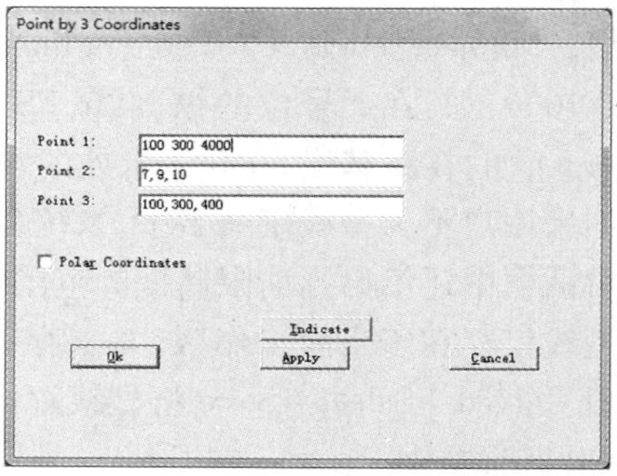

图6－12　X，Y，Z值确定点对话框

输入第一点的X，Y，Z值（100，300，4000），然后点击Apply键。系统将在图中显示此点并且重新显示上级选项框。坐标值之间可以用空格或逗号隔开。输入第二点的X，Y，Z值（7，9，10），然后点击Apply键。系统将在图中显示此点并且重新显示上级选项框。输入第三点的X，Y，Z值（100，300，400），然后点击OK键。系统依据当前限制框范围生成轨迹线，如图6－13所示。

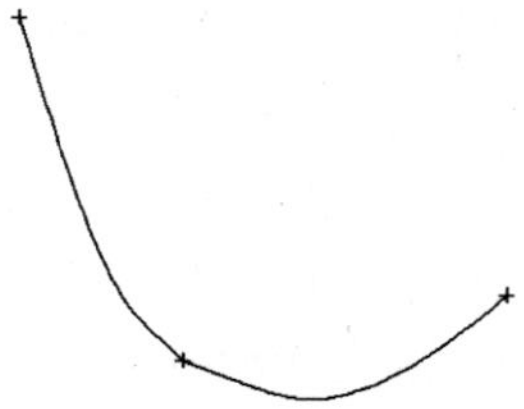

图6－13　三点法定义（Three points）法生成的型线

同时弹出对话框要求输入型线名称。定义名称后，点击OK。

选择下拉菜单Curved→Select→Store，Curved→Select→Skip－all保存船体型线并退出当前操作。

四、外板纵缝和环缝(Seams and Butts)生成实训

(一)创建纵缝和环缝 (Creating Seams and Butts)

当使用下拉菜单 Curved→Model→Create Seam/Butt 时,将出现以下两种不同的情况。

第 1 种情况,如果在选择列表中没有被激活的曲线,系统将给出提示允许用户定义这条板缝线。定义直线后系统将为这条板缝提供一个名字。

第 2 种情况,如果在选择列表中有被激活的曲线,系统将沿这条曲线生成一条板缝。系统也将会给这条生成的板缝提供一个名字。

1. 定义纵缝和环缝(Defining the line of a Seam/Butt)

开始下拉菜单 Curved→Model→Create Seam/Butt。这时和先前所述'定义型线'相似的对话框将出现。在那里的所有的选项在这里定义板缝线时是同样适用的。

2. 定义名称及对称性(Defining the name and symmetry)

系统通过用户定义或已激活的曲线生成板缝线以后,将出现图 6 - 14 所示的对话框。

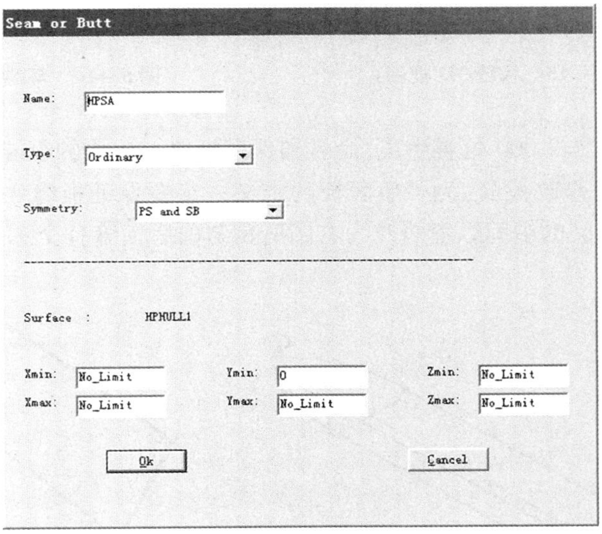

图 6 - 14　板缝定义对话框

Name:在这一栏中已为在 HULLREF object 中定义的板缝提供了前缀。用户需再增加范围在 1 ~9999 一字符串,从而为每一条板缝生成一个单独的名字。如果多条板缝同时被生成,自动命名 Auto name 检查对话框将被激活。此对话框被检查以后,系统将为第一条板缝提供一个名字,然后在第一条板缝名的基础上累加数字为其余的板缝提供名字。需注意到这一点和船体曲线的命名不同,在板缝生成中将不提供附加的数字,它总是以第一条板缝的名字为基础的。

TYPE:Ordinary:普通板缝。Block Limit:分段接缝。Symmetry:定义所生成的板缝在船的哪一侧。此栏中的选项和当前的缺省的对话框的设定是各自独立的。这个对话框也包括用于生成板缝的缺省框里的数值和船体曲面的名字。当此对话框结束以后点击 OK 按钮。系统提供此板缝的名字同时改变屏幕中板缝的颜色。在这一步生成的板缝仅仅存在

于当前的视图中。如果生成的板缝是正确的就选择下拉菜单 Curve→Select→Store，如果不是就选择下拉菜单 Curve→Select→Skip All。

（二）创建纵缝和环缝实训

1. 打开一新图并命名和保存，例如用 SEAMS&BUTTS 名保存，所创建的板缝图形将保存在这一图形文件中。

2. 用 SPS＊名调出所有已生成的板缝后插入到 3D 视图中，如 6－15 图所示。

3. 在 FR5＋325 和 FR101 位置生成、命名和保存板缝。生成的环缝如 6－16 图所示。

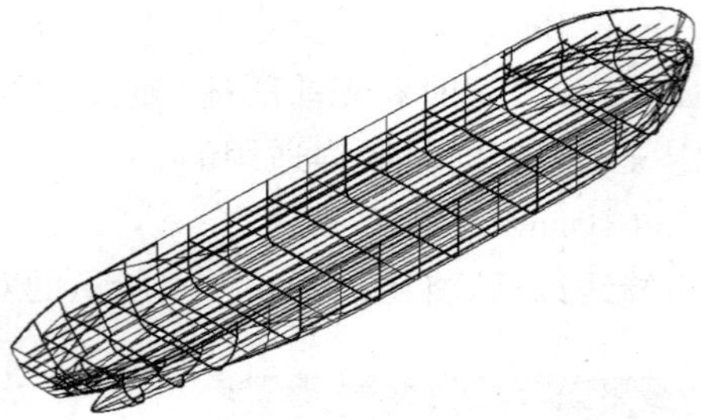

图 6－15 板缝 3D 视图

图 6－16 环缝 3D 视图

4. 在 Y＝1 500，Z＝2 000 位置生成，命名和保存板缝。生成的纵缝如 6－17 图所示。

5. 按以下的要求修改板缝：为了后面板的定义一定要保证板缝之间要有交叉，所以要将与前后横缝没有交叉的中间纵缝修改为右图所示与前后横缝有交叉的中间纵缝。

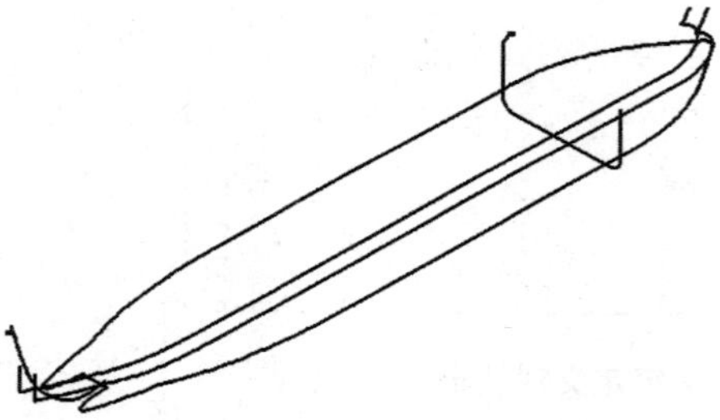

图 6－17 纵缝 3D 视图

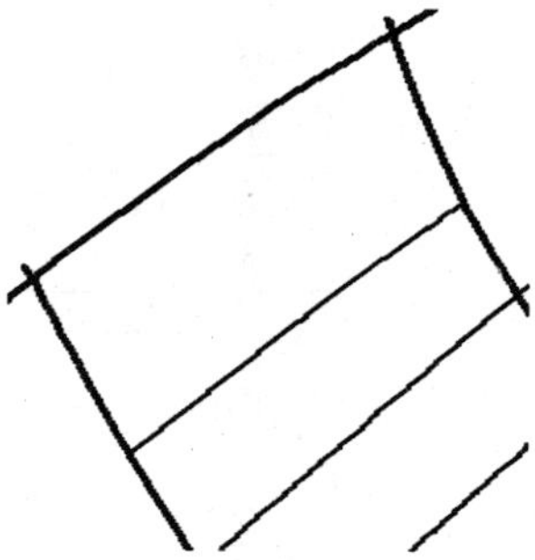

图 6－18 中间纵缝修改前后

修改方法是将 Xmax＝FR7＋549、Xmin＝FR21－549 修改为 Xmax＝FR7＋149、Xmin＝FR21－149，填入板缝修改对话框中，如 6－19 图所示。

6. 保存图形文件。

（三）检验板缝布局合理性（Verifying Seam/Butt Arrangement）

要生成和观察一个板的展开草图可以开始以下菜单：Curve→View→Developed Plate。系统将提示‘Indicate seam’。然后点击与所要生成板相关联的板缝。

注意当点击其相关的板缝时习惯上是从靠船尾的环缝开始，沿着顺时针方向绕该板依次点击。选择完了板缝，点击 OC 按钮。

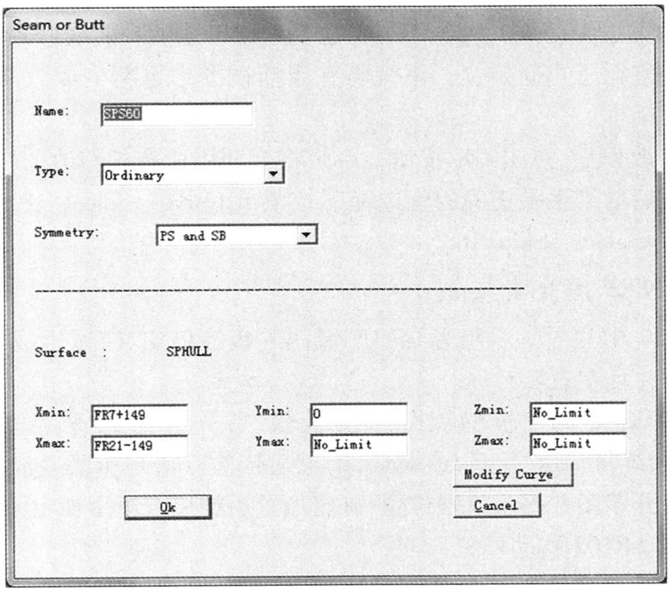

图 6 – 19　板缝修改对话框

如果事先没有设定一个缺省的外表面，这时必须在菜单中选择一个表面。接下来将会出现如图 6 – 23 所示的对话框，由于我们所需要的仅仅是板的一个虚拟的展开，因此这个对话框里的大多数空格可以不填。Symmetry：选择这块外板属于船体的哪一侧 Thickness inside：船体型表面理论线以内的厚度。Thickness outside：船体型表面理论线以外的厚度。当你想把做的外板保存到数据库里时，余下的空格栏可以用得着，这一点在后面的船体外板将讲到。完成以上的操作，点击 OK 按钮。系统将提示'Cursor position'。在当前的视图中找一合适的位置然后点击该处，后点击 OC 按钮退出该操作。下面是一展开板的例子：看完这个外板展开草图以后，选择下拉菜单 Curve→Select→Skip All 来结束此操作并且把该草图在当前的视图中删掉。

（四）修改已存在板缝((Modifying an existing Seam/Butt)

如果一条定义了的板缝需要修改，请遵循以下的操作。

假设当前有一视图并且该视图有需要修改的板缝。开始下拉菜单 Curve→Select→Advanced，将会出现图 6 – 5 所示的激活对象选择对话框，点击 Type 这一栏，选择 Seam/Butt 并且点击 Pick 按钮。系统将会返回到当前的视图中并且提示'Pick'。点击所要修改的板缝。然后被选择的板缝将变亮，系统将继续提示'Pick'，以此来让用户继续选择所要修改的板缝。选择完以后点击 OC 按钮结束该选择过程。开始下拉菜单 Curve→Model→Modify。系统将会弹出图 6 – 16 所示的对话框，其中包括数据库里该板缝最后一次保存的信息。

Name：可以改变板缝的名字。TYPE：保留 Ordinary 不变。Symmetry：可以改变板缝所在船体的哪一侧。Default box：修改板缝的范围。Modify Curve：点击该按钮将出现如图 6 – 10 所示的修改曲线对话框。

Select Surface：可以依附不同的船体表面生成板缝。Modify Plane：系统将列出生成该板缝的当前值。可以对这些数据进行修改。Select Type：在这里，对生成板缝的方法可以进行修改。可以从五种方法中任选其一。OK：通过 1，2 和 3 选项对曲线修改完以后，点击该选项以后就对该曲线进行了重新定义。系统将在当前视图中重新生成该曲线并且返回到先前的板缝修改的对话框。

完成必要的修改以后，点击 OK 按钮。系统将会利用所有的修改的数据来重新生成该板缝。如果修改以后的结果是正确的就选择下拉菜单 Curve→Select→Store，如果不是就选择下拉菜单 Curve→Select→Skip All。

（五）外板展开草图生成实训

1. 在如图 6－20 中左图所示阴影线的区域四周板缝已定义，试生成该外板展开草图。假设板厚是 10mm 并且左右舷对称。

按上述生成和观察一个板的展开草图步骤，首先开始以下菜单：Curve→View→Developed Plate。系统将提示'Indicate seam'。然后依次点击与所要生成板相关联的板缝，系统将生成板的展开草图并提示放置位置，确定位置后的展开草图如上图右图所示。

2. 从 FR101 到 FR102 移动环缝。

按前面所述方法依次进行选择被移动环缝、修改环缝曲线等操作后，在确定生成环缝平面位置对话框中，将 X 位置（coord）由 FR100 改为 FR102，如图 6－21 所示。

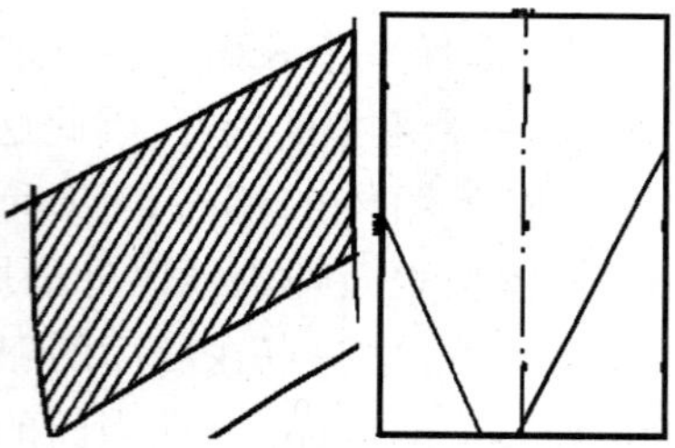

图 6－20　外板展开草图

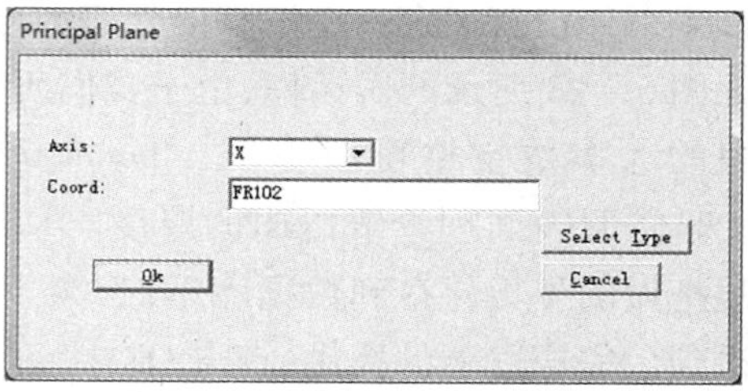

图 6－21　平面位置对话框

任务 2　创建外板、外板骨材、曲面板架实训

【实训目标】

1. 熟练掌握创建外板的方法和操作过程；
2. 熟练掌握创建 Shell Profile 及定义 Shell Stiffener 方法和操作过程；
3. 熟练掌握曲面板架创建的方法和操作过程。

表 6-2　任务 2 实施步骤、时间安排、实施方式

实施步骤	时间安排	实施方式
阅读教材、参考书及完成实训	课余与课上之比约 1:1	自学、查资料、相互讨论、完成实训、在网络教学系统留言，教师查看、评价并给予指导
讲解与示范	2 学时	教师使用投影仪和局域网边讲解、边示范，学生同步观看、学习和记录，教师要注意引导学生发现问题，启发学生思考问题和寻找解决问题的方法
指导学生实际操作	9 学时	每个班级分为若干组，每组 8 人以下，每组可安排不同工作任务，每个学生使用一台微机独立操作，遇到问题可相互讨论或请教老师，教师要注意及时评价学生实训完成情况，设法调动学生实训积极性
检查评价	1 学时	教师与学生共同完成任务的检查评价，并对存在的问题进行分析与处理。学生将完成的任务自我检查评价打分后，通过局域网提交给老师，老师检查评价打分，指出存在问题和解决方法反馈给学生

一、创建外板实训

定义完板缝以后，通过下拉菜单 Curve→View→Developed plate 生成外板展开草图来检验外板的尺寸和加工线。定义一个外板至少要 3 条板缝，最多只能 5 条板缝。像先前描述的一样，在板的拐角处，相关联的板缝之间一定要相交，只有这样才能生成外板。当生成外板的时候，系统会自动将船体外板的左右舷单独来保存，尽管定义外板的时候是左右舷对称的。

（一）生成外板（Creating Shell Plates）

开始下拉菜单 Curve→Model→Create Shell Plate。将弹出图 6-22 所示的选择项。

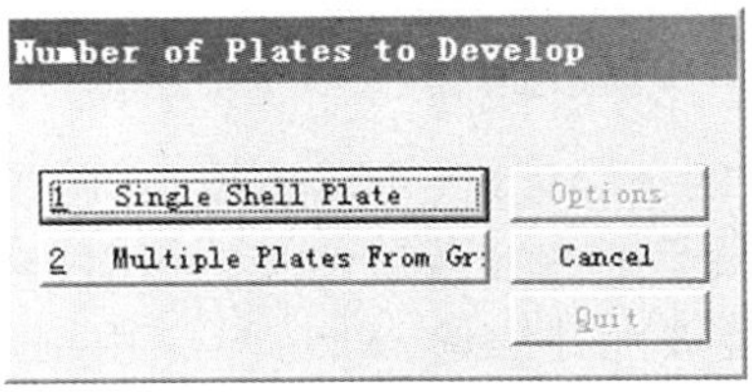

图 6-22　外板定义方式选择对话框

Single Shell Plate 在定义单块板时，用户应单独选择每一条板缝。选择的时候按顺时针方向（从船内向船外看）从最靠近船后的那条板缝开始。

Multiple Plate from Gird 当要同时定义多块板时，必须依次选中网格内的所有板缝。首先从最靠近船尾的那条环缝开始选择所有的环缝，然后点击 OC 按钮。然后选择所有的纵缝，从距离船舯最远的那条开始，结束以后点击 OC 按钮。注意：以上仅仅适用于对称的

情况。

由以上的方法定义完板的边界以后,系统将弹出图 6 - 23 所示的对话框。

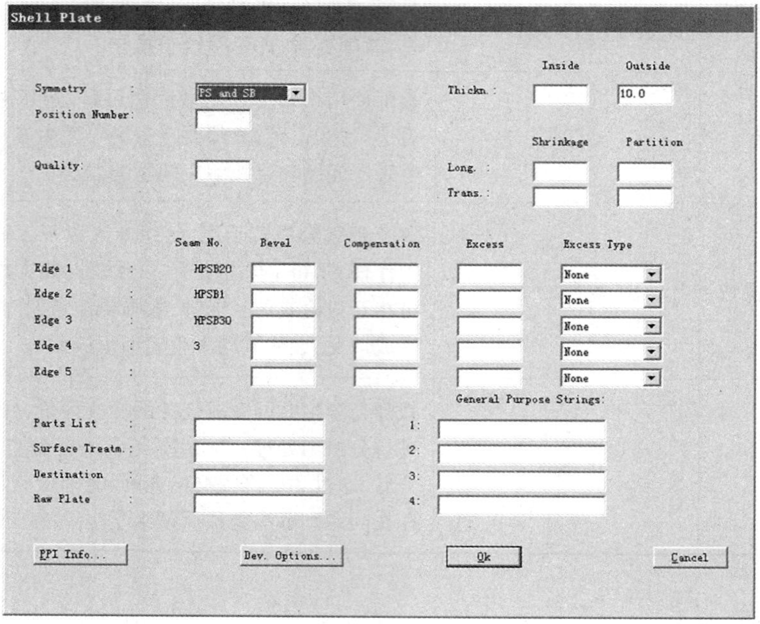

图 6 - 23 外板定义对话框

Symmetry:定义将要生成的外板在船体的哪一侧。

Position number:给板定义个位置名。注意:每块板的名字应该是不相同的。

Thickness inside:船体型表面理论线以内的板的厚度。

Thickness outside:船体型表面理论线以外的板的厚度。

Quality:材质的代码或材料的规格(可以不填)。

Seam no:给出了定义该板的每条板缝的名字。

Bevel:给出每条 边的焊接时的坡口代码(可以不填)。

Excess:给出该板的每条边的余量值(可以不填)。如果给出了某条边的余量值,将是沿整条边的。

Compensation:给出每条边的补偿量值(可以不填)。除了以下情况其用法与上面讲的余量的用法是相似的,其例外就是当有三条边定义的板时,对有尖端的一端要给一定的补偿量,其与尖端相对的一边不需要加补偿量。Patrs list:由用户来定义(可以不填)。Surface Treatment:由用户来定义(可以不填)。Destination:由用户来定义(可以不填)。Raw Plate:将被加工的原材料的名字(可以不填)。General Purpose String:由用户来定义(可以不填)。完成所要填的空格栏以后,点击 OK 按钮。系统将计算该外板的展开,完成以后,将如图 6 - 24所示在当前视图中显示相关的外板。

完成这些以后,系统将弹出图 6 - 25 所示的对话框。

Plate Name:定义板的名称。如果同时生成多块板,还会有 Auto Name 空格栏显示。Auto Name:此时名字的命名将是在你给的第一个数字的基础上以 1 为间隔逐次叠加。具有可选择性,如果当初的外板名有一个数字部分,外板的名字将由特征和这个数字组成,其数字部分仍以 1 为单位逐次累加。Add Posno:选择完此栏以后系统将会自动把数字名加到板名的末位置,其间用 1 连接。

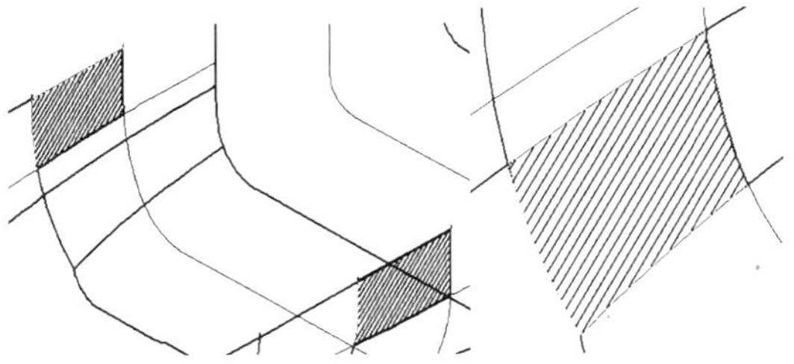

图 6 - 24　被成功定义板示意图

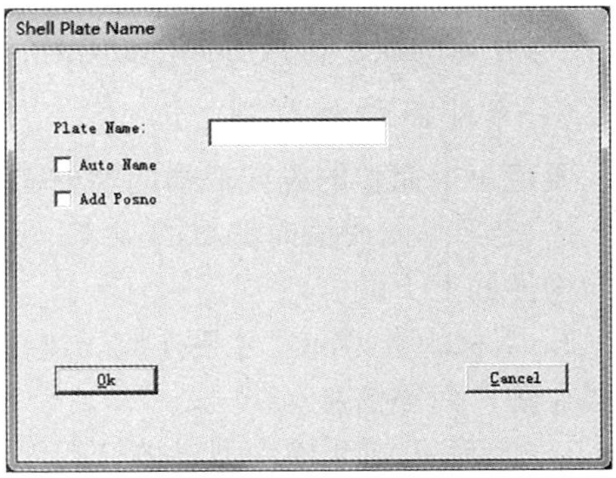

图 6 - 25　板命名对话框

命名和其余选择项完成以后,请点击 OK 按钮。系统将会把名字加到当前的外板中。

如果修改以后的结果是正确的就选择下拉菜单 Curve→Select→Store,如果不是就选择下拉菜单 Curve→Select→Skip All。

(二)修改已存在外板(Modifying an existing Shell Plate)

外板生成以后如果需要修改,请按照以下的步骤进行。假设当前视图中有一需要修改的外板。

开始下拉菜单 Curve→Select Advanced,系统将弹出图 6 - 5 所示激活对象选择对话框,选择 Type 栏至 Shell Plate 选项,然后点击 Pick 按钮。系统将会返回到当前的视图中并且提示'Pick'。点击所要修改的外板。然后被选择的板外板将变亮,系统将继续提示'Pick'以此来让用户继续选择所要修改的外板。选择完以后点击 OC 按钮结束该选择过程。

开始下拉菜单 Curve→Model→Modify,系统将会显示如图 6 - 23 所示的对话框,其中包括最后一次保存到数据库里的该板的信息。

修改所需要修改的部分,修改完毕请点击 OK 按钮。系统将会重新生成和重新展开这块板。如果修改正确请选择下拉菜单 Curve→Select→Store,如果不是就选择下拉菜单 Curve Select→Skip All。

(三)外板生成实训

1. 新建图形文件并命名、保存。

2. 调出所有的纵缝和环缝加到当前 3D 视图中。

3. 按前面所述方法、步骤创建并命名和保存外板,注意:板是 2 块左右对称的板,创建时在对话框中选择生成多个,生成的板如图 6 - 26 所示。

4. 保存图形文件并退出。

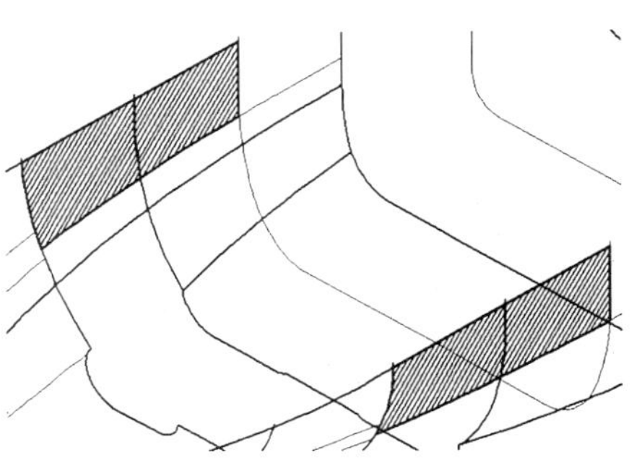

图 6 - 26　被成功定义板示意图

二、生成外板骨材（Shell Profiles）实训

内容如下：创建纵向和横向外板骨材；修改纵向和横向外板骨材；把纵向和横向骨材打断成 Shell stiffener；修改 Shell stiffener；在曲面骨材上创建开孔、切角和贯穿孔。

（一）外板骨材创建

要建一个完整的纵向或横向型材需要以下几步：

1. 定义纵向或横向型材的迹线。这种迹线的定义通常还定义纵向构件的前后端以及横向构件的上下端。

2. 型材的类型和尺寸要适应于迹线还有曲面骨材的名字、型材的理论线方向以及型材焊接在哪一面等信息。

3. 然后，纵向或横向型材被打断成合适的长度以适应材料的实用性和分段划分。

4. 纵向或横向型材打断之后很多部分可以修改。这包括对不同的部位定义不同的材料以及理论线方向和端切形式。

（二）创建外板纵骨和肋骨（Creating Longitudinals and Transversals）

像前面所讲的那样在“参数设置”中设定缺省值并且确认所选项是空的。选择下拉菜单 Curved→Model→Create shell profile，弹出如下对话框。

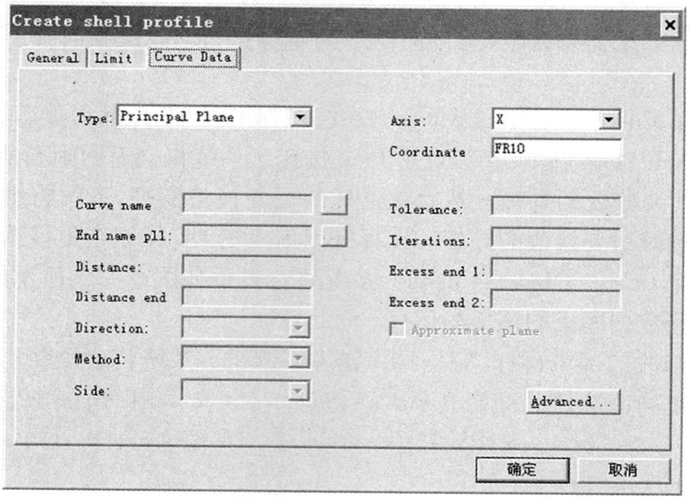

图 6－27 创建型材对话框

该对话框曾在前面“定义型线”中出现过。在那里所描述的选项都可以在这里用来定义外板骨材的轨迹线。系统生成一条用于外板骨材的线后，通过用户输入或利用一条激活的型线，系统将显示图 6－28 所示对话框。

Long/Trans：选择生成型材将以纵向还是横向保存。系统将按定义型材的迹线自动填入。

如果迹线位于 Y 或 Z 平面内型材是纵向的，如果迹线位于 X 平面内型材是横向的。

Profile Number：通常分配一个唯一的名字给一个生成的曲面骨材。注意：同一个名字可以被赋给一个纵向型材和一个横向型材。系统将会通过在纵向型材前加 L 在横向型材

前加 T 来区分。

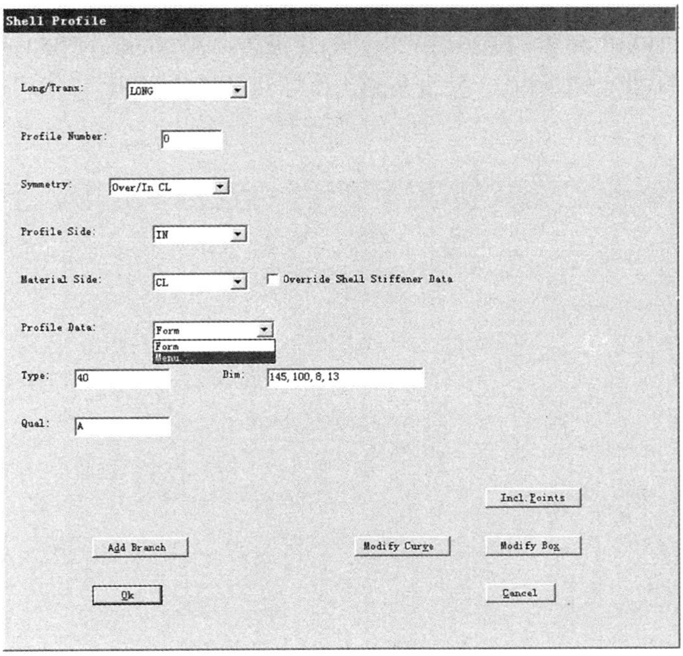

图 6-28 创建型材对话框

曲面骨材编号：

Longitudinals 纵向型材位置号乘以 10。例如，LP1 = 10，LP20 = 200。

Transversals 肋位号：例如：FR1 = 1，FR20 = 20。如果半肋位号或破冰肋位需要，肋位号也要乘以 10。

应该注意到在 Tribon 里面一定的分段号码已被预设在特殊的范围。

Longitudinals：左右对称和仅左舷 = 1→999 左右对称和仅左舷，在抛物线甲板表面 = 1000→1999，仅右舷 = 2000→2999，仅右舷在抛物线甲板表面 = 3000→3999。

Transversals：左右对称和仅左舷 = 1000→1999，仅右舷 = 5000→5999。

Symmetry：生成的型材在船体的哪一侧是有效的。

Profile Side：生成的型材在船体的内侧还是外侧。

Material Side：型材的材料朝向在迹线的哪一侧。

Profile Data：选择定义型材类型和尺寸的方法。Form：代号将被直接填在当前菜单。Menu：系统将显示一个型材类型和尺寸的菜单。工作人员可以从中选择所需型材类型和尺寸。Same As：系统将提供一个已存在的曲面骨材，型材的类型和尺寸将从中选择。

Type：一个有效的 Tribon 里的型材类型代号，例如 10 = 扁钢，20 = 球扁钢等。

Dim：前面所选型材类型的尺寸，例如 100，10 的扁钢。

Qual：有效的材质代号，例如 A 表示 A 级钢。

所有的选项都填完后，点击 OK 按钮。系统将生成相应的型材。如果满意所得结果，用 Curved→Select→Store 否则用 Curved→Select→Skip All 来保存所建型材或删掉。

(三)创建外板纵骨和肋骨实训

1. 打开一个新视图,命名并保存,例如保存为 LONGLS&TRANS。

2. 在 Y = LP1(1)10 和 Z = LP20(1)28 处创建纵骨。用 Xmin = FR57 和 Xmax = FR67 定义缺省区域。用 31 类型型材(不等边角钢)和标注为 450,100,13.0,18.0。如图 6-29 所示。

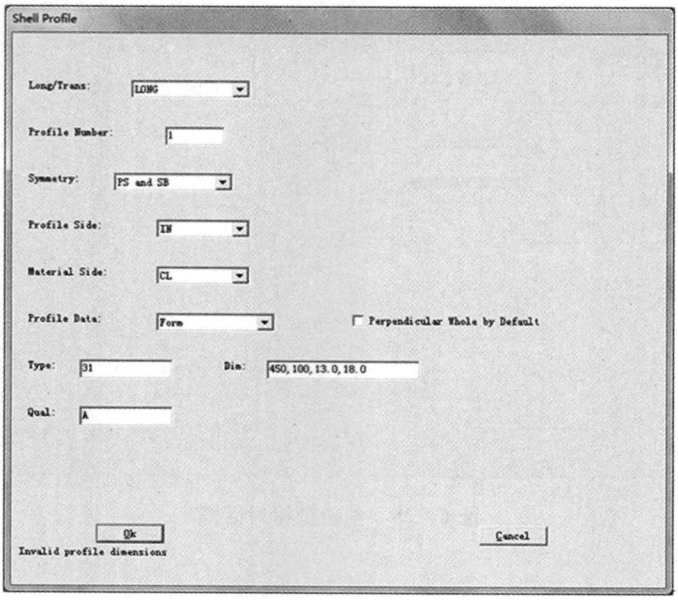

图 6-29　创建型材对话框

3. 在 FR59(1)63 处创建肋骨。用 Zmin = -1 000 和 Zmax = 8 000 定义缺省区域,用 31 类型型材(不等边角钢)和标注为 450,100,13.0,18.0。如下图所示。

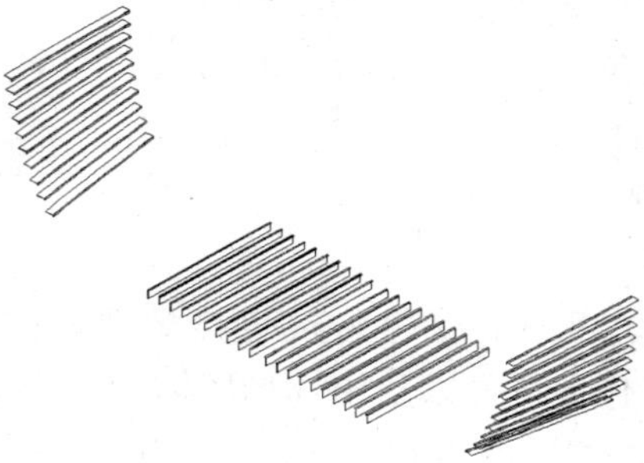

图 6-30　纵骨三维图形

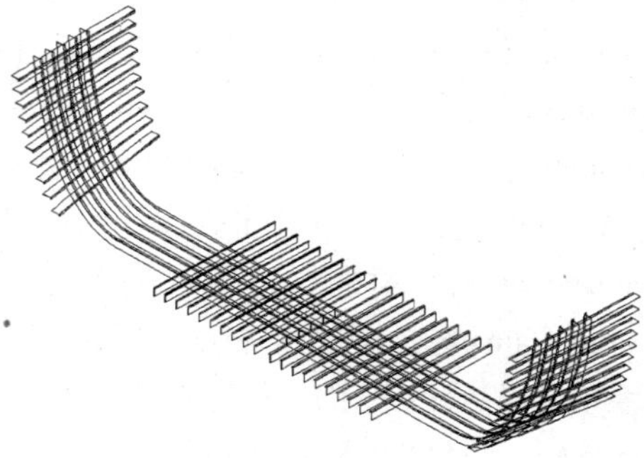

图 6-31　肋骨和纵骨三维图形

4. 保存。

(四)修改外板纵骨和肋骨(Modifying Longitudinals and Transversals)

创建完一个曲面骨材时,如果要修改则要有以下步骤。

确定制图在当前子图内并且曲面骨材在其中一个视图内。执行 Curved→Select→

Advanced 将显示图 6 - 5 所示的激活对象选择对话框,填入 Longitudinal 或 Transversal 改变 Type 并点击 Indicate 键。

系统将返回原画面并提示'Indicate'。点击要修改的曲面骨材。

系统将加亮被选中的型材并再次提示'Indicate'如果需要可继续选择要修改的型材。

选择所需曲面骨材完毕后用 OC 键结束此工作。

执行 Curved→Modify。系统将显示类似于图 6 - 23 的对话框,包括存在数据库里上次生成的曲面骨材。

Long/Trans:修改曲面骨材类型。

Profile Number:修改曲面骨材编号。

Symmetry:修改曲面骨材在船体的哪一舷。

Profile Side:修改曲面骨材在船体的哪一侧。

Material Side:修改材料厚度在迹线的哪一侧。

Profile Data:选择 Form 可以直接在空格处填入 Type,Dim 和 Qual 的内容。选择 Menu 会显示所要用的型材类型和尺寸。选择 Same As 会允许指出一个存在的曲面骨材并且所作型材在类型和尺寸上相似。

Type:修改在迹线上有效型材的类型。

Dim:修改所选型材类型的尺寸。

Qual:修改材料的材质。

Add Branch:允许纵向或横向型材迹线方向改变。看下面部分。

Remove Branch:如果所修改的曲面骨材已有分支在上面,这个按键将允许指出所要移动的分支。

Modify Box:修改曲面骨材所在区域。

Modify Curve:点击此按钮将出现图 6 - 10 所显示的修改曲线对话框。其中,

Select Suface:生成的曲面骨材顶到一个不同的外板上。

Modify Plane:系统将显示用于生成曲面骨材的当前平面数值。编辑这些数值以适合要求。

Select Type:这种方法是用来生成可修改的型材。

OK:通过 1,2,3 步后用这个按键来提交新曲线的定义。系统将在当前视图生成新的曲面骨材并返回到曲面骨材修改对话框。完成所需修改后点击 OK 按钮。系统将用修改过的数据库生成曲面骨材。如果满意执行 Curved→Select→Store 否则执行 Curved→Select→Skip All 退出工程。

(五)纵骨延伸(Adding Branches)

利用 Tribon 在曲面骨材排列的工作中,把纵骨从一个平面弯到另一个平面是很普遍的,这叫做增加分支。这个分支从属于原型材并且它们之间的连接形式通常是焊接接头而不是弯曲接头。多个分支可以被加到原曲面骨材上,不过必须是新的分支连接在曲面骨材已存在的端点上。

有两种在一个已存在的曲面骨材上增加分支的方法,用一条存在的曲线和用一个暂时的几何图形。

这两种方法所得结果是一样的,但是,用暂时几何的方法是比较可取的。因为另一种方法需要存于 SB_CGDB 数据库中的曲线。这些曲线被系统当作曲面骨材的迹线储存起

来,这样将导致曲线被两次存入数据库 SB_CGDB。如果用暂时几何图形的方法,一旦系统保存了分支的迹线,暂时几何曲线将被删掉。

1. 通过已存在曲线延伸纵骨(Adding a branch using an existing curve)

所要用到的曲线必须存在在数据库 SB_CGDB 中。它必须要有一个端点恰好在所要增加分支的曲面骨材的终点。在当前视图中包含曲面骨材和曲线。

执行 Curved→Model→Modify 并选择相应的曲面骨材。点击 Add Branch 按钮。系统将提示 Indicate Curve 使用者将指出所要的曲线。系统将增亮所选曲线并问是否可以将曲线保存到数据库。点击 Yes 按钮。

系统将把型材沿所选曲面骨材添加上去并显示曲面骨材的修改对话框。点击 OK 按钮。执行 Curved→Select→Store 否则执行 Curved→Select→Skip 以完成操作。

2. 通过临时曲线延伸纵骨(Adding a branch using an temporary curve)

在当前视图中包含曲面骨材和曲线。

设定所要分支的缺省区域,是分支与已存在曲面骨材的总区域。

执行 Curved→Select→In Drawing 并激活曲面骨材。用 OC 按钮。

执行 Curved→Geometry→Shell Curve 并选择定义分支曲线的方法。

像在前面实训项目中一样定义曲线。定义完曲线后曲线应在视图中呈黄色。

执行 Curved→Model→Modify 曲面骨材形式将显示出来。

点击 Add Branch 按钮。系统将把型材沿所选曲面骨材添加上去并显示曲面骨材的修改对话框。点击 OK 按钮。

执行 Curved→Select→Store 否则执行 Curved→Select→Skip 以完成操作。

3. 删除纵骨延伸(Deleting a branch)

在当前视图中包含曲面骨材和曲线。

执行 Curved→Model→Modify 并选择相应的曲面骨材。

点击 Remove Branch 按钮。

信息栏提示 Indicate shell stiffener in curve branch to remove,用户通过光标选择要删除的延伸。系统将选中的延伸段删除并重新显示修改对话框。点击 OK 按钮。

执行 Curved→Select→Store 否则执行 Curved→Select→Skip 以完成操作。

(六)外板展开图(The Shell Expansion View)生成

外板展开图是用沿肋位的曲线物体显影创建的,外板就像平铺在所有平行的肋位上一样生成在一个视图中。

要创建一个外板展开图必须在当前视图中。

执行 Curved→View→Shell Expansion。将显示如下对话框:

View: 所创视图的名字。

Side:在视图中将显示船的哪一舷。PS:仅左舷。SB:仅右舷。Over CL:左舷与右舷。

Surface:船体表面,Default 为缺省设置。

Developed:定义一个从哪里看的位置。可以用 Y 或 Z 坐标定义。缺省表示从船舯。

Stern:定义视图在尾部的限制。可以用一条已存在的板缝或 X 坐标定义。缺省表示到船的最尾部。

Stem:定义视图在首部的限制。可以用一条已存在的板缝或 X 坐标定义。缺省表示到船的最首部。

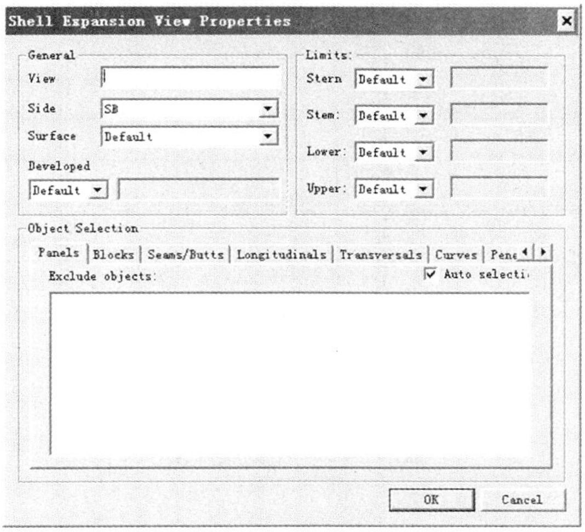

图 6－32　外板展开图对话框

Lower：定义视图在下部的限制。可以用一条已存在的板缝或 Y 坐标或 Z 坐标定义。缺省表示到船的最下部中心线处。

Upper：定义视图在上部的限制。可以用一条已存在的板缝或 Y 坐标或 Z 坐标定义。缺省表示到船的最上部。

当选择 Auto selection 时，Object selection 下面各选项含义为：

Auto Panels：包括所有在视图限定区域内的平面板架。

Auto Seams /Butts：包括所有在视图限定区域内的板缝。

Aut：键入视图中包含/不包含的特殊分段名。

Seams/Butts：键入视图中包含/不包含的特殊板缝名。

Longitudinals：键入视图中包含/不包含的特殊纵骨名。

Transversals：键入视图中包含/不包含的特殊肋骨名。

Curves：键入视图中包含的特殊曲线。缺省区域表示在外板展开图中所显示曲线的线性。

Penetration：键入平面板架和外板骨材上的流水孔、透气孔。

填完后用 OK 按钮。系统将提示指定一个放外板展开图的位置。把视图放好后用 OC 按钮退出功能。

（七）外板展开图实训

1. 打开已存在的图形文件，如 LONGLS&TRANS。

2. 创建一个包含纵骨，肋骨，板和板缝的从 52 号肋位到 102 号肋位，LP1 到 LP7 的外板展开图。如图 6－33 所示。

（八）打断型材（Splitting Longitudinals and Transversals）

创建一个曲面骨材后，如果必要将其打断成两个或更多个就要执行以下步骤。

确定图形是当前视图并且曲面骨材在其中一个视图内。

通过 Curved→Select→Advanced 功能选择所要打断的型材。

执行 Curved→Model→Shell Stiffener→Split。系统将显示如图 6－34 对话框。

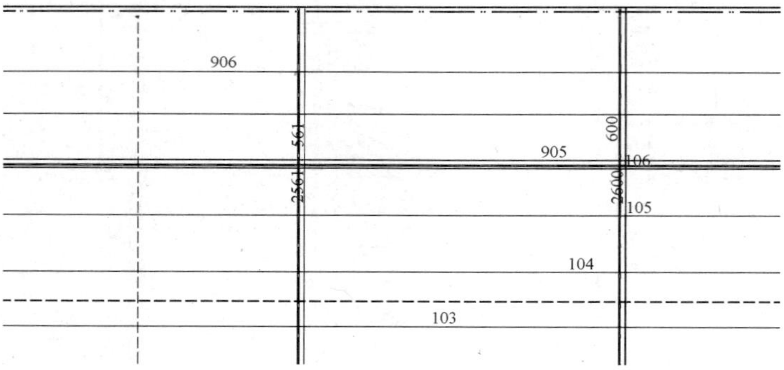

图 6－33　外板展开图

Seam Or Curve：指定一条已存在的板缝或曲线，当前曲面骨材将以它为界打断。

Plane：定义一个平面来打断曲面骨材，在前面所描述的平面定义形式都可以用。

Shell Profile：指定一条已存在的曲面骨材，并通过此型材来打断当前型材。

Plane Panel：指定一个已存在的平面板架，并通过其来打断曲面骨材。

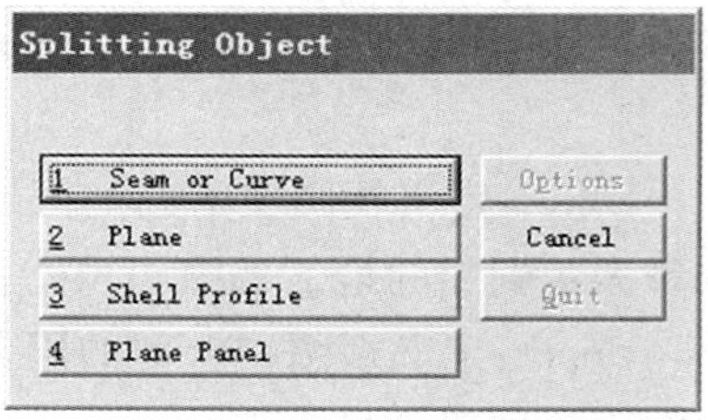

图 6－34　打断型材对话框

定义完打断形式后，系统将自动在视图中将型材打断。

如果满意所得结果执行 Curved→Select→Store 否则执行 Curved→Select→Skip All 结束任务。

系统将把曲面骨材包括新生成的部分像保存原型材一样保存起来。

（九）合并型材（Combining previously split Longitdinals and Transversals）

曲面骨材打断以后，如果有重新移动打断型材和重组两部分曲面骨材的必要，需要采取以下步骤。

确定图形在当前，并且曲面骨材在其中一个视图里。

用 Curved→Select→Advanced 选择已打断型材。

填入 Shell Stiffener 以改变 Type 并点击 Indicate 按钮。

系统将返回到图形并提示'Indicate'。在每个要组合的曲面骨材上点击一下。用 OC 来结束此任务。

执行 Curved→Model→Shell Stiffener→Combine。系统将把两个激活的曲面骨材组合起来，并将组合的结果在视图中显示出来。

如果满意所得结果执行 Curved→Select→Store，否则执行 Curved→Select→Skip All 结束任务。

（十）外板型材展开图（Developed profiles Views）生成

用：Curved→Modell→Shell Stiffener→Profile To DB。

外板型材展开草图包含外板型材的规格、长度及逆直线。通过这些信息,设计者可以考虑外板型材是否太长或是所生成型材的曲度太复杂。如果必要,设计者可以根据外板型材展开草图修改已存在的型材。

创建一个型材的展开视图,需要指出所要展开的型材,所以一个相应的当前视图必须是激活的。

创建并显示型材展开草图要执行 Curved→View→Shell Profile。

系统将提示'Indicate Shell Profile'。点击所要展开的型材,选择完后系统将提示 OK?如果满意点击 Yes。

系统将显示展开的曲面骨材并且提示指定一个方式图的位置。把视图放下并通过 OC 退出此任务。一个展开型材的视图如下所示:

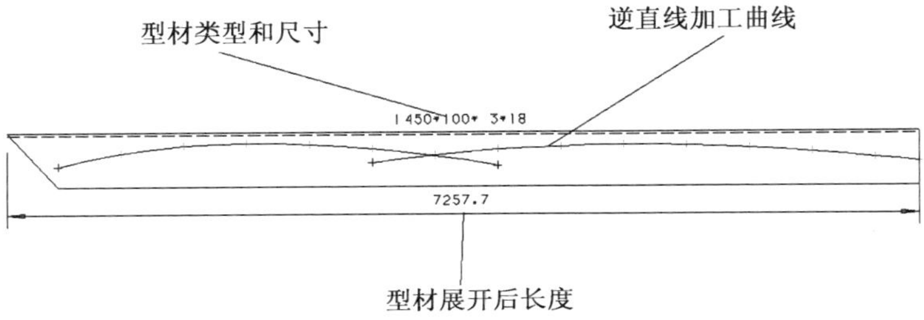

图 6－35　型材展开视图

(十一)外板加强筋(Shell Stiffeners)生成

一个曲面骨材创建后将以两个等级存在。最高阶层是由曲面骨材所形成的整个纵骨或肋骨。如果纵骨或肋骨被打断了,那么最高即将作为一部分存在而相应的曲面骨材将在每个打断的型材上衍生。例如,如果我们在 LP10 处创建一条新的纵骨,这将导致一个纵骨,L100 包含一条曲面骨材 L100－S1。如果上面型材延长度方向在两个位置打断,还是只有一个纵骨对象 L100,但是它将包含三个曲面骨材,L100－S1,L100－S2 和 L100－S3。

(十二)修改外板加强筋(Modifying Shell Stiffners)

定义一些曲面加强筋后,如果有修改曲面加强筋的必要,需要采取以下步骤。

确定视图是当前的并且相关的曲面加强筋在其中一个视图中。

通过 Curved→Select→Advanced 选择已打断的加强筋。执行 Curved→Model→Modify,将显示以下对话框:

(十三)肋骨型线图(Body plan Views)生成

执行 Curved→View→Bodyplane。将显示以下对话框:

(1)General 区域

View:要生成视图的名字。

Surfaces:选择船体表面,Default 为缺省设置。

Looking:试图的视向。

(2)Limits 区域

视图的限制区域。部分或全部包含在区域内的物体将全部包含在视图中。不填此区

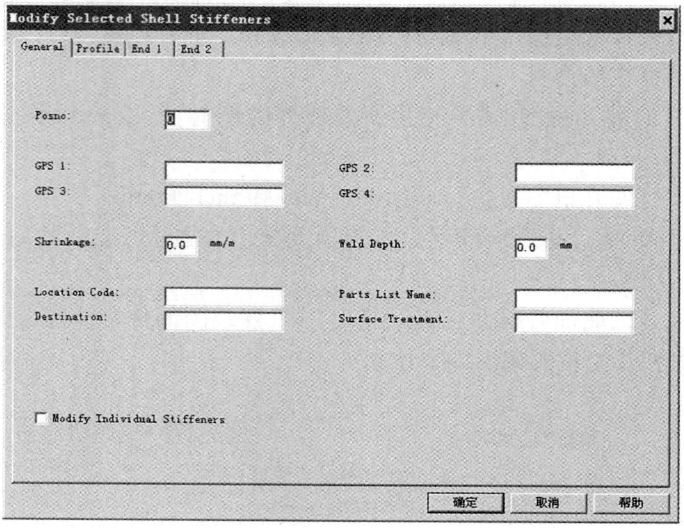

图 6 – 36 修改外板加强筋 General 选项对话框

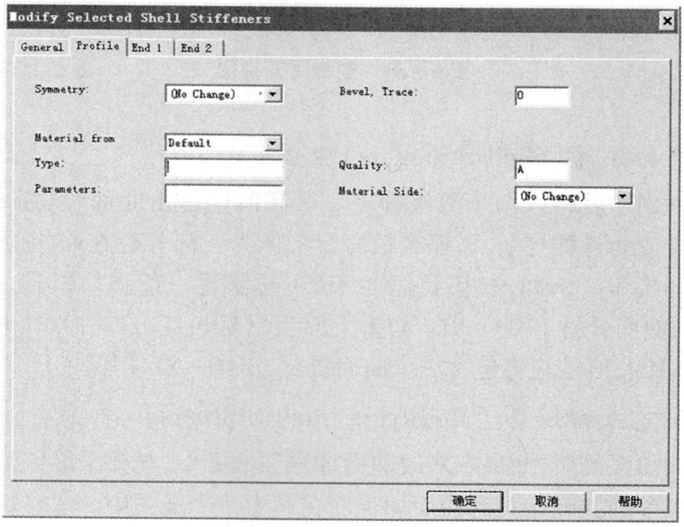

图 6 – 37 修改外板加强筋 Profile 选项对话框

域表示无限制。

(3) View properties 区域

Long Section:定义纵向型材截面如何绘。Full:纵向型材截面形状全部被显示。

Draw:肋骨线间隔数量。

Seam/Butt Colour:来表示视图中板缝的颜色。

Longitudinal Colour:来表示视图中型材的颜色。

Frame Colour:来表示视图中框架的颜色。

Grid spacing:栅格间距。

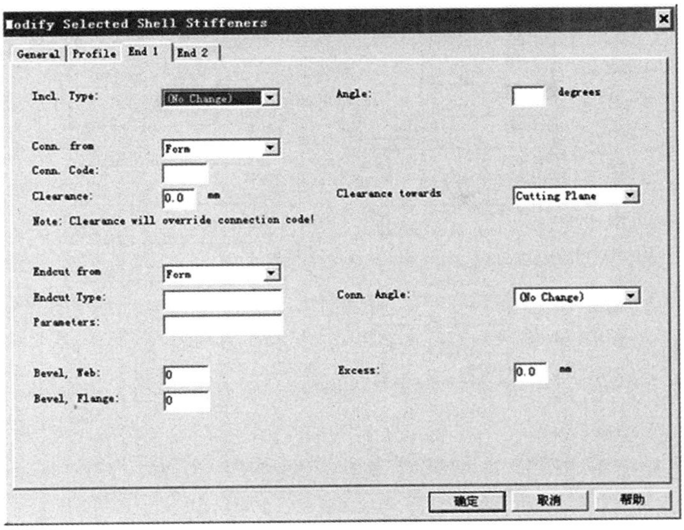

图 6－38　修改外板加强筋 End1 选项对话框

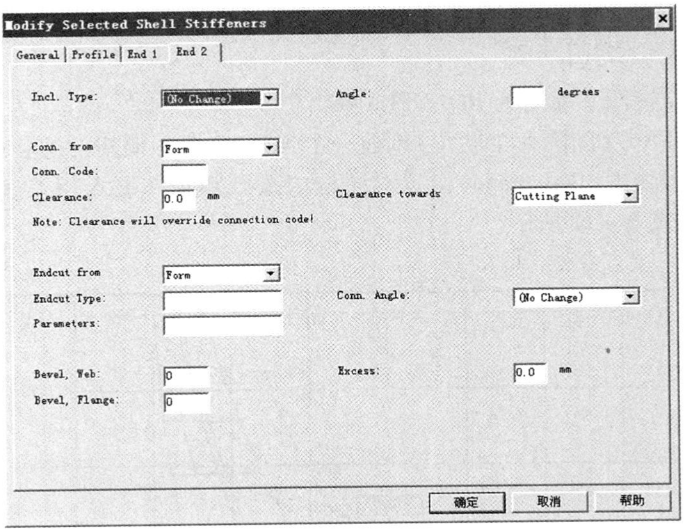

图 6－39　修改外板加强筋 End2 选项对话框

(4) Object selection 区域

Auto Seams/Butts：将在视图中显示视图区域所包含的所有板缝。不显示的在下面填入。

Auto Longitudinal Trace：将在视图中显示视图区域所包含的所有型材的迹线。不显示的在下面填入。

Auto Longitudinal Section：将在视图中显示视图区域所包含的所有型材截面。不显示的在下面填入。

Seams/Butts：在下面填入视图所包含板缝的名字。

Long Trace：在下面填入视图所包含型材迹线的名字。

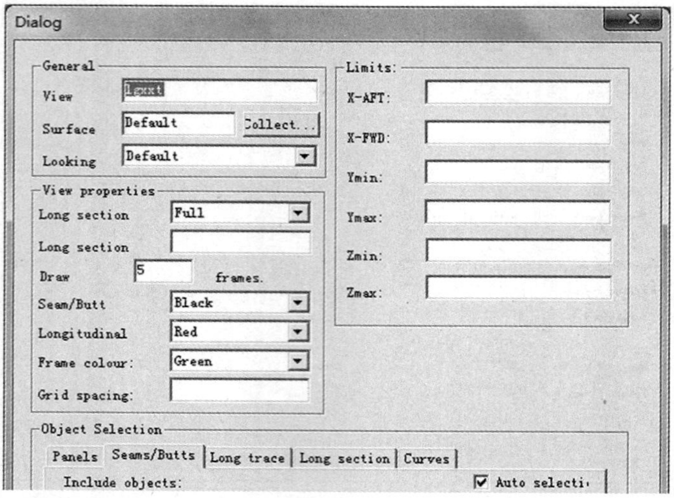

图 6-40　肋骨型线图(Bodyplane)设置对话框

Long Section:在下面填入视图所包含的型材截面的名字。

定义完后点击 OK 按钮。系统将提示指定一个放视图的位置。图放好后,用 OC 退此功能。

(十四)肋骨型线图实训

1. 打开一个新视图并命名为 BODYPLANE。

2. 从 FR47→FR67(间隔 5 个肋位)创建一个带 1000 毫米栅格的肋骨型线图。

在前述肋骨型线图(Bodyplane)设置对话框中按已知条件填入相关参数即生成所要求的肋骨型线图,如图 6-41 所示。

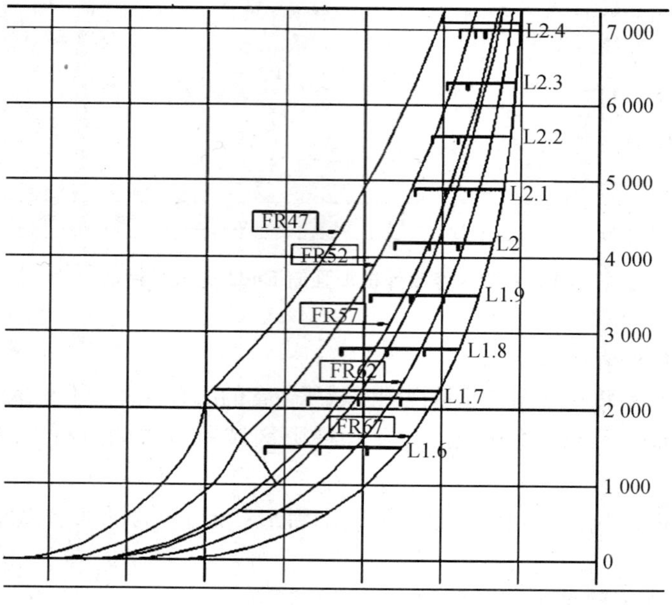

图 6-41　FR47→FR67(间隔 5 个肋位)肋骨型线图

（十五）外板骨材的其他操作（Additional features for shell profiles）

1. 开孔（Holes）

创建一个曲面骨材后，在骨材上开孔通过以下步骤。确定曲面骨材在当前视图中，用 Curved→Select→Advanced 选择要修改的型材。

执行 Curved→Model→Create Feature→Hole。将显示图 6－42 所示对话框。

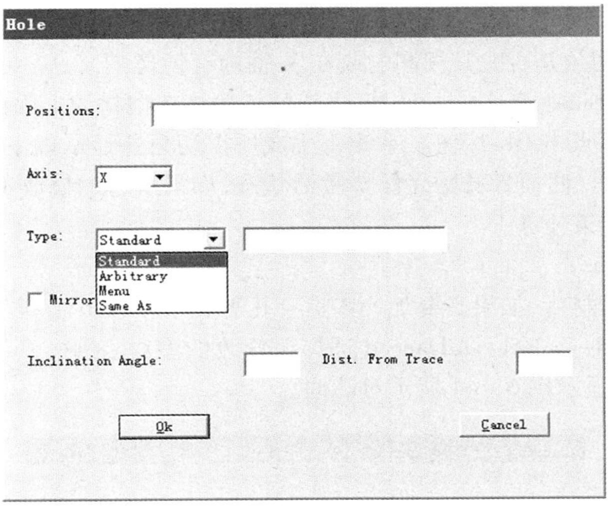

图 6－42　开孔对话框

Positions：孔的位置。

Axis：孔沿着哪一坐标轴来定义。

Type：Standard：在右边空格中填入孔的代号。Arbitrary：用来定义几何孔的名字要填入右边当前空白处。Menu：如果这个位置已选定，点击 OK 按钮后系统将显示一个对话框，允许从中选择孔的类型和尺寸。Same As：如果选择这一项，点击 OK 按钮后，系统将提示指定一个已存在的孔，并且孔的类型和尺寸将从中选择。

Mirrored：提示这个孔是否尤其相同的或在 V 轴是有镜像的。这一项与所有标准孔无关。Inclination Angle：孔的角度，如果空白将设定 0 度。

Dist. Rom Trace：曲面骨材迹线与孔中心的距离。当按要求填完对话框后点击 OK 按钮。系统将生成所需孔，如果所有的操作都结束了，用 Curved→Select→Skip All 来结束任务。

2. 切口（Notches）

创建一个曲面骨材后，加一些切角需要采取以下步骤。确定曲面骨材在当前视图中。用 Curved→Select→Advanced 选择要修改的型材。执行 Curved→Model→Create Feature→Notch。将显示图 6－43 所示对话框。

Reference：Co－ordinates：在 Positions 中切角可在任何位置。Normal seams：在 Positions 中切角可在当前曲面骨材和板缝间。Refl Seams：在 Positions 中切角可在当前曲面骨材和板缝反向线间。

Indicate Seam Refs：如果这一项被选择，系统将提示一个交互的板缝而不是在 Positions 中的板缝。

Positions:切角的位置。如果在 Reference 中选择 Co－ordinates 将在 Axis 设定下用坐标定义切角的位置。如果在 Reference 中选择 Normal Seams 或 Refl Seams 那么与当前曲面骨材交叉的板缝的名字将被填入。如果选择 Indicate Seams Refs 这一选项将无效。Axis：沿哪一坐标轴来定义切角的位置。Type：Standard：在右边空格中填入切角的代号。Arbitrary：用来定义几何切角的名字要填入右边当前空白处。Menu：如果这个位置已选定，点击 OK 按钮后系统将显示一个对话框，允许从中选择切角的类型和尺寸。Same As：如果选择这一项，点击 OK 按钮后，系统将提示指定一个已存在的切角，并且孔的类型和尺寸将从中选择。Mirrored：提示这个切角是否尤其相同的或在 V. 轴饰有镜像的。这一项与所有标准切角无关。Notch At Flange Side：点击这一区域，生成的切角将在型材的上面而不是在迹线边。当按要求填完对话框后点击 OK 按钮。系统将生成所需切角并显示以下对话框：如果满意所做切角点击 OK 按钮。曲面骨材始终保持激活状态，如果所有的修改都结束了用 Curved→Select→Skip All 来结束任务。

3. 贯穿孔(Cutouts)

创建一个曲面骨材后，如果必要加一些贯穿孔需要采取以下步骤。确定曲面骨材在当前视图中。用 Curved→Select→Advanced 选择要修改的型材。执行 Curved→Model→Create Feature→Cutout。将显示图 6－44 所示对话框。

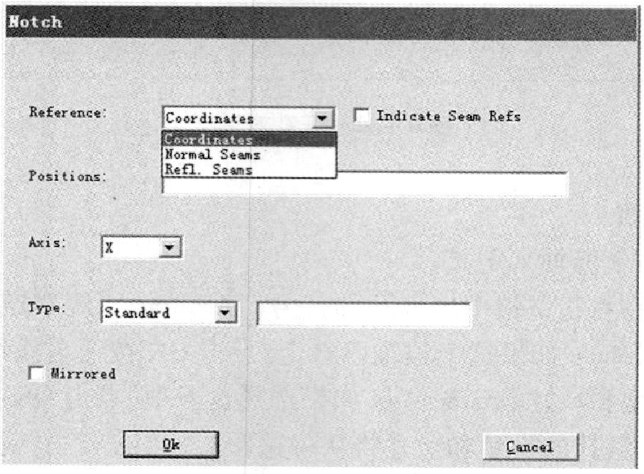

图 6－43 切口对话框

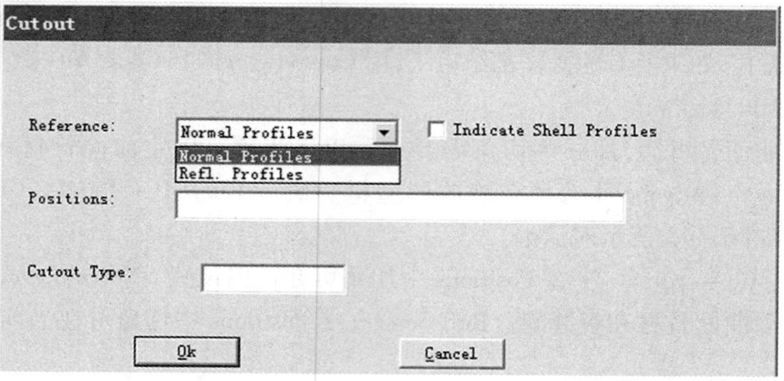

图 6－44 贯穿孔对话框

Reference：Normal Profiles：在 Positions 中贯穿孔可在已定义的曲面骨材交叉点。Refl Profiles：在 Positions 中切角可在当前曲面骨材交叉点的反向线间。Indicate Shell Profiles：如果这一项被选择，系统将提示一个交互的曲面骨材交叉点而不是在 Positions 中的板缝。Positions：这一项应包含与当前曲面骨材迹线相交的曲面骨材的名字。该项以重复使用。如果激活 Indicate Shell Profile 被激活该项效。Cutout Type：这一项将包含一个有效的贯穿孔的代号。当按要求填完对话框后点击 OK 按钮。系统将生成所需贯穿孔并显示以下对话框：如果满意所做贯穿孔点击 OK 按钮。曲面骨材始终保持激活状态，如果所有的修改都结束了用 Curved→Select→Skip All 来结束任务。

4. 画线（Marking）

创建一个曲面骨材后，如果必要加一些附加标记需要采取以下步骤。确定曲面骨材在当前视图中。用 Curved→Select→Advanced 选择要修改的型材。执行 Curved→Model→Create Feature→Marking。将显示图 6－45 所示对话框。

Position：标记线放在哪里。这和位置将一坐标或在 Axis 中以相对坐标的方式给出。Axis：沿哪一坐标轴来定义标记线。Length：要生成标记线的长度。Profile Height：标记线的高度与型材高度是否相匹配。Symmetric：标记线是否在曲面骨材的两侧。Direction：Plane：标记线将在在 Axis 中定义的平面内。Perp：标记线将垂直于型材的迹线。Angle：标记线用角度来定义与迹线方向有关。Inclination Angle：在标记线和迹线之间的角度。这一项只有在 Direction 选择 Angel 时才有用。Marking Text：定义标记文字。文字将反映到所有标记线上。当按要求填完对话框后点击 OK 按钮。系统将保存标记并且显示以下对话框：点击 YES 按钮确定修改，如果所有的修改结束用 Curved→Select→Skip All 来结束任务。

三、曲面板架（Curved Panels）生成

（一）创建曲面板架（Creating Curved Panels）

在前面所述的‘曲面缺省’中设定必要的缺省值，并且保证其选择列表是空的。

开始下拉菜单 Curved→Model→Create→Panel。系统将弹出图 6－46 所示的对话框。

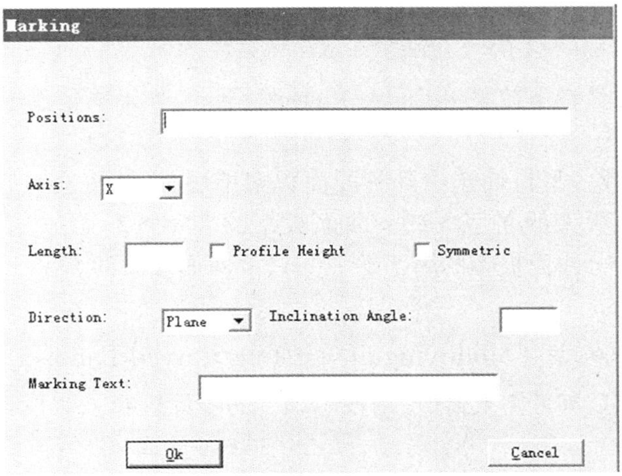

图 6－45 画线对话框图

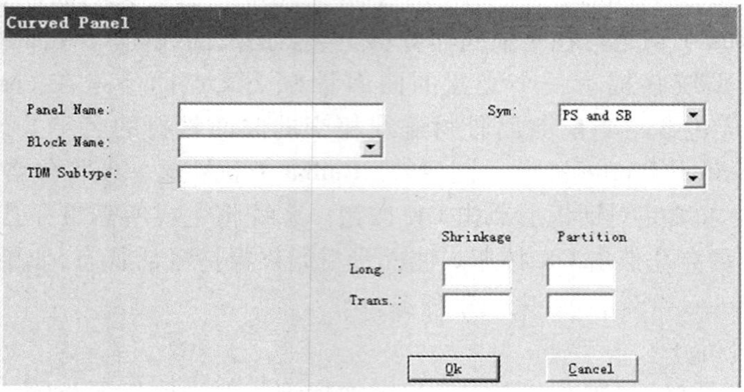

图 6－46 创建曲面板架对话框

Panel Name：给出该曲面板架的独特的名字，最后该曲面板架的名字将由以下部分组成：<分段名>—<板架名><对称性> Symmetry：所生成的曲面板架在船体的哪一侧。注意：曲面板架的对称性必须与外板和型材的定义保持一致。比如，如果该曲面板架是左右对称的，其中的外板也必须同样要是左右对称的。外板是仅左舷或仅右舷的情况是不允许的。

Block Name：给出该曲面板架所属的现有的 Tribon 分段的名字。该分段名将是该曲面板架名字的第一部分。系统将会显示当前工程里的所有分段名。选择所需的一个分段名显示在 Block Name 栏。

TDM Subtype：是 Tribon Data Management 数据类型选项。

Shrinkage 和 Partition：分别是板焊接收缩和切割补偿值。longitudinal 和 transversal 分别是纵向和横向。

完成上面的对话后请点击 OK 按钮。系统将会提示'Indicate shell plate'，点击属于该板架的所有的外板。被选中的外板将被系统变亮。选择完毕请点击 OC 按钮。系统将会提示'Indicate shell stiffener'，点击属于该板架的所有的型材。被选中的型材将被系统变亮。选择完毕请点击 OC 按钮。然后系统将会生成曲面板架，等结束以后，变亮区域的颜色将会改变。

如果结果正确请选择下拉菜单 Curve→Select→Store，如果不是就选择下拉菜单 Curve→Select→Skip All。

注意：当一外板或一型材被选中到一曲面板架中后，系统将会对它进行重新命名。对外板的命名是<曲面板架的名字>1，<曲面板架的名字>2，……，依次排下去依次排下去。对型材的命名是<曲面板架的名字>--s1，<曲面板架的名字>--s2，……，依次排下去。

（二）修改曲面板架（Modifying an existing Curved Panels）

曲面板架生成以后如果需要修改，请按照以下的步骤进行。假设当前视图中有一需要修改的曲面板架。

开始下拉菜单 Curved→Select→Advanced 选择曲面板架。

开始下拉菜单 Curved→Model→Modify。系统将会弹出如图 6－46 所示的对话框。

Panel Name：改变该曲面板架的名字。

Symmetry：改变该曲面板架所属的船体的位置。

Block Name：改变该曲面板架所属的 Tribon 分段。从 Tribon 分段列表中选择分段改变该曲面板架所属的分段。

Add Plates：从当前视图选择更多的外板加入到现有的曲面板架中。

Add Stiffeners：从当前视图选择更多的型材加入到现有的曲面板架中。

Add Handle Holes：加入开孔。

Remove Plates：通过选择，从当前曲面板架中剔除一个或多个外板。

Remove Stiffeners：通过选择，从当前曲面板架中剔除一个或多个型材。

按要求完成上述操作以后，请点击 OK 按钮。系统将由新的数据重新生成曲面板架。

如果修正正确，选择下拉菜单 Curve→Select→Store，否则选择下拉菜单 Curve→Select→Skip All。

（三）曲面板架上开孔（Holes in curved panels）

曲面板架中的开孔有两种。

1. Tribon 系统里的标准开孔

2. 由曲线定义的任意开孔 对任意开孔，首先要把未生成开孔的封闭曲线保存到数据库 SB_CGDB 中去。该封闭曲线必须是以围绕某一原点来表示的。

开孔只能加入到已有的曲面板架中，不能在定义曲面板架的时候生成该孔。因此，要想在已有的曲面板架中加入开孔，要像前面讲的那样首先要先激活该曲面板架。开始下拉菜单 Curved→Model→Modify。系统将弹出与上面相同的对话框。点击 Handle Holes 按钮，如果该曲面板架没有开孔，系统将会弹出如图所示的对话框：

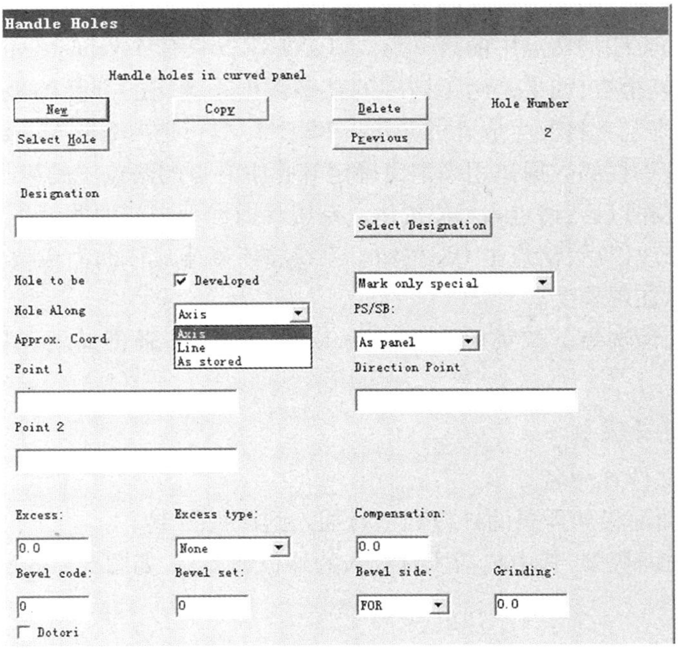

图 6－47 曲面板架上的开孔对话框

New:在一曲面板架中生成一新孔。Copy:复制开孔,生成和当前孔一样的开孔。只有当仅仅某些参数需要修改时才有用。Delete:从板架中删除当前开孔。Hole Number:板架中当前开孔的运行数字名。Select Hole :选择当前开孔。Previous:移动到板架中的上一个开孔。只有当该曲面板架中不止一个开孔时才有用。

Designation:Tribon 标准开孔的类型代码或保存在数据库 SB—CGDB 中的封闭曲线的名字。Select Designation:如果开孔的控制文件存在用户可以在该文件中选择标准开孔类型。关于这个文件用户可以参考曲面建模应用指导,获取更多的信息。Hole will be:控制开孔是要 Burnt 或是仅仅 Marked。

Develop Hole:控制开孔的轮廓线是否要展开。注:关于开孔轮廓线展开的限制,可以参考曲面建模应用指导,获取更多的信息。

Hole Along:Axis:对该选项,Approximate Co - ordinate 栏必须包括离当前曲面板架的平面最近的基平面。Line:对该选项,Approximate Co - ordinate 栏必须设为 None。Approximate Co - ordinate:None:与该栏对应的 Hole Along 栏必须设为 Line。系统将用两组三维坐标来确定通过该曲面板架的一条直线,同时确定开孔的中心。这两组坐标应填写在 X Y Z 和 X2 Y2 Z2 栏中。X,Y&Z:与其对应的 Hole Along 栏必须设为 Axis。选择距离当前曲面板架平面最近的基平面。例如,X = 尾封板处的曲面板架。Y = 舷侧部分平直的曲面板架。Z = 船底部分平直的曲面板架。Asymmetrical Hole:如果开孔想围绕其中心旋转一定的角度,选择该栏。用 XT,YT 和 ZT 栏来确定坐标系 U 轴上的一点。这一点将被用来确定开孔的 旋转角度。X,Y&Z:当 Hole Along 栏设为 Axis 时,利用相应的平面坐标为距离曲面板架最近的平面提供 一个大约的位置。另外两组坐标值是用来定义一个点,这个点是曲面板架上的定义开孔中心的一条线上的点。当 Hole Along 栏设为 Line 时:空格栏中的数据是用来确定定义通过开孔中心的直线的两点中的第一点。XT,YT&ZT:只有 Asymmetrical Hole 框被检查以后,该栏才有用。经检查,如果是用了该栏的某一数据来确定的开孔的坐标轴 U 轴上的一点,这一点将被用来定义将要生成孔的角度。X2,Y2,Z2:只有 Hole Along 框被设定为 Line 时该栏才有用。这一栏的数据是用来定义确定开孔中心点的两点中的第二点的。

完成需要的操作以后,请点击 OK 按钮。系统将返回到当初的曲面板架修改对话框。

完成所有的修改以后,请点击 OK 按钮。系统将重新生成该曲面板架,并且生成的开孔的轮廓线也会显示在屏幕上。

如果修改正确请选择下拉菜单 Curve→Select→Store,如果不是就选择下拉菜单 Curve Select Skip All。

(四)曲面板架实训

1. 新建图形文件并命名。
2. 调出定义曲面板架需要的外板和型材加入到该视图中。
3. 生成一个曲面板架,其中包括所有调入的外板和型材,如图 6 - 48 所示。

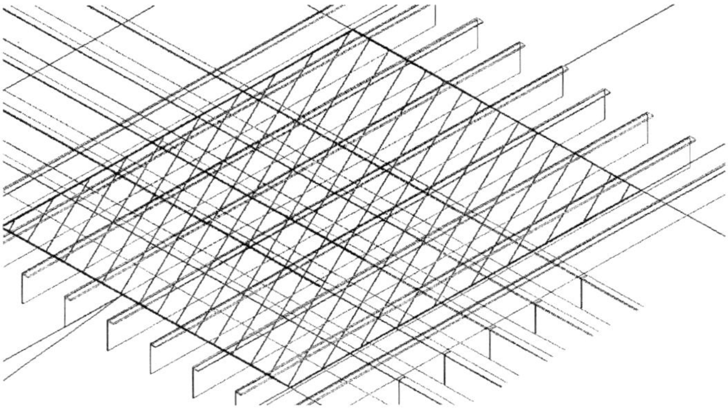

图 6-48　生成曲面板架

实　训　题

1. 选择好工程,新建图形文件并命名和保存。用所选择工程中的船型插入所有已经存在的船体曲线到三维模型视图中。布置好视图,调整好视图比例,对船体型线进行观察,看其是否光顺、完整。

2. 创建、命名、保存并且绘制从 FR75 - FR100(如果所选择船型肋骨号大于 100)的船体曲线和从 LP0 - LP24(如果所选择船型纵骨号大于 24)的船体曲线。注意重复执行的次数界限是 25,对船体型线进行观察,看其是否光顺、完整。

3. 根据下面要求,生成如图所示的环缝和纵缝。

Butt1:FR53 - 450　Zmax = 24000　Ymin = 0

Butt2:FR FR57 + 450　Zmax = 24000　Ymin = 50

Seam1:FR53 - 450,13 750,3 000; FR57 + 450,13 750,3 000。

Seam2:FR53 - 450,13 750,5 000; FR57 + 450,13 750,5 000。

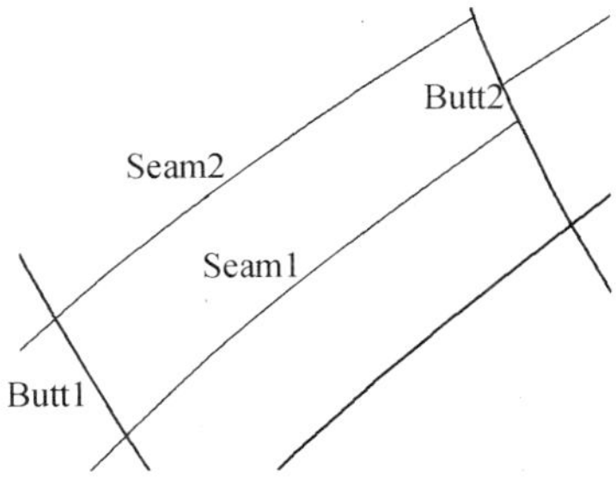

实训题图 6-1　环缝和纵缝示意图

4. 在如上图所示的区域生成外板展开草图。假设板厚是 20 mm 并且左右舷对称。预览该草图。

5. 根据如下的要求来移动环缝、修改纵缝范围。移动环缝，从 FR FR57 +450 到 FR64 +300，修改纵缝范围至 Xmin = FR58 -50，Xmax = FR64 -50。对变动过的板的面积按照以上的步骤重新生成一次板的展开视图。假设板厚是 20 mm 并且左右舷对称。预览该草图，然后把该图从视图中删除掉。

6. 在 Y = LP1(1)12 处创建纵骨，用 Xmin = FR53 和 Xmax = FR70 定义缺省区域。在 FR53(1)64 创建肋骨。（用 Zmin = 2450 和 Zmax = 20950 定义缺省区域）。纵骨和肋骨均用 31 类型型材和标注为 450，100，13.0，18.0。

7. 创建一个包含纵骨，肋骨，板缝从 52 号肋位到 62 号肋位的外板展开图。

8. 在 FR61 处打断上面所创建的所有纵骨，在 Z = 1000 处打断上面所创建的所有横向型材，并将其存入型材数据库中。

9. 创建一个前面已存入数据库中的曲面骨材的展开视图。

10. 从 FR52→FR62 创建一个带 1 000 mm 栅格的肋骨型线图。

11. 指定一个带有外板的分段，调出该分段所有的外板和型材加入到当前视图中。在该分段区域或选择其中的某一区域生成一个曲面板架，并且命名和保存。

实训项目七　结构系统运用

任务1　结构线生成、零件生成

【实训目标】

1. 掌握结构构系统的操作流程;
2. 掌握结构线的生成方法,熟练掌握结构线描述文件准备的方法和操作;
3. 熟练掌握文本零件回写、生成 NC 弯曲零件、分段零件属性表的方法和操作。

任务实施步骤、时间安排、实施方式见表 7-1。

表 7-1　任务 1 实施步骤、时间安排、实施方式

实施步骤	时间安排	实施方式
阅读教材、参考书及完成实训	课余与课上之比约 1:1	自学、查资料、相互讨论、完成实训、在网络教学系统留言,教师查看、评价并给予指导
讲解与示范	2 学时	教师使用投影仪和局域网边讲解、边示范,学生同步观看、学习和记录,教师要注意引导学生发现问题,启发学生思考问题和寻找解决问题的方法
指导学生实际操作	9 学时	每个班级分为若干组,每组 8 人以下,每组可安排不同工作任务,每个学生使用一台微机独立操作,遇到问题可相互讨论或请教老师,教师要注意及时评价学生实训完成情况,设法调动学生实训积极性
检查评价	1 学时	教师与学生共同完成任务的检查评价,并对存在的问题进行分析与处理。学生将完成的任务自我检查评价打分后,通过局域网提交给老师,老师检查评价打分,指出存在问题和解决方法反馈给学生

一、结构线生成实训

(一)熟悉结构线功能

结构线生成程序可完成如下工作:

1. 根据结构线描述文件,生成结构型线值文件。
2. 计算打印结构型线值表。

3. 计算打印结构线间肋骨线弧长,为放样和画线提供数据。

程序运行时,可根据操作者的要求,选择完成以上工作中的几项或全部。并且,可选择结构线处理时的肋骨号区间,以适应后半艘,前半艘,全船,或任意指定区间的结构线处理要求。

(二)实训输入和输出文件

1. 输入文件

(1)肋骨型线文件(FRAME??. DAT):肋骨型线文件,由型线光顺子系统提供。

(2)结构型线值文件(JGX??. DAT):该文件在程序进行打印结构型线值表和计算肋骨弧长时作为输入文件。它由先前进行结构线生成处理时生成。

(3)结构线描述文件(JGXD??. DAT):该文件由人工准备,描述了结构线的布置情况。

2. 输出文件

(1)结构型线值文件(JGX??. DAT)。

(2)结构型线值表文件(J2. DAT)

该文件中组织有结构型线值表。结构型线值表给出每一结构线的各肋位的型值,其形式举例如下:

结构线名: 0211 起始肋号: 54.0000 终止肋号:232.0000 特征值:0

肋号	宽度值	高度值	肋号	宽度值	高度值	肋号	宽度值	高度值
54.000 0	8 580.0	332.4	57.000 0	8 580.0	94.3	60.000 0	8 580.0	0.0
55.000 0	8 580.0	238.7	58.000 0	8 580.0	45.2	231.000 0	8 580.0	0.0
56.000 0	8 580.0	159.5	59.000 0	8 580.0	13.2	232.000 0	8 580.0	1.1

(3)肋骨弧长表文件(J3. DAT)

该文件中组织有计算出的肋骨弧长表。肋骨弧长表中对每一肋骨线,以位于船体表面的结构线把肋骨线分成若干段,给出结构型线值和给段之间的弧长及累积弧长。其形式举例如下:

肋号:27.0000

结构线名	宽度值	高度值	弧长	累计长	结构线名	宽度值	高度值	弧长	累计长
0 101	0.0	0.0	0.0	0.0	1 306	7 269.1	5 900.0	10 077.8	10 077.8
0 202	1 330.0	0.0	1 330.0	1 330.0	1 308	12 521.2	10 500.0	7 020.4	17 098.2
0 203	2 175.0	46.4	848.7	2 178.7	1 311	14 947.6	15 145.0	5 263.2	22 361.4
1 305	4 556.3	2 462.0	3 489.9	5 668.6	3 301	15 853.3	19 618.5	4 574.9	26 936.3

肋骨弧长表是分段装配画线的主要数据来源。用打印命令打印该文件,可得到所需份数的肋骨弧长表。

(三)实训结构线描述文件的格式与准备

本程序要由人工准备的数据是结构线描述文件 JGXD??. DAT

结构线描述文件由如下三部分数据组成:

肋距说明数据块

结构线布置说明数据块

结构线关系说明数据块

下面对三部分数据分别进行说明。在说明中采用的符号意义如下：

a　表示作为参考线的结构线名；

d　表示角度值，以度为单位；

B　表示半宽值，以毫米为单位；

H　表示高度值，以毫米为单位；

L　表示肋位，其整数部分表示肋号，小数部分（四位小数）表示向艏加多少毫米。

1. 肋距说明数据块

肋距说明数据块给出肋骨号，半肋骨号和各挡肋距，为船体定一个纵向坐标轴。

肋距说明数据块的格式是：

船名，L1，d1，L2，d2，…，Ln，1E30，BL1，BL2，…，BLm

这里，船名是字符常数，注意要用引号括起来，Li 是整肋骨号，di 是肋距，BLi 是半肋骨号. 以上数据表示，从整肋号 L1（也就是全船的最小整肋号）起，到整肋号 L2 止，其间每档肋距是 d1，从整肋号 L2 起，到整肋号 L3 止，每档肋距是 d2…大数 1E30 后给出需要生成结构线点的半肋骨号，当没有半肋骨号时，该部分数据缺省。

例：某船的肋距说明是：

'8400HP'，－5，650，14，651，76，650，99，1E30，55.023 5，63.023 5 它表示了名为 8400HP 的船，从－5 肋号到 14 肋号，肋距是 650 毫米，从 14 肋号到 76 肋号，肋距是 651 毫米，从 76 肋号到 99 肋号，肋距是 650 毫米，半肋骨号有 55.023 5，63.023 5。

2. 结构线布置说明数据块

结构线布置说明数据块是描述文件的主体部分。它确定每一结构线的空间位置。

结构线布置说明数据块由一个个结构线布置说明组成。结构线布置说明的格式是：

<结构线名>，<起始肋号>，<终止肋号>，<类型>，<参数表>

<结构线名>：结构线名是放样人员在熟悉船体基本结构图时为结构线取定的代号，是一个整数。建议取名时采用如下的编码：编码为四位整数，其千位数字表示结构线在船体上的部位，百位数字表示结构线的类别，十位和个位这两位数字给出同类结构的序号。

结构线编码：	x	x	xx
	部位	类别	序号

位数	0	1	2	3	4	5
千位：部位码	其他	底部	舷部	甲板	船内部	
百位：类别码	其他	纵桁线	纵骨线	边线	折角线	纵壁线

<起始肋号>：实数，给出结构线的起始位置.

<终止肋号>：实数，给出结构线的终止位置.

<类型>和<参数表>：类型是一个整数. 它给出了该结构线的布置方式. 参数表给出了按此类型布置结构时所需的参数. 参数的个数由类型决定。

根据结构线可能出现的布置情况，可以确定多种布置类型. 下面给出常见的类型. 给出的格式中的第一个数据是类型，后继的数据是参数。

1，B

或1，L1,B1,L2,B2,…,Ln,Bn

或1，L1,B1,L2,B2,…,Ln,Bn,0

说明:类型1(见图7－1)是船体上半宽按一定规则变化的结构线。例如,底纵骨,底纵桁等结构线,这种类型通常出现在舱底平面图上的结构布置中。类型1还可细分为三种情况:第一种,半宽为定值b;第二种,半宽线为通过节点L1,B1,L2,B2,…,Ln,Bn的折线;第三种,半宽线为通过节点L1,B1,L2,B2,…,Ln,Bn的曲线。

2，H

或2，L1,H1,L2,H2,…,Ln,Hn

或2，L1,H1,L2,H2,…,Ln,Hn,0

说明:类型2(见图7－2(是船体上高度按一定规则变化的结构线。例如,肋板边线,舭侧纵桁等结构线。类型2还可细分为三种情况.第一种,高度为定值h;第二种,高度线为通过节点L1,H1,L2,H2,…,Ln,Hn的折线;第三种,高度线为通过节点L1,H1,L2,H2,…,Ln,Hn的曲线。

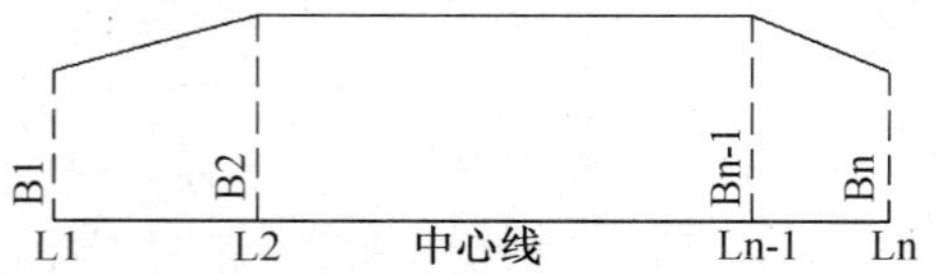

图7－1 类型1

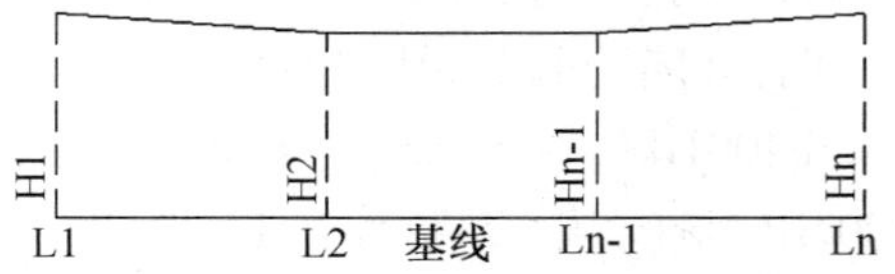

图7－2 类型2

3，B1,H1,B2,H2,…,Bn,Hn

说明:类型3(见图7－3)是在肋骨型线图上表现为通过给定离散点B1,H1,B2,H2,…,Bn,Hn的光顺曲线的船体上的结构线。特殊情况,当n＝2时,表现为一条直线。

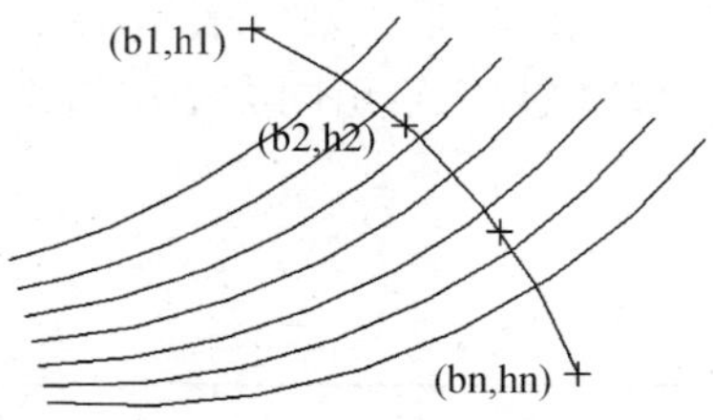

图7－3 类型3

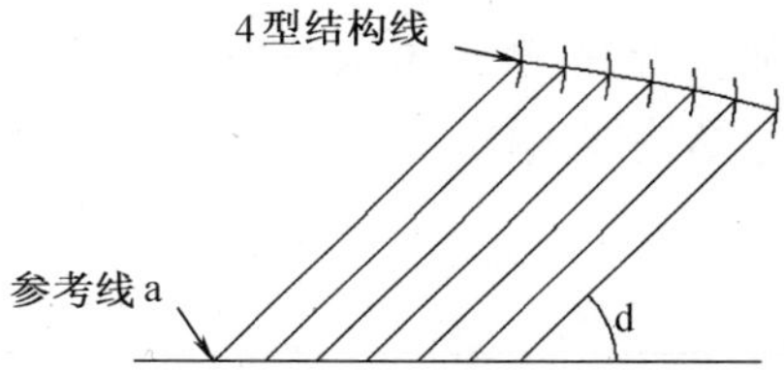

图7－4 类型4

4，a,d

说明:类型4(见图7－4)是船体上的结构线和参考线在各肋骨号上的对应点的连线是一组平行线,该组平行线与基线的夹角为d度。例如,以内底折角线,纵壁折角线等为参考线,则内底边线,底边水舱边线,纵壁底线等结构线常可采用类型4表示。

3.结构线描述文件的编辑

在按结构线描述文件的格式填写好结构线描述文件的数据后,用编辑软件编辑产生结构线描述文件JGXDxx.DAT。

结构线描述文件中,肋距说明数据块为一个记录;结构线布置说明数据块中每一结构线布置说明为一个记录;最后,结构线关系说明数据块也为一个记录,各记录'/'结束。记录中各数据以逗号分隔。

实训1　已知150 t冷藏船中行材与外板交线在-4~85肋位之间,肋板边线在5.02~69.04肋位之间,肋板边线不同区间高度不同,在5.02~15之间为高度950的等高线,在16~69.04之间为高度800的等高线。试建立这两条结构线的描述文件。

首先在肋距说明数据块中除了说明全船的起始和终止肋号外,还应说明结构线描述中存在的半肋号。本例中的两条结构线,中行材与外板交线为等宽,肋板边线为等高,所以结构线布置说明数据块应分别用类型1和类型2描述,其他数据按前述规定填写。由于没有与其他结构线的联系,所以结构线关系说明数据块没有。结构线描述文件如下:

'150t', -4,550,85,1e30,5.02,69.04/

1101, -4,85,1,0/

2301,5.02,69.04,2,5.02,950,15,950,16,800,69.04,800/

(四)操作与运行

首先激活结构线属性页界面如图7-5。

1.结构线计算

选择计算的肋骨区间,并在选择局部区间时,输入起始肋号和终止肋号, -30<起始肋号<终止肋号<300。单击"结构线计算"按钮,系统将根据结构线描述文件JGXD??.DAT,生成所给处理区间的结构线文件JGX??.DAT。在生成过程中,程序不断显示正在处理的结构线描述文件的当前记录的数据,使操作者能掌握处理过程,出现错误时也能知道是在生成哪根结构线时出错,有助于检查,排错。

2.弧长表和型值表计算打印

选择计算的肋骨区间,并在选择局部区间时,输入起始肋号和终止肋号。

实训1　试生成150 t冷藏船中行材与外板交线和肋板边线。

前面实训中已建立了结构线描述文件,现在要做的工作是进行结构线计算。进行结构线计算后生成的内底板边线结构线如图7-6所示。

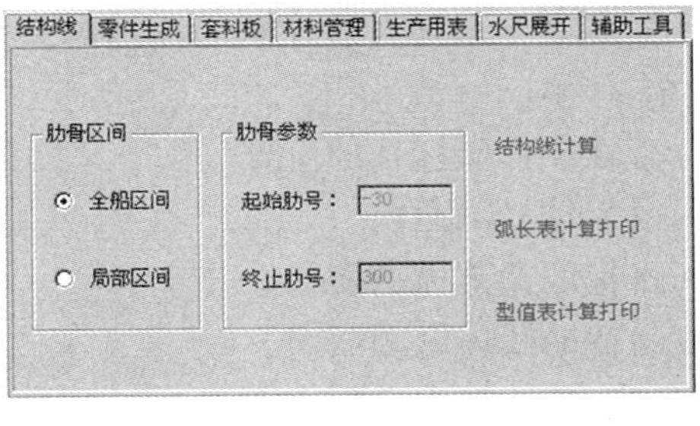

图7-5　结构线属性页

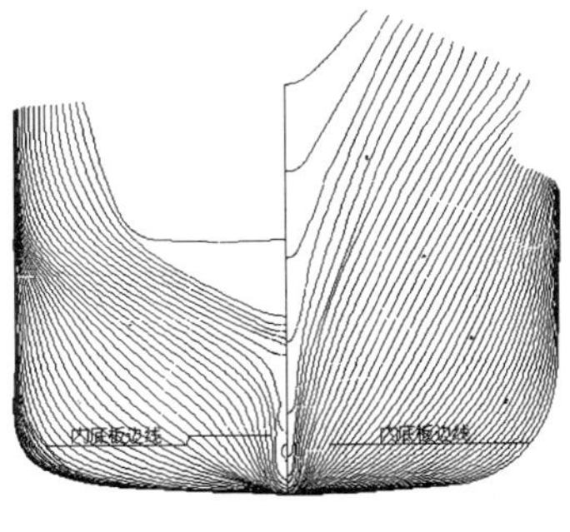

图7-6　内底板边线结构线

二、零件生成实训

(一)生成零件、分段零件属性表及结构图

1.使用系统提供的多种生成零件方法

(1)零件源程序方式

(2)交互式编程调试

(3)绘图生成零件

(4)文本零件回写

(5)生成 NC 弯曲零件

2. 生成分段零件属性表

分段零件属性表给出分段中给零件的零件名,材料规格,数量,对称性,材质,加工码等属性。用于检验和添加修改零件属性。

3. 结构零件图

在图形平台中显示结构零件库中零件的图形和零件属性。可测量零件图形,可打印输出或绘图输出零件图形,可把零件数据写入零件文本文件。

(二)输入输出文件

1. 零件源程序

零件源程序的文件名为:<分段名>??. MGL 或 <分段名>??. DAT。零件源程序以结构几何语言编写。

2. 零件库

零件库文件名为:TRAPS. ???。该文件是二进制格式的文件,存放各零件的定义数据。

3. 零件文本文件

零件文本文件的文件名为:RET???. DAT。该文件以文本文件形式给出零件的数据。格式如下:

NAME = <零件名> D = <板厚信息> NUM = <数量> MAT = <材料牌号> CODE = <加工编码> <周线节点数 i> <画线节点数 j> <文字标注个数 n> <坐标系位置> <左右舷信息> <周线长> <面积> <形心> <割缝补偿> <零件尺寸> i 个节点的 <周线样条> j 个节点的 <画线样条> n 个 <文字标注>

其中:

<板厚信息>是整数,为实际板厚的 10 倍。当板厚信息为负时,表示零件构架面在反面。在零件显示和套料时系统将自动翻身。

<加工编码>占 8 个字符,第 8 个字符为‘ * ’时,表示该零件在下料时要提供炉批号。

<坐标系位置>为 9 个实数,常见表达方式是:

0,0,…,0　　表示不给出局部坐标系在船体坐标系的位置。

-1,肋号,0,…,0　　表示定位在给定肋号的船体横剖面内。

1,船长坐标,0,…,0　　表示定位在给定船长坐标的船体横剖面内。

2,宽度坐标,0,…,0　　表示定位在给定宽度坐标的船体纵剖面内。

3,高度坐标,0,…,0　　表示定位在给定高度坐标的船体水平面内。

4,船长,宽度,高度,e1,e2,e3,0,0 表示定位在斜平面内。局部坐标系的原点在船体坐标系的坐标为给出的(船长,宽度,高度)。坐标轴相对于船体坐标轴的欧拉角为 e1,e2,e3。

<左右舷信息>给出本零件安装在船体的左右那一侧,便于下料时理料。

10001　表示左舷;

10002　表示右舷;

10003　表示左右对称,但所定义的是左舷零件,其对称件在右舷;

10004　表示左右对称,但所定义的是右舷零件,其对称件在左舷;

0　　表示不区分左右舷零件。

<周线样条>以 iGrxy 形式给出包括外周线和内孔周线的样条。其中第一行的 r 数据给出外周线起点(即零件基准点)在样条中的序号(扩大 1 000 倍),x,y 给出零件节点坐标中的最小 x 值和 y 值。各封闭周线样条前后各预留一节点位置作为切割时的预热点,并且样条前的预热点的 r 数据为 2 时表示周线切割时右补偿,-2 时表示周线切割时左补偿。

<画线样条>以 iMrxy 形式给出号料画线的数据。

<文字标注>以 iNxys 的形式给出文字标注。其中 i 是序号,N 是字母,x,y 是所标注文字字符串的中点坐标。s 是所标注的字符串,字符串的第一个字母是属性信息,为 N 时表示在零件图和套料图中都要标注,为 T 时表示仅在零件图上标注而不需在套料图上标注。

零件文本文件常利用“结构零件图”功能生成的文本文件粘贴而成。

4. 分段零件属性表文件

分段零件属性表文件的文件名为<分段名>. CHA。

文件给出分段中各零件的属性,格式为:

<零件名>　<材料规格>　<件数及对称性>　<材料牌号>　<加工编码>　<零件类型>

其中:

<零件名>为字符串,占 16 个字符。

<材料规格>为字符串,占 28 个字符。对于板材零件形式为:厚度 * 长 * 宽;对于型材零件形式为:型材规格——长度。

<件数及对称性>,件数为整数,对称性为字符串,两者连成一体。

对称性形式有:P　表示仅左;

S　表示仅右;

PS　表示左右对称,但本零件是左舷零件;

SP　表示左右对称,但本零件是右舷零件;

空　表示不定义对称性。

<材料牌号>为字符串。

<加工编码>为字符串,占 8 个字符。

<零件类型>为一个字母,或者为空。字母所表示的零件的对照关系可在系统配置文件 HDCONFIG. DAT 中的<零件类型码>项里定义。例如定义了“J 甲板,N 内底板”,则某零件在属性表文件中零件类型位置给出字母 J,则表示该零件是甲板零件,以后在打印分段零件加工工艺管理表时,系统会在该零件的备注栏中打印出“甲板”字样。

分段零件属性表文件通常由系统生成,然后再人工编辑。

(三)操作

1. 运行零件源程序

运行的结果,生成的零件被存放在零件库文件中,我们可查看运行结果文件和型材零件逆直线加工表文件,查看运行结果。

(1)运行结果文件:???. DAT。文件中列出本次运行的结果信息。

(2)型材零件逆直线加工表文件:???. PRO

文件中列出需采用逆直线弯曲加工的型材零件的下料和弯曲加工数据。

2. 交互式编程调试

在分段名输入框中给出分段名,如果以该分段名和船号组成的零件源程序文件存在,则系统打开该文件,否则创建新文件。单击“交互式编程调试”按钮,系统进入图形平台的零件源程序交互编程调试环境。交互调试编程的操作请参见图形操作。

3. 绘图生成零件

此时不必在分段名输入框给出分段名。单击“绘图生成零件”按钮,系统将进入图形平台。在图形平台中可以绘制零件图形。然后用 PARTS 命令将零件图形转化成零件,加入到零件库中。具体操作请参见图形操作。

4. 文本零件回写

使用本功能需要在当前工作目录中存在名为:RET???. DAT 的零件文本文件。单击“文本零件回写”按钮。系统即把 RET???. DAT 文件中的零件库存入零件库 TRAPS. ?? 中。

5. 生成 NC 弯曲零件

单击“生成 NC 弯曲零件”按钮,系统即弹生成用数控肋骨冷弯机加工的零件的对话框,通过操作,即可生成 NC 弯曲零件。

6. 分段零件属性表

生成分段零件属性表文件:<分段名>. CHA。

7. 结构零件图

此时不必给出分段名。单击“结构零件图”按钮。系统即启动图形平台。在图形平台中对结构零件图的操作请参见图形操作。

8. 清空零件库

当零件库中的零件不再需要时,需要清空零件库。每一零件库文件中的零件数量是有限的,通常以不超过 4000 个为宜。当零件库中零件数量过多时,也需清空零件库。单击“清空零件库”按钮。系统将弹出一个消息框。单击“是”按钮,即删除该零件库文件。

实训 1 试生成图 7 - 7 所示轮廓线的零件。

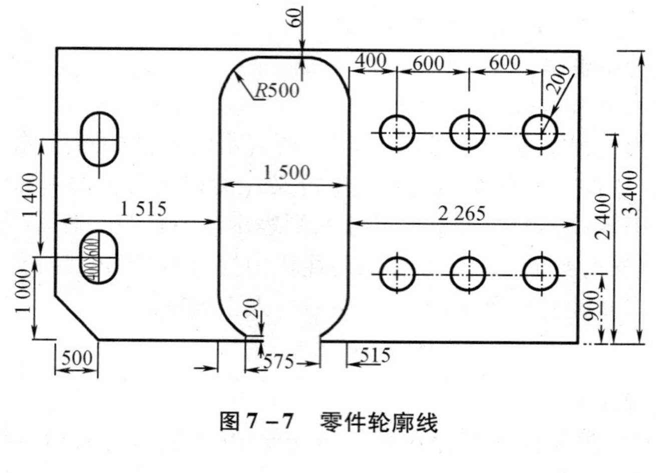

图 7 - 7 零件轮廓线

由于本实训所用生成的零件不涉及调用船体曲线和结构线,所以可采用由图形生成零件的方法。首先在图形平台中绘制完成符合要求的轮廓线图形,再进行相关操作即可生成相应零件。对生成的零件可以通过结构零件图功能进行观察。如果要对零件进行修改,最方便的方法是对图形修改后重新生成。

任务2　套料、材料管理、生产管理实训

【实训目标】

1. 熟练掌握套料板中的板材套料、套料板绘图、切割配置、切割文件制作和检验操作；

2. 掌握材料管理的余料定义、余料情况表处理、用料情况表查看、钢材预估单编辑、生成材料定额表等各种操作；

3. 熟练掌握生产用表的各种操作。

任务实施步骤、时间安排、实施方式见表7－2。

表7－2　任务1实施步骤、时间安排、实施方式

实施步骤	时间安排	实施方式
阅读教材、参考书及完成实训	课余与课上之比约1:1	自学、查资料、相互讨论、完成实训、在网络教学系统留言，教师查看、评价并给予指导
讲解与示范	2学时	教师使用投影仪和局域网边讲解、边示范，学生同步观看、学习和记录，教师要注意引导学生发现问题，启发学生思考问题和寻找解决问题的方法
指导学生实际操作	3学时	每个班级分为若干组，每组8人以下，每组可安排不同工作任务，每个学生使用一台微机独立操作，遇到问题可相互讨论或请教老师，教师要注意及时评价学生实训完成情况，设法调动学生实训积极性
检查评价	1学时	教师与学生共同完成任务的检查评价，并对存在的问题进行分析与处理。学生将完成的任务自我检查评价打分后，通过局域网提交给老师，老师检查评价打分，指出存在问题和解决方法反馈给学生

一、套料板实训

(一)熟悉套料板功能

1. 板材套料

图形平台中，采用图形显示、自动碰靠等方法进行交互的板材零件套料。套料的结果存放在套料文件中。

2. 套料板绘图

在图形平台中，依据套料文件的信息显示套料板的图形，绘制套料图。

3. 切割机类型设置

系统提供有近20种切割机切割文件指令格式供选择，并可按我们要求增补。我们可从中选出适合本单位使用的切割机类型。

4. 切割文件的制作

根据设定好的切割机类型以及在系统配置文件中对套料切割的配置，制作数控切割文件。

5. 切割文件的检验

在图形平台中，把切割文件中的切割指令转换成图形显示出来，进行切割文件的检验。

（二）熟悉系统配置文件中对套料切割的配置

在系统配置文件HDCONFIG. DAT中，有以下涉及套料切割的配置。

表7-3

配置名	缺省配置值	说明
加工代码	MDX012345678RAE	定义表示加工工艺的字符，依次为： 数控切割　M 手工切割　D 光电切割　X 其他代码与套料切割无关
套料范围	U	A为全船套料，U为按单元套料
套料包括扁钢	N	N为不包括，Y为包括
碰靠间隙	20	给出零件套料时的碰靠间隙
引割线长度	20	给出零件切割时的引割线长度
外板肋位凹口	1	1为外板切割时割有凹口，0为无
切割机类型	0	指定切割指令格式
画线功能	Y	Y为切割机有画线功能，N为无
画线修正X	0	当无画线自动偏置功能时给出画线炬与割炬间的X向的偏置值
画线修正Y	0	给出画线炬与割炬间的Y向的偏置值
最大切割半径	50 000	切割机的所能切割的最大圆弧半径
切割定位点	0	起始定位点在钢板左下角时为0，在钢板左上角时为1
切割速度	200, 8, 190, 15, 180, 30, 170,999	给出按板厚不同而取的切割速度值：速度值，板厚，速度值，…，板厚
画线速度	600	给出画线速度值
预热时间	4,7,19,15,25,20,34,30, 50,999	给出按板厚不同而取的预热时间值：值，板厚，值，…，板厚
切割文件名	SWN. MPG	给出切割文件名的命名规则： S表示需要船号； W表示需要工作者代码； N表示需要套料板序号，但不要前0；如果用一位数字取代N，则表示需要套料板序号，并且用前0补足位数 . 号必须给出，其后可给出扩展名，例如MPG，也可不给扩展名
画线盲区宽	120	钢板四周无法画线的带状区域的宽度
刨边余量	0	当外板零件某边为直线时加放的刨边余量值

(三)熟悉套料文件

套料文件的文件名任意,扩展名为. DAT。但为了便于管理,建议套料文件名与所套料的单元有所联系,例如,采用套料单元名作为套料文件名,或在套料文件名中给出套料单元中有代表性的分段名。

套料文件中每一套料板为一记录。套料板记录的格式是:

<序号>　<钢板规格>　<切割张数>　<板厚>　<材料牌号>　<下料方式>

<零件名 1>　x1　y1　a1　b1

<零件名 1>　x1　y1　a1　b1

……

<零件名 n>　xn　yn　an　bn /

其中:

<钢板规格>是钢板长度和宽度的复合数据,形式如下:

*** **.*

百位以上数字表示长度,两位整数和一位小数表示宽度。长度和宽度都以分米为单位。

<下料方式>是一个字母。字母含义有系统配置文件的"加工代码"项决定。

<零件名>是一个用引号括起的长 20 位的字符串。字符串的第 20 位是" - "号时,表示该零件顺时针向切割,否则为逆时针向切割。

x,y 给出零件基准点在套料板上的坐标。

a 是零件的旋转角度。

b 是零件翻身和引割线定义的复合信息,形式如下:± ***.***。b 为正表示零件不翻身,为负表示要翻身;整数部分给出起割点相对于零件基准点的序号;三位小数数字给出在起割点处引割线的调整角度。

套料板记录以"/"结束。

(四)操作

首先,选择正确的当前工作目录,给出工作者编码。

进行板材套料、套料板绘图和切割文件制作,在当前工作目录中需要存在结构零件库文件 TRAPS. ???,如果外板零件也参加套料,则在当前工作目录中还必须存在外板零件库文件 PARXY??. DAT。

1. 板材套料

在"套料文件"输入框中输入套料文件名(不要扩展名)。单击"板材套料"按钮,系统即启动图形平台中的交互套料模块。若已存在套料文件将打开该文件,否则将建立新文件。在图形平台中的交互套料操作请参见图形操作。

2. 套料板绘图

在"套料文件"输入框中输入套料文件名,套料文件必须存在。单击"套料板绘图"按钮。系统即启动图形平台中的套料板输出模块。在图形平台中的操作请参见图形操作。

3. 切割机类型设置

单击切割机类型按钮,将会出现如图 7 - 8 所示对话框。

从下拉框中选中一种切割机类型,将会看到该类型的简介(包括:指令类型、坐标类型、切割精度、拥有的画线功能及切割功能）和与图示零件对应的切割指令。选中合适的切割机类型后，单击“确定”按钮完成设置。我们对切割机类型设置将被保存在系统配置文件中。

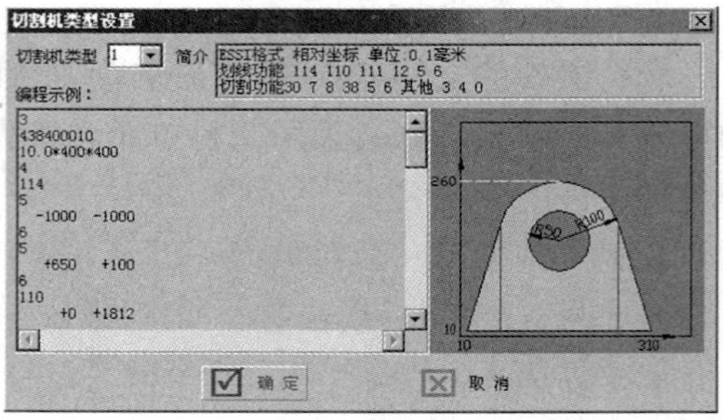

图 7－8 切割机类对话框

4. 切割文件的制作

在“套料文件”输入框中输入套料文件名。系统会给出该套料文件中所包含的套料板的起始序号和终止序号，我们可以在该范围内指定需要生成切割文件的套料板的起始序号和终止序号。单击“切割文件制作”按钮，系统将根据设定好的套料切割配置生成切割文件。

5. 切割文件检验

用切割类型为 1（即 ESSI 格式）生成的切割文件可通过单击“切割文件检验”按钮调用图形平台中的切割文件检验模块来检验切割文件。具体操作请参见图形配件。

二、材料管理实训

（一）熟悉材料管理功能

材料管理属性页有如下功能：板材余料定义、余料情况表处理、用料情况表查看、钢材预估单编辑、板材用料分配计算、型材套料、生成材料定额表。

（二）实训相关文件准备

本程序使用和产生了许多文件，在工作目录中与本程序有关文件如表 7－4 所示。

表 7－4

文件名	文件内容	用途	方式
TRAPS. sw	结构零件库	读取套料板上的结构零件、读取扁钢零件	读
PARXYs. DAT	外板零件库	读取套料板上的外板零件	读
n. DAT	套料板定义文件	读取套料板属性及其所套的零件	读
n. STA	套料板余料文件	存放套料板中各余料位置大小的定义	读写
MATUSEs. DAT	材料使用库	存放全船使用的材料规格及其数量	读写
MATRESs. DAT	余料库	存放全船余料规格及其使用情况	读写
MATLSTs. TXT	钢材预估单文件	存放全船可以使用的各种规格的材料数量	读写
MATMANs. INI	单元管理文件	存放各个单元的套料文件名、工作者代码、余料利用控制及其材料定额表表头信息	读写
u. PFN	型材套料结果文件	保存单元型材自动套料的结果数据	写
u. FBN	扁钢套料结果文件	保存单元扁钢自动套料的结果数据	写
u. FBL	扁钢套料中间文件	用于材料定额表中统计扁钢规格数量	读写

表 7-4(续)

文件名	文件内容	用途	方式
u. XLS	材料定额表文件	保存生成的单元材料定额表	写
余料表 s. XLS	余料表格式化文件	存放格式化的余料库数据	读写
用料表 s. DAT	用料表格式化文件	保存格式化的材料使用表数据	写

s 表示船号,w 表示工作者编码,n 表示套料文件名,u 表示套料单元名。

在系统目录中与本程序有关的文件有:

HDCONFIG. DAT　系统配置文件

定额样本. XLS　用于定义材料定额表的输出格式

余料样本. XLS　用于定义格式化的余料表的输出格式

MATREST. TXT　存放全产品余料库

这些文件中,有些是由其他程序生成和维护而且完全作为本程序的输入数据的,有些是由本程序通过操作和提供界面生成和维护的,我们不应该对它们进行查看和编辑,其他的文件是本程序输出给我们使用或是需要我们提供的,这些文件说明如下。

1. 系统配置文件

系统配置文件的文件名是 HDCONFIG. DAT。这个文件是本系统总的配置文件,它设置了确定本系统处理方法的数据。

2. 定额样本文件以及材料定额表文件

定额样本文件的文件名是:定额样本 >. XLS。材料定额表文件的文件名是:单元名. XLS。定额样本文件是用于生成材料定额表文件的,它们都是 EXCEL 格式的文件。材料定额表文件是本程序的最终输出文件。我们可以对系统提供的标准定额样本文件进行修改以适应自己的实际情况。我们能够修改各处的文字字体、静态文字内容、在空白处增加文字、行高、列宽、页面设置等,但是我们不能增加或者删除行和列、不能也不可能改变各个位置的数据意义。

3. 余料样本文件以及余料表格式化文件

余料样本文件的文件名是:余料样本. XLS。余料表格式化文件的文件名是:余料表船号. XLS)。

余料样本文件是用于生成余料表格式化文件的,余料表格式化文件可以用于保存余料库中的全部数据,也可以手工编辑该文件,然后将它反输入到余料库中。该文件第一行是标题行,从第二行开始是每个余料的具体数据。可以修改余料样本文件中各行、各列的宽度,但是各列的数据意义不能改变。其中"余料编号"必须提供,不能为空;"余料所在单元"可以为空,这时表示此余料是自定义余料;"利用单元"也可以为空,这时表示此余料尚未被利用;"利用板名"也可以为空,这时表示此余料是型材或者用于扁钢自动套料。

4. 用料表文件

用料表文件的文件名是:用料表船号. DAT。该文件是用料库的格式化文本输出文件,每行有"材质"、"规格"、"数量"、"单元名"、"套料板名"五项。第一行是标题行,从第二行开始是每个用料的具体数据。其中"套料板名"可能为空,这时表示此材料为型材或者用于扁钢自动套料。

5. 型材套料结果文件

型材套料结果文件的文件名是:单元名.PFN。该文件输出型材套料的具体结果,供我们参考,也可以作为加工依据。它列出了每个被使用的型材材料或余料的规格、剩余长度、利用率、所套的各个型材零件。

6. 扁钢套料结果文件

扁钢套料结果文件的文件名是:单元名.FBN。该文件输出扁钢套料的具体结果,供我们参考,也可以作为加工依据。它列出了每个被使用的板材材料或余料的规格、剩余宽度、产生的余料、所套的各个扁钢零件。

(三)操作

套料员代码是建立套料文件者的工作者编码,它用于确定套料板名称、生成余料名称等。

1. 删除单元

按"工艺项目"弹出框后面的"删除"按钮。

2. 由板厚决定余料利用范围

在已经输入了输入或选择了单元名、选择了套料文件名后,按"板厚决定"按钮。

3. 板材余料定义

按"板材余料定义"按钮,进入"板材余料定义"操作对话框,板材余料定义。

4. 余料情况表编辑

根据系统配置文件中对于"余料库类别"的设置,材料管理可以查看和修改该设置所指定的余料库。

5. 用料情况表查看

按"用料情况表"按钮,则进入操作对话框,查看用料情况表。

6. 钢材预估单编辑

按"钢材预估单"按钮,则进入操作对话框,进行钢材预估单编辑。

7. 板材用料分配

按"板材用料分配"按钮,则进行板材用料计算,同时在输出框中报告各个过程的中间结果。

8. 型材自动套料

按"型材套料"按钮,则进入型材自动套料。首先从零件库中读取属于套料单元分段的所有型材零件,同时报告参加套料的零件表。然后删除当前单元的型材余料定义和余料利用数据,如果当前单元的型材余料已经被其他单元利用了,则不能再对当前单元重新进行型材自动套料。

如果删除成功,则进行型材自动套料。并且对各种材质及规格的型材,报告使用整料情况(各规格材料使用数量)、使用余料情况、生成余料情况。最后显示"程序运行结束"的提示确认对话框。

9. 材料定额表生成

在板材余料定义、板材用料分配、型材套料结束后,就可以生成材料定额表了。

三、生产用表生成实训

1. 生成分段零件加工工艺管理表

需要以下输入文件:结构零件库文件、外板零件库文件、套料板文件。

选中“分段零件加工工艺管理表”，还可单击“…”按钮，弹出对话框。选择所需生成的分表。

2. 生成套料板生产管理表

生成套料板生产管理表需要以下文件：结构零件库文件、外板零件库文件、套料板文件。

选中“套料板生产管理表”复选框；输入工程编号；在“套料文件”下拉框中选择套料文件名。此时不需要输入分段名。单击“运行”按钮。

运行的结果，除了在联机打印时打印出的套料板生产管理表外，还生成文件：< 套料文件名 >. TTT

文件中只有数据，而没有表格及栏目。

3. 生成分段零件重量重心表

生成分段零件重量重心表需要以下输入文件：结构零件库文件、外板零件库文件、结构线文件。

选中“分段零件重量重心表”复选框；输入工程编号和分段名。此时无需输入套料文件名。单击“运行”按钮。

运行的结果，除了在联机打印时打印出的分段零件重量重心表外，还生成文件：< 分段名 >. WEC。

我们可编辑、浏览或打印输出该文件中的分段零件重量重心表。

4. 生成分段零件面积表

生成分段零件面积表需要以下输入文件：结构零件库文件、外板零件库文件。

选中“分段零件面积表”复选框；输入工程编号和分段名。此时无需输入套料文件名。

运行的结果，除了在联机打印时打印出的分段零件面积表外，还生成文件：< 分段名 >. ARE。我们可编辑、浏览或打印输出该文件中的分段零件面积表。

实　训　题

1. 编制某船纵向零件的零件源程序。

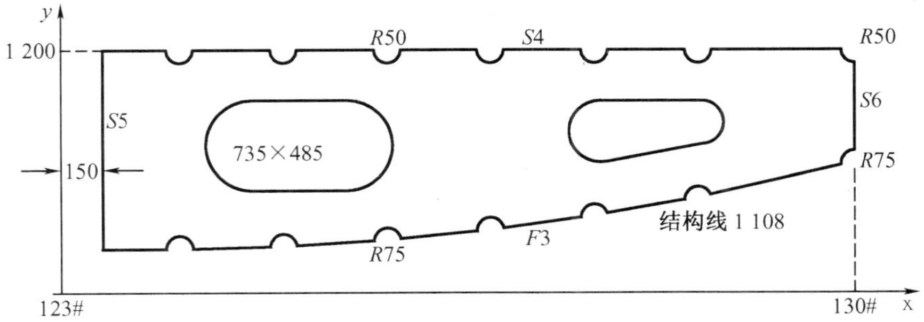

实训题图 7－1　纵向零件图

2. 对实训项目三中给出的 150 t 冷藏船，根据已完成的型线系统数据文件、板缝数据文

件和该船的肋骨型线图中的结构线,完成以下内容:

(1)生成结构线;(2)利用源程序方式生成典型板材零件;(3)生成典型 NC 弯曲零件;(4)假设板材规格,进行套料;(5)进行余料定义、余料情况表处理、用料情况表查看、钢材预估单编辑、生成材料定额表;(6)生成典型分段生产用表。

实训项目八　船体平面建模*

任务1　创建板架

【实训目标】

1. 能够初步操作 Tribon 的平面建模；
2. 能够创建船体基本构件和各种平面板架；
3. 掌握板架中板缝、板厚、余量的操作。

任务实施步骤、时间安排、实施方式见表8－1。

表8－1　任务1实施步骤、时间安排、实施方式

实施步骤	时间安排	实施方式
阅读教材、参考书及完成实训	课余与课上之约1:1	自学、查资料、相互讨论、完成实训、在网络教学系统留言，教师查看、评价并给予指导
讲解与示范	2学时	教师使用投影仪和局域网边讲解、边示范，学生同步观看、学习和记录，教师要注意引导学生发现问题，启发学生思考问题和寻找解决问题的方法
指导学生实际操作	9学时	每个班级分为若干组，每组8人以下，每组可安排不同工作任务，每个学生使用一台微机独立操作，遇到问题可相互讨论或请教老师，教师要注意及时评价学生实训完成情况，设法调动学生实训积极性
检查评价	1学时	教师与学生共同完成任务的检查评价，并对存在的问题进行分析与处理。学生将完成的任务自我检查评价打分后，通过局域网提交给老师，老师检查评价打分，指出存在问题和解决方法反馈给学生

一、船体平面建模实训实例

选择一个船体双层底分段作为船体平面建模实训实例，其尺寸如图8－1、图8－2、图8－3、图8－4所示。

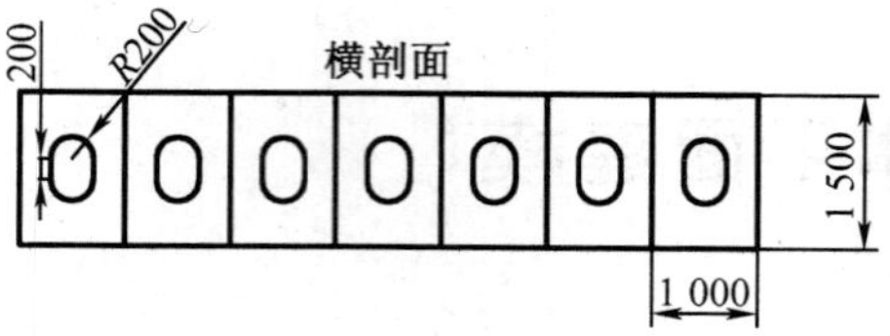

图 8－1 分段横剖面图

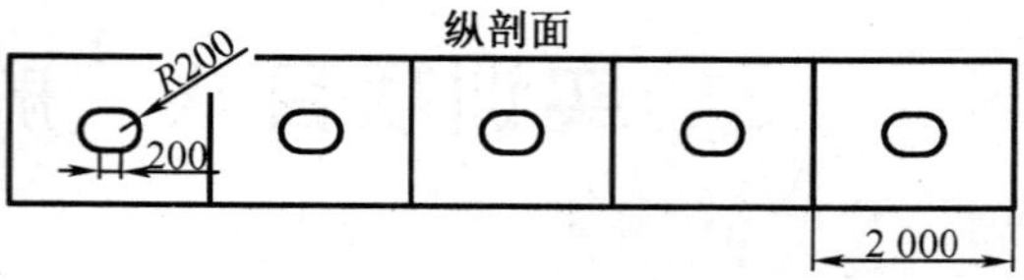

图 8－2 分段纵剖面图

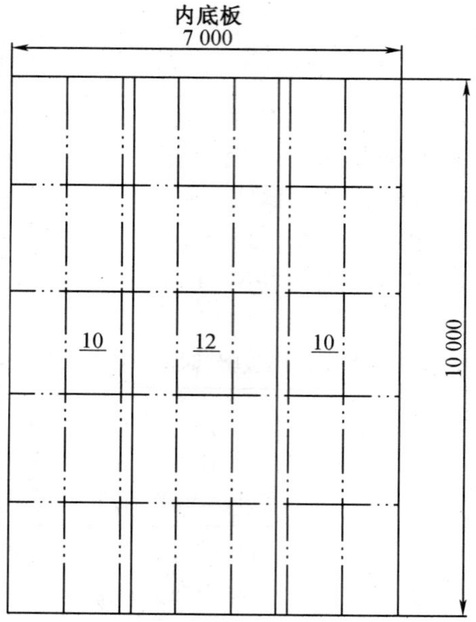

图 8－3 分段内底板图

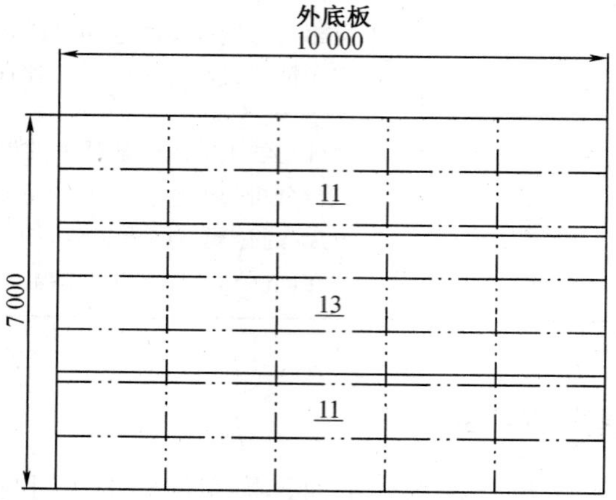

图 8－4 分段外底板图

二、板架操作命令的输入实训

(一)板架操作菜单(The Planar→Select Menu)

通过如图 8－5 所示 Planar→Select 下拉菜单中各种命令的操作我们能完成相应的系统操作。

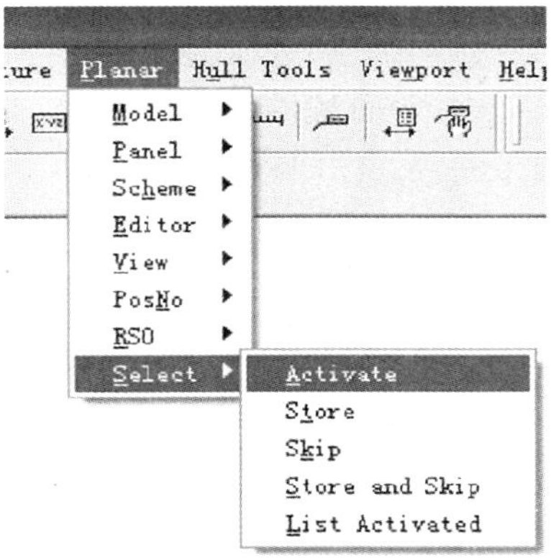

图 8－5　板架菜单

Active:激活板架,在对板架进行任何操作之前,必须激活板架。

Store:保存,在对板架的相关信息进行修改后,如果修改结果满意的话,就应该保存此板架。

Skip:退出。如果对板架的相关信息进行修改后,修改结果不满意,选择此项即可退出已激活的板架,则其信息保持修改前的状态。

Store and skip:保存并退出。对板架的相关信息进行修改后,修改结果满意的话,选择此项即可保存修改后的信息,并退出已激活的板架

List Activated:选择此项,系统会显示当前激活的板架列表。

我们也可通过快捷工具条完成相应的操作,如图 8－6 为平面板架快捷工具条。

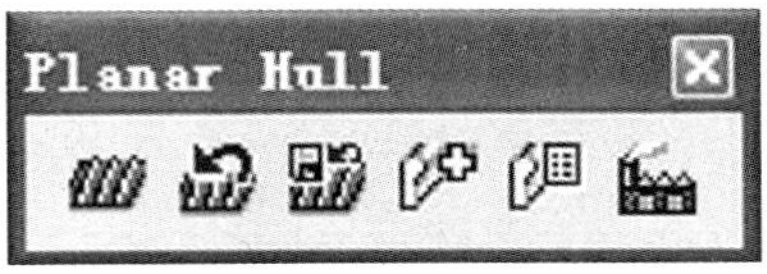

图 8－6　平面板架快捷工具条

(二)删除板架(Deleting panels)

删除单个板架(Deleting individual panels)

选择下拉菜单 Planar→Panel→Delete。

信息栏提示选择板架“indicate panel”。

通过鼠标左键,在视图上单击选中要删除的板架(可选中多个板架)。然后点击 ✓ 按钮确定。

删除组(Deleting large groups of panels)

通过以下步骤,可以实现删除一组板架。选择下拉菜单 Planar→Panel→Delete。信息栏提示选择板架“indicate panel”。此时不要点击视图中的任一板架,点击 Controls 工具条中的 Option 按钮 ,系统会出现如图 8-7 的菜单栏。

选择板架有两种方法:

Name:给出板架名或者是分段名并在其后面加通配符号 *,表示选择与此板架名相关的所有板架。

Module:输入分段名,则所有属于该分段的板架被选中。

在 Name 或 Module 中输入完成后,点击 INCLUDE 按钮。

系统将在 ---- List of selected models ---- 以下显示所有被选中的板架名。用户通过 UP、DOWN、TOP、BOTTOM 按钮浏览板架名,四个按钮分别表示上一页、下一页、第一页、最后一页。

选择好要删除的板架后,点击 确定。

三、创建新板架实训

(一)定义板架名和所在位置(Defining a panel's name and location)

选择下拉菜单 Planar→Model→Create,信息栏提示用户‘Indicate Panel’。

如果我们想要创建新的板架,直接点 或者直接回车,这时会弹出来如图 8-8 窗口,在这个菜单中我们可以定义板架的基本信息,包括板架名字,所在分段,板架类型,对称信息,板架位置。

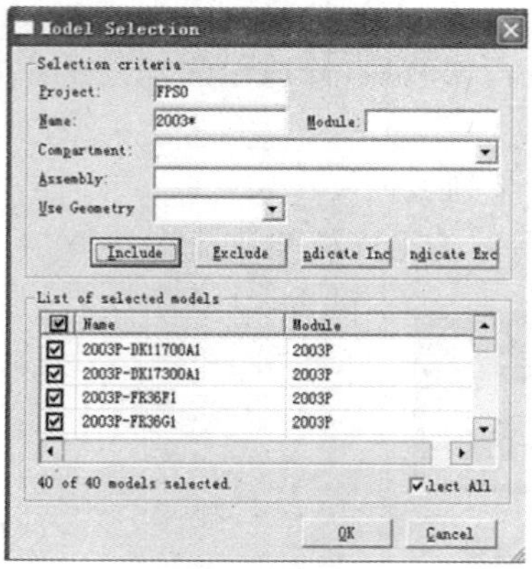

图 8-7 成组删除板架对话框

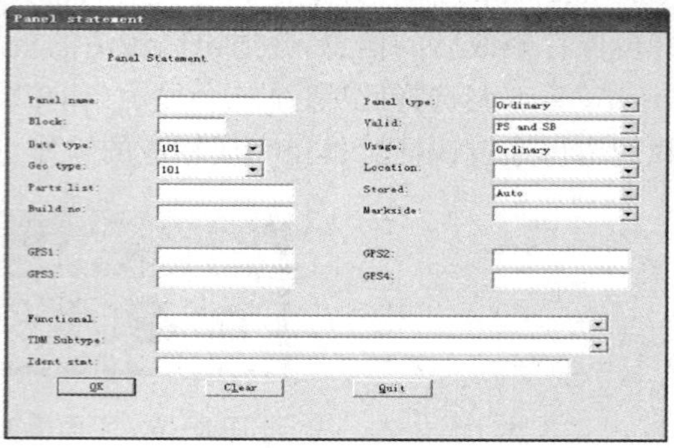

图 8-8 定义板架属性对话框

Panel name:根据命名规则填写板架的名字,板架名定义好以后一般情况下不改板架名,但可以通过 Planar→Panel→Rename 操作进行修改板架名。激活需要修改名称的板架,则会出现含有原板架名的对话框。在对话框中把板架的新名字输入,然后点击 OK 即可,保存后板架名的修改成功。

Block:填写板架属于船体的哪个分段。

Data type:缺省为 101,可以在板架创建后在 scheme 中更改,一般情况下不用填写。

Panel type：根据所要建立板架的类型选择，在下拉菜单中有五种板架类型可供选择：ordinal 为普通板架类型，比较常用，一般情况下都选择此类型；Bracket 为肘板板架类型，如果肘板库中没有所需的肘板类型，可以通过建立板架的形式来建立肘板；Kn Main 为主板架类型，只有在存在子板架的情况下，才可能用到主板架类型；Kn Part 是子板架类型，在建立板架的过程中，出现折边的板架，即不能由一个板架建立成功时，可以通过建立几个子板架，然后把这几个子板架建立为一个主板架，建立方法与普通板架的方法一样，只是在 Panel type 选择 Kn Main；Jumbo 只有在建立特大板架时才选择此项。

Valid：选择板架的对称信息，包括仅左 PS(port side)仅右(starboard)，左右对称 PS 和 SB，跨中 over/in CL。

Location：有些选项一般不用，只介绍常用的四种定义板架位置的方法：

VIEW——通过点击当前视图来确定板架的位置，常用的定位方式；

X——板架是横向板架，如肋板板架，通过 X 值定义 X 剖面；

Y——板架是纵向板架，如纵壁，通过 Y 值定义 Y 剖面；

Z——板架是水平的，如甲板板架，通过 Z 值定义水平面 。

这些信息都定义之后点 OK。在定义完板架名称和所在平面位置后，下一步将定义板架的边界 Boundary。

（二）定义板架边界(Defining a panel's boundaries)

BOUNDARY 按钮的功能是定义一个板架的外边界，通常边界参照其他板架，或给定曲线、直线等来进行定义。每条边界按定义的顺序进行编号(1，2，3 等)。所给边界必须组成一个封闭的区域，相邻边界的连接点称为角点，边界 1 的开始点称为角点 1。

在完成 PANEL 功能下的必填信息后，系统将出现如图 8－10 所示菜单。

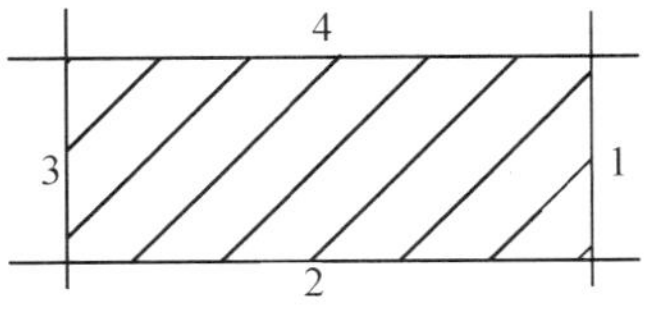

图 8－9　板架边界示意图

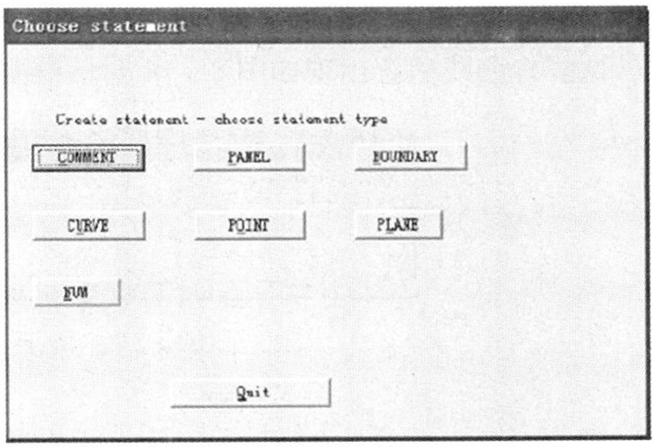

图 8－10　边界类型定义对话框

点击 BOUNDARY 按钮，将弹出如图 8－11 所示菜单。

该菜单涵盖所有可用于定义一条边界的功能。在这选项中最经常用到的是 1Line 2Curve 4Panel section 5Plane panel 10Surface 其余的选项会在高级平面建模介绍及应用，我们还要注意，确定边界的元素至少 2 个，至多 12 个。

(1)直线定义边界(The Line boundary option)

从边界功能菜单中选择 1 LINE 时，弹出如图 8－12 所示菜单。

1 X 选项我们点击后是通过输入 X 坐标来确定在当前视图中，在该坐标位置上垂直于

X 轴的直线,2 Y ,3 Z 选项和 1 相同。如下图 8－13 对话框输入坐标数值后点 OK、如果我们不输入坐标直接点 OK,信息栏中提示 Cursor position,我们可以通过鼠标在屏幕上捕捉点来确定相应方向的直线。4 YZ 是通过输入两点 Y 和 Z 值来定义直线的位置,或是直接点 OK 在屏幕上捕捉点来确定直线。

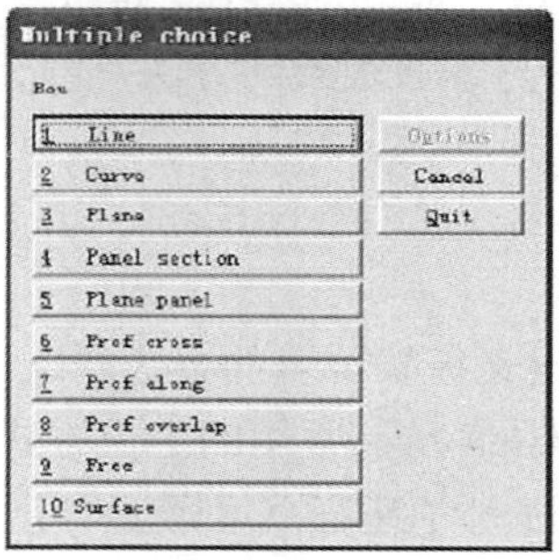

图 8－11　边界线定义方式对话框

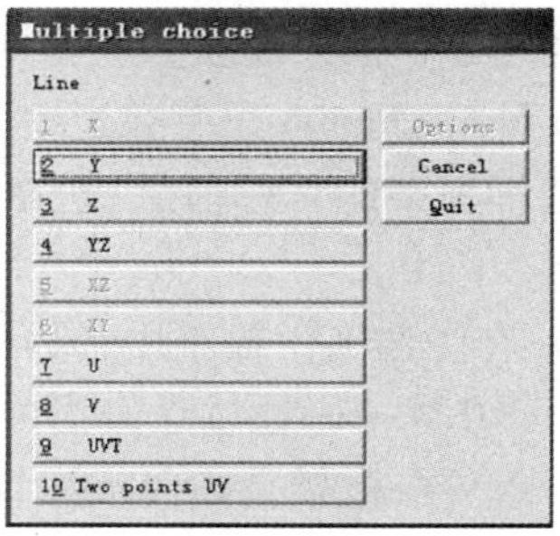

图 8－12　边界定位对话框

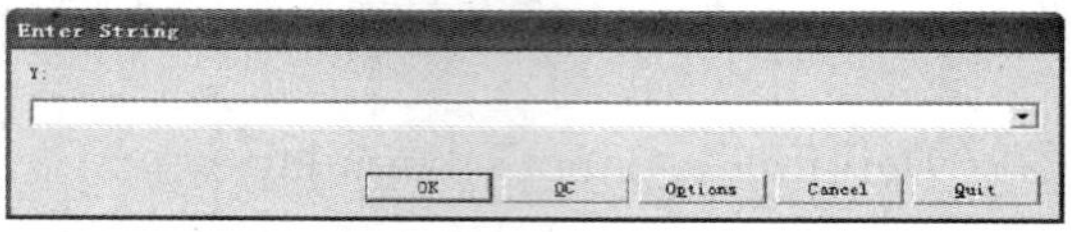

图 8－13　坐标值输入框

(2)曲线定义边界(The Curve boundary option)

曲线定义边界的前提是要有板架专用曲线,板架专用曲线在后面会详细介绍。在 BOUNDARY 的菜单中点击 2Curve 后,直接通过鼠标在屏幕上捕捉已经定义好的板架专用曲线。选择好曲线后会出现如图 8－14 对话框要求我们输入偏移的距离。

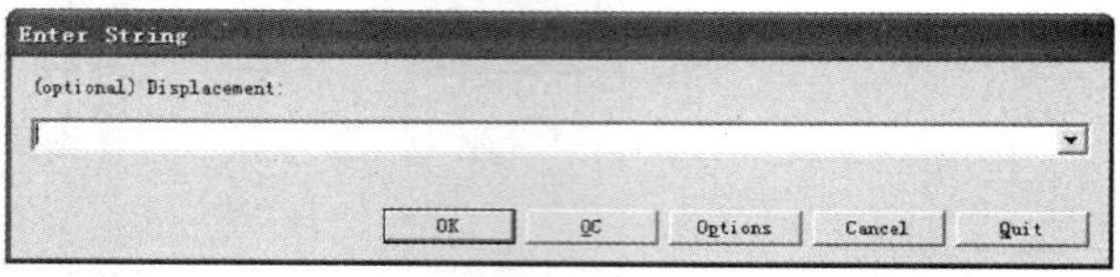

图 8－14　偏移量输入框

以横剖面图上曲线为例,输入正值表示沿曲线走向的右侧偏移,输入负值表示沿曲线走向的左侧偏移,如果不加偏移量我们直接点 OK 即可。而对于水线来说,在船的左舷,从船尾向船艏方向为水线的正方向,在右舷,由船尾向船艏方向是水线的正方向。

以左舷横剖线为例:

(3)板架剖面定义边界 (The Panel Section boundary option)

在 BOUNDARY 菜单(如图 8－14)中选择 4 Panel section。

选择所需的板架剖面,然后确定偏移量。在建立板架的过程中,如果遇到板架平面与周围的板架平面不在同一个水平面内的时候,即板架平面与周围板架的剖面在同一水平面内的时候,可以选择此项进行定义板架边界。如图 8－16,在建立板架 1 的时候,当定义到第 3 边界时,可选板架 2 的剖面来定义板架 1 的边界,即 Panel section 来定义板架 1 的边界。

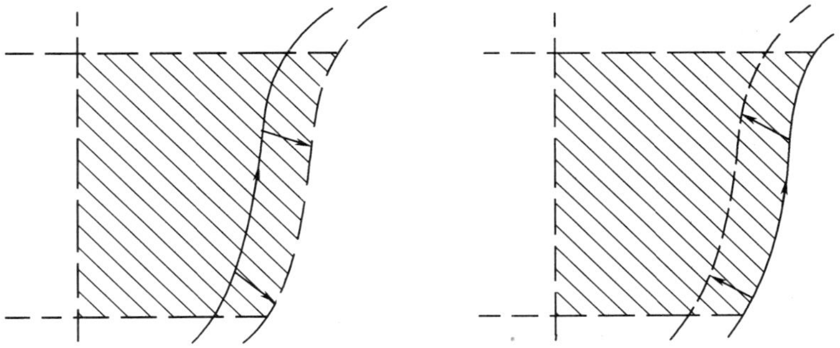

曲线偏移距离为正的500 mm，如图所示，曲线向船舷外侧偏移，即向曲线的右侧偏移

曲线偏移距离为正的500 mm，如图所示，曲线向船舷内侧偏移，即向曲线的左侧偏移

图 8－15 正负值偏移示意图

在平面建模中提倡用这种方式确定板架边界，因为这种确定边界方式会产生拓扑关系，当参考的板架位置发生改变时，所建立的板架边界会随之移动，如此就不需要再修改板架边界。

考虑板厚的原因，相交板架截面在视图上显示为两条细实线。通过十字光标选中相交板架后，系统高亮显示靠近十字光标点位置的线条。这并不意味着当前板架边界就在选中位置处，高亮显示的线条仅确定了当定义偏移量时向哪一侧偏移的问题。如无偏移量，则无论十字光标选中哪条线，系统都会自动选择正确的那条线。

输入偏移量后点击 OK 按钮确定。

(4)平面板架定义边界(The Plane Panel boundary option)

当所建立的板架平面与周围要参考的板架平面在同一个平面内时，可以选择此选项进行板架边界的定义，其操作与 Panel Section 的操作过程相似，在此就不予以重复介绍，由图 8－17 可看出 Plane panel 与 Panel section 的不同：在建立板架 2 的过程中，当定义到边界 2 时，由于板架 1 与板架 2 的平面在同一个水平面内，则选择 5 Plane panel 来定义板架 2 的第 2 个边界。

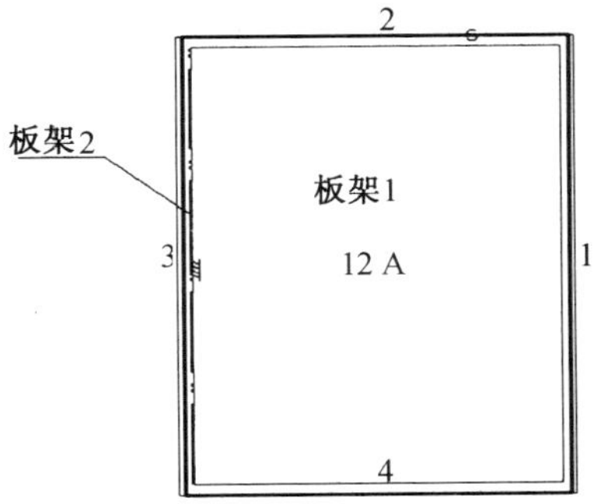

图 8－16 相交板架边界示意图

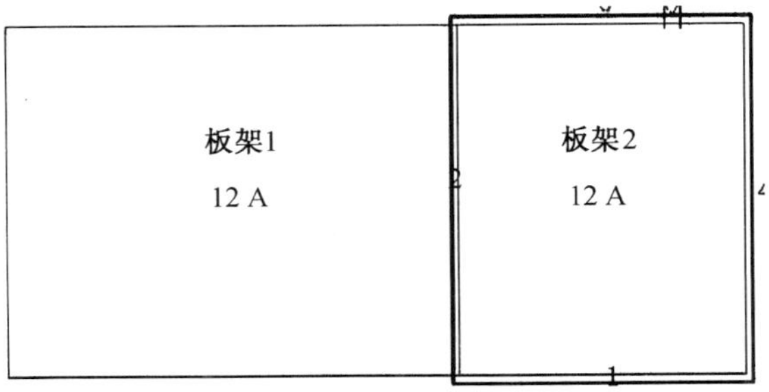

图 8－17 同一平面板架边界示意图

(5) The Surface 定义边界(The Surface boundary option)

这是定义边界的普通功能,主要用于那些与船壳相交的板架。系统将用在 PANEL 功能中用来定义板架的平面来截取船壳,相交的曲线作为板架边界的一部分。如果在 BOUNDARY 菜单中选择 10 Surface 则会出现如图 8-18 所示的对话框。

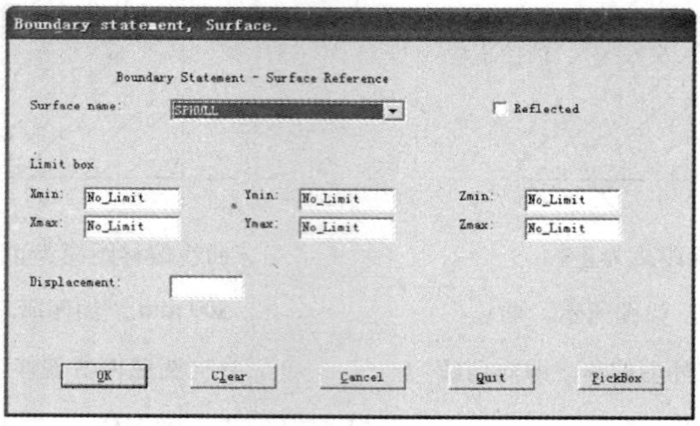

图 8-18　船体表面边界定义对话框

首先我们要注意曲面的选择,在 Surface name 中选择需要的曲面类型。在 Surface name 的下拉菜单中的两个选项,SPHULL 表示此工程项中的船体曲线,而 SPHULLMDK 表示此工程项中的甲板曲线,根据情况选择正确的船体曲面。如果用左舷的船体曲面作边界则把 Ymin 改成 0,如果用右舷的曲面作边界则把 Ymax 改成 0,然后点 OK 即可,选中的话曲面会高亮显示。一般情况下,在建立板架边界时,如果出现此对话框,直接点 OK,则可选中左舷的曲面作为边界,因为系统默认的船体曲面是左舷的曲面;如果想选择右舷的曲面作为板架边界,只要选择 Reflected(镜像),然后点 OK 即可。

当边界确定好之后选取 OC,如果板架成功生成,板架的边界会红色高亮显示。

在 scheme 文件中 PAN,BOU 口的语句只出现一次,一旦边界确定之后,我们就不可以通过交互式来修改边界了,但我们可以通过修改 scheme 语句来修改边界。选择下拉菜单 Planar→Model→Edit,选择板架边界,则会出现板架的 scheme 语句,光标在板架边界处进行修改运行语句保存即可完成板架边界的修改。

实训操作演示 1:

新建板架(双层底的 90 号肋位的实肋板距中为 4 130 mm,双层底高为 1 200 mm),在菜单栏打开 Planar => Model => Create,如图 8-19 所示。

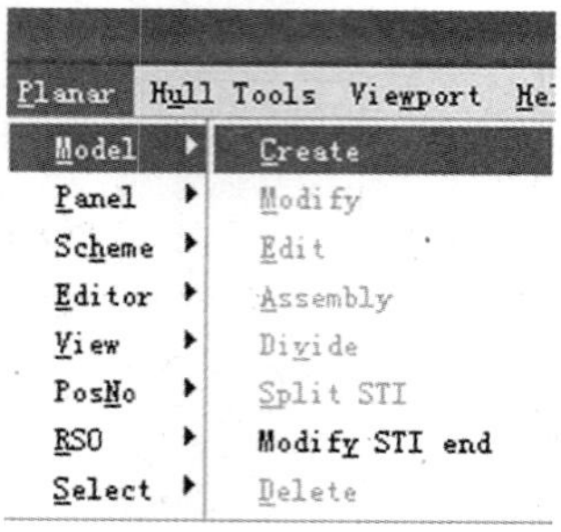

图 8-19　选择下拉菜单

(1)进行各参数的设置:板架名、分段名、材质、板架对称性、定位面、板架类型、板厚朝向,如图 8 - 20 所示的对话框。

(2)输入定位面 X = FR90。

(3)再在弹出的窗口内选择边界,如图 8 - 21 所示的对话框。

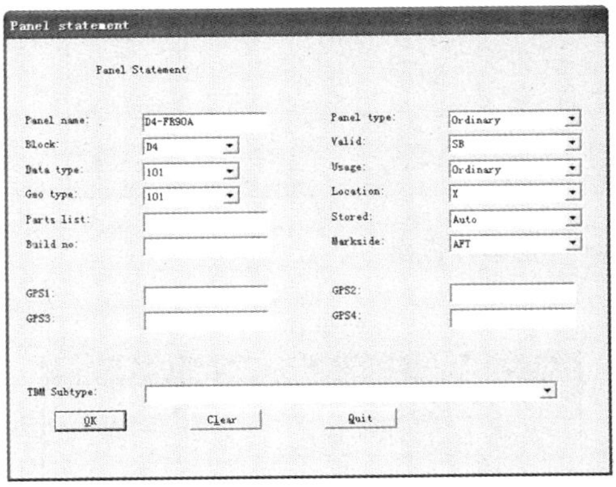

图 8 - 20　参数设置对话框

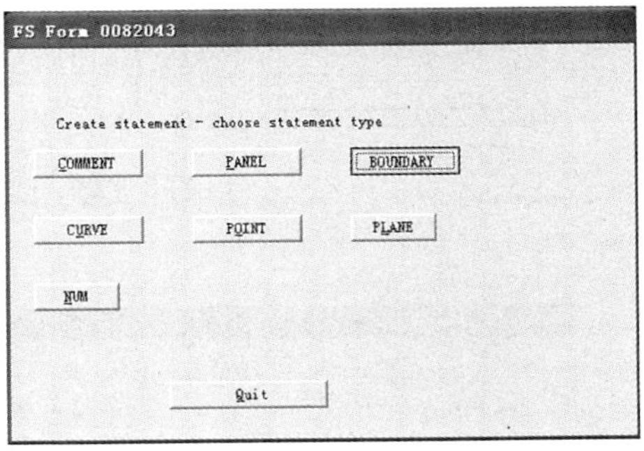

图 8 - 21　选择边界

(4)选择板架边界的建模方式,选择 Line(Y 的定义方法并输入 Y = 0 值,如图 8 - 22 所示的对话框。

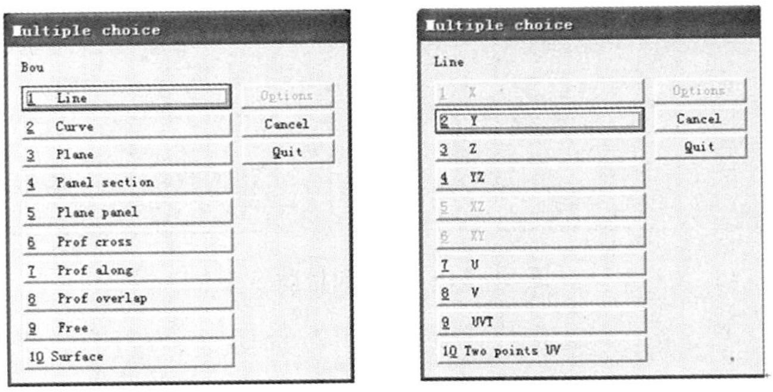

图 8 - 22　选择板架边界的建模方式

(5)沿顺时针方向再定义板架的另一条边 Z = 1 200。

(6)再继续沿顺时针方向再定义板架的另一条边 Y = 4 130。

(7)最后定义第四条边,选择 Surface 再选择船体的外板面,然后选择确定,如图 8 - 23 所示的对话框。

(8)在弹出的对话框中选择 Plate,进行板厚和材质定义,如图 8 - 24 所示。

四、定义板缝、板和余量实训

(一)板缝(Seams)定义

1. 定义板缝(Defining a Seam)

激活板架,选择下拉菜单 Planar→Model→Create,弹出如图 8 - 35 左图所示对话框。

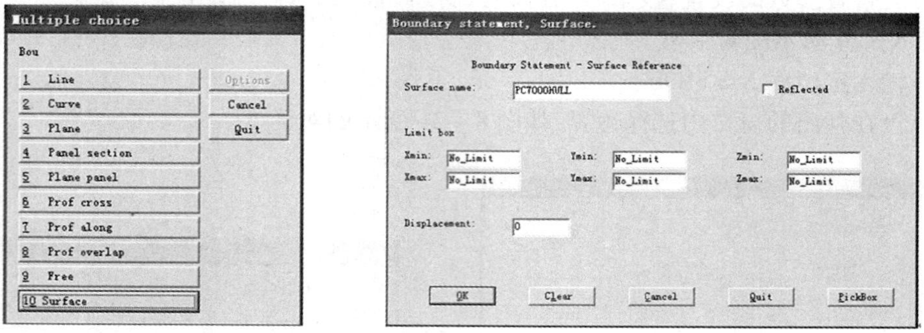

图 8－23 选择 Surface 和船体外板面

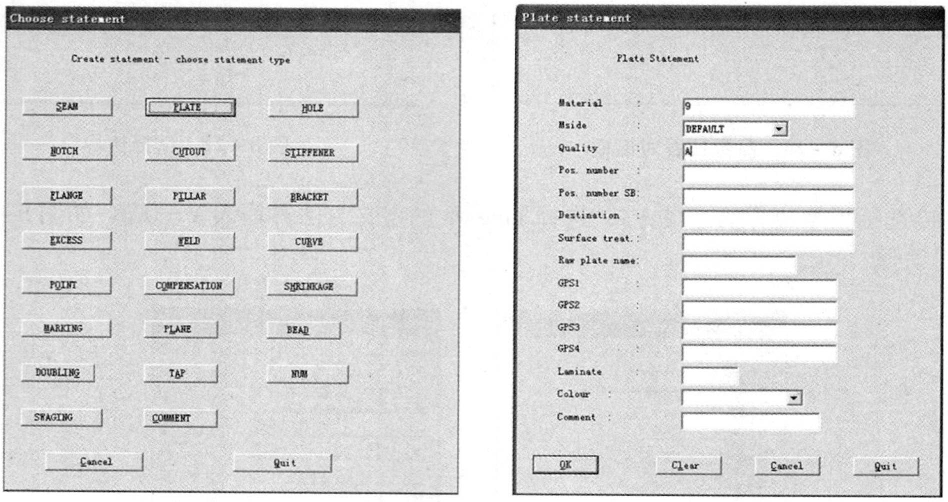

图 8－24 板厚和材质定义

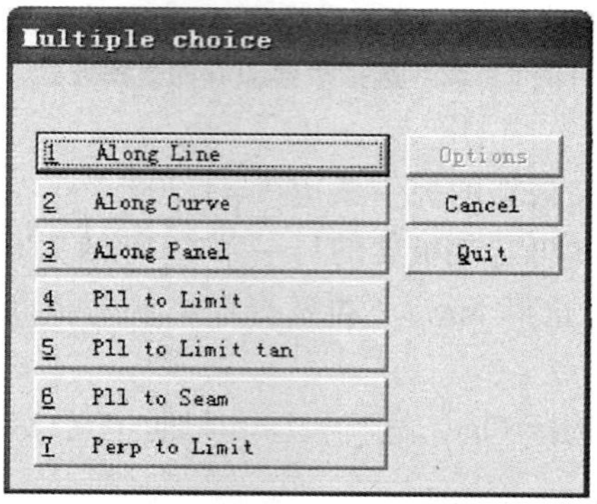

图 8－25 板缝定义方式对话框

点击 SEAM 添加板缝，出现如图 8－25 所示菜单来确定板缝位置：能够能够选择 7 种不同的创建板缝方式。这些选项当中我们常用到的是 1，4，5，6，7。

1 Along Line　　沿着直线定义板缝

2 Along Curve　　沿着曲线定义板缝

3 Along Panel　　沿板架定义板缝

4 Pll to Limit　　沿着平行于板架其中的一个边界来定义板缝

5 Pll to Limit tan　　平行于板架边界上的一点定义板缝

6 Pll to seam　　平行于板缝的方向定义板缝

7 Perp to Limit　　垂直于板架的边界定义板缝

当我们选择其中一种方式确定板缝后会出现如图 8 - 26 所示菜单。

图 8 - 26　板缝方向选择对话框

提示我们是否反向,反不反向主要影响板缝的方向(起始端的方向),选好方向后会出现如下菜单让我们确定板缝在所选方向上的起点或终点，如图 8 - 27。

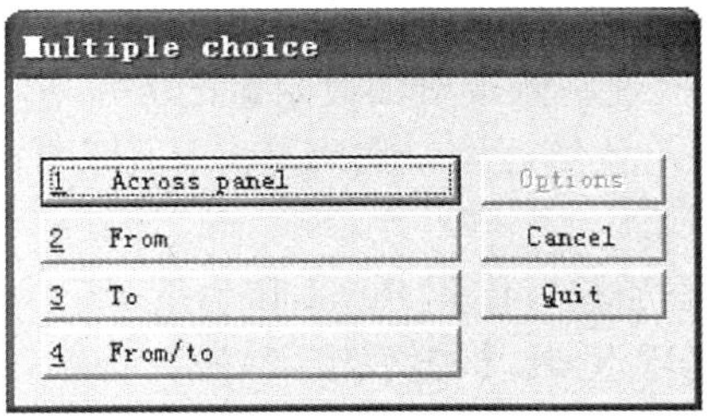

图 8 - 27　板缝长度范围定义对话框

1 Across panel:　　贯穿整个板架

2 From:　　确定起点,而沿着起点方向穿过板架

3 To:　　确定终点,起点从板架边界开始

4 From /to:　　以板架中存在的板缝确定新建板缝的起点和终点

经过上面的交互式选择,板缝的位置和长度都已经确定,然后出现如图 8 - 28 所示菜单。

Seam no　　定义板缝序号,如不填写系统将按板缝创建的先后顺序自动赋值,最先创建的板缝赋值为 1,第二根板缝赋值为 2。

Bevel　　板缝两侧板材的坡口类型。

Left bevel　　板缝左侧板材的坡口类型。

Right bevel　　板缝右侧板材的坡口类型。

(注意:定义 Left bevel ,Right bevel 时要考虑板缝的方向性)

Excess type　　余量的类型。

Left exc type　　板缝左侧板材加放余量的类型。

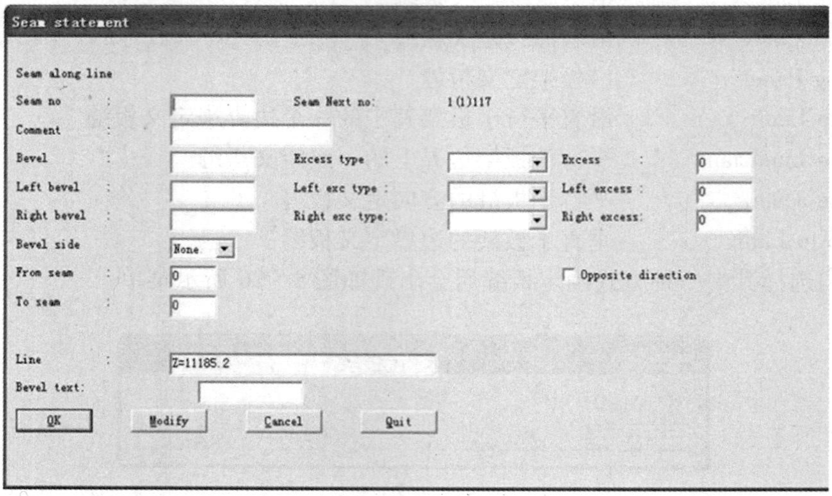

图 8-28 板缝信息对话框

Right excess type　　板缝右侧板材加放余量的类型。

Excess　　余量的大小。

Left excess　　板缝左侧板材加放余量的大小。

Right excess　　板缝右侧板材加放余量的大小。

在进行定义板缝的时候,只要填写坡口代码 Bevel 项即可,Seam no 是指板缝编号,系统会自动给板缝编号,所以不用填。

在这个菜单中我们主要添加坡口代码 Bevel 和余量 Excess,并在 Bevel text 中填写相应的坡口文字类型,如 COVN 之后点 OK 板缝就定义好了,一般只填写 Bevel 就表示 Left Bevel 和 Right Bevel 是相同的,若是 Left Bevel 和 Right Bevel 不同,则分别填写这两个信息框。

如果发现板缝方向不对,可以在 Line 的信息框中的数字后加 Rev 即可改变板缝的方向。

当输入项填写完以后,点击 OK 按钮,板缝创建并显示在视图上。

2. 修改板缝(Modifying an existing seam)

如果发现板缝做错了,可以在 scheme 语句中修改板缝 SEA 语句,或者通过以下的方法进行修改:这个操作可以在平面建模工具条中完成,如图 8-29。

图 8-29 平面建模工具条

(1)激活平面板架(active)

(2)退出已激活的板架(skip)

(3)保存并退出已激活的平面板架(store and skip)

(4)创建板架或板架中的构件(create)

(5)修改板架或其构件的相关信息(modify)

(6)生产信息的建立(PPI HULL)

先激活要修改板缝的板架，然后选择 5 modify 工具条，点击图中要修改的板缝。系统会弹出对话框，如果是你需要修改的板缝的话，选择 Yes，会出现此板缝的有关信息框，修改板架信息后点击 OK。

实例操作演示 2：

(1)在板架上定义一条 Z = 600，并且通过板架的板缝。首先选择菜单 Planar→Select→Activate 激活要定义的板架.

(2)选择工具条的第 4 个图标 Create，在弹出的对话框(图 8 - 29 所示)中后选择 Seam。

(3)板缝的定义方式有很多种，这里用垂直边界，并选择要垂直的那条边界，在弹出的对话框中选择 7。在最后弹出的对话框中，可定义坡口、余量等参数，如图 8 - 30。

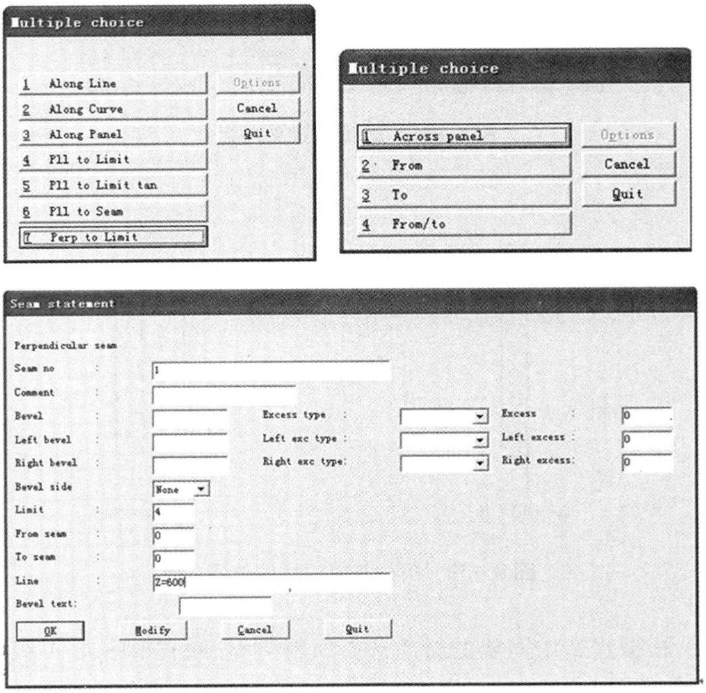

图 8 - 30　板缝的定义

(二)板(Plates)定义

板材的定义包括以下内容：板材厚度、板材厚度分布方向、材质。

1. 定义板(Defining Plates)

激活板架，选择下拉菜单 Planar→Model→Create，点击 PLATE。弹出如图 8 - 31 所示对话框。

Material：定义板材厚度。分两种情况，板材在理论线位置和板材不在理论线位置。

Mside：板厚朝向，默认值为 Default，根据建造情况可选择 AFT，FOR 或是 TOP。

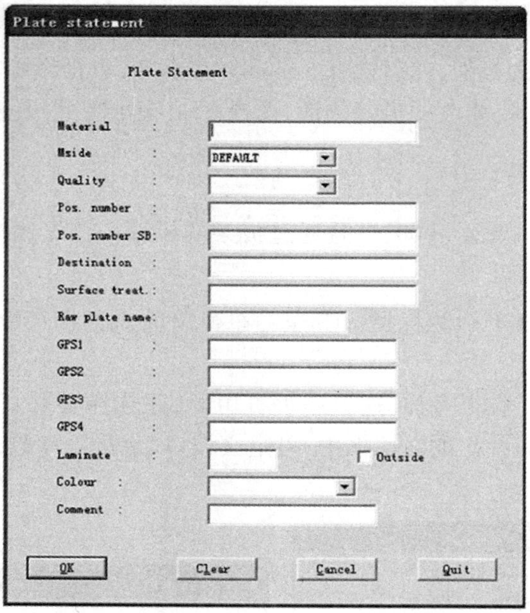

图 8－31　板信息定义对话框

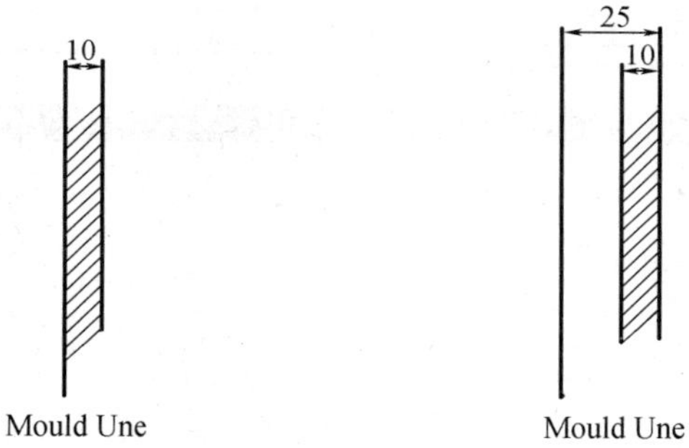

图 8－32　板材与理论线的位置关系

Quality：材质，根据建造中需要的材质选择材料类型，缺省值表示 A 级钢。

Pos. number：位置号。

Destination：定义该板材装配的车间名。（车间名须先定义在工程里）。

Surface treat：定义该板材表面预处理类型。（板材表面预处理类型须先定义在工程里）。

Raw plate name：定义母材板板名。

一般添加 Material 和 Quality 这两项即可点 OK，然后点击要添加板厚的板，厚度及材质符号会标示在板内，这样便完成了板的定义。

2. 修改板（Modifying an existing plate）

有时需要修改已有板材的属性，我们可以通过 scheme 语句来修改：下拉菜单选择 Planar→Model→Edit，系统会提示 indicate panel，点击板架然后 OC 或者按回车键，系统会提示 indicate component，点击板架中需要修改的板的板厚，会出现对话框问是否 OK？点击 Yes 则会出现整个板架的 scheme 文件且鼠标处于要修改的板信息所在行，如图 8－33 所示。

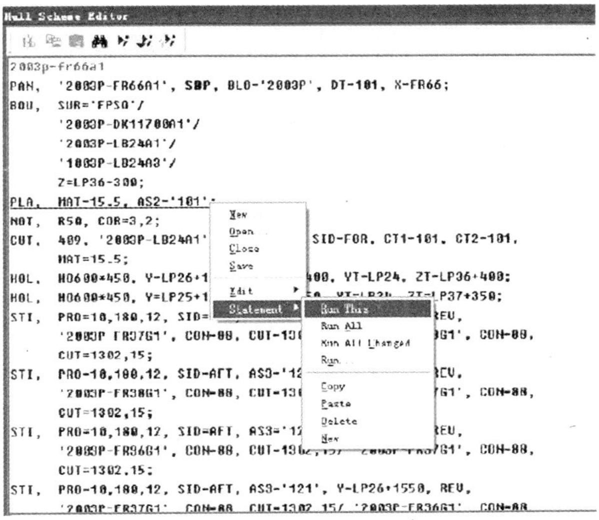

图 8－33　scheme 语句对话框

修改好所需信息按鼠标右键运行即可，保存修改后的信息。

Scheme 文件中的不同语句表示不同的信息，如 PAN 语句是描述此板架的相关信息的，如板架名，左右对称 BLO 为此板架所属分段等信息；BOU 口语句是描述此板架的边界；PLA 指板材，其中 MAT 指板材的厚度，AS2 是给板材的编号；CUT 语句是有关开贯穿孔的有关信息，如孔的类型，补板的类型及其厚度等信息；ST1 语句是有关型材的信息，PRO 是指其尺寸类型，CON 是指型材的端切代码等等。有 scheme 文件中的不同语句所表示的信息，在以后的学习中会慢慢熟悉，这里就不多加介绍了。

（三）余量（Excess）定义

板材的余量部分不显示在视图中，当板架分离时会自动加到板材上。

1. 定义余量（Defining excess）

激活板架，选择下拉菜单 Planar→Model→Create。点击 EXCESS，信息栏提示 ‘Indicate Limit’。通过十字光标选择板架的一条边界，将弹出如图 8－34 所示对话框。

Excess type：加放余量的类型。不同的类型代表了在不同的阶段切割的余量，如船台切割余量，分段切割余量。

Excess：加放余量的大小。

Statement：显示余量加放在板架的那一条边界。

输入完成以后，点击 OK 按钮确定。

2. 修改余量（Modifying an existing excess）

余量的修改方法与板缝的修改操作过程相同，只是在选择要修改的板架构件时点击余量而不是板缝，在这里就不介绍了。我们也可以选择下拉菜单 Planar→Scheme→Edit，在 Scheme 文件中修改余量 Exc 语句：

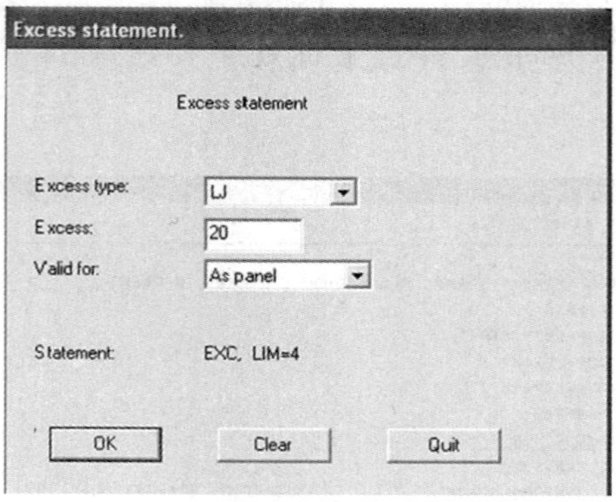

图 8-34 余量定义对话框

EXC, LIM = 4, TYP = LJ, M1 = 20;

其中 LIM 表示添加余量的边界,TYP 表示余量类型,M1 表示余量,修改后运行保存即可。

五、板架专用曲线运用实训

在进行船体结构建模时,板架的某个边界外形是一条复杂的曲线,在板架内开设不规则的减轻孔。TRIBON 解决方法为,首先创建板架特殊曲线,然后把板架特殊曲线定义为边界、板缝、扶强材、开孔、切口等。板架特殊曲线的定义方法有两种:

定义两维几何曲线(2D geometry curves):先通过两维绘图工具在剖视图中绘制曲线,然后将曲线定义为板架特殊曲线。用两维绘图工具绘制曲线前应首先确认剖视图为当前子图。

定义 Fillet 曲线(Fillet curves):以直线、已存在曲线、板架边界或相交板架为母线偏移得到曲线段,再将多个曲线段圆弧过度或倒角得到光顺的 Fillet 曲线。

(一)定义两维几何曲线(Defining 2D geometry curves)

定义两维几何曲线步骤如下:

1. 确认绘制曲线所参照的剖视图为是否为当前子图。如不是当前子图,通过下拉菜单 Tools→Subpicture→Current→3 New user choice 将其定义为当前子图。

2. 激活板架。

3. 通过两维绘图工具在剖视图中绘制曲线段,并用 Modify(Chain 工具将曲线段连成一条曲线。

4. 选择下拉菜单 Planar→Model→Create,选择 CURVE 选项,系统弹出如图 8-35 对话框。

5. 给定曲线名,选择是否封闭,Curve type 选择 Existing,输入完成以后,点击 OK 按钮确定。

6. 信息栏提示 'Indicate contour',通过十字光标选择曲线。

7. 系统将返回 Planar→Model→Create 选项框。

(二)定义 Fillet 曲线(Defining Fillet curves)

选择下拉菜单 Planar→Model→Create,选择 CURVE 选项,系统弹出如图 8-36 所示对话框。Curve type 选择 Fillet 曲线,需要沿着曲线的一个方向分段定义曲线,系统显示图 8-37所示选项菜单。

Line:直线,可用坐标值输入也可以用光标选择

Limit:参考边界

Limit tangent:参考曲线边界上某点的切线

Panel section:参考交叉的板架断面

Curve:曲线

Curve tangent:曲线上某点的切线

Panel component:参考板架上的构件

Surface:参考外板曲面

Pipe/Ventilation:参考管子/通风件

选择任一项后,系统出现下面对话框:

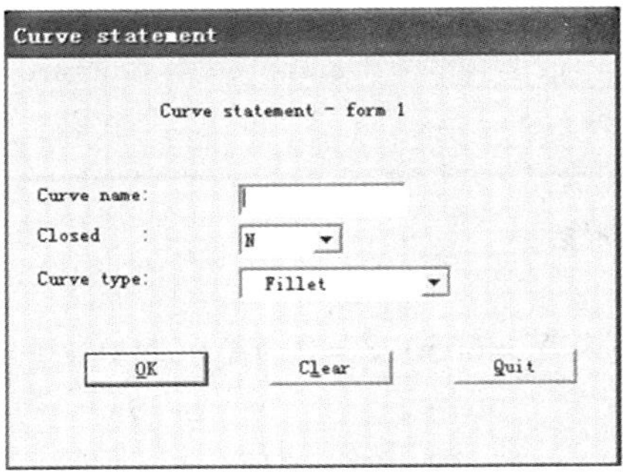

图 8-35　定义板架专用曲线对话框

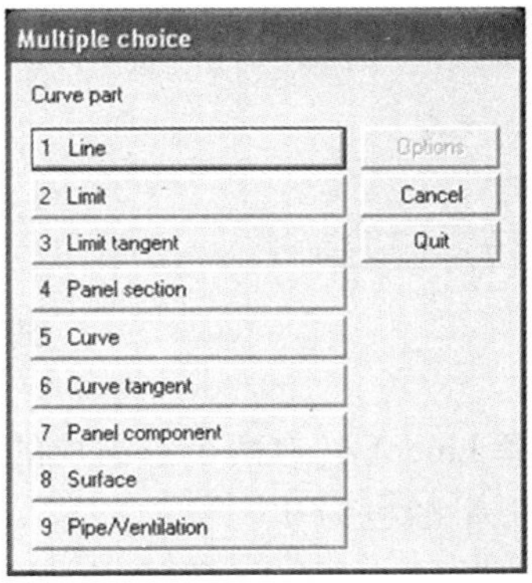

图 8-36　曲线段定义方式选择对话框

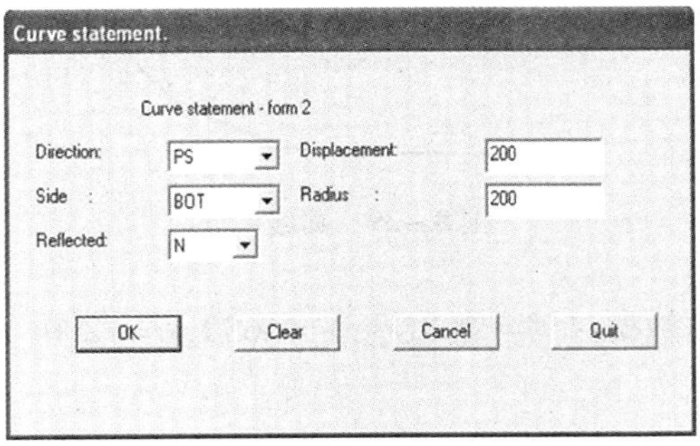

图 8-37　定义 Fillet 曲线属性对话框

Direction:曲线方向。注意这里如果曲线指向右舷,就选择 SB,并不是按曲线所在左右舷选择 PS 或 SB,其他选项亦然。

Side:曲线在所选参考的哪一边。同样这里如果曲线在所选参考的右边就选择 SB,并不是按曲线所在左右舷选择 PS 或 SB,其他选项亦然。

Displacement:曲线距所选参考的距离。

Radius：该段曲线与前一段曲线之间的圆弧半径，如果是封闭曲线，定义第一段曲线时要输入与最后一段曲线之间的圆弧。

Reflected：映射关系.

实例操作演示 3：

定义平面板架曲线，平面曲线能作为板架的边界（定义较为复杂的不规则的边界）。

（1）定义一条曲线，并作为板架的边界，先创建一块板。

（2）在弹出的对话框中，选择曲线，先定义好曲线后，在选择一曲线作为板架的一条边界。给曲线命名为 C1，选择不封闭，用自定义曲线方式 Fillet，如图 8－38。

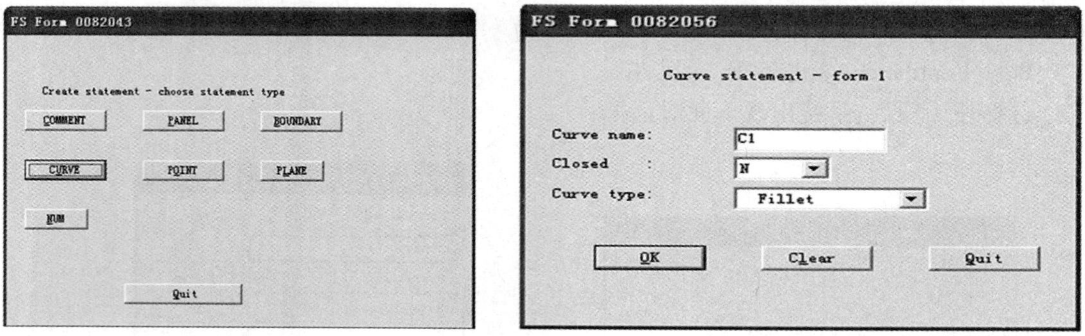

图 8－38　定义曲线

（3）选择 Line YZ（有两个点组成的线段），后输入 Y＝6650，Z＝0，YT＝7500，ZT＝0、偏移为 0，、圆弧半径也为 0。

（4）再选择 Line（YZ，Y＝7500，Z＝0，YT＝1200，YT＝8635，ZT＝480，偏移 0，R＝1400）。

（5）再选择 Line（YZ，Y＝8635，Z＝0，YT＝480，YT＝8970，ZT＝1200，偏移 0，R＝1400）。下图为最后定义完成的曲线 C1。

图 8－39　曲线 C1

（6）定义板架边界，本板架只需三条边界，Y＝6650，Z＝1200（定义方式如第 3 节板架定义一致）、C1、偏移 0。

（7）选择确定  按钮，完成板架定义后，给板架定义上材质 A，板厚为 9，如图 8－40。

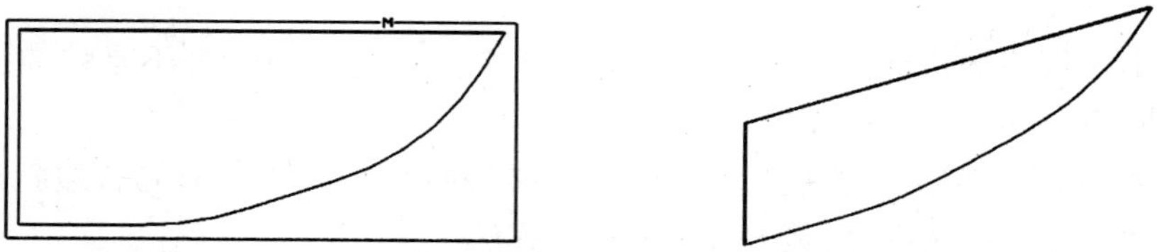

图 8－40　完成定义后板架

任务 2　扶强材、面板、切口、开孔生成

【实训目标】

1. 掌握扶强材、面板和肘板的创建方法；
2. 掌握切口、贯穿孔和开孔的创建方法。
3. 能够运用船体的专业知识完成平直分段结构建模。

表 8－2　任务 1 实施步骤、时间安排、实施方式

实施步骤	时间安排	实施方式
阅读教材、参考书及完成实训	课余与课上之比约 1∶1	自学、查资料、相互讨论、完成实训、在网络教学系统留言，教师查看、评价并给予指导
讲解与示范	2 学时	教师使用投影仪和局域网边讲解、边示范，学生同步观看、学习和记录，教师要注意引导学生发现问题，启发学生思考问题和寻找解决问题的方法
指导学生实际操作	9 学时	每个班级分为若干组，每组 8 人以下，每组可安排不同工作任务，每个学生使用一台微机独立操作，遇到问题可相互讨论或请教老师，教师要注意及时评价学生实训完成情况，设法调动学生实训积极性
检查评价	1 学时	教师与学生共同完成任务的检查评价，并对存在的问题进行分析与处理。学生将完成的任务自我检查评价打分后，通过局域网提交给老师，老师检查评价打分，指出存在问题和解决方法反馈给学生

一、扶强材生成实训

TRIBON 扶强材 Stiffeners 是在板架上增加纵骨、横梁、扶强材、加强筋等型材构件。在 TRIBON 中 Stiffeners 的含义相当广泛，除面板以外的型材均用 Stiffeners 定义。

Stiffeners 的定义内容包括为以下四部分：起始点结束点及理论线的定义、型材规格的定义、端部连接形式的定义、型材端切形式的定义。

（一）理论线，起始点和终点（Stiffener mould lines，start points and end points）

1. 理论线（Stiffener mould lines）

创建扶强材，第一步要确定其理论线位置。激活板架，选择下拉菜单 Planar→Model→Create，选择 Stiffener 选项，系统弹出如图 8－41 所示选项框。

1 By end pts：定义扶强材的起始点、结束点，从而确定其理论线的位置。以下列出定义起始点、结束点的方法：

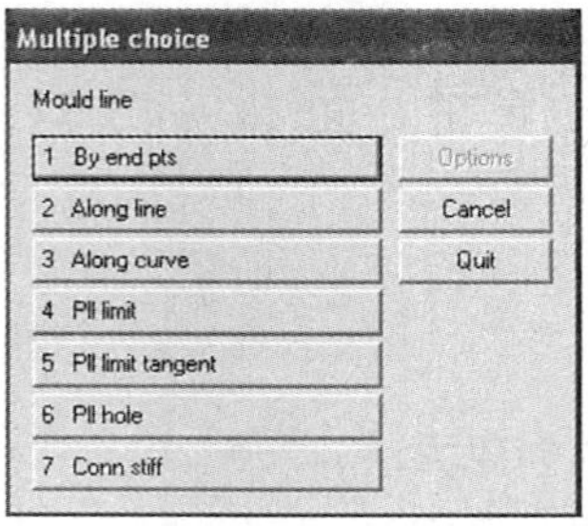

图 8-41 扶强材理论线定义方式对话框

(1)定义扶强材起始点、结束点的两维绝对坐标。

(2)扶强材起始点、结束点与其他型材的边缘连接。

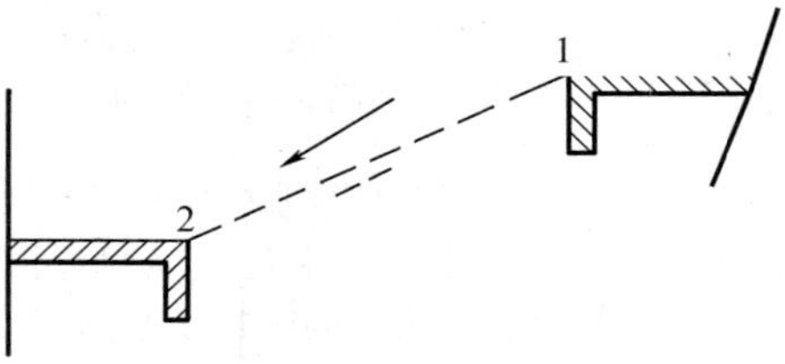

图 8-42 扶强材起始点、结束点与其他型材的边缘连接

(3)扶强材一端给定两维绝对坐标,另一端与另一型材的边缘连接。

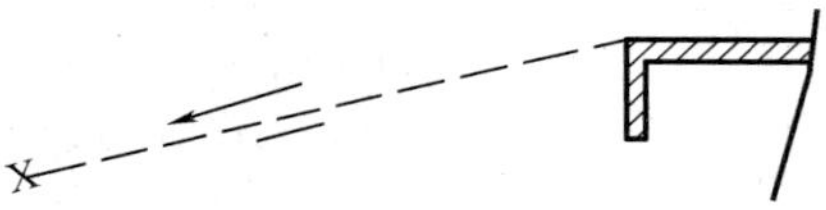

图 8-43 扶强材一端给定两维绝对坐标、另一端与另一型材边缘连接

(4)扶强材一端与另一型材的边缘连接,以另一型材的腹板延伸线作为理论线。

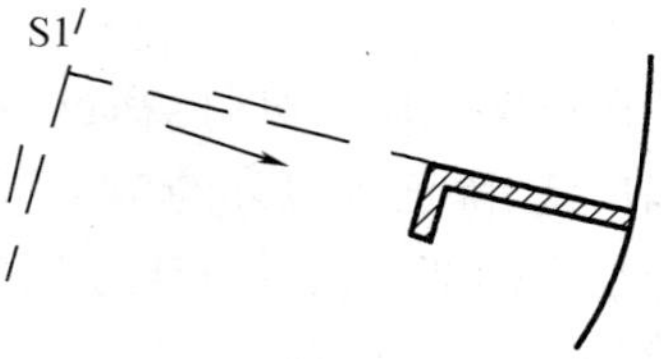

图 8-44 一端与另一型材的边缘连接、另一端以另一型材的腹板延伸线作为理论线

(5)给定一端的两维绝对坐标并理论线与水平轴的夹角。

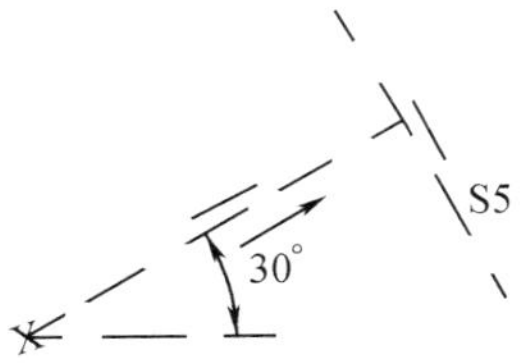

图 8 - 45　给定一端的两维绝对坐标并理论线与水平轴的夹角

2 Along line：通过给定 X,Y,Z,UVT 参数直接定义型材的理论线位置。

3 Along curve：将板架特殊曲线定义为扶强材的理论线。

4 Pll limit：将板架边界平行偏移一段距离作为扶强材的理论线。

5 Pll limit tangent：确定板架边界上的一点,系统通过该点做边界的切线,平行切线偏移用户指定距离作为扶强材的理论线。

6 Pll hole:将开孔平行偏移一段距离作为扶强材的理论线。

7 Conn stiff：船体结构中有很多短小的连接加强筋,Conn stiff 提供了一种快速建模的途径,但许先在缺省文件中设置。

2. 起始点和终点(Stiffener start points and end points)

理论线确定后,要确定扶强材的起始点和结束点,选择菜单如图 8 - 46 所示。

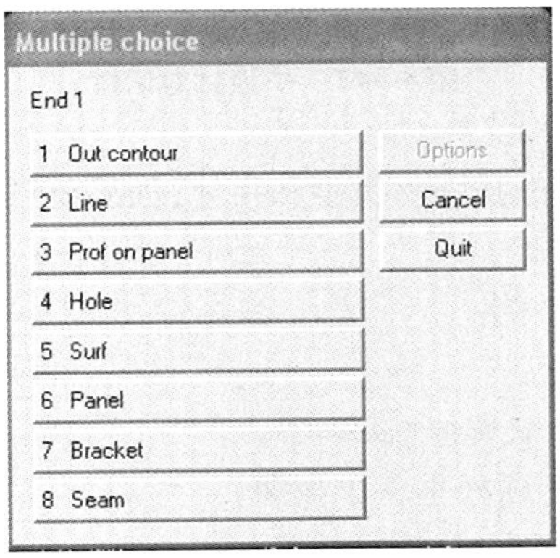

图 8 - 46　定义扶强材起始点方式对话框

1 Out contour：扶强材到板架外边界处。

2 Line:扶强材到一条直线处,该直线由坐标值等方式确定。

3 Prof on panel:扶强材连接到板架上另外一个型材上。

4 Hole:扶强材到板架上的内孔处。

5 Surf:扶强材到外板曲面处。

6 Panel:扶强材连接到交叉的一个板架。

7 Bracket:扶强材顶到一个肘板上。

8 Seam:扶强材到一个板缝处。

(二)型材类型和端部形式(Stiffener profile types、Stiffener codes)

完成理论线、起始点和结束点的定义后,还需要定义型材的类型和端部形式。

1. Stiffener 对话框

系统弹出图 8-47 所示对话框，选择扶强材在板架的哪一侧，并输入连接码、端切码、零件编码、余量等信息。

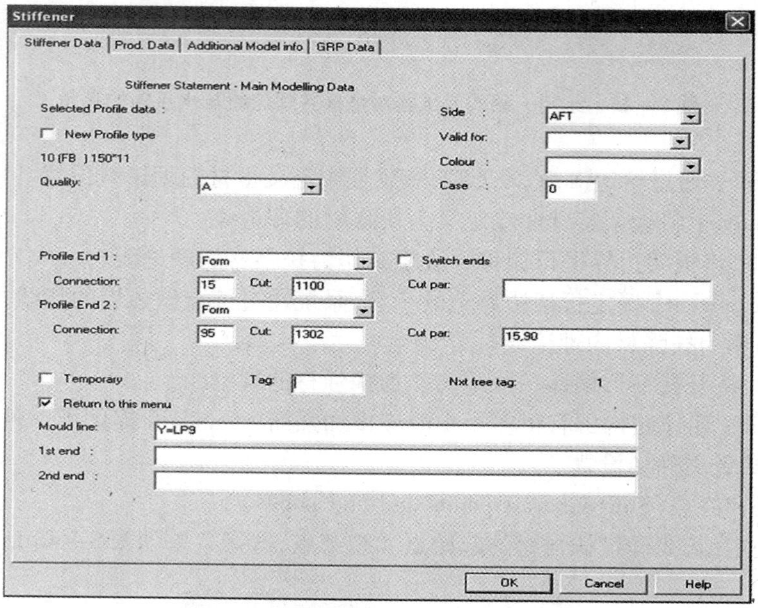

图 8-47 扶强材对话框

Selected Profile data：选择的扶强材类型和尺寸，如果要重新选择，在 New Profile type 项前面打钩。

Side：扶强材在板架的哪一侧。

Quality：扶强材材质。

Case：确定扶强材的方位，缺省值 Case = 0。

Case = 1：顺时针旋转 90°（面板垂直于板架）。

Case = 2：顺时针旋转 180°（面板贴在板架上）。

Case = 3：逆时针旋转 90°（腹板贴在板架上）。

Profile End 1(2)：扶强材端部 1(2)形式。

Form：直接输入连接码和端切形式。

Menu：从菜单中选择连接码和端切形式。

Same as End 1：与另一个端部形式相同。

Connection：扶强材端部连接码。

Cut：扶强材端部端切形式。

Cut par：端切形式的参数，如留根高度等。

Mould line：理论线。如果理论线是通过直线定义，理论线改为反向时，在原理论线描述后面加 REV 即可；但如果通过端点定义理论线，修改理论线时则需要将端点 1,2 反过来。

1st end，2nd end：端点 1,2 的描述。

Bevel Definition：定义扶强材坡口。

End1,End2:分别输入端部 1,2 的坡口。

Trace: 轨迹线坡口,即扶强材与板架焊接坡口。

Excess Definition:定义扶强材两端余量。

Shrinkage:焊接收缩补偿。

Pos. No:位置号,可不输入。

GPS1 ~ GPS4:零件编码。

Incl:扶强材与板架之间的夹角,不输入任何值为垂直于板架。而输入 1,2,3 意味着扶强材与 X,Y,Z 轴平行。

Hang:焊接折边的偏移值。如果扶强材为 T 型材,此项不输意味着 T 型材面板对称,输入 20 则为面板一端距理论线距离 20 mm。

Nomark:如果选择,扶强材轨迹将不在板的零件图上画线。

No:扶强材序号,不必输入,系统将自动编号。

Knuckle information:折角信息

Comment:可以输入用于描述的字符串。

GRP Data:玻璃钢船需要输入的信息。

2. 端部连接形式(Stiffener connection codes)(见图 8-48,8-49,8-50,8-51)

Type 1:适用范围:用于连接到另一型材的边缘,两型材的朝向(理论线)相同。

Type 2:适用范围:用于连接到另一型材的边缘,两型材的朝向(理论线)相反。

Type 3:适用范围:型材端头与另一型材的腹板连接或与平面板架的外轮廓连接。

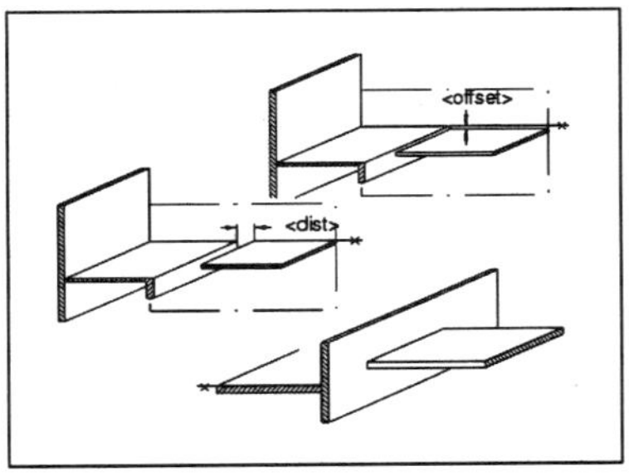

图 8-48　型材端部连接形式示意图(1)

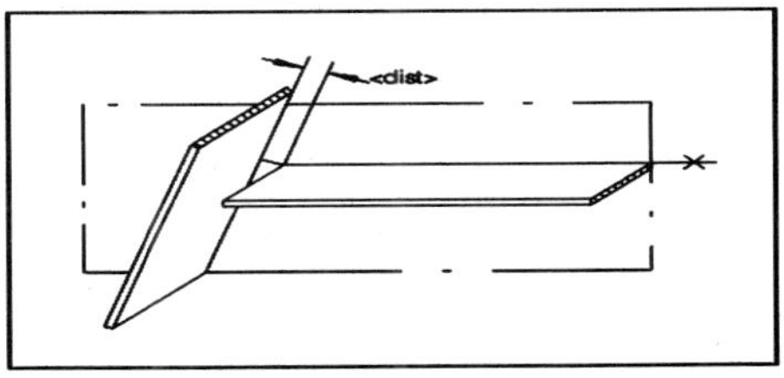

图 8-49　型材端部连接形式示意图(2)

Type4:适用范围:型材端头对接。

Type5:适用范围:型材端头与 SURFACE 连接。

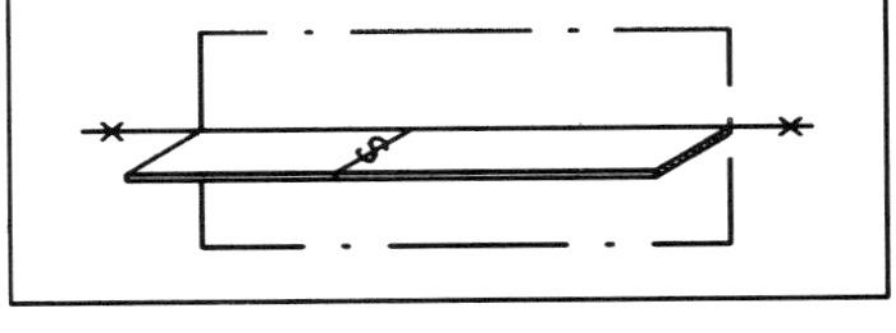

图 8-50　型材端部连接形式示意图(3)

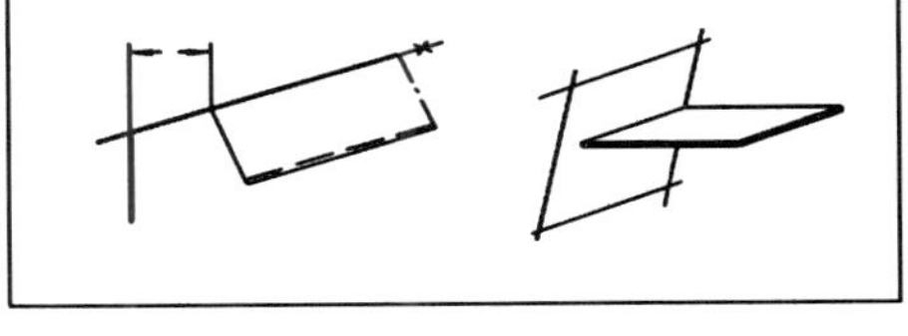

图 8-51　型材端部连接形式示意图(4)

3. 端部切割形式(Stiffener endcut codes)

在图 8－52 所示菜单上选择扶强材的端切形式。

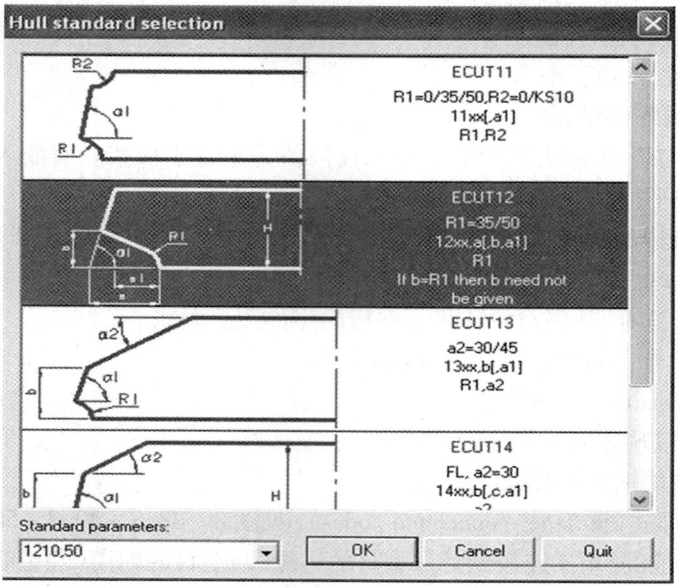

图 8－52　扶强材端切形式选择对话框

(三)修改扶强材(Modification of existing stiffeners)

1. 修改扶强材(Modifying defined stiffeners)

修改已存在扶强材按下列步骤执行：

(1)激活板架。

(2)选择下拉菜单 Planar→Model→Modify，信息栏提示‘Indicate component’。

(3)在视图上通过十字光标点击要修改的扶强材，系统高亮显示选中的扶强材并提示用户 OK? 点击 Yes 按钮修改，点击 No 退出。

(4)进入 Scheme 文件，修改该扶强材语句，再运行修改后的语句。

2. 拆分组(Dividing and existing Group of Stiffeners)

在船体结构中，有相当部分的相似结构，它们或规格大小，或定位尺寸相似，为了提高建模效率，建模时，可一次操作同时创建这些有着相似性质的结构，然后通过 TRIBON 中强大的修改功能进行局部修改。同时创建的结构称为“组”，下面通过介绍如何拆分组：

(1)激活板架。

(2)选择下拉菜单 Planar→Model→Divide，信息栏提示‘Indicate group’，通过十字光标选中组。

(3)视图上显现一矩形线框将组框在其中，同时信息栏提示‘Indicate component to remove’，通过十字光标点击要从组中拆分的扶强材。

(4)系统高亮显示被选中的扶强材，点击  按钮完成拆分操作。

3. 截断扶强材(Splitting an existing stiffener into two separate profiles)

如图 8－53，在船舶设计过程中，经常发生这样的情况，就是在我们定义完扶强材后，在扳上又加了开孔(在扶强材理论线上),这时就需要将扶强材断开。分成两组扶强材,孔的每一侧各一组。

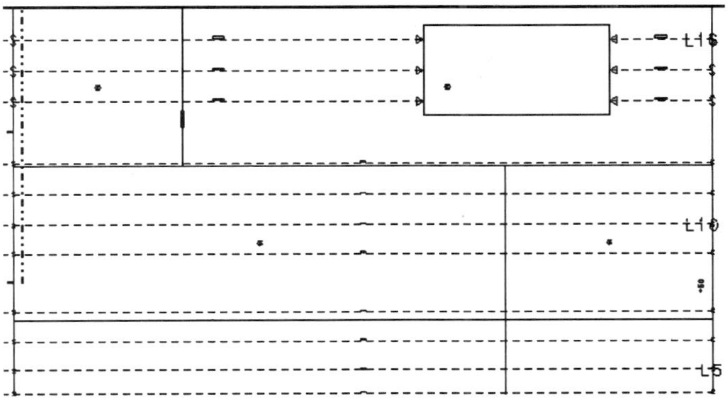

图 8-53　扶强材遇开孔截断

下面通过实例介绍截断扶强材步骤:

(1)激活板架。

(2)选择下拉菜单 Planar→Model→Split STI,信息栏提示'Indicate stiffener'。

(3)通过十字光标点击要沿开孔截断的扶强材,系统弹出选项框。此时,可定义一直线,在直线和扶强材交点处将扶强材截断,还可参照其他模型(如相交板架、相交扶强材、开孔等)截断扶强材,此处是参照开孔截断。点击 Options 按钮,信息栏提示'Indicate component',用十字光标在视图上选中开孔。

(4)系统高亮显示开孔并提示 OK? 点击 Yes 按钮确定。

实例操作演示 4:

(1)先创建双层底内底板(步骤如第 3 节中的一致)X = FR89 + 150,Y = 3900,X = FR105 + 150,Y = 0,再在板架上创建扶强材,选用球扁钢规格为 BP240 * 52 * 12。

(2)激活板架,选择 Create→Stiffener,选择球扁钢。

(3)定义球扁钢位置,选择理论线(球头朝向),Y = 1960(可同时输入多个 Y 值,输入完毕后点 OC 键),在弹出的对话框定义是否反向。

(4)定义扶强材第一个端部位置,X1 = FR89 + 150。

(5)定义第二个端部位置 X2 = FR105 + 150。

(6)在页面中定义扶强材的参数,在端部形式选择 Menu、对称性、颜色等参数后选择端部形式,如图 8-54 所示。

二、面板生成实训

焊接面板:通常以板面或平面焊接,这种类型的面板围绕板架的边缘或孔焊接一根扁钢。

折边面板:这类面板通常用在肘板或类似的铁器件上,它仅用于一段直边或板架边界,不能在弯曲边界设置折边面板。

(一)焊接面板(Welded flanges)

焊接面板的端部可以采用多种方法定义。

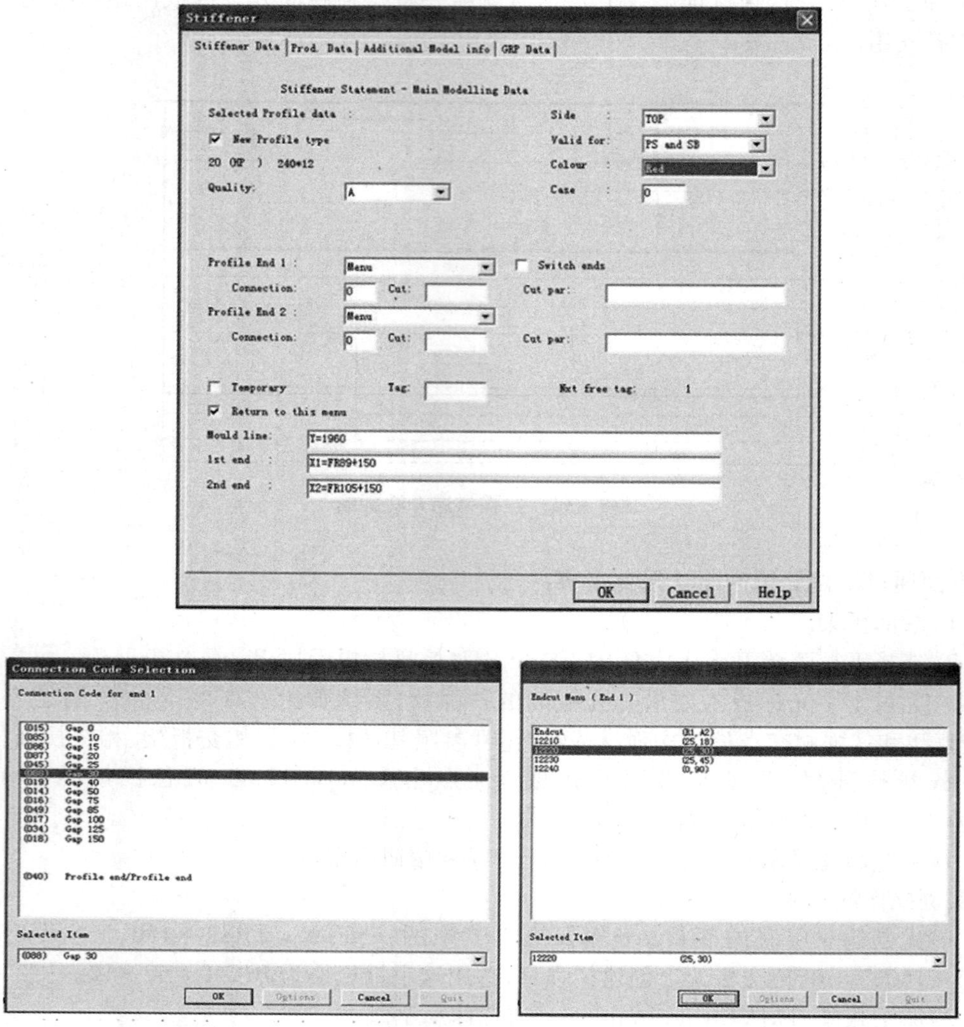

图 8-54　定义扶强材参数、选择端部形式

焊接面板既可以对称也可以不对称。在定义面板的窗口中,Hang 定义面板相对于当前板架理论线面的对称性,填入该区域的数值表示偏移当前板架纵向坐标 W 指向反方向的值,如图 8-55 所示。

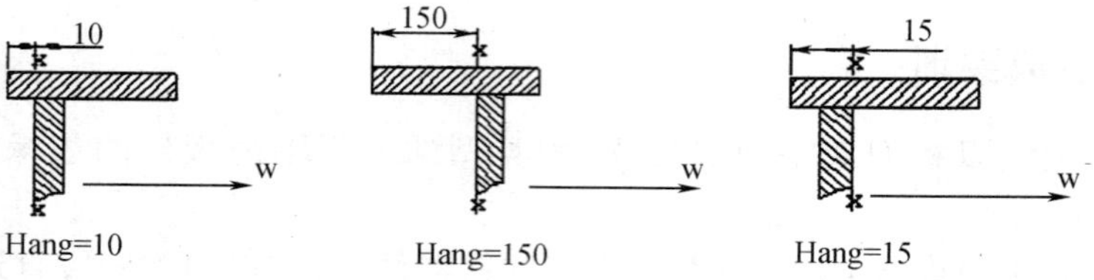

图 8-55　焊接面板偏移示意图

焊接面板分为直的面板和曲的面板。

3. 定义焊接面板(Defining a welded flange)

激活板架,选择下拉菜单 Planar→Model→Create。选择 FLANGE 面板按钮,弹出如图 8－56 所示对话框。

选择 1. Welded 焊接面板,系统弹出如图 8－57 所示对话框要求选择面板的位置。

Straight along limit:直的,沿着边界

Curved along limit:曲的,沿着边界

In hole:　在开孔内部加面板

然后系统弹出如图 8－58 所示对话框,要求选择面板两端位置,分别选择端点 1,2 的位置。

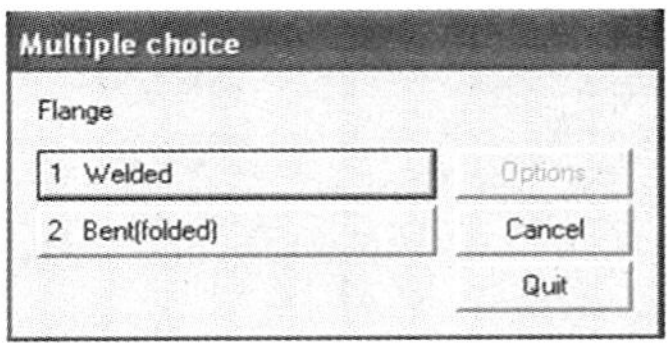

图 8－56　面板类型选择框

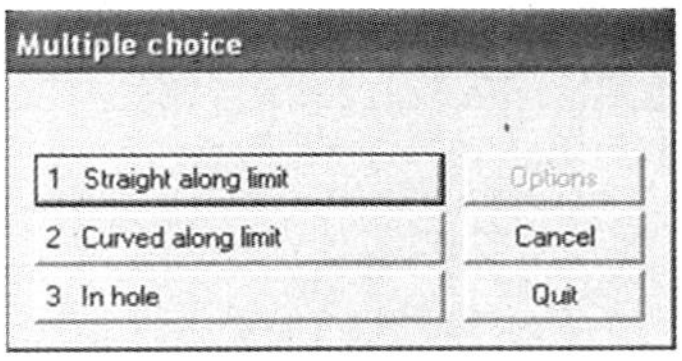

图 8－57　焊接面板位置选择框

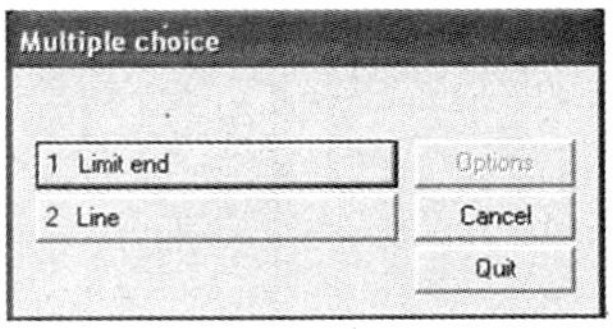

图 8－58　焊接面板端点位置选择框

Limit end:到边界端点

Line:到一条直线位置

然后选择面板的形式,选择扁钢的尺寸,如图 8－59 所示。

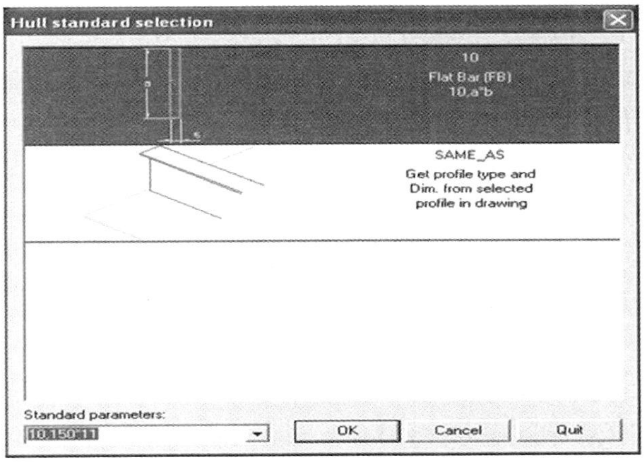

图 8－59　面板形式选择框

输入面板属性信息,如材质、端部连接码、端切形式、不对称面板偏移量、面板与板架夹角、坡口、余量、零件编码等。菜单解释同扶强材。

4. 修改焊接面板(Modifying a welded flange)

修改已存在焊接面板按下列步骤执行:

(1)激活板架。

(2)选择下拉菜单 Planar→Model→Edit,信息栏提示‘Indicate component’。

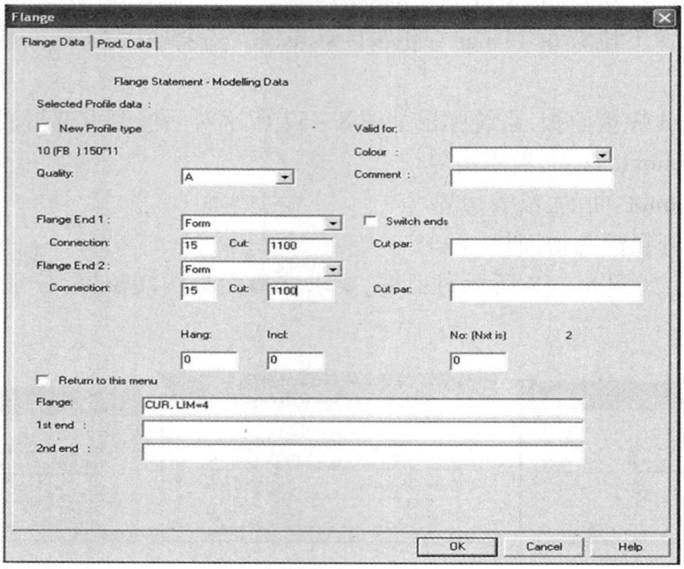

图 8-60　面板属性填写框

(3)点击 options 按钮,系统将显示一个包含各种可进行修改信息的按钮菜单,点击 FLANGE 按钮并在当前屏幕显示。

(4)系统将显示对话框,在原面板表格中填写的信息将显现在对话框中,编辑它并点击 OK 按钮。

(二)折边面板(Folded flanges)

折边面板的定义方式可参照焊接面板,在此就不多做介绍。要注意的是折边只能做在一个直的边界上,它可以沿平直边界的全长布置,也可以用一个或两个端点限制它的长度。我们需定义折边的属性有:折边高度(Height)、折边方向(Side) 、折边类型(Flange type)、折边端头(Flange end)、折边角度(Flange angle)

实例操作演示 5:

(1)创建板架(步骤同第 3 节中的一致),给板架的内孔加面板,如图 8-61 所示。

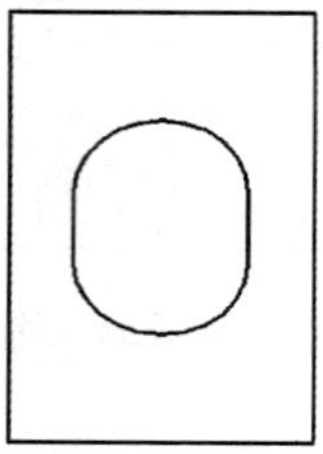

图 8-61　板架内孔加面板

(2)激活板架,选择 Create \ Flange \ Welded \ In Hole,并选择要加面板的内孔,如图 8-62 所示。

(3)最后选择面板的类型为 10 号扁钢。

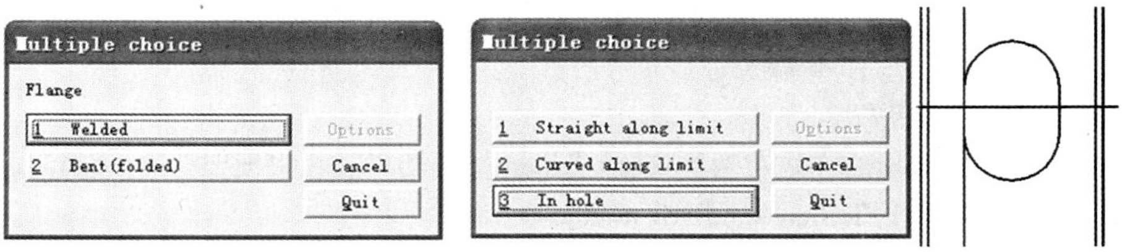

图 8 - 62　选择 **Welded、In Hole** 和孔

(4)进行面板的参数设置,而后完成面板的定义,如图 8 - 63、图 8 - 64 所示。

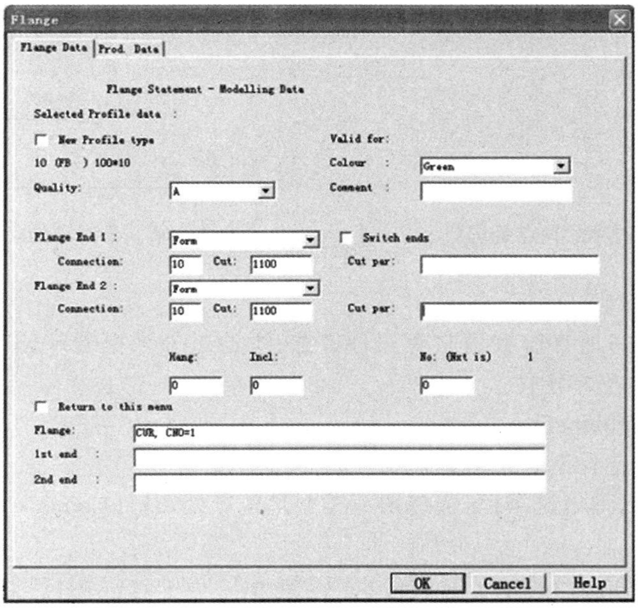

图 8 - 63　面板参数设置

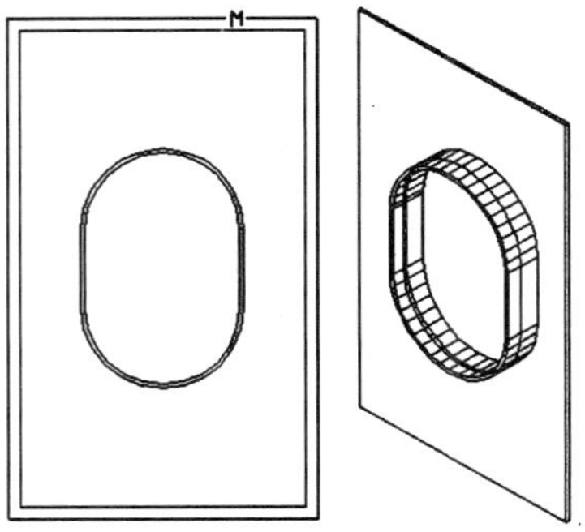

图 8 - 64　完成的面板

二、切口，贯穿孔和开孔生成实训

（一）切口（Notches）

TRIBON中定义切口的方法有两种：选择Tribon标准切口或者将板架特殊曲线定义为切口。

1. Tribon标准切口（Tribon standard notches）

Tribon标准切口按位置可以分为沿板的边界（或沿型材长度方向）分布的切口和在板的角点处的切口。

（1）角点处切口（Corner Notches）

如果是对称切口，则只要给定切口所在角点的位置即可。

如果是不对称切口，除给定切口所在角点的位置外还需定义切口的U－axis所在边界。

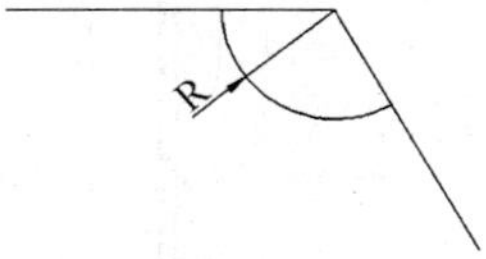

图8－65 对称的角点处切口

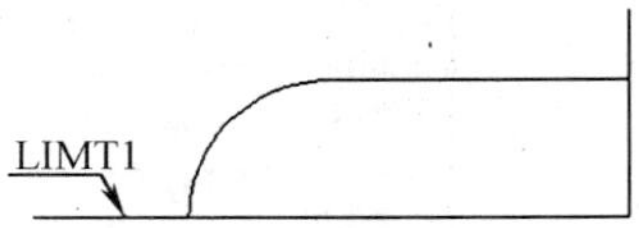

图8－66 不对称的角点处切口

（2）边界处切口（Edge Notches）

确定边界处切口所在位置通常有三种方法：①通过外板板缝定位；②通过其他平面板架板缝定位；③通过坐标定位。

2. 定义切口（Defining a notch）

（1）激活板架，选择下拉菜单Planar→Model→Create。

（2）选择Notch，弹出选择框，选择切口类型是角点处切口（Corner Notches）或是边界处切口（Edge Notches）。

（3）如果选择在角上Corner开，从图8－67所示菜单中选择切口形式和尺寸，确定后指定角。

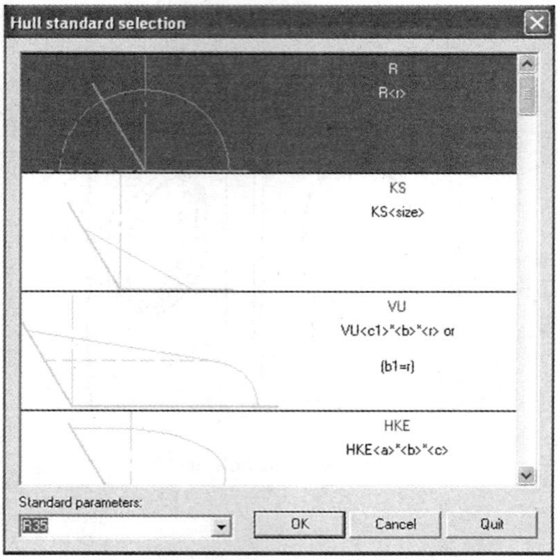

图8－67 角点处切口形式选择菜单

如果选择 Edge 在边界上开角隅，系统要求选择沿着边界 Along limit 还是在板缝处 For seam，指定边界或板缝，如果是边界还需给定切口具体位置。

Ficticious：选择该项为指定所建角隅为虚拟角隅，即只在板架上画线而不切割。

3. 修改切口（Modifying Notches）

（1）激活板架。

（2）选择下拉菜单 Planar→Model→Modify，信息栏提示‘Indicate component’。

（3）通过十字光标在视图上选中要修改的切口。

（4）系统高亮显示选中的切口并提示用户 OK？点击 Yes 按钮确定。

（5）进入 Scheme 文件，修改该切口语句，再运行修改后的语句。

实例操作演示 6：

（1）创建板架，激活板架（步骤如第 3 节中的一致）。

（2）点击 Create\Notch\Corner。

（3）选择切口的类型，并选择要开切口的角点，回车确认，如图 8－68 所示。

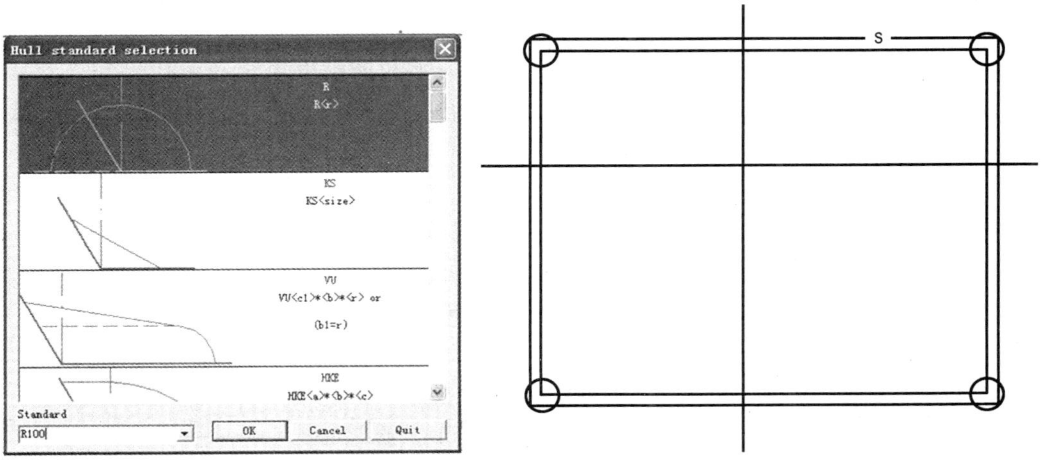

图 8－68　选择切口的类型和要开切口的角点

（4）定义切口的参数，确认并完成切口的定义，如图 8－69、图 8－70 所示。

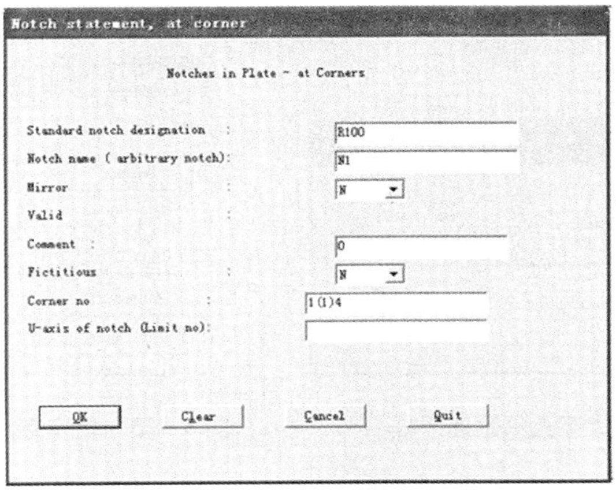

图 8－69　定义切口的参数

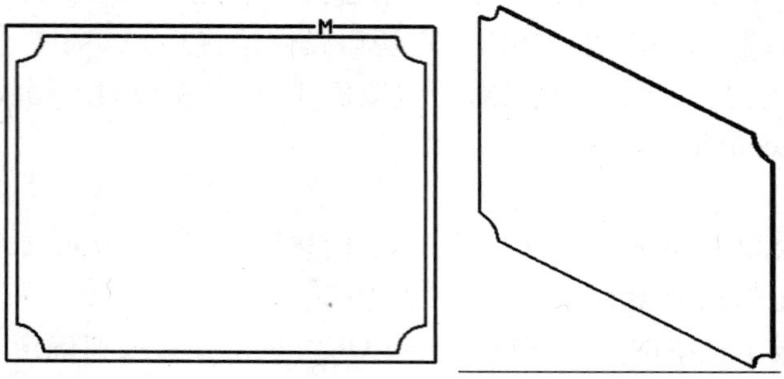

图 8－70　完成的切口

（二）贯穿孔（Cutouts）

贯穿孔是在一块面板或型材上去掉一块材料开个孔使得扶强材，板架能够交叉穿过。开孔后可以在它上面添加补板。

1. Tribon 标准贯穿孔（Tribon standard cutouts）

系统中有一系列的标准贯穿孔可供选择，系统只需知道标准贯穿孔的代号和交叉扶强材的信息。当交叉加强筋的尺寸有所调整时，贯穿孔会调整至适合的新尺寸。当交叉扶强材的位置变了，板架重新生成时，贯穿孔也会重新分布。

2. Tribon 标准补板（Tribon standard clips）

贯穿孔上加的补板由三个方向的补板代号组成，如图 8－71 所示。

如果我们假定三个方向分别为 X，Y，Z。X 方向：型材理论线的一面 ；Y 方向：不是理论线的一面 ；Z 方向：型材面板上的一面。

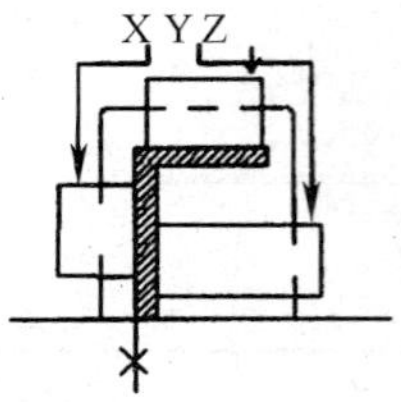

图 8－71　补板方向示意图

3. 在板上定义贯穿孔（Defining cutouts in plates）

激活板架，选择下拉菜单 Planar→Model→Create。选择 CUTOUT。弹出如下选项框，选择在板（Plate）上还是在扶强材（Stiffener）上开贯穿孔，如图 8－72 所示。

选择指定穿过扶强材的方式，出现如图 8－73 所示对话框：

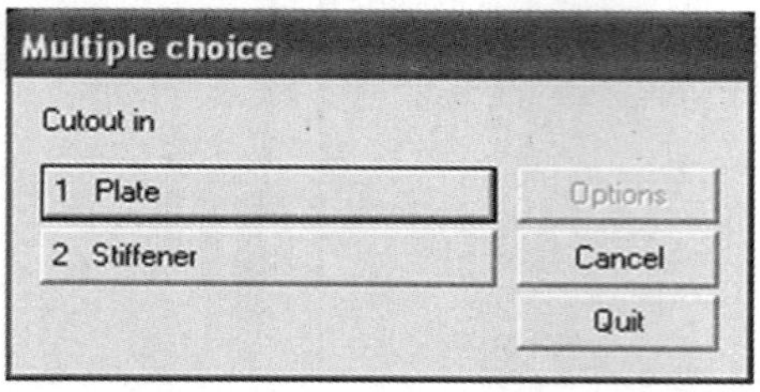

图 8－72　贯穿孔位置选择框

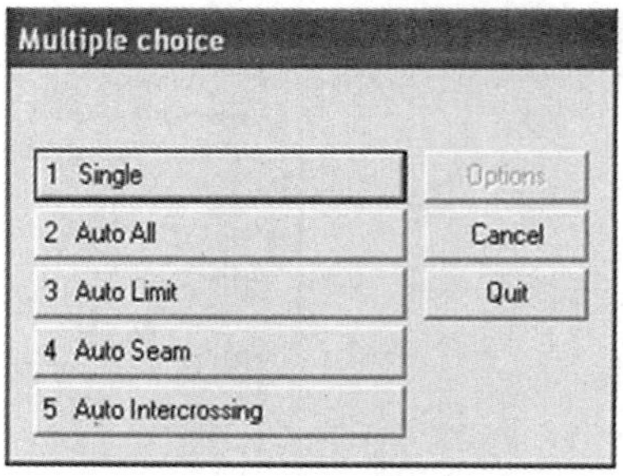

图 8－73　指定穿过扶强材方式选择框

选择 1　Single 后系统会提示：根据要求选择交叉的扶强材、面板后点击  按钮

如果一次选择添加多个扶强材上贯穿孔，扶强材必须是在同一板架上或都是外板骨材。系统将显示如下菜单：

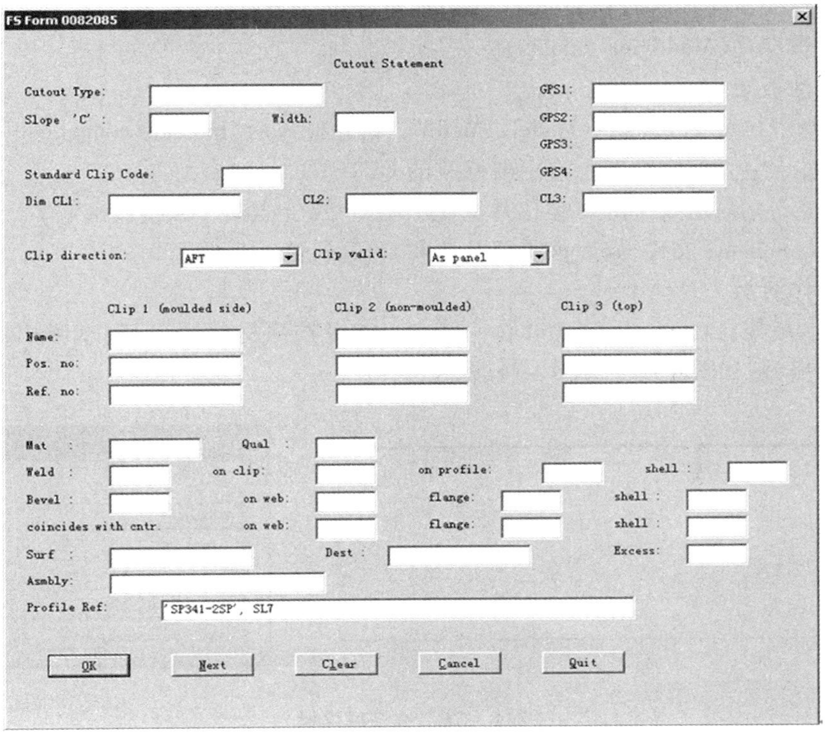

图 8-74　贯穿孔属性菜单

根据 Tribon 贯穿孔和补板的标准填写依下列各项：

Cutout Type：根据 Tribon Hull Standards 选择贯穿孔类型

Slope"C"：贯穿孔有一个倾斜坡度，这个倾斜度由"C"来确定。

Standard Clip Code：三个方向的代号描述了所用补板的位置和类型。

Dim CL1，Dim CL2，Dim CL3：补板的尺寸：厚度、长度、宽度、根据标准尺寸由系统自动计算确定。用户也可以自己输入。CL1 表示代号中第一块补板的尺寸，CL2 表示第二块，CL3 表示第三块。如果缺省不填则表示用标准尺寸。

Clip direction：确定补板的走向。

Clip valid：确定补板的板厚方向。

Profile Ref：显示先前点击的交叉扶强材。

根据要求完成对话框后点击 OK 钮。系统会在屏幕上显示确定的贯穿孔。

4. 在扶强材上定义贯穿孔(Defining cutouts in stiffeners)

激活板架，选择下拉菜单 Planar→Model→Create。

选择 CUTOUT。弹出选项框，选择在 2 Stiffener，信息栏提示'Indicate Intersecting Stiffener'。点击所要贯穿的扶强材，不是贯穿孔所在的扶强材。点击  按钮

系统将弹出编辑对话框，输入贯穿孔的代号，然后点击 OK 按钮。

信息栏提示'Indicate stiffener'。

选择贯穿孔所在的扶强材，完成后点击  按钮。

系统创建完贯穿孔后回到 Planar→Model→Create 菜单。

5. 修改贯穿孔(Modifying cutouts)

(1) 激活板架。

(2) 选择下拉菜单 Planar→Model→Modify，信息栏提示'Indicate component'。

(3) 通过十字光标在视图上选中要修改的 CUTOUT。

(4) 系统高亮显示选中的贯穿孔并 + 提示用户 OK? 点击 Yes 按钮确定。

(5) 进入 Scheme 文件，修改该贯穿孔语句，再运行修改后的语句。

实训操作演示 7:

(1) 激活板架，点击 Create→Cutout→Single，选择扶强材(选好后回车弹出对话框)，选择贯穿孔的类型，如图 8-75、图 8-76 所示。

图 8-75　选择扶强材

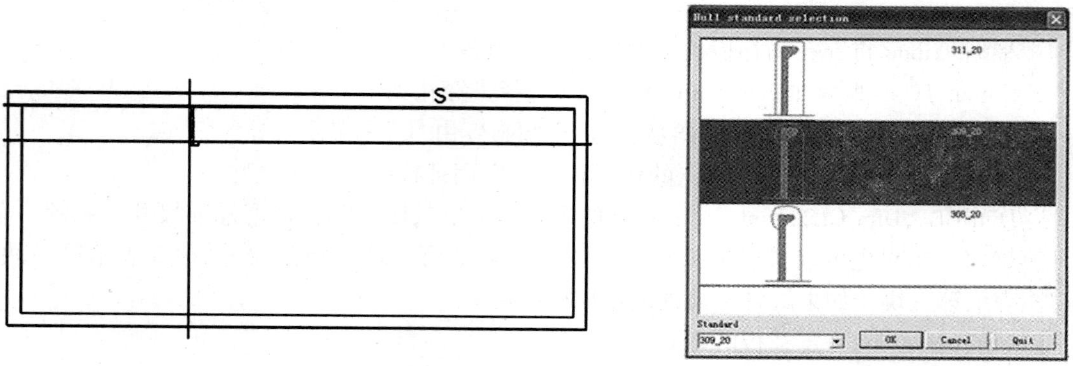

图 8-76　选择贯穿孔的类型

(2) 定义贯穿口的参数，点击确定，如图 8-77，图 8-78 所示。

(三) 开孔(Holes)

Tribon 的开孔就是从板架或扶强材的内部去掉的一个区域，定义开孔有两种方法：

- 选择 Tribon 标准开孔。
- 将板架特殊曲线定义为开孔(只适用于面板，不能用于扶强材)。

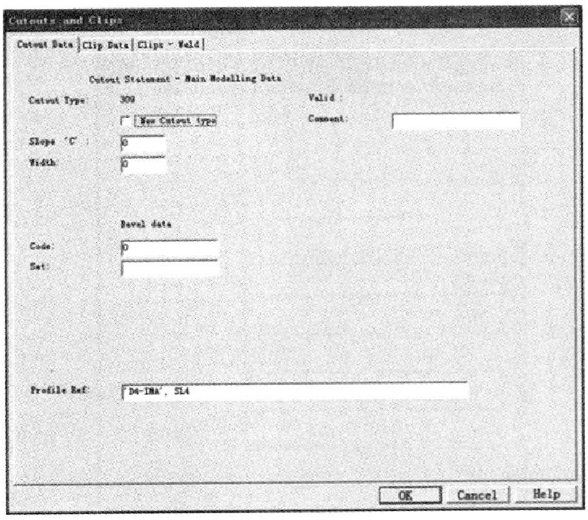

图 8－77　定义贯穿口的参数

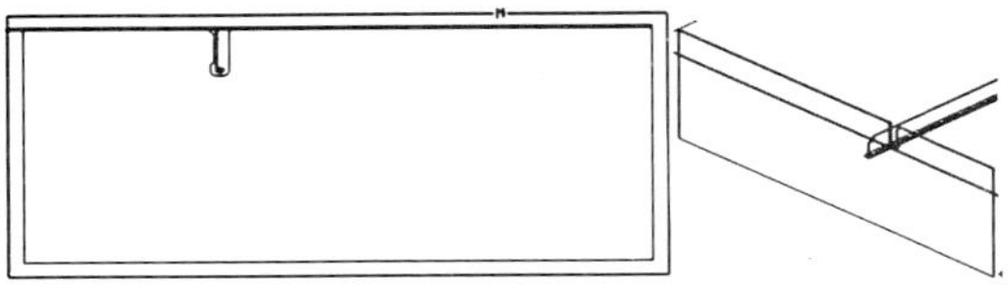

图 8－78　完成的贯穿口

1. 定义开孔(Defining a holes)

(1)激活板架,选择下拉菜单 Planar→Model→Create。

(2)选择 HOLE,系统弹出如图 8－79 所示对话框,要求选择在板上还是在扶强材上开孔。

(3)系统将弹出图示窗体,从图中选择开孔的类型和开孔尺寸。

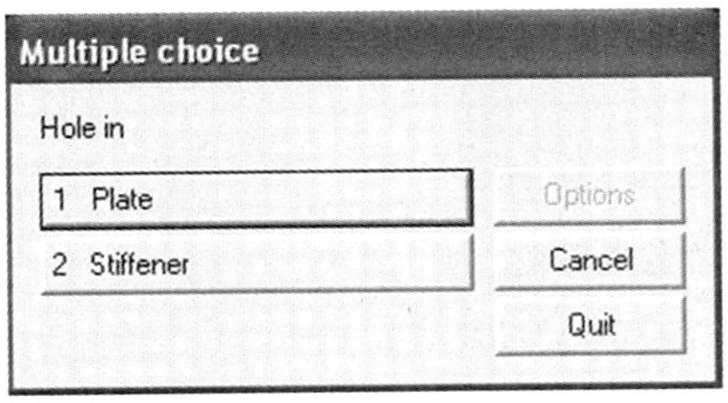

图 8－79　开孔位置选择框

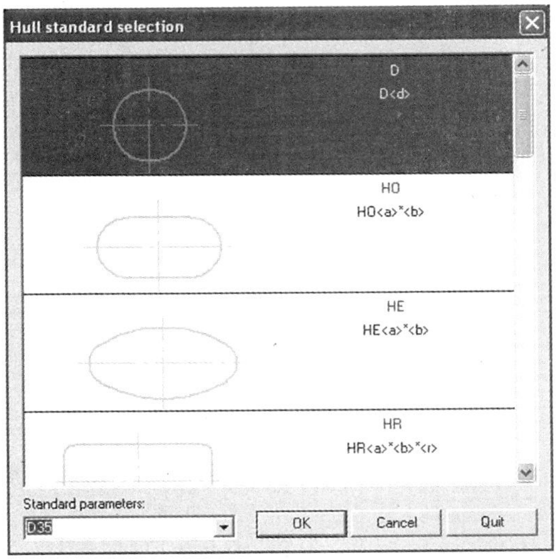

图 8－80　开孔类型选择框

(4)选择开孔后,系统要求选择确定开孔位置的方法,如图 8－81 所示有两种方法确定开孔位置。

Centre:确定开孔的中心和中心线。

Along limit:沿边界确定开孔位置和中心线方向。

如果选择开孔的中心和中心线确定开孔位置,弹出如图 8－82 所示对话框。

YZ(或 XZ,XY)为开孔中心点坐标值,YTZT(或 XTZT,XTYT)为开孔中心线上任一点的坐标值。

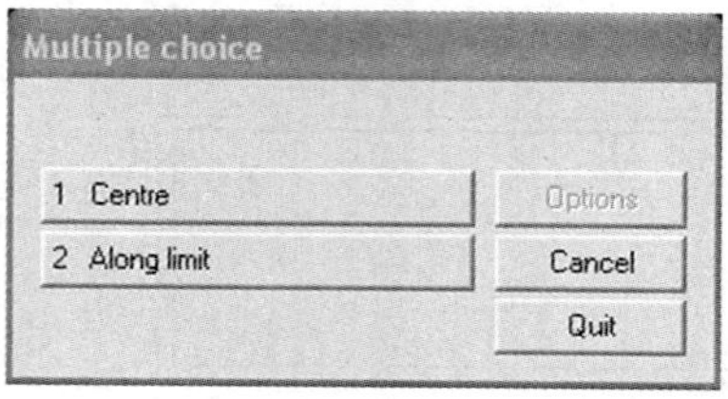

图 8-81　确定开孔位置方式

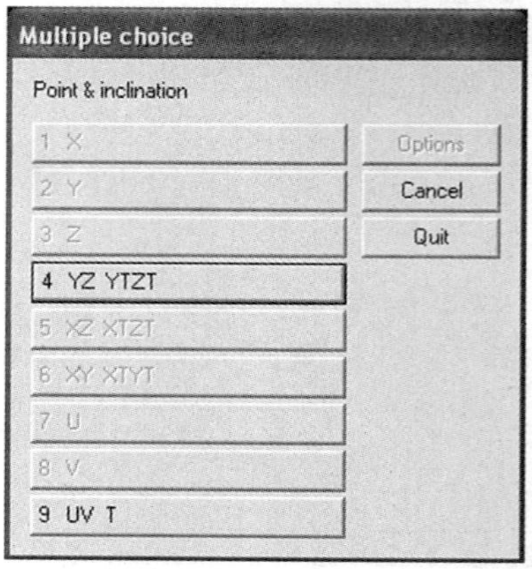

图 8-82　中心线确定开孔方式选择框

UV 为开孔中心点坐标值,T 为开孔中心线与视图上水平线的夹角。

如果选择 Along limit 沿着边界,系统提示指定边界,再用直线选择边界上某一位置,即直线与边界交点的位置。

(5)位置定好后,系统弹出开孔属性菜单如图 8-84 所示。

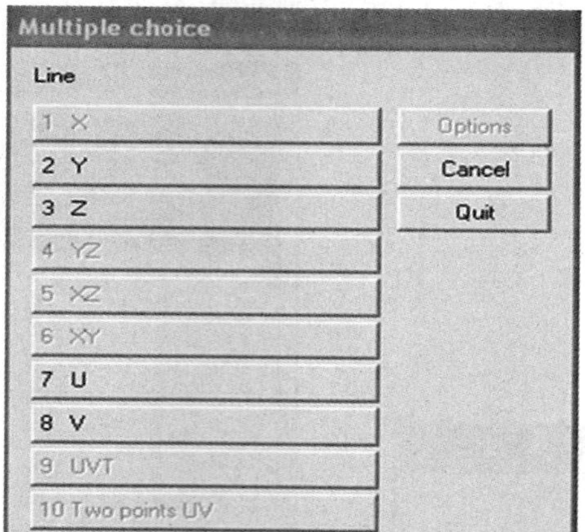

图 8-83　沿边界确定开孔位置选择框

Hole Designation:开孔形式和尺寸。

Distance:开孔中心距边界的距离。

Inclination:可选项,开孔中心线是沿着边界还是沿着确定边界上位置的直线。也可在 Angle 中输入角度值。

Distance is given:可选项,给定的距离是垂直于边界还是其他。

Spigot:用于在开孔上加方钢。

Pillar/Pipe/Ventilation:指定穿过板架的支柱、管子、通风件的开孔,在 Displacement 中给定间隙即可。

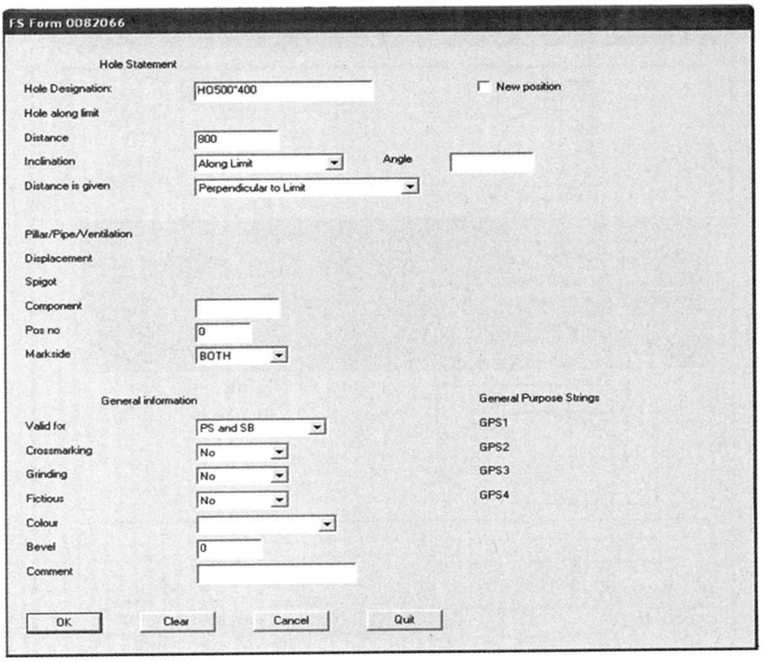

图 8－84　开孔属性菜单

Crossmarking:选择是否在试图上画开孔交叉线。

Grinding:选择开孔边缘是否打磨。

Fictious:虚拟开孔,选择该项则只在板上画线,在下料时并不开孔。

填好后点击 OK 按钮。系统在显示定义的开孔后回到 Planar→Model→Create 菜单。

2. 修改开孔（Modifying holes）

修改已存在开孔的步骤如下:

(1)激活板架。

(2)选择下拉菜单 Planar→Model→Modify, 信息栏提示'Indicate component'。

(3)通过十字光标在视图上选中要修改的开孔。

(4)系统高亮显示选中的开孔孔并提示用户 OK? 点击 Yes 按钮确定。

(5)进入 Scheme 文件,修改该开孔语句,再运行修改后的语句。

实例操作演示 8:

(1)在板架开内孔,先创建板架(步骤如第 3 节中的一致)。

(2)激活板架,选择 Create\Hole,选择内孔类型。

(3)选择内孔中心定义方式,再选择 YZ_YTZT, Y＝0, Z＝600, YT＝0(Y 方向的夹角为零), ZT＝90(Z 方向的夹角为 90),再点击 OC 按钮。

(4)在弹出的对话框里,定义内孔的参数,点击确认完成内孔的定义。如图 8－86、8－87 所示。

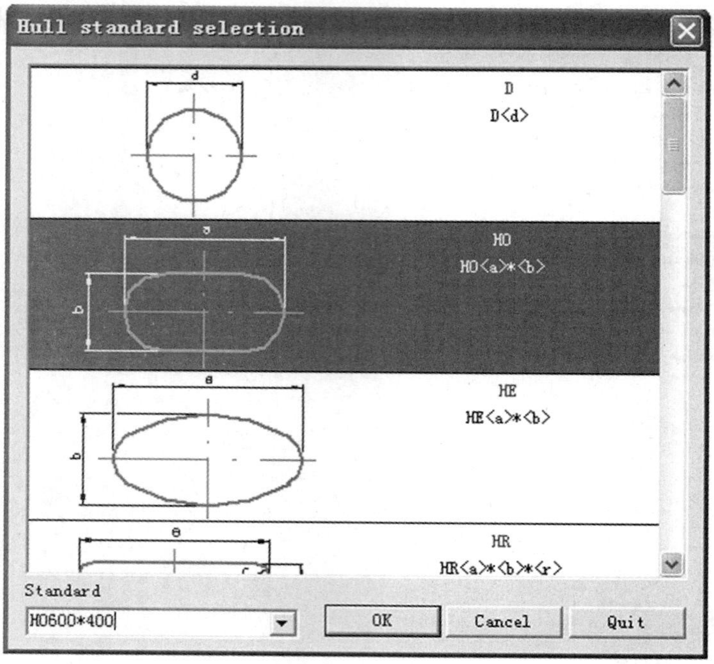

图 8-85 选择内孔类型

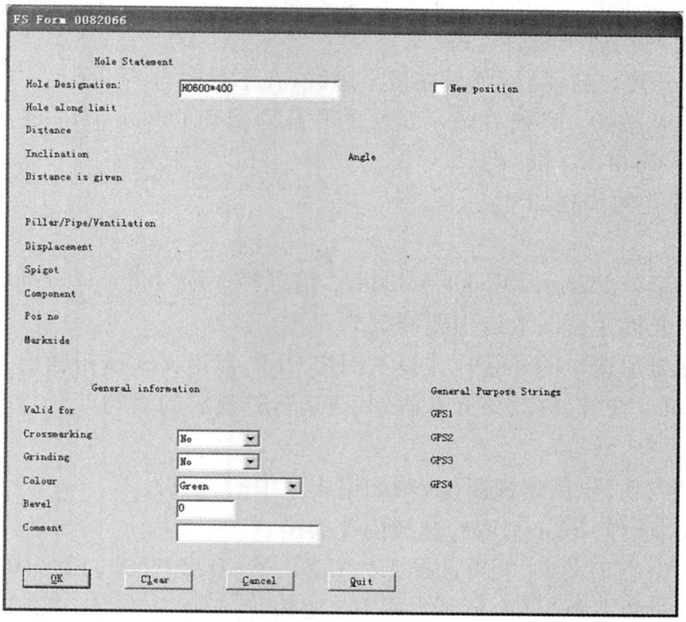

图 8-86 定义内孔的参数

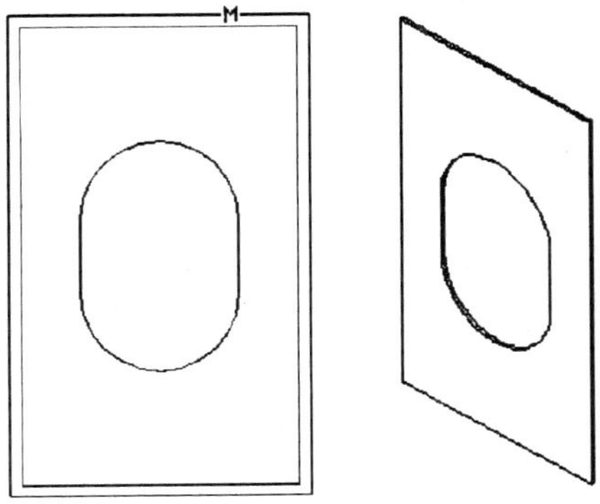

图 8－87　完成的内孔

三、移动和拷贝板架实训

(一)移动板架(Moving panels)

移动板架,需先打开板架的合适视图。选择下拉菜单 Planar→Panel→Move,选择需要移动的板架。系统将出现如图 8－88 所示菜单。

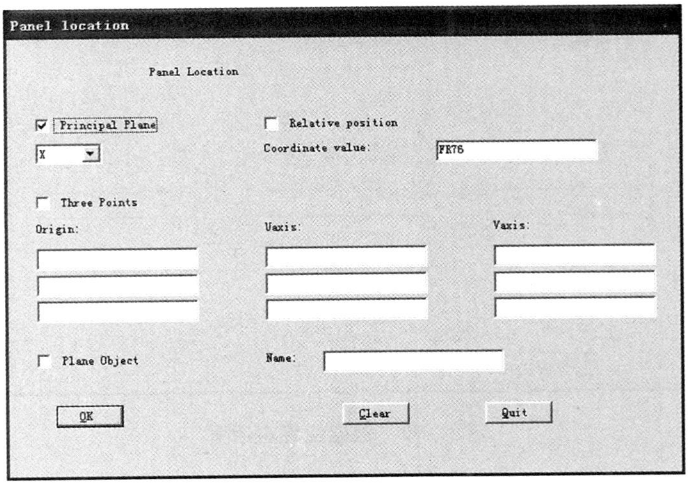

图 8－88　板架位置对话框

Principle Plane:若原来板架是 X,Y 或 Z 方向的板架,这一选项将高亮显示。

Co－ordinate value:定义新位置。或选择点击 Relative position,输入原来板架起始点的相对坐标。

Three points:若原来板架是三点定义的,这一选项将高亮显示。编辑三点坐标定义新位置。

Plane Object:若原来板架是数据库里的曲面,这一选项将高亮显示,编辑 Name 定义新位置。

完成后电击 OK 按钮,系统将板架移到新的位置。

若板架移动的位置正确，则选择下拉菜单 Planar→Select→Store and Skip。

每一个板架移动都将显示如图 8－89 选项。

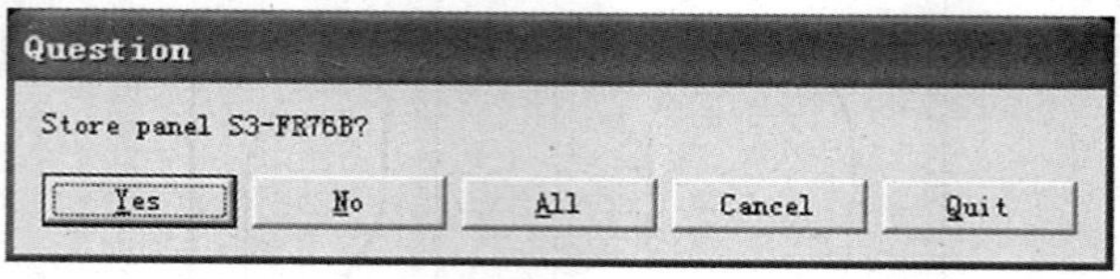

图 8－89　保存移动板架对话框

若板架新位置正确点击 Yes 按钮。系统将把新位置的板架存入数据库，保存退出当前板架。

（二）拷贝板架（Duplicating panels）

打开板架的合适视图，选择下拉菜单 Planar→Panel→Copy，点选板架后点击 ✓ 按钮。

系统将出现选择分段对话框。选择新板架所在的分段后系统弹出板架位置信息框如图 8－90 所示。

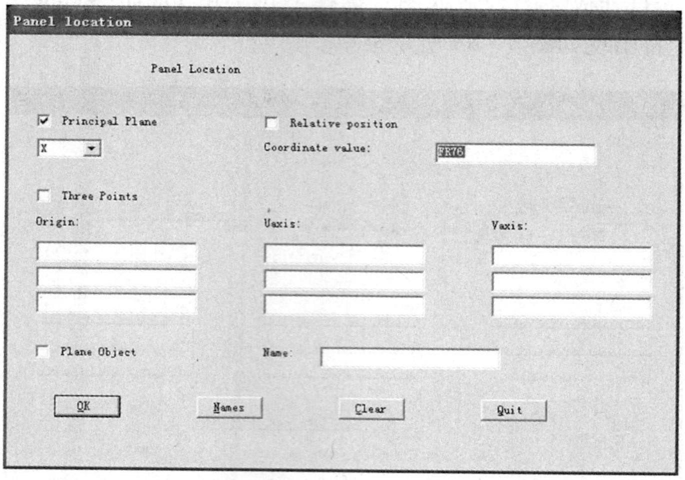

图 8－90　板架位置对话框

注意：如果多个拷贝的话，那么新位置的数目要与新板架名的数目相同。参照移动板架输入。最后选择 OK，拷贝板架被保存如数据库中。

实　训　题

1. 拟定平面板架边界，进行平面板架的创建，对所创建的平面板架进行板厚，材质的定义。

2. 对所创建的平面板架，添加腰圆孔（HO600 * 400），边界切口（R = 50），任意添加一条板缝。

3. 创建板架，对所创建的板架增建一个扶强材（角钢 L140 * 90 * 12），在角钢上开两个内孔孔（R = 50）间距为 400mm。

4. 创建平面板架，其中的一个边界用曲线定义，并在板架上开内孔 R = 500。

5. 用各种不同的定义方式完成进行板架的边界、板缝、内孔、切口、贯穿孔，扶强材的定义。

6. 完成一个平面小分段的建立。

实训项目九　计算机船体结构图绘制实训

任务1　计算机船体中横剖面图、基本结构图绘制实训

【实训目标】

1. 熟练掌握船体结构图绘制时选取图样比例、图纸幅面、设置绘图单位、图形界限的操作；

2. 熟练掌握计算机绘图图面布置的方法和操作；

3. 熟练掌握船体结构图绘制时应用图层、颜色、型线、线宽等图形特性的方法和操作；

4. 熟练掌握综合应用基本绘图命令、图形编辑命令和图形特性绘制船体结构图的方法和技巧。

一、中横剖面图绘制实训

1. 选取计算机出图的图纸幅面

使用计算机输出设备出图时，可根据输出设备所能绘制图纸的最大尺寸，再设置出图比例。目前工厂使用的绘图仪一般最大为 A0。尺度较小的船可选用较大的比例，超大型船舶要选用较小的比例，如 1∶100 或更小，通常根据输出设备所能绘制图纸的最大图纸幅面选定图样比例。但为了使用方便，图纸幅面不宜太大，所以有时还需根据选用的图纸幅面大小重新选取适当的图样比例。图纸幅面通常在 A0，A1，A2 范围内选择。

2. 设置计算机绘图环境

计算机绘图环境的设置通常包括绘图单位设置、精度设置以及绘图空间的界限范围等方面。

①设置绘图单位

命令：UNITS

菜单：Format→Units

绘图单位包括长度单位和角度单位，AutoCAD 提供了 Drawing Units 对话框来设置长度单位和角度单位。执行 UNITS 命令即可打开 Drawing Units 对话框，根据需要进行设置。

船舶图样绘制一般选取 Decimal（小数）类型，精度选取至 0.01 mm 即可。

Angle 选项组用于设置 AutoCAD 的角度单位类型与精度。船舶图样绘制一般选取 Deg/Min/Sec（度/ 分/ 秒），精度选取至 1 s 即可。

②设置图形界限

命令：LIMITS

菜单：Format→Drawing Limits

例如设置 594 * 841（A1）的图纸，操作过程为：

Command：LIMITS

Reset model space limits（重新设置模型空间界限）：

Specify lower left corner or[ON/OFF] <0.0000,0.0000>：（指定左下角点）

Specify upper right corner <420.0000,297.0000>：594,841（指定右上角点）

3. 图面布置

剖面图按剖切位置的肋位编号顺序从左至右依次布置。局部结构图可安排在剖面图相应结构部位的附近或其他空白的地方。主尺度栏和附注栏通常安排在图纸的右上方。布置可根据图幅左下角点和右上角点坐标进行，如果在以后的绘制过程中发现不合适的地方，可通过移动命令进行调整。

4. 绘制剖面图的外形和定出各部分结构的位置。

在此项绘图中，对于型线和线宽的处理有两种类方式，一种是先不设置型线、线宽和图层，待图形绘制完成后，再使用图形对象特性匹配命令设置；另外一种方式是绘图之前设置。两种方式各有方便之处，都可以采用。

①在图纸下方适当位置使用直线段命令 Line 作基线，然后根据剖面图的半宽值，在适当位置做出基线的垂线，即船体中线。作基线的垂线，可利用屏幕下方的"OTRACK"按钮提供特殊方向和点的追踪功能，先打开"OTRACK" 按钮，然后使用直线段命令 Line 在基线上确定一起点，将光标移开此点，大致移向垂直方向，则有虚线自动准确显示垂直方向，由此可确定垂线上另外一点。每个剖面图都应单独给制船体中线，而不允许两个剖面合用一根中线。

②根据剖面图的剖切位置，在型线图中得出肋位剖面图外形的尺寸，然后绘制外形。如果读者的计算机上或联网的计算机上有船体型线光顺系统与型线图绘制系统，如上海沪东船厂开发的 HD—SHM 系统，那么所选肋位剖面的外形不需要重新绘制，只要从光顺后的型线图中将其粘贴过来即可。如果无上述条件，就要使用 AutoCAD 绘制，对于剖面外形由直线和圆弧组成的，只要使用直线段和圆弧绘制命令即可，要注意在舭部直线段和圆弧会相切；对于剖面外形除了由直线和圆弧组成外，还有一般曲线的情况，如舭部或甲板为一般曲线，则舭部或甲板要使用 Spline 命令绘制。

③根据双层底和各甲板间高度，各纵向围壁距船体中线的尺寸等定出各部分结构的位置。确定各部分结构的位置时，注意使用 AutoCAD 提供的相对坐标功能，例如，甲板边线点在横剖面上距中心线和基准线的距离是确定的，这样就可以使用 Point 命令在中心线和基准线相交处作出一点，再使用 Point 命令并输入距中心线和基准线的相对坐标值，就确定了甲板边线点的位置。

由步骤①，②，③可绘出图 9－1 所示的图形。

5. 绘制各部分结构

绘制的顺序通常是先绘底部结构，再绘舷侧结构，然后绘甲板和上层建筑结构。由于船体结构通常对称于中线面，所以剖面图的图形一般只绘略多于一半的图形，见图 9－2。

6. 校对无误后按图线要求设置型线、线宽和标注尺寸

设置型线、线宽可采用特匹配命令，例如，要将先用细实线绘制的外板剖面线设置为粗实线，可按粗实线宽度绘制任意直线，然后使用特性匹配命令先选中该直线，再点击外板剖面线，外板剖面线既变为粗实线。

Command：Matchprop

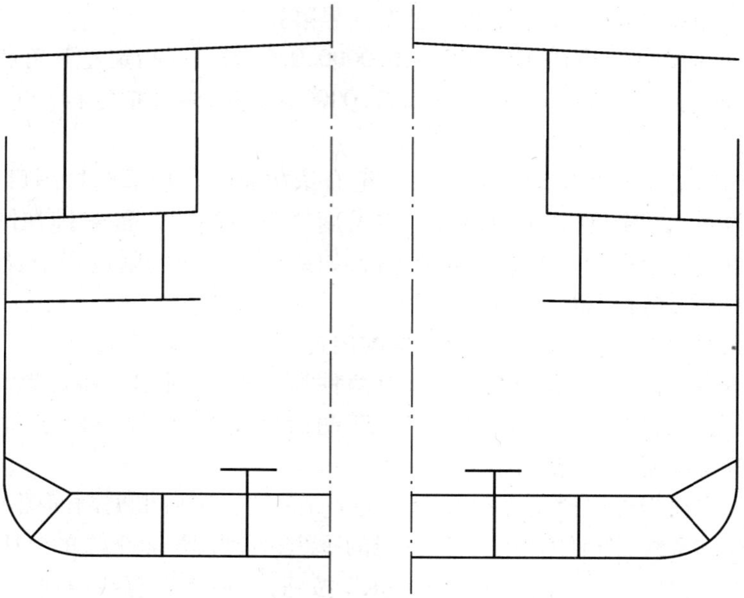

图 9 - 1 横剖面外形与各部分结构位置图形

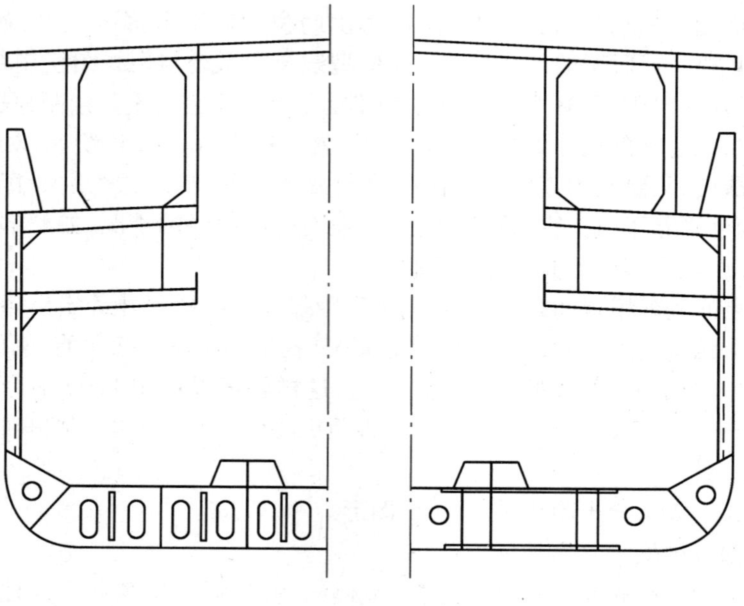

图 9 - 2 横剖面图的各部分结构

Select source object:选择源目标(粗实线)

Select destination object(s) or [Settings]:被匹配对象(外板剖面线)如图 9 - 3。

7. 绘图前设置型线、线宽和颜色

如果不同型线、线宽的图线比较多、混合在一起,则使用特性匹配命令设置型线、线宽

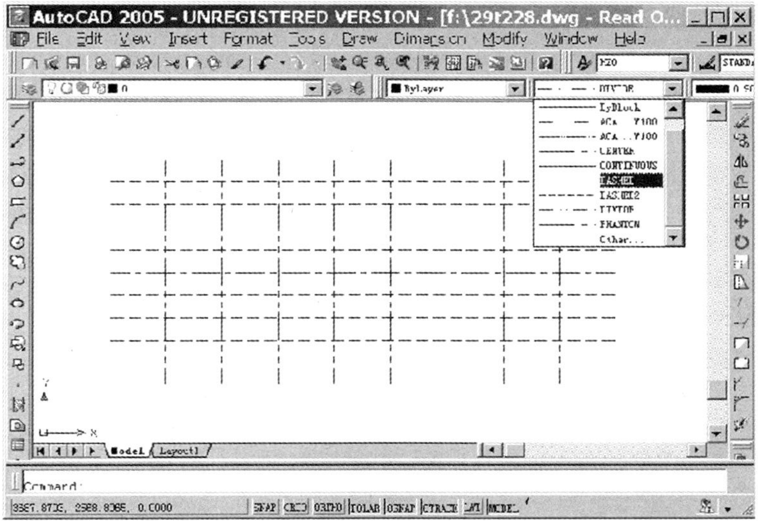

图 9－3　设置线宽后的横剖面图

不够方便，在将来出图比例一定的情况下，可以根据将要绘制的图形对象的型线、线宽，先设置型线、线宽再绘图。例如，在对象特性工具栏中的型线下拉列表中根据将要绘制的图形对象的型线选择了所需要的型线再绘图，就可以绘制出如图 9－4 所示的图形。在对象特性工具栏中的线宽下拉列表中根据将要绘制的图形对象的线宽选择了所需要的线宽再绘图，就可以绘制出如图 9－5 所示的图形。

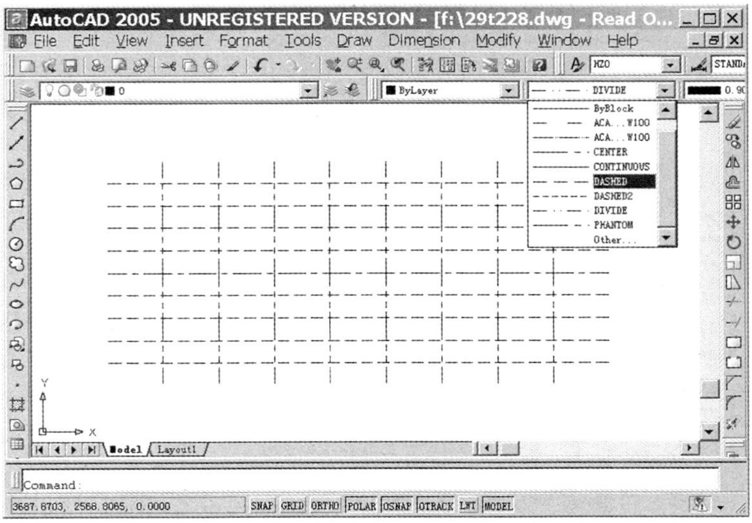

图 9－4　型线下拉列表中选择型线绘出的图

在将来出图时的线宽没有确定的情况下，可以先设置型线，不同线宽的图线可设置成不

同颜色，再去绘图，最后出图时，对不同颜色设置不同线宽，例如将线宽为 0.5 mm 的图

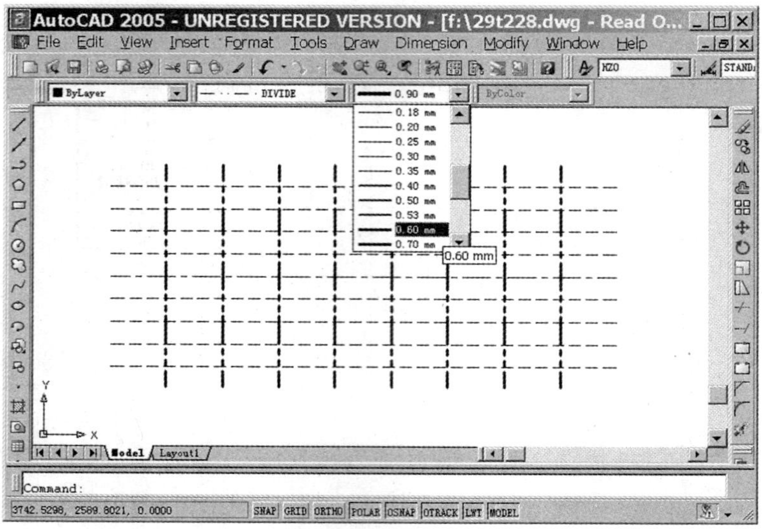

图 9-5　线宽下拉列表中选择线宽绘出的图形

形对象颜色设置为红色。出图时使用 PLOT 命令,弹出如图 9-6 所示的 PLOT 对话框。

从打印样式表 Plot style table(笔指定 pen assignments)栏中选择一种样式表。如选择已有的 acad. ctb 样式表或新建样式表,再单击编辑 edit 按钮,则弹出如图 9-7 所示的对话框。在图纸格式(Form view)选项中绘图笔颜色(Plot)下拉列表中选择线红色,在右侧的特性(Properties)栏中将线宽选择为需要的 0.5 mm。

完成以上设置,绘出的图纸中,凡是红色的图形,线宽均为指定的 0.5 mm 线宽。

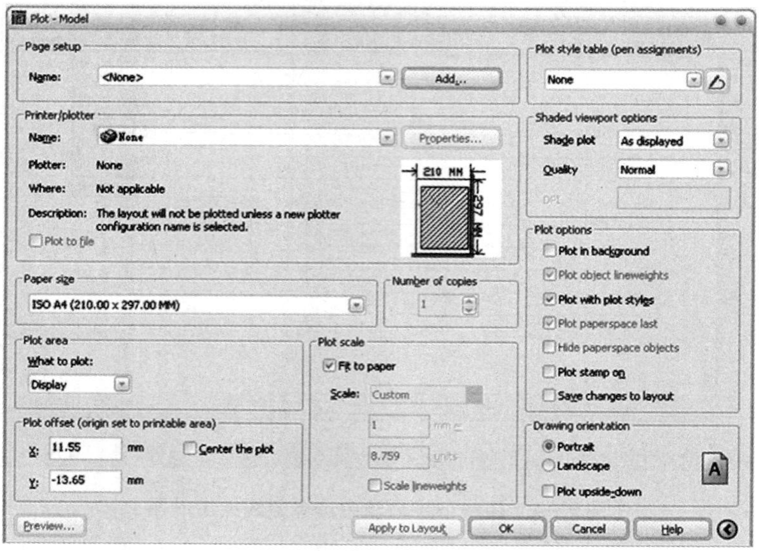

图 9-6　Plot 对话框

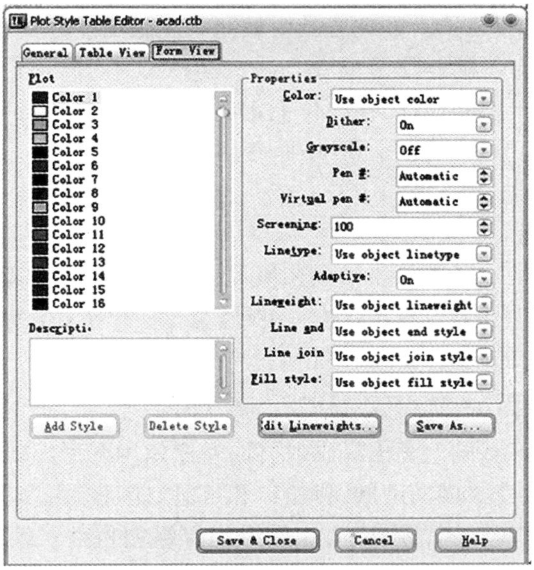

图 9－7　Plot Style Table Editor 对话框

8. 标注尺寸

中横剖面图中的尺寸很多,因此在标注尺寸时必须做到布置合理。

二、基本结构图绘制实训

(一)选取剖切位置

打开型线图,总布置图和中横剖面图,使用绘图命令绘出剖面线,再使用查询等命令测出所需尺寸,然后删除所绘剖面线。

(二)确定图样比例和图纸幅面

基本结构图常用的比例是:1∶100,1∶50,1∶25 等。如果甲板,平台层数较多,可以选用两张或两张以上图纸,以免图样幅面过大,使用不便.其他要求与中横剖面图相同。

(三)布置图面

中纵剖面图布置在图纸上方,和平台图依次布置在中纵剖面图的下方,舱底图布置在图纸的下方,主尺度栏布置在图纸的右上方.

(四)画出各图形的基准线

画出中纵剖面图的基线和各层甲板、平台图、舱底图的中线,并在基线上定出垂线间长和肋位,再根据基线上的肋位定出各中线上的相应肋位。确定肋位时,可使用 DIVIDE 和 EASURE 命令,同时注意使用 POINTSTYLE 命令将点的形式设置为十字形。

(五)绘制各图的外形

1. 绘制中纵剖面的外形

中纵剖面图的外形通常由型线图的中纵剖线和甲板中线确定。如果有 HD－SHM 系统已经建立了船体型线,可调用型线图的中纵剖线和甲板中线,如果没有 HD－SHM 系统已经建立船体型线,可根据型值,使用 SPLINE 命令绘制。上层建筑中的各层甲板,平台线可按总布置图中表达的各层甲板,平台的位置及甲板间高度画出。

2. 绘制甲板图和平台图的外形

在中线上任意作若干根肋位线,在肋位上定出由型线图提供的甲板边线或平台边线的型值,可调用型线图中的型线或使用 SPLINE 命令绘制,即得甲板,平台图的外形。注意利用步骤"一"所测得的数据。

3. 绘制舱底图的外形

舱底图的外形与剖切位置有关。如果在最下层甲板与底部构架之间选取剖切面时,则一般取最下层甲板边线为外形轮廓,如果剖切面取自底部构架上缘,则取肋板边线和内底板边线为外形轮廓,它们的画法与甲板图相似。

(六)绘制纵剖面图

在中纵剖面图的外形基础上画出纵、横构件,注意使用图形编辑命令。步骤如下:

1. 绘制横舱壁,上层建筑横向围壁,货舱口和机舱口围板,内底板等。

2. 绘制中内龙骨,甲板纵桁,纵舱壁,舷侧纵桁等纵向构件。绘时应注意,凡位于中线面的纵向构件均作未剖切绘制。

3. 绘制横梁,肋板强肋骨等横向构件。

(七)绘制甲板图、平台图和舱底图

在甲板图,平台图和舱底图的外形基础上画出纵横构件,步骤如下:

1. 绘制甲板板,平台板和内底板上的开口;

2. 绘制纵横构件;

3. 绘制甲板板、平台板和内底板的接缝线。

如果结构对称于中线面,则允许甲板图,平台图,舱底图(通常限于单底结构的船)的图形不全部画出,而只画出略多于一半的图形。

中纵剖面图与甲板图,平台图及舱底图是表示同一条船结构的两个不同方向的视图,两者有着密切的联系.绘图时,要注意相互对应,要充分利用计算机绘图的编辑功能。例如可将中纵剖面图上的肋骨位置点直接复制到甲板图上等。

(八)按图线要求设置型线、线宽和标注尺寸

方法与中横剖面图相同。

(九)标注舱室名称.填写主尺度栏和标题栏

该部分内容可使用字符标注的有关命令进行。

任务 2 分段结构图、零部件图绘制、零件明细表编制实训

【实训目标】

1. 熟练掌握计算机绘制分段结构图、零部件图绘制布置、绘制的方法;

2. 熟练掌握综合应用 CAD 技能绘制船体分段结构图、零部件图的方法和技巧。

一、分段结构图绘制实训

(一)确定视图

1. 确定主视图

实训1　确定分布范围为“$\#153^{+150}\sim\#165^{+300}$”的底部分段结构图的主视图。

在基本结构图的舱底图上,以分段线为基准向外侧让出适当距离,作分段线的平行线,然后使用 Trim 命令切去分段以外的图形,再将该线改为破折线,即得到本分段的主视图,如图 9-8 所示。

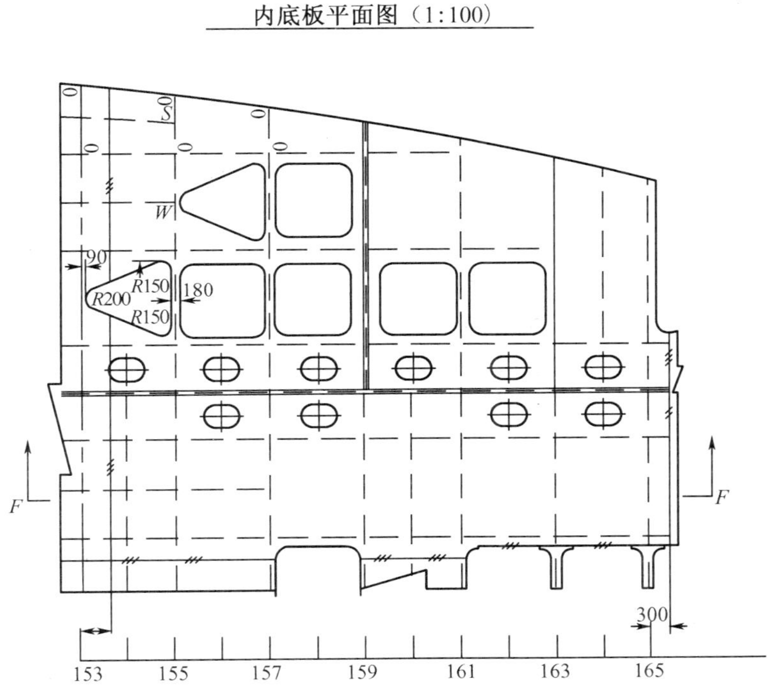

图 9-8　底部分段主视图

2. 确定剖面图

实训1　根据主视图所表示的结构基本情况来确定剖面图。

对形式不同的结构分别绘制剖面图来表示,对形式相同的结构只绘制一个剖面图来表示。对于肋骨剖面图利用肋骨型线图的型线和中横剖面图的表达方式与尺寸。图 9-9 为底部分段靠近艉部的肋骨剖面图。

对于纵剖面图利用纵中剖面图的表达方式与尺寸。图 9-10 为底部分段的纵剖面图。

3. 确定节点详图

实训1　节点详图绘制。

使用 Trim 或 Break 命令将节点处结构和与之相连的结构切断并局部放大,得到节点详图。图 9-11 为节点详图及相关剖面图。

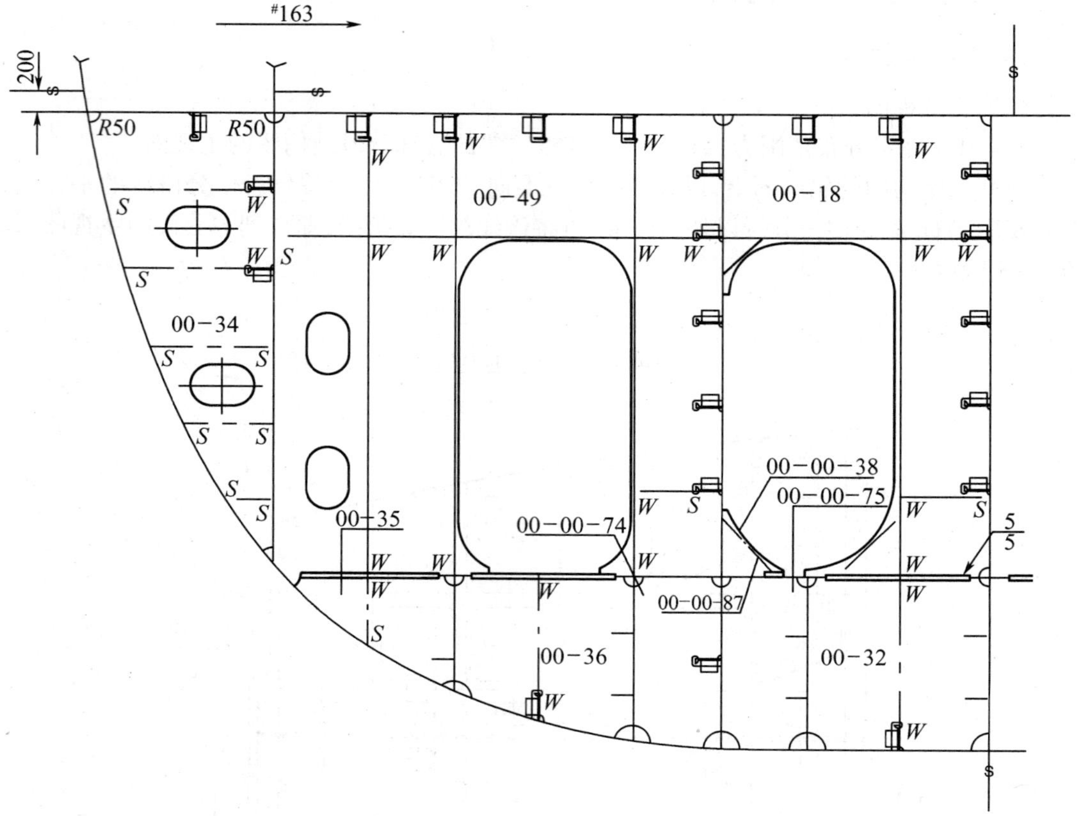

图9-9　底部分段的肋骨剖面图

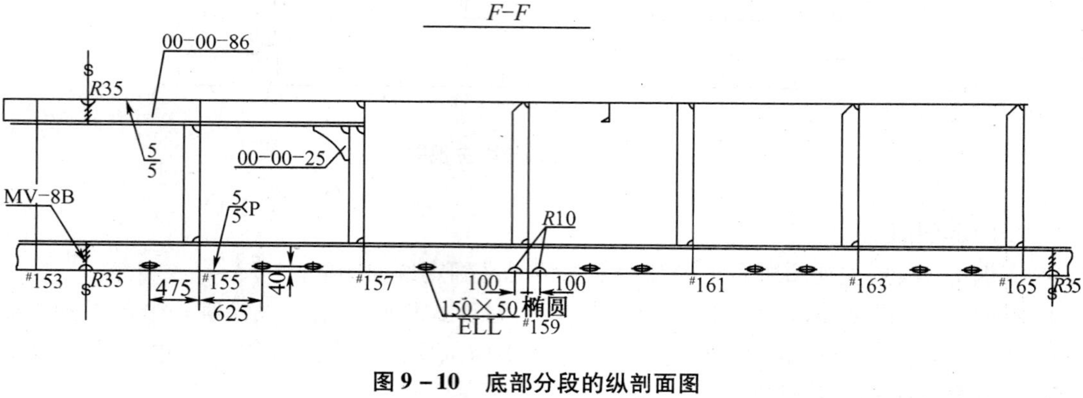

图9-10　底部分段的纵剖面图

(二)选取图样比例和图纸幅面

实训1　确定某底部分段结构图绘图比例。

根据船和分段的大小不同,通常主视图的比例选用1:50,1:25,1:20等,节点详图的比例选用1:10,1:5等。这里需要指出的是,由于计算机绘图具有的缩放、复制等功能,为节省图纸空间,对节点构成简单的剖面图可以放大比例,与其他节点构成复杂的剖面图比例不同。

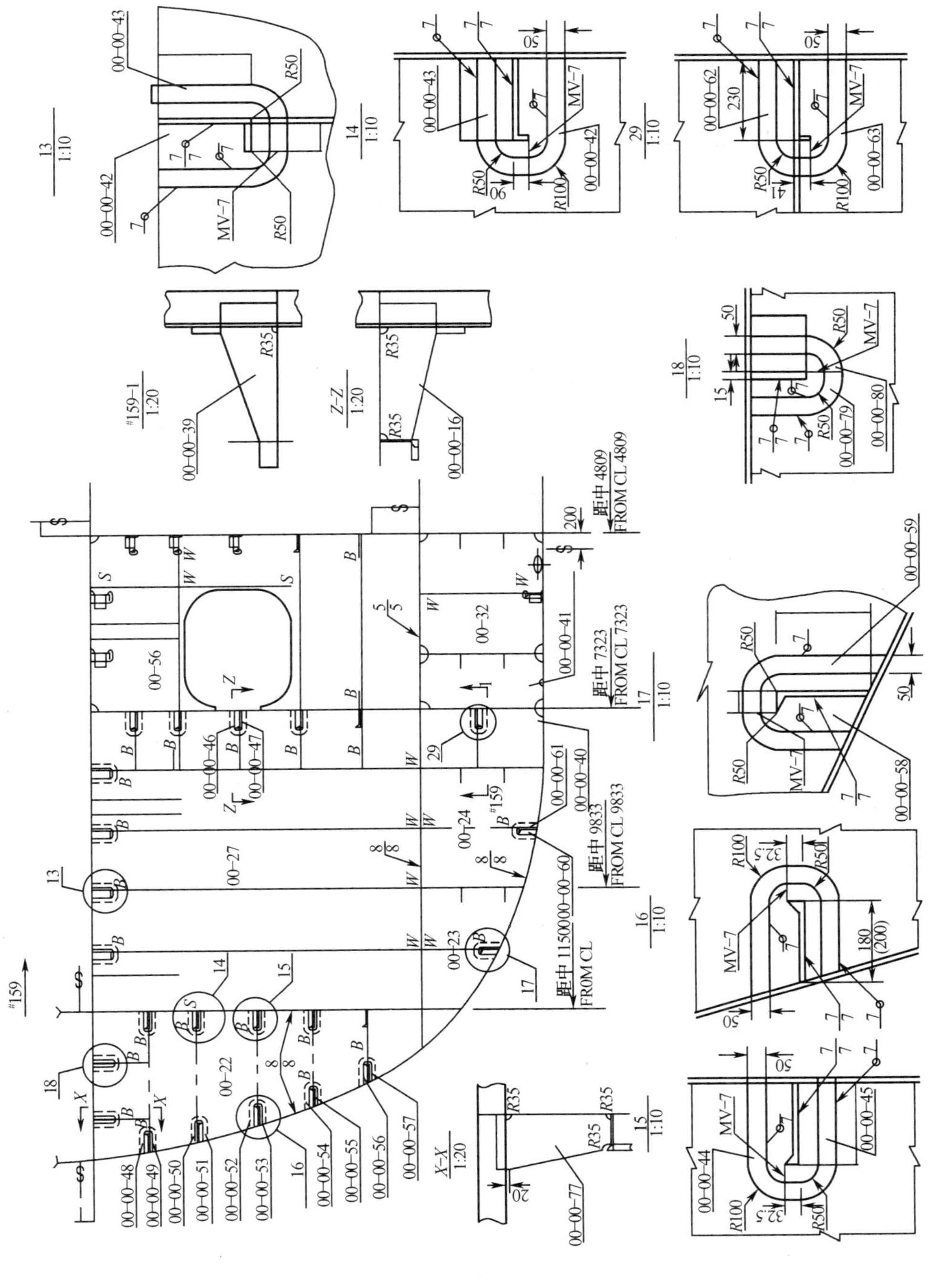

图9-11　节点详图及相关剖面图

该分段在#157 肋骨位置有肋板布置，节点构成复杂，采用小比例；而#156，#158 肋骨位置无肋板，节点构成简单，采用大比例，如图 9－12 所示。

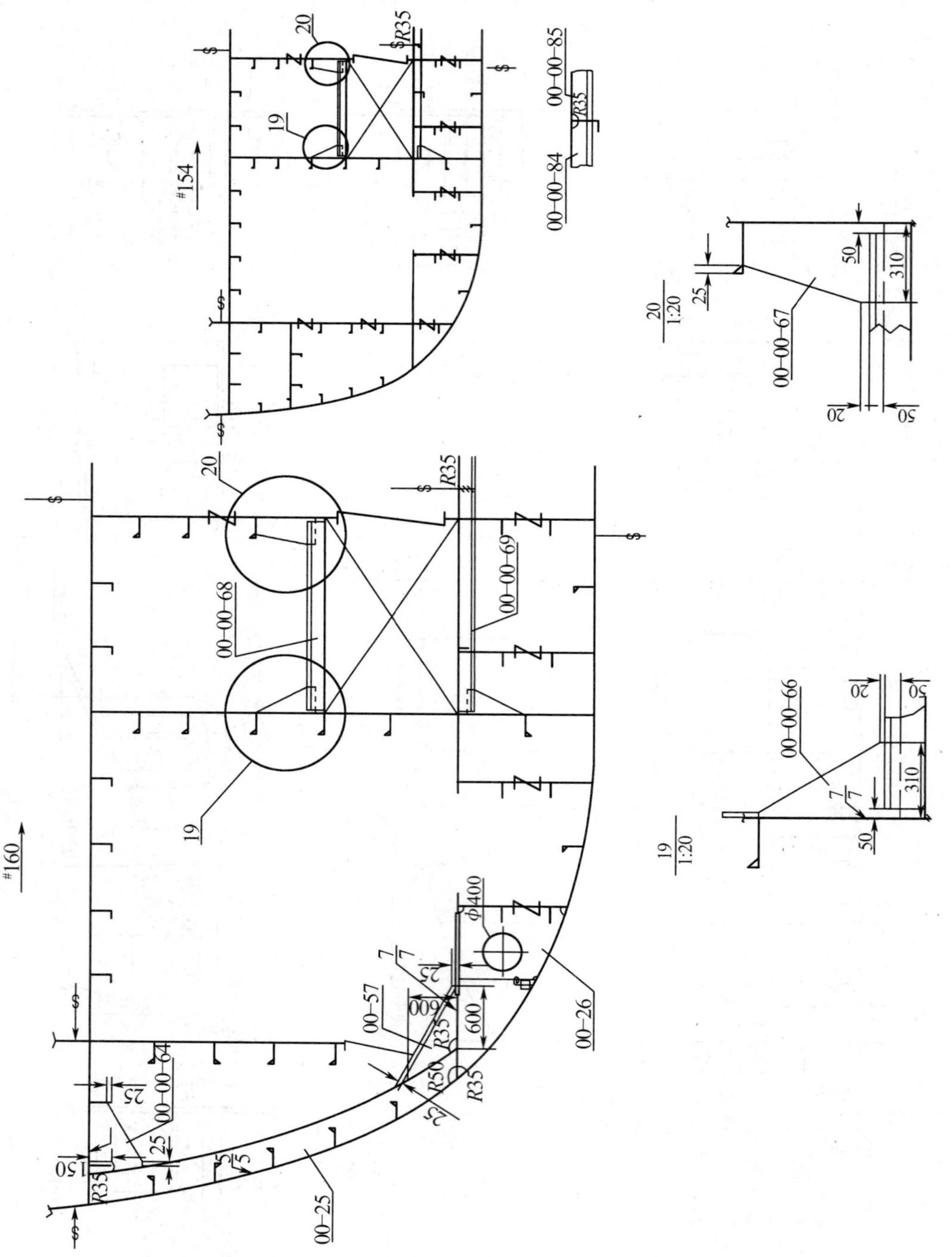

图9-12　采用不同比例的肋骨剖面及节点图

（三）布置视图的位置

实训 1 图面布置。

如果采用一张图纸布置，通常主视图布置在图纸的左上方或左下方，一般位置剖面图依次布置在主视图的下方或上方的相应位置（尽量按投影关系布置），肋位剖面图等布置在图纸中间；明细栏布置在标题栏上方，节点详图布置在其余空白的地方。

如果采用多张图纸布置，通常主视图布置在除了标题栏、技术说明以外的第一页图纸上，并在同一张图纸上布置相关的节点详图，其他各张图纸上依次布置各个剖面图以及相关的节点详图。图 9 - 13 为平台视图及相关纵剖面图的布置。

（四）绘制视图

实训 1 绘制平台视图。

在图 9 - 13 的平台视图中，设置了“O - O”“P - P”剖面，目的是为了表达该剖面上的几个加强肘板。“O - O”“P - P”剖面距离#159 肋骨剖面很近，剖面形状与#159 肋骨剖面也非常接近，所以绘制“O - O”“P - P”剖面图可直接利用#159 肋骨剖面图。由于#159 肋骨剖面为水密舱壁，而“O - O”“P - P”剖面除了几个加强肘板外无其他横向构件，所以可使用 COPY 命令，选择#159 肋骨剖面图上的纵向构件复制，再加上需要表达的加强肘板，就完成了“O - O”“P - P”剖面图的绘制。在使用 COPY 命令，选择#159 肋骨剖面图上的纵向构件时，由于该剖面图上还有很多其他图形，使用一般的对象选择方式就很困难，这时，可使用对象特性管理命令 PROPERTIES 选择相同特性的对象。因为在绘制剖面图时，对不同线宽的图形采用了设置不同图层或颜色等方法，而“O - O”“P - P”剖面需要选择#159 肋骨剖面图上的纵向构件进行复制，这些纵向构件都带有线宽，因此使用对象特性管理命令 PROPERTIES 可以很方便地选择这些弹出如图 9 - 14 所示的对话框。例如，我们在绘图时，将带有线宽的图形都设置为红色，则可以使用 PROPERTIES 命令选择。使用 PROPERTIES 命令，弹出如图 9 - 14 所示的对话框，再选择该对话框右上角的快速选择按钮，又弹出如图 9 - 15 所示的对话框，从中选择颜色特性，再选择红色，即选中了所有纵向构件。

对有选择地复制的#159 肋骨剖面图上的图形进行删除和添加后，即绘出了“O - O”“P - P”剖面图。与“O - O”“P - P”剖面图相关的“23”“24”“25” 节点详图，可使用图形切断、复制、缩放等编辑命令，在剖面图上进行操作，再增加一些剖面图上没有的图形和进行部分尺寸标注，就完成了节点详图绘制。整个剖面图和相关节点详图如图 9 - 16 所示。

（五）标注件号、标注焊缝代号

件号的排列应齐整，件号，焊缝代号等的指引线应避免相交。可将被标注件号的图形对象创建成块，将标注的件号定义成属性。这样，不仅可以方便地对定义成属性的件号进行编辑，还可以提取属性到文本文件中，或使之成为数据库中的记录项，供统计、查询等使用。

（六）填写技术要求和标题栏

填写技术要求和标题栏采用文字标注命令。如果采用大张图纸集中绘制分段结构图，则明细栏和标题栏一般布置在图纸的右下方，技术要求布置在图纸的右上方，要求明细栏自下而上按件号顺序逐一填写，如构件较多或标题栏上方空位不多，可在标题栏左侧，以同样形式另辟一栏填写。如果采用分页绘制分段结构图则通常在第一、二页填写标题栏和技术要求，零件明细栏另外单独编制成册。

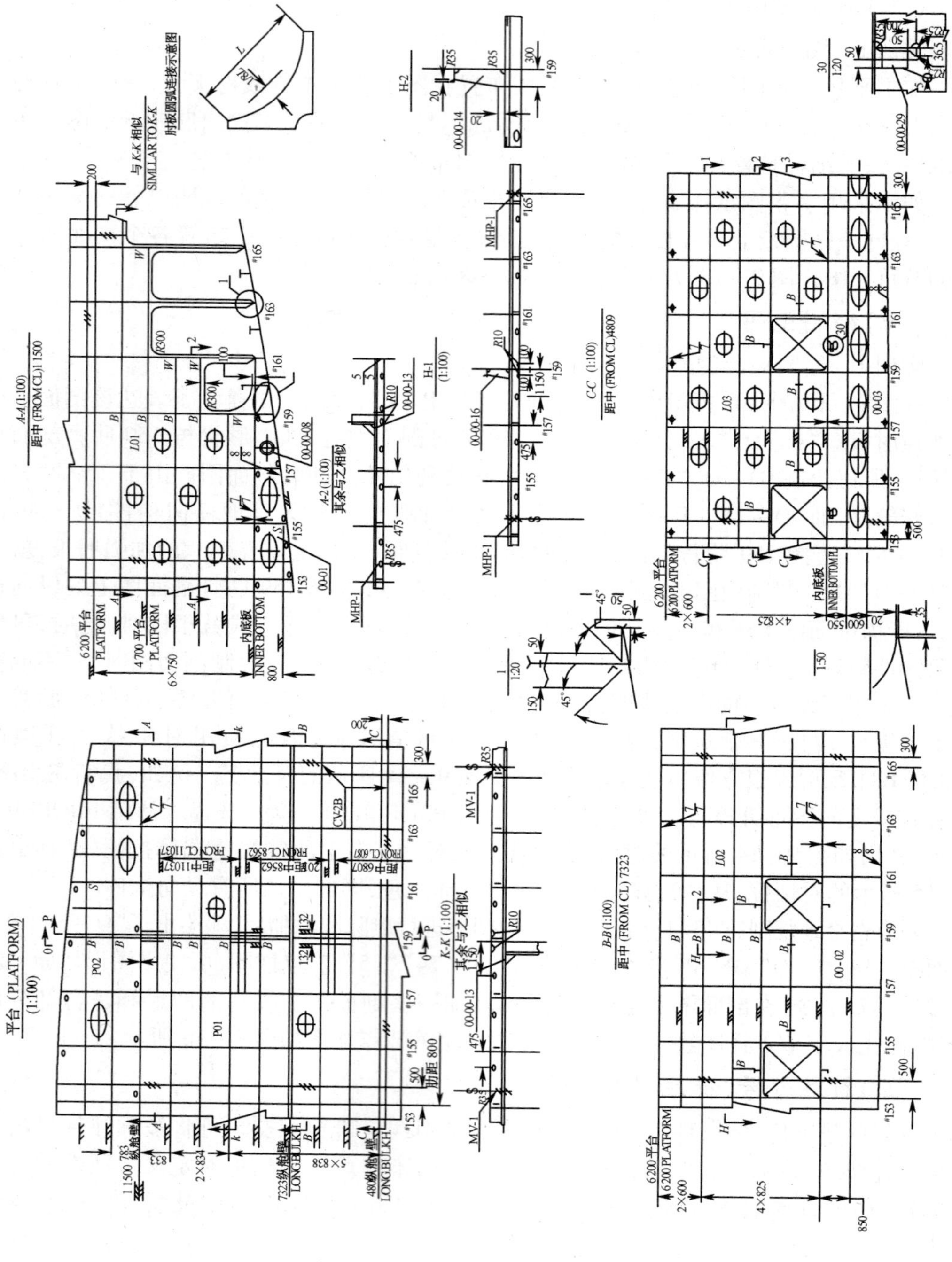

图 9-13 平台视图及相关纵剖面图的布置

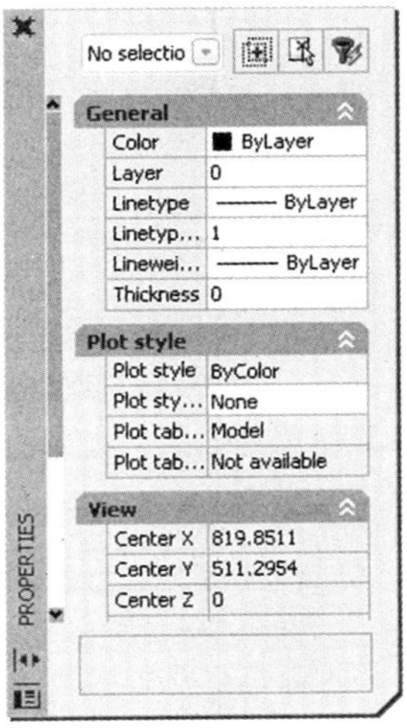

图 9－14　对象特性管理对话框

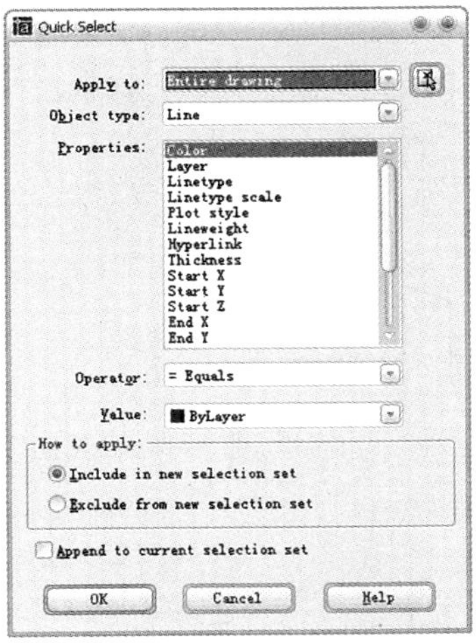

图 9－15　对象快速选择对话框

（七）分段结构图绘制实训

现以某 29 000T 船舶 245 分段结构图绘制为例，实训分段结构图绘制。245 分段为机舱甲板纵骨架式结构分段。该分段结构图使用 A_3 幅面，将主视图、剖面图、节点详图、明细栏分页布置，再装订成册。

根据主尺度（1 740 * 9 634 * 3 200）主视图的比例选用 1∶100，节点详图的比例选用 1∶10，1∶5 等。

分段结构图的型线有实线、虚线、点画线、双点画线，线宽有粗和细两种，生成名称为 HIDDEN DASHED，CENTER，PHANTOM 的图层，将实线、虚线、点画线、双画划线分别绘制在 0 和 HIDDEN DASHED，CENTER，PHANTOM 图层上，将粗和细两种线宽分别用红色和黑色绘制，这样便于图形编辑和图形输出。

1. 绘制甲板平面图及局部剖视图

此甲板上开口为矩形，角隅为圆弧，可使用绘制矩形命令 Rectang 绘制，再使用图形编辑命令 Fillet 导出指定半径的圆弧。纵骨为等间距，可使用阵列命令 Array 绘制，在开口处使用 Trim 命令修剪。剖切位置符号和焊接符号使用尺寸标注中引出线命令 Qleader 标注。绘制的甲板平面图及局部剖视图如图 9－17 所示。

2. 绘制纵剖面图

根据甲板平面图上标注的剖切位置和符号，绘制出如图 9－18 和 9－19 所示的纵剖面图和纵向局部剖视图。

3. 绘制肋骨平面图

选择典型肋骨剖面，绘制出如图 9－20 和 9－21 所示的肋骨剖面图。

二、零部件图绘制

零部件图是适应造船生产设计需要而出现的一种船体结构表达形式，零件图和部件图通常并不分开，将一个部件的所有零件绘在同一图纸上，并在该图上设置一个明细栏，标明各个零件的代号、名称、数量材料和质量等，称为零部件图。一个分段的所有零部件图汇总到一起，称为零部件图册。只有那些不从属任何部件的零件，才单独绘制。

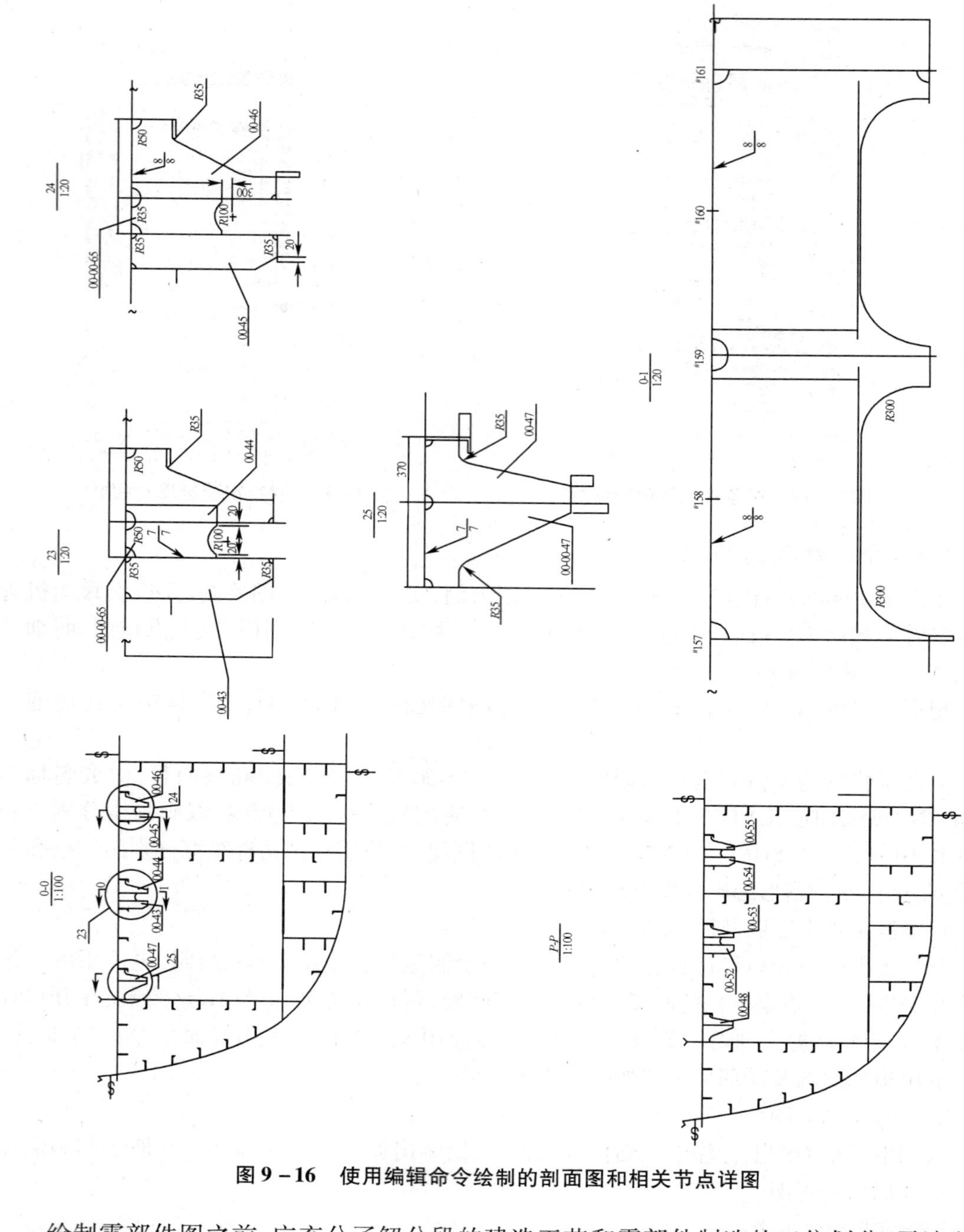

图9－16　使用编辑命令绘制的剖面图和相关节点详图

绘制零部件图之前，应充分了解分段的建造工艺和零部件制造的工位划分，弄清所绘制零部件图的零件组成，以便在图纸中标出零件的代号、名称、数量材料和质量等。

部件的常见类型为由平台板、舱壁板、肋板、甲板板等加上安装在上面的构件构成。零部件图通常由上述板的平面图加上表示构件的剖视图组成。绘制零部件图时，要依据分段结构图，要注意件号标注的一致。平面图可直接复制过来，放大后，进行个别修改，再增加尺寸等标注。例如，图9－25所示的内底板平面图中的内底板为一个部件，绘制该部件图时，可直接复制内底板平面图，删除多余部分，添加需要的标注，就完成了零部件图的绘制。内底板零部件图如图9－22所示。

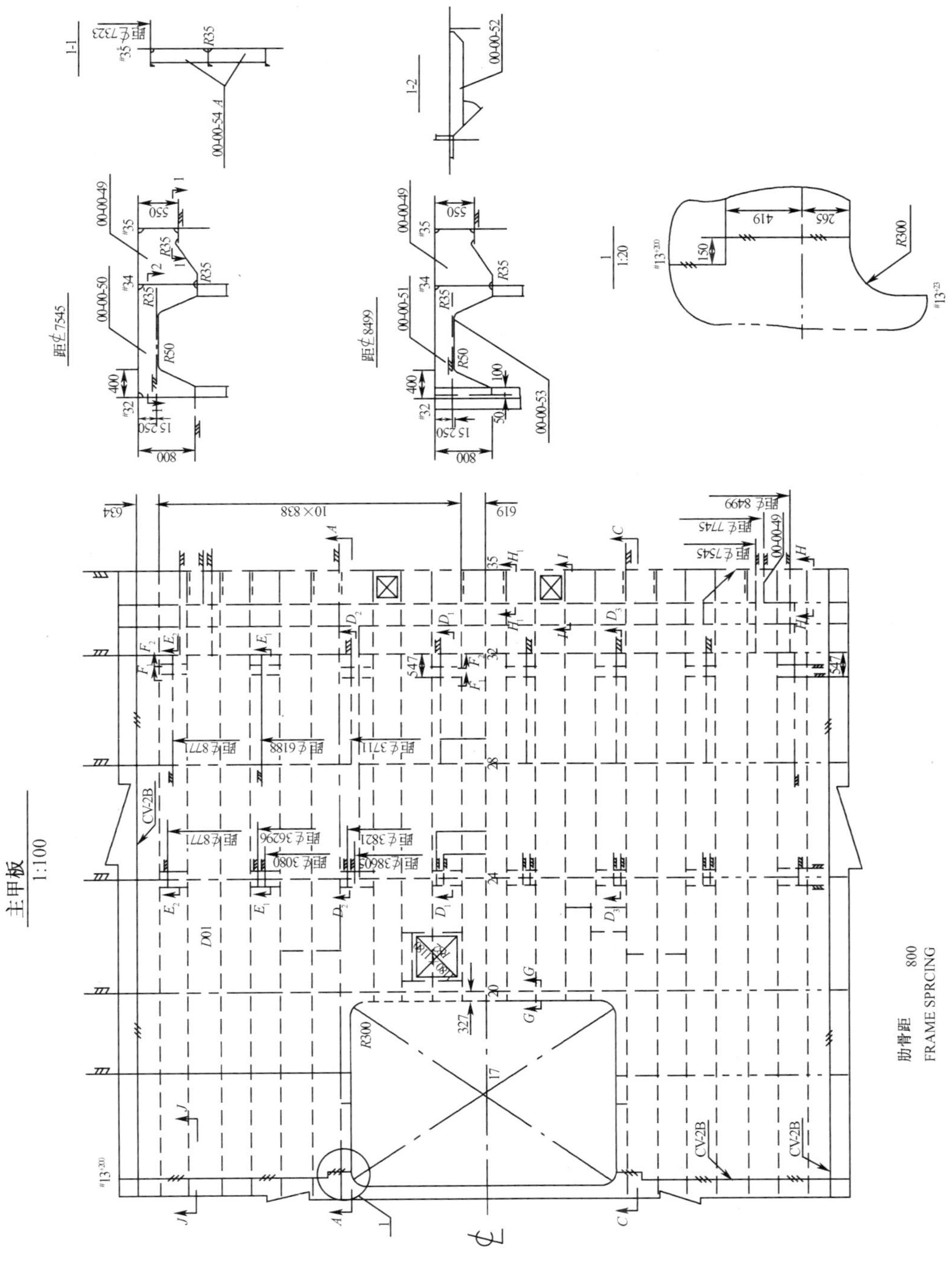

图9-17　甲板平面图及局部剖视图

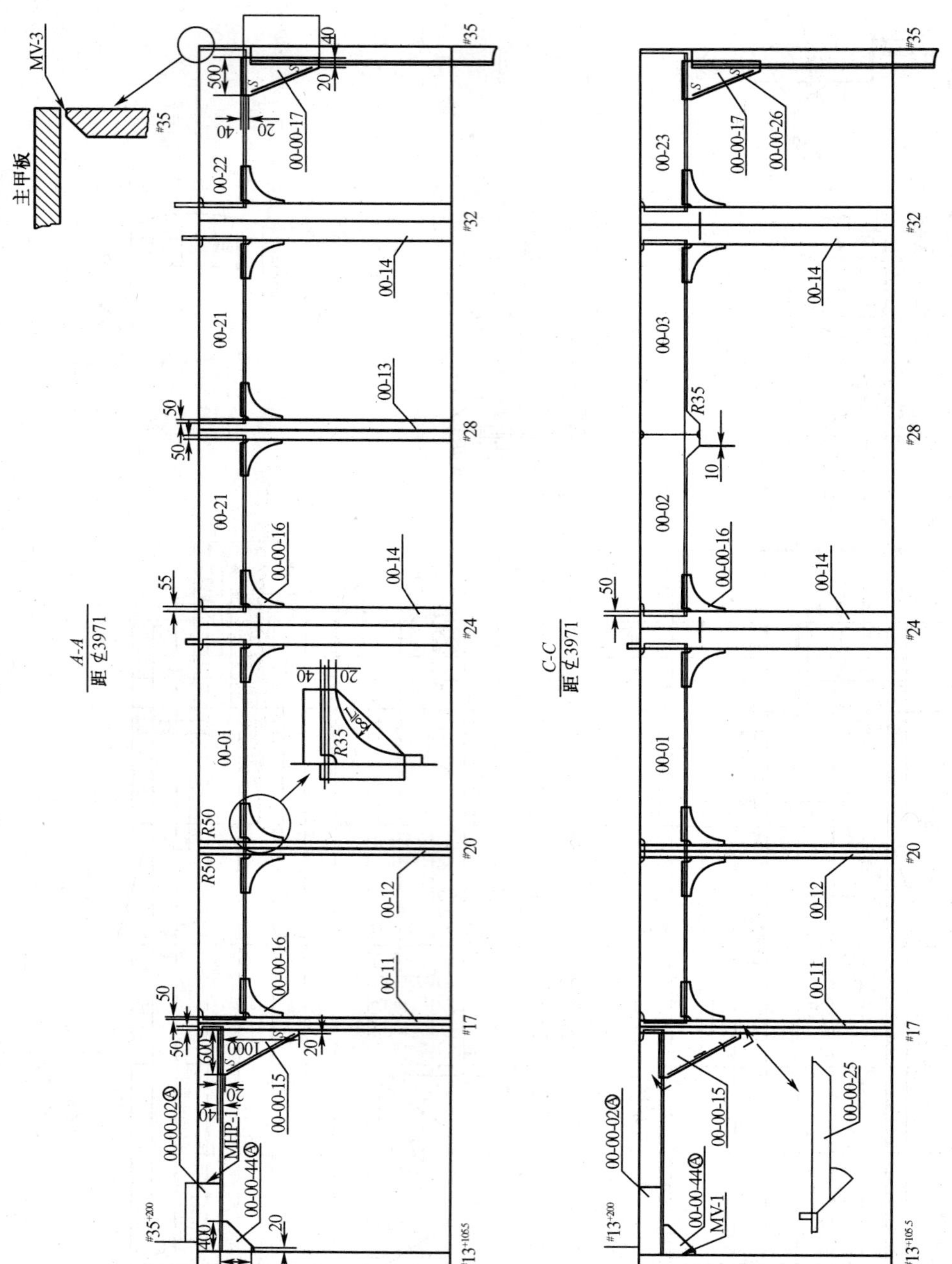
A-A
距℄3971
C-C
距℄3971
主甲板
MV-3
MV-1
MHP-1
00-00-17
00-00-26
00-00-16
00-00-15
00-00-25
00-00-02
00-00-44
00-22
00-23
00-21
00-03
00-02
00-01
00-14
00-13
00-12
00-11
#35
#32
#28
#24
#20
#17
距 BL1 5550
距 BL1 2200

图9-18 甲板纵剖面图

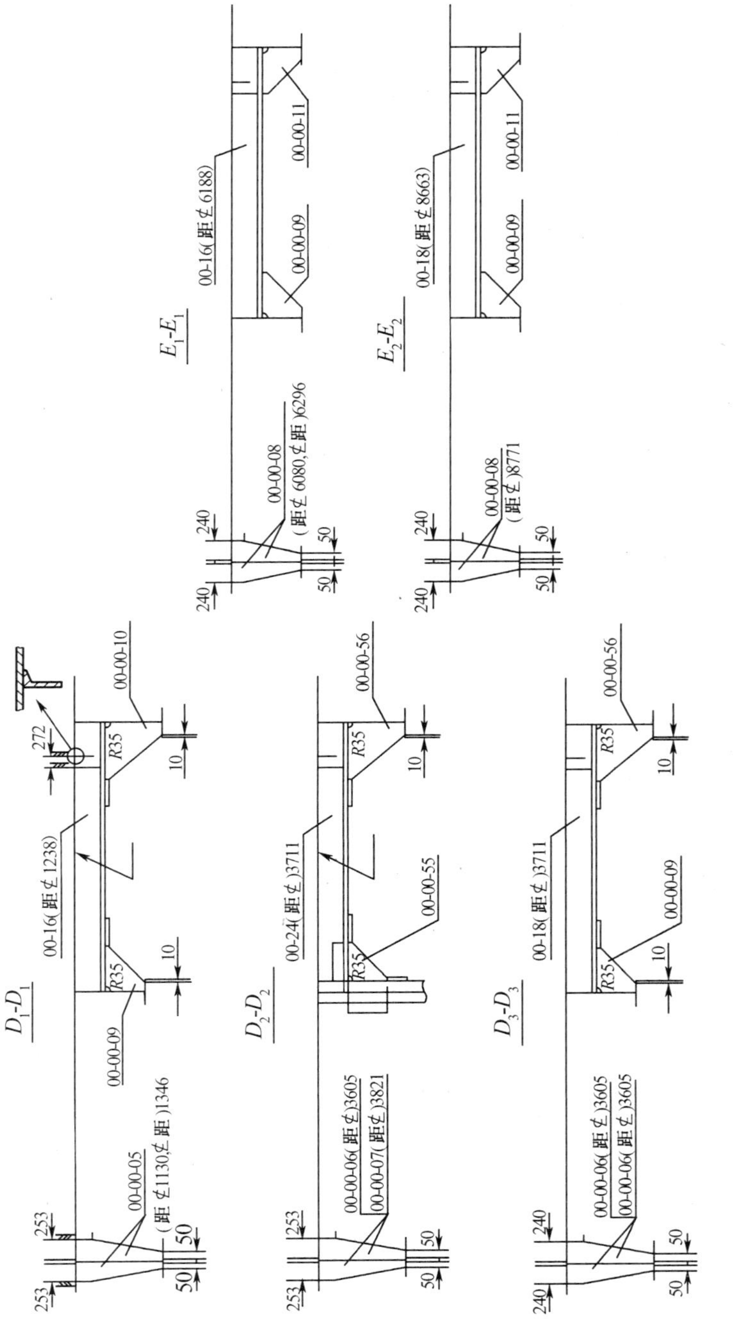

图9-19　甲板结纵向局部剖视图

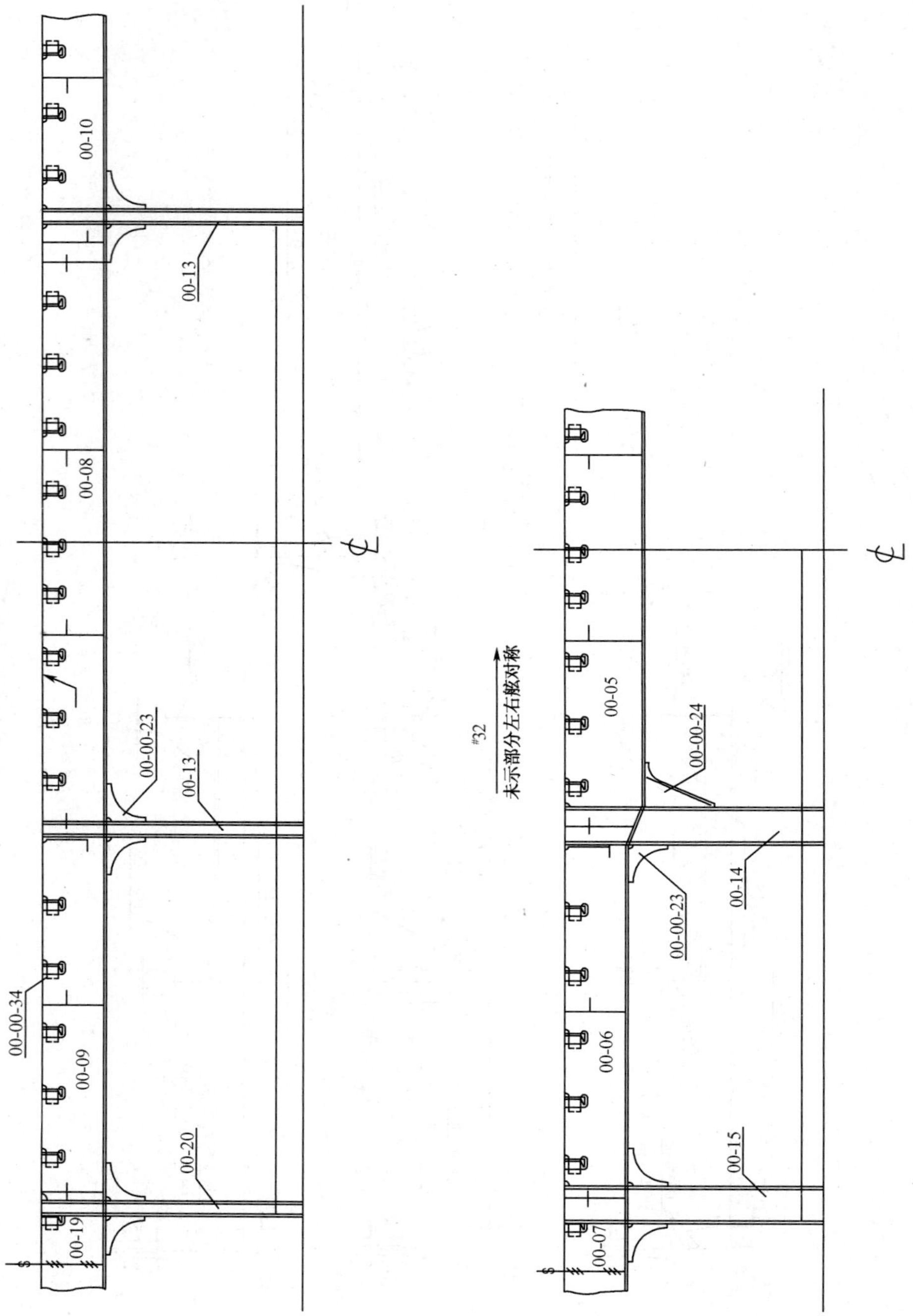

图9-20 甲板分段肋骨剖面图（一）

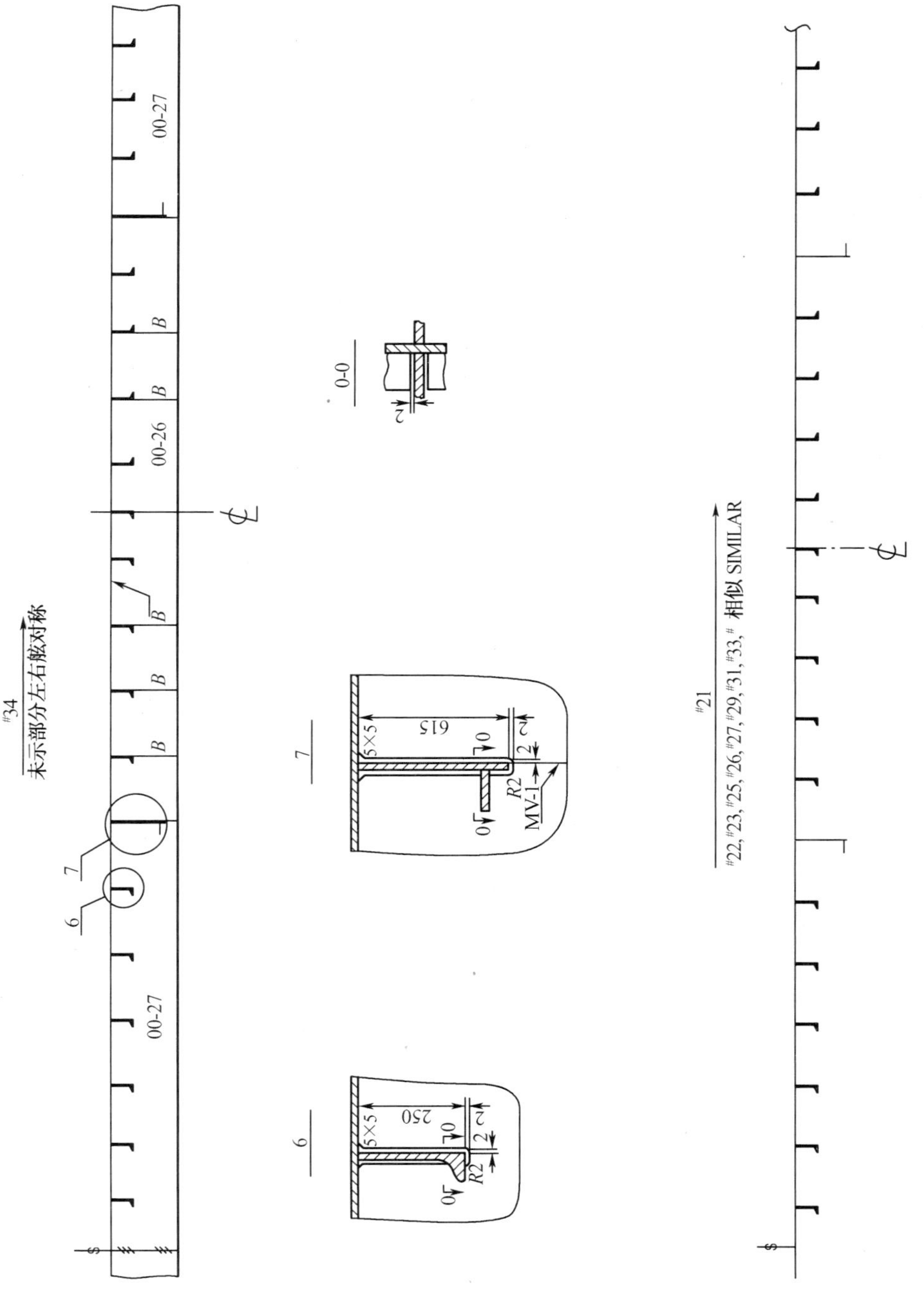

图9-21　甲板分段肋骨剖面图（二）

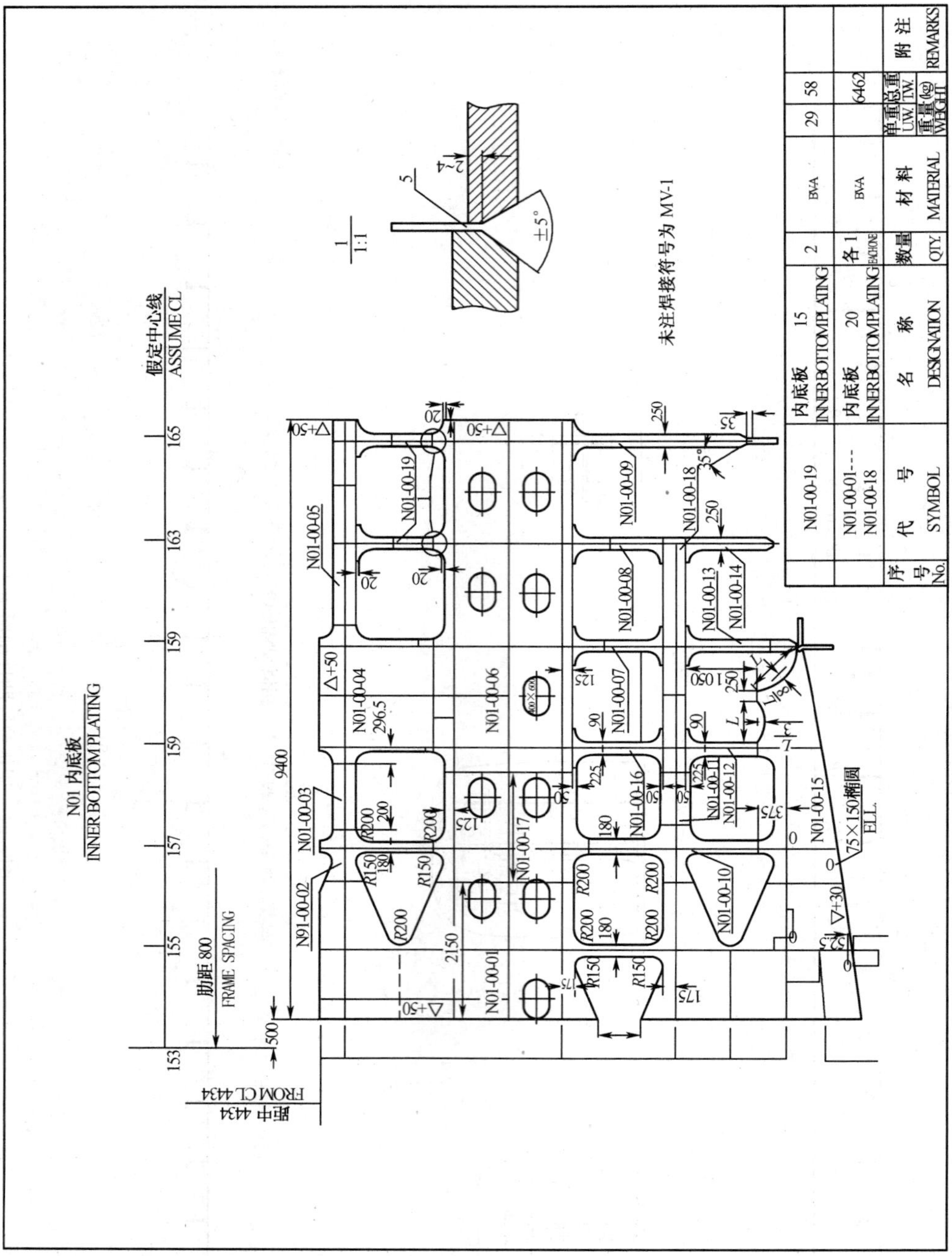

图9-22 内底板零部件图

三、零件明细表编制

目前工厂中普遍使用的零件号编码方式是，根据造船生产设计的需要，按照建造过程中的工位划分，件号共分五级，依次为船号、分段号、组合件号、部件号和零件号，其中的某一级如果不存在，则以“00”表示，每级代号中间用“ – – ”号隔开，船号、分段号可以省略。

零件明细表是以分段为单位编制，是对组合件图、部件图中零件表的汇总，并添加一些原来没有的信息。表 9 – 1 为某底部分段的零件明细表。

表 9－1　底部分段零件明细表

零　件　表 LIST OF PIECE	分　段　号 NO. OF SECTION	228	分段重心	x	yz	

组件号 ELEMENT	部件号 PART NO.	零件号 OF PIECE NAME	名称 SIZE	规格	材料 MATERIALS	数量 QUANJTITY 左 P.	中 M.	右 S.	质量 WEIGHT 单件 WORKING	合计 TOTAL	加工 WORKING	下料方式 COUTING	图面页号 PAGE	附注 REMARKS
		00－39－03	加强筋 STIFFENER	$\overline{FB}$ 150 × 12	BV－A	1				25		数控		
		00－39－04	加强筋 STIFFENER	$\overline{FB}$ 150 × 12	BV－A	1				24		数控		
		00－39－05	加强筋 STIFFENER	$\overline{FB}$ 150 × 12	BV－A	1				22		数控		
	00－40											12		
		00－40－01	肋　板 FLOOR	13	BV－A	1				280		数控		
		00－40－02	加强筋 STIFFENER	$\overline{FB}$ 150 × 12	BV－A	1				13		数控		
		00－40－03	加强筋 STIFFENER	$\overline{FB}$ 150 × 12	BV－A	1				12		数控		
	00－42											12		
		00－42－01	肋　板 FLOOR	13	BV－A	1				284		数控		
		00－42－02	加强筋 STIFFENER	$\overline{FB}$ 150 × 12	BV－A	1				20		数控		

实 训 题

1. 应用所学船舶 CAD 绘图知识,绘制实训题图 9 - 1 所示的舱壁结构图。

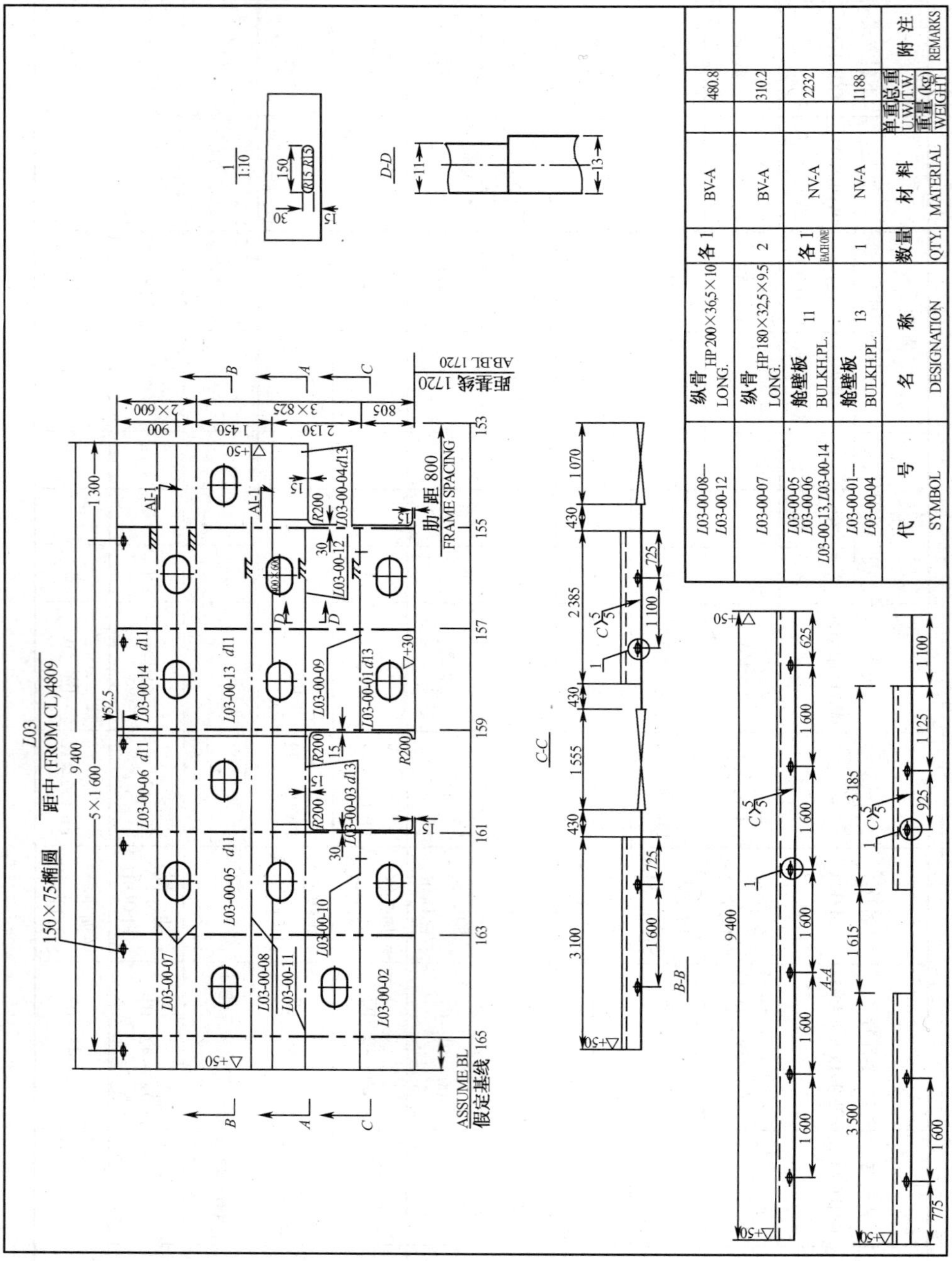

实训图9-1 舱壁结构图

2. 应用所学船舶 CAD 绘图知识，绘制实训题图 9－2 所示的平台结构图。

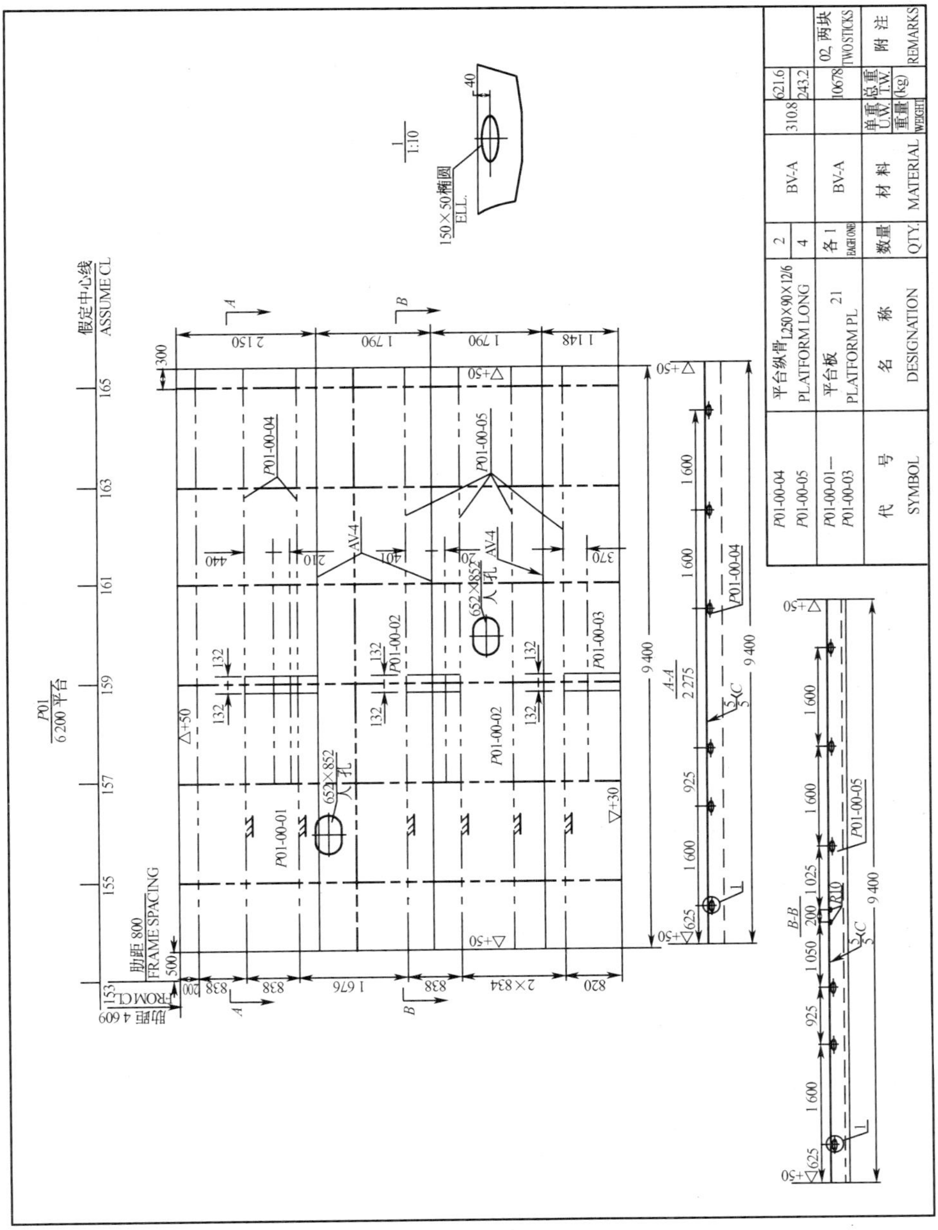

实训图9－2　平台结构图

3. 应用所学船舶 CAD 绘图知识,绘制实训题图 9-3 所示的桁材结构图。

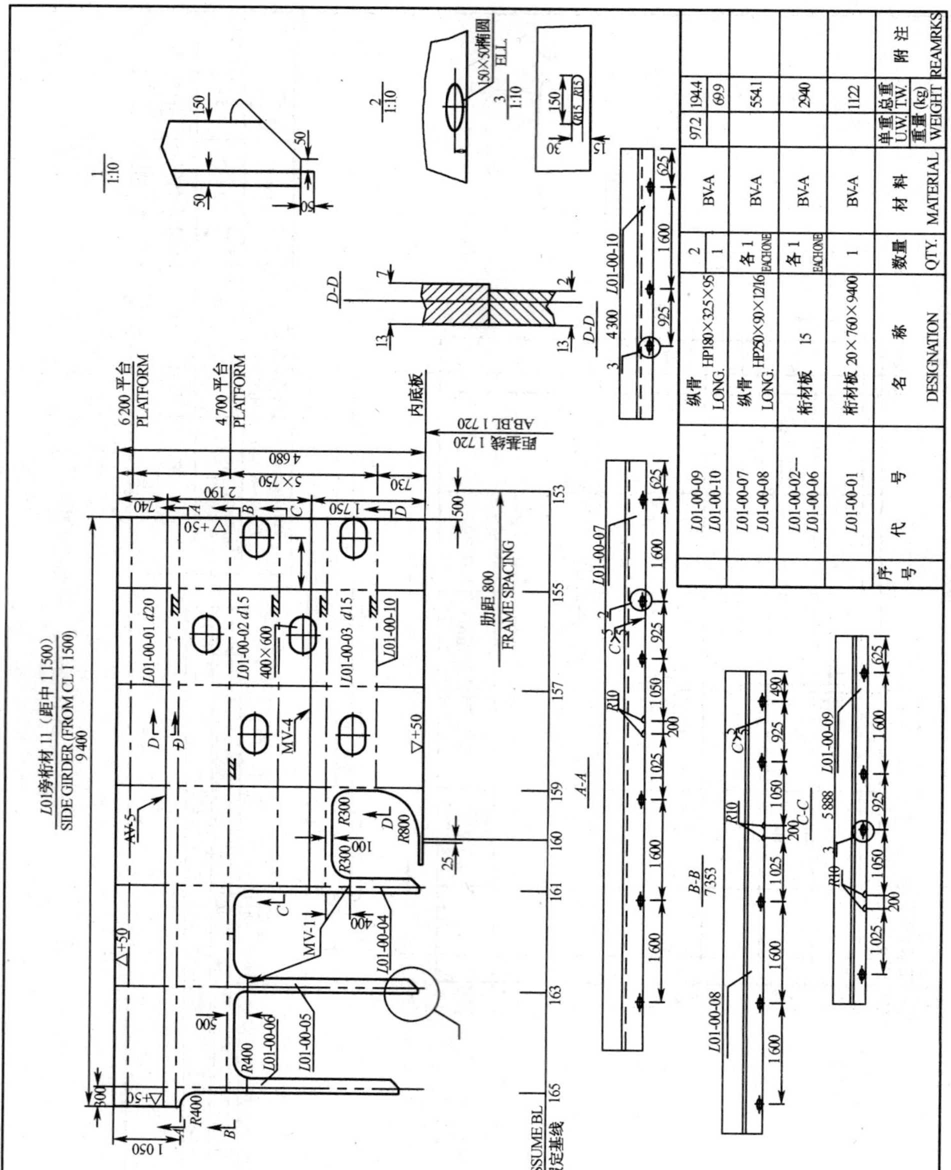

实训图9-3 桁材结构图

实训项目十　基于 TRIBON 的船体生产设计工作图绘制实训*

任务 1　分段工作图绘制

【实训目标】

熟练掌握分段工作图的绘制方法。

一、熟悉分段工作图的内容、要求和绘制方法

1. 绘制分段工作图基本依据

绘制船体分段工作图一般应具备船舶建造方针书、船体分段结构图等一系列文件、图样。

2. 绘制分段工作图应满足比例、工艺符号、切割、加工、焊接、加放余量、补偿量等一般要求。

3. 分段工作图设绘包括构件理论线、分段结构图、胎架图表、零部件编码和零件明细表等内容及分段装配和焊接施工要领等。图 10 – 1 为胎架图表的实例。

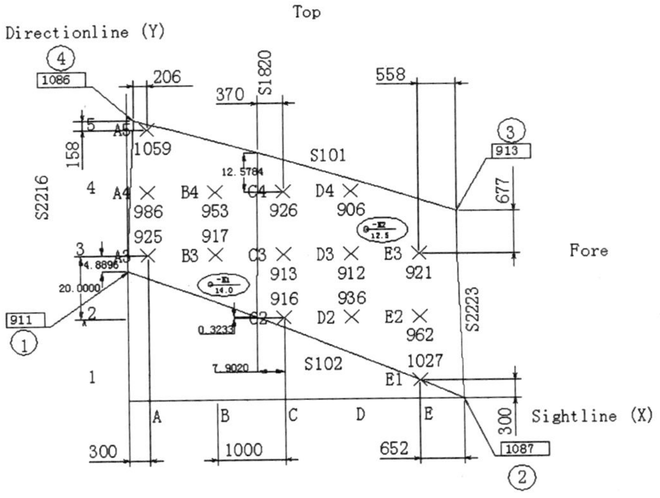

(胎架支柱间距为1 000 mm)

图 10 – 1　胎架图表实例

二、分段工作图绘制实训

以某货轮底部221分段为例,完成分段工作图绘制过程。

1. 利用船体结构建模生成的三维视图熟悉分段结构情况。使用Tribon或其他造船专业软件建模后都可以生成船体分段的三维视图,图10-2和图10-3是某货轮底部221分段的三维视图。

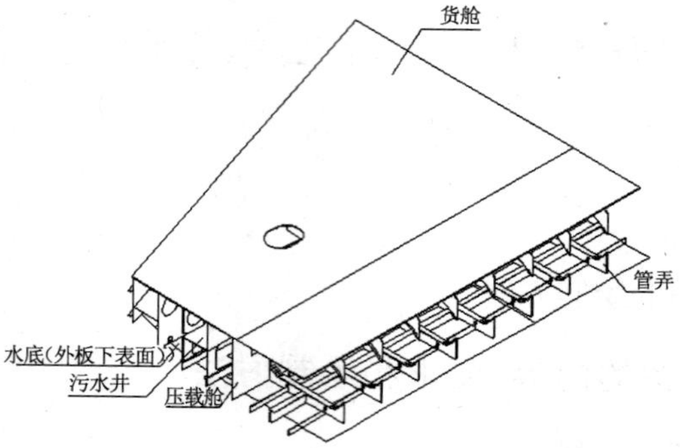

图10-2 分段整体三维视图

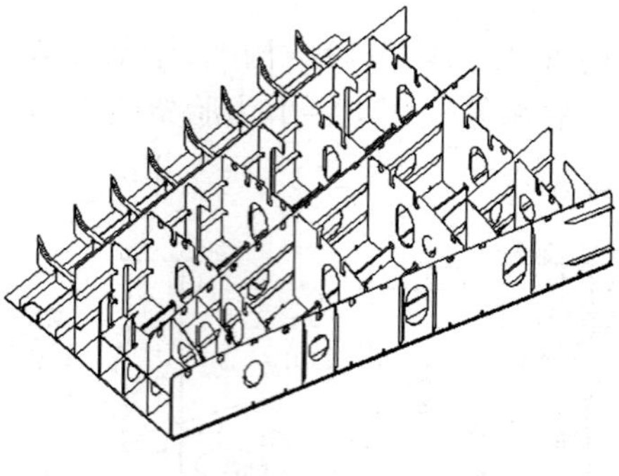

图10-3 分段内部结构三维视图

2. 绘制分段外板展开图、内底平面图

根据详细设计完成的全船外板展开图、内底平面图,从中截取本分段部分的我们展开图、内底平面图,在图中增绘生成设计所需的理论线、焊接工艺、零件编码等内容。如图10-4和图10-5所示。

3. 绘制分段纵、横剖面图

分段纵、横剖面如图10-6,图10-7,图10-8,图10-9,图10-10,图10-11,图10-12,图10-13所示。

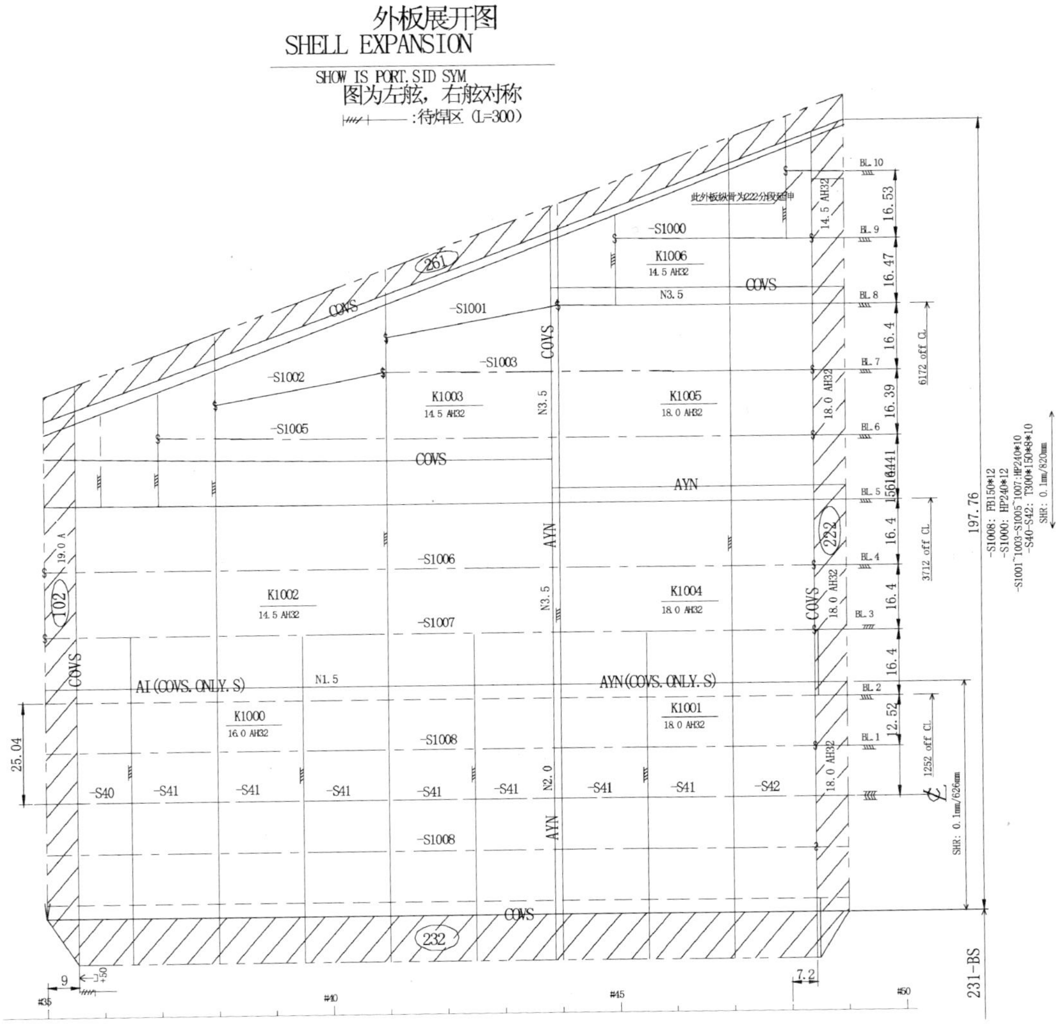

图 10-4 分段外板展开图

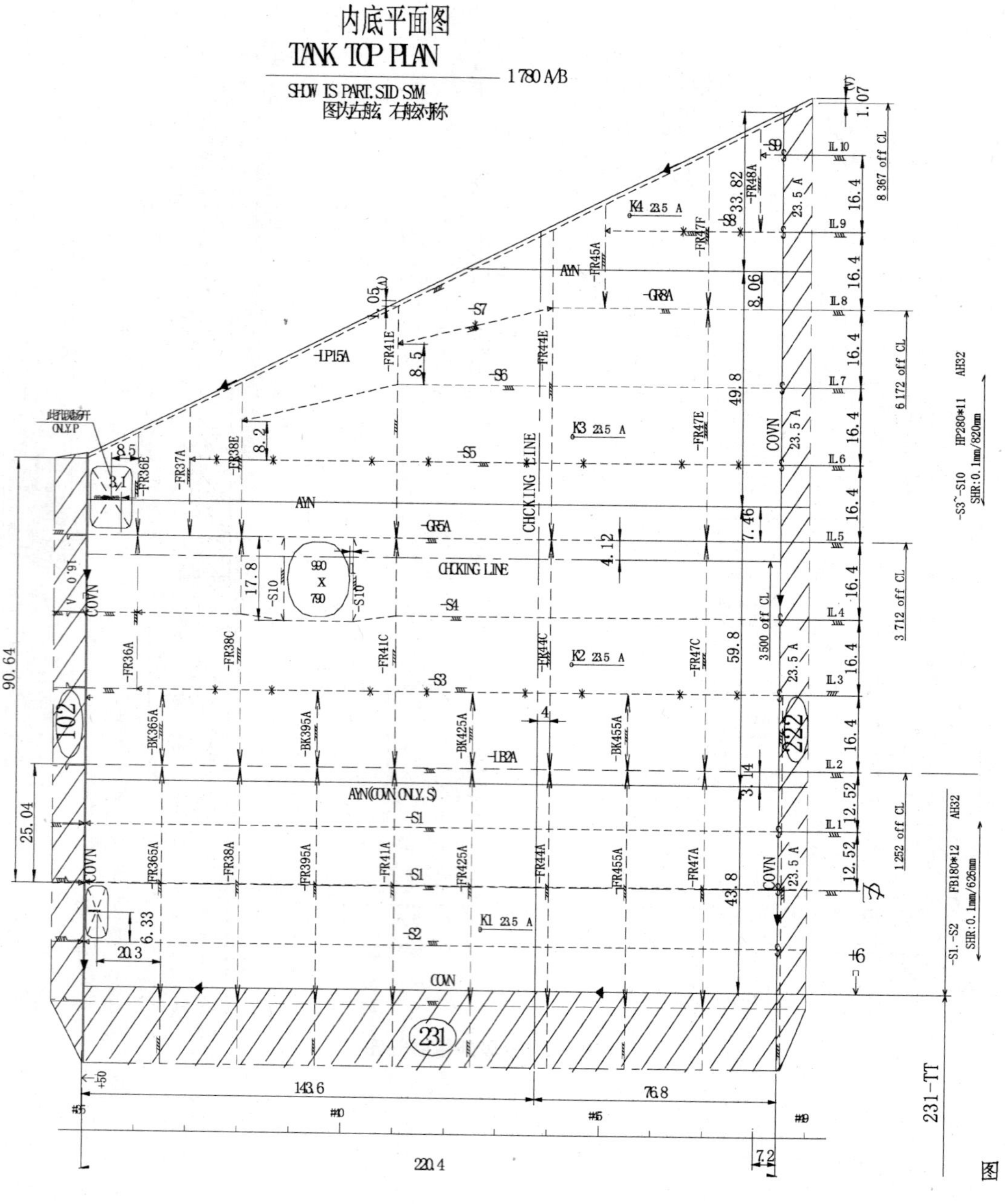
内底平面图
TANK TOP PLAN
1780 A/B
SHOW IS PART. SID SYM
图内左舷 右舷对称
231-TT
143.6
76.8
220.4

图 10－5　内底平面图

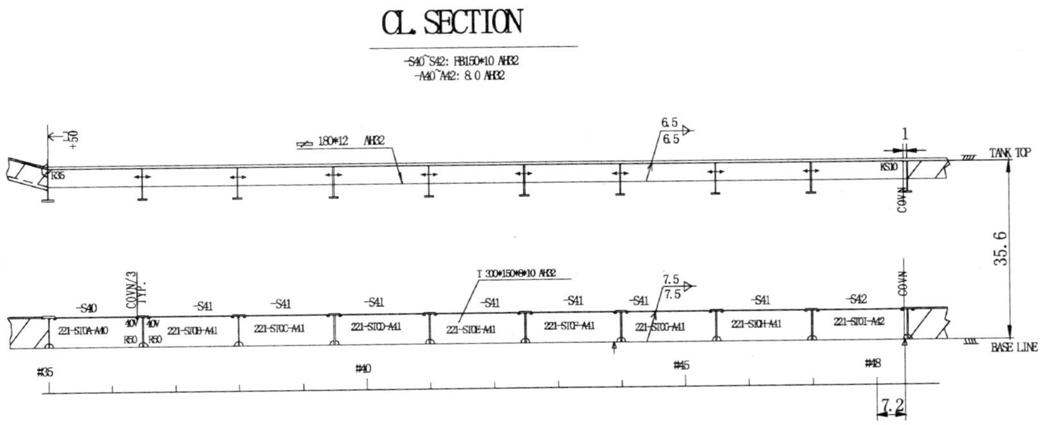

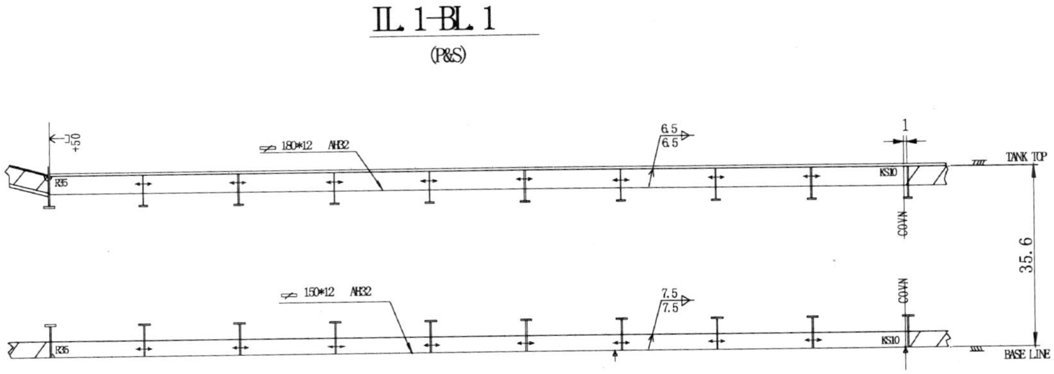

图 10－6　CL 和 L1 纵剖面图

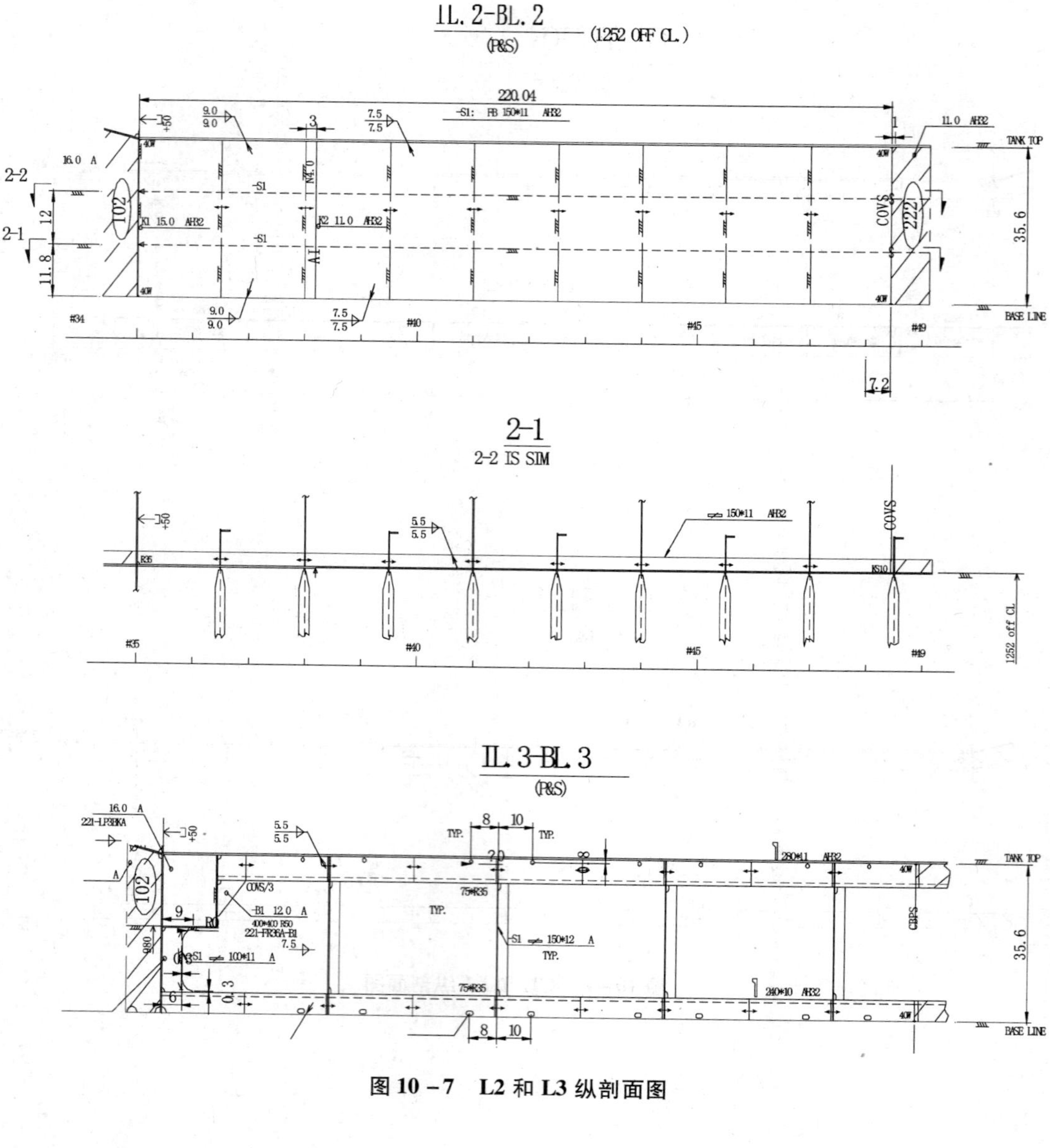

图 10－7　L2 和 L3 纵剖面图

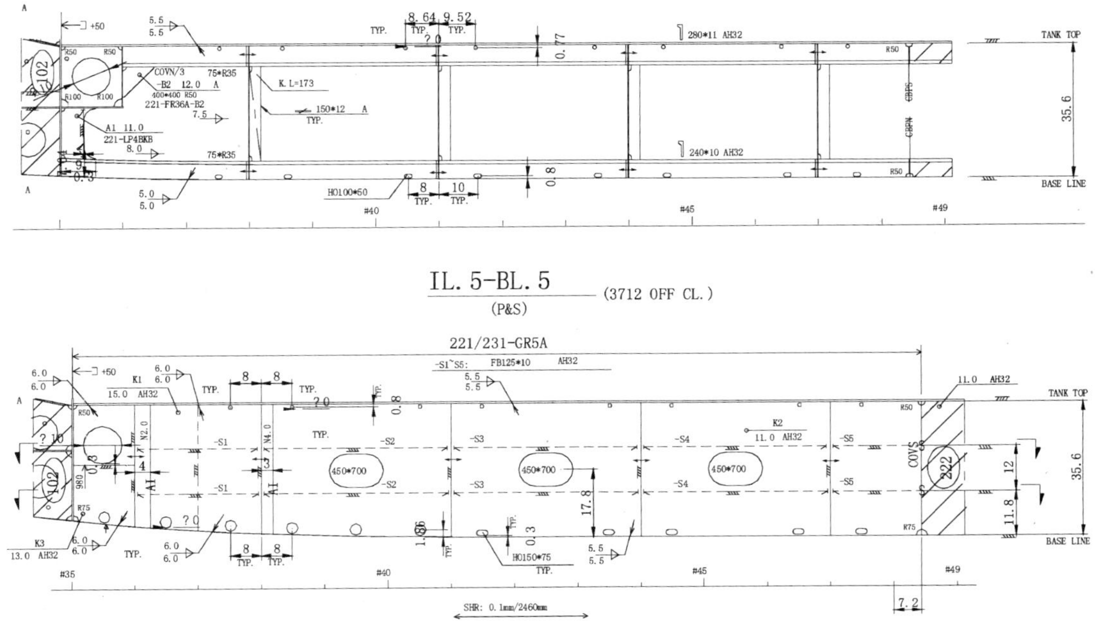

图 10-8　L4 和 L5 纵剖面图

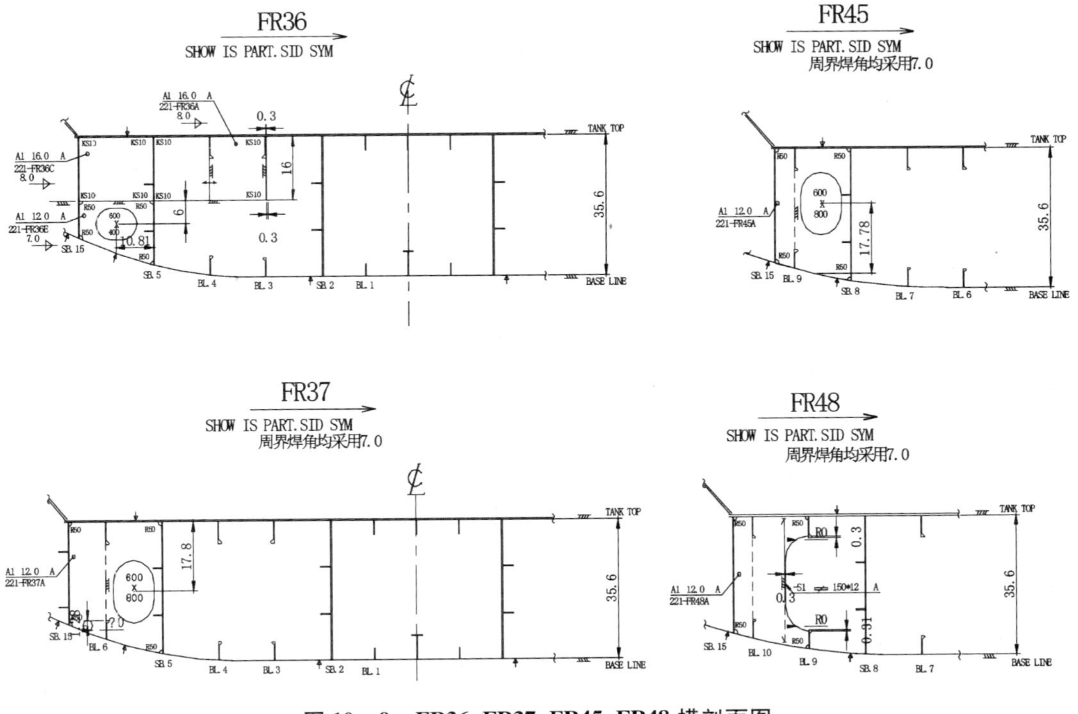

图 10-9　FR36，FR37，FR45，FR48 横剖面图

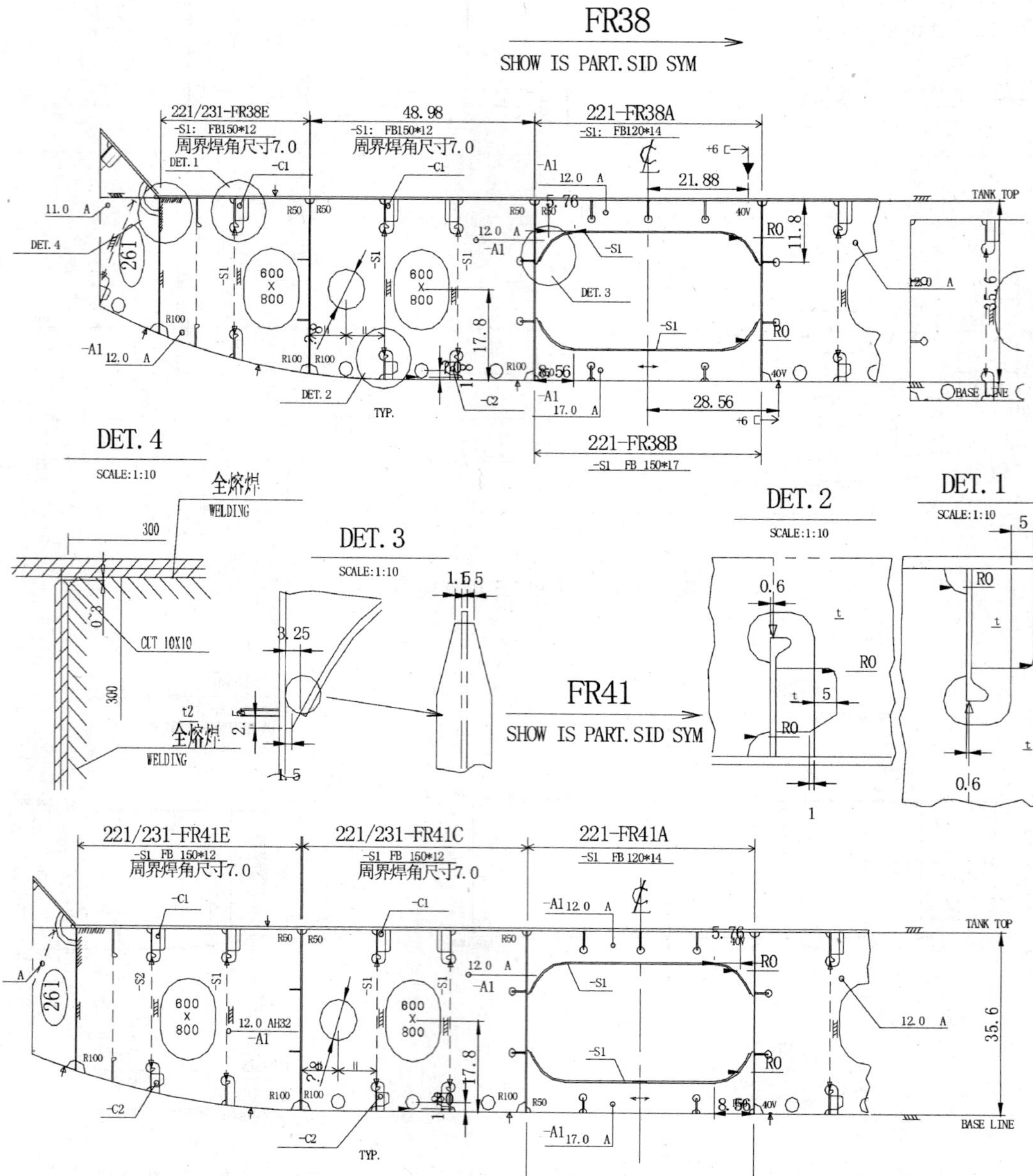

图 10－10 FR38,FR4 横剖面图

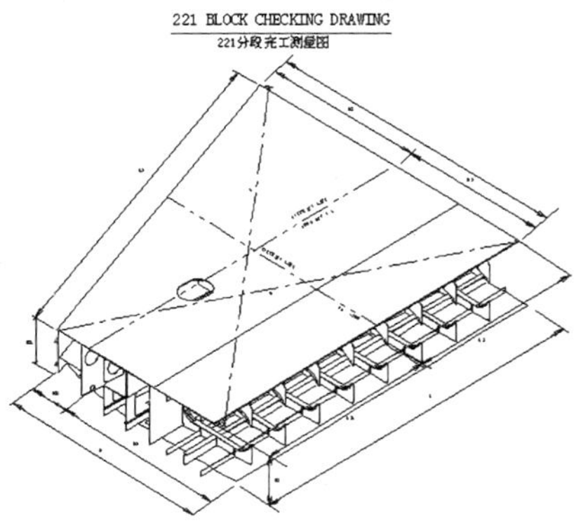

图 10-11　分段完工测量图

221分段完工测量表　注：表中尺寸未考虑分段与分段之间的焊缝间隙。

项 目	测量位置	理论尺寸		公差标准	允许极限	实测尺寸	测量者姓名	测量日期
		无余量尺寸	含余量尺寸					
肋检线间长	L1	7140	7190					
	L2	3840	3890					
	B1	1085	1085					
	B2	4761	4767					
	B3	4601	4607					
分段长度	L3	11600	11650	± 2.5mm	± 5.0mm			
	L4	11020	11070	± 2.5mm	± 5.0mm			
分段宽度	B4	5686	5691	± 2.5mm	± 5.0mm			
	B5	9362	9365	± 2.5mm	± 5.0mm			
分段高度	H1	1428						
	H2	1780						
四角水平交叉点	A	14447	14485	± 5.0mm	± 10mm			
	B	12377	12415	± 5.0mm	± 10mm			
	C							
	D							
备 注								

图 10-12　分段完工测量表

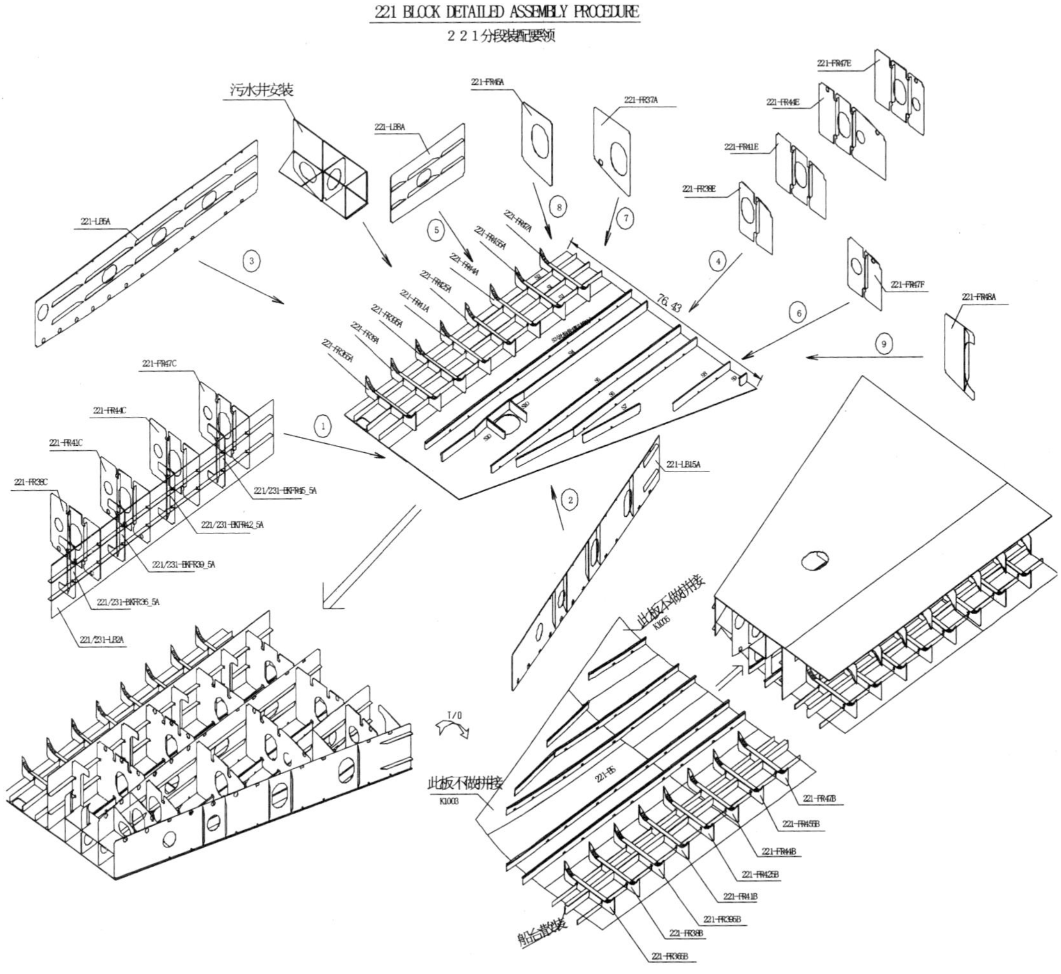

图 10-13　分段装配要领图

任务2 套料图绘制、管理图表编制实训

【实训目标】

1. 熟练掌握套料图的绘制方法；
2. 熟练掌握管理图表编制方法和意义；
3. 熟练掌握零件明细表、涂装面积表、分段重量重心表的绘制方法。

一、套料图的绘制实训

实训1 套料图绘制。

该套料图对图中每个零件编号，并编制零件明细表，明细表中标明序号、切割方式（C为数控、M我手工）、零件编码、数量、流向（CV为二氧化碳焊接、SH我手工焊接）。套料图和零件明细表节选（1－24）如图10－14，图10－15和表10－1所示。

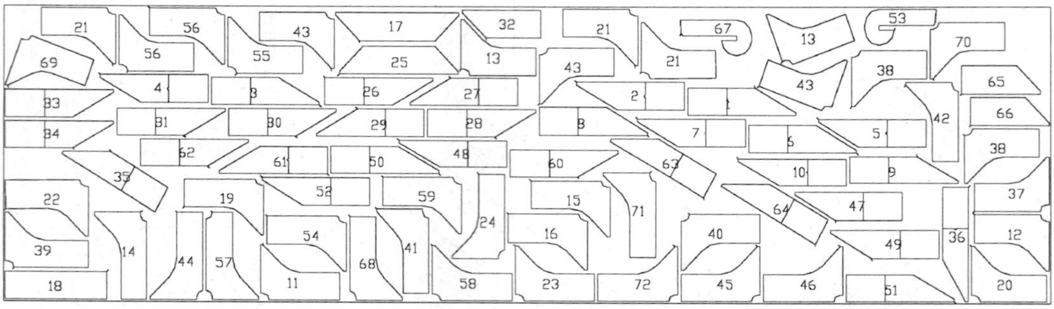

图10－14 套料图实例

二、管理图表编制实训

（一）零件明细表绘制

实训1 221双层底分段零件明细表编制。

分段零件明细表包含了更多生产工艺信息，它表达的内容包括组合件、部件、零件名称，数量，加工和装配方式（成形加工、装配级别），下一步装配去向，尺寸，质量，材料级别等。它由TT（请见前面所述分段施工要领）舱顶组合件和BS（请见前面所述分段施工要领）外板组合件两大组合件构成，它们装配焊接后的去向为000，代表分段装配，其他部件装配焊接后的去向都是指向这两大组合件之一，除了少数零件直接指向组合件，多数零件先装配焊接成为部件，再装配焊接到组合件。成形加工中的H代表面板弯曲、弯板加工，B代表卷板加工，用于大板加工，例如外板曲面板加工、辊弯加工，M代表肋骨加工、肋骨冷弯加工，装配去向中的HG代表以舱顶板为基准的装配焊接，MG代表以外板为基准的装配焊接，CH代表向TT组合件上的装配焊接，MG代表向BS组合件上的装配焊接，CC代表TT组合件上的部件装配焊接，CM代表BS组合件上的部件装配焊接。

序号	C/M	零件　编码	数量	零件流向
1	C	629-BK126B-S1	1	CV
2	C	629-BK128B-S1	1	CV
3	C	629-BK129B-S1	1	CV
4	C	629-BK130B-S1	1	CV
5	C	629-BK131B-S1	1	CV
6	C	629-BK132B-S1	1	CV
7	C	629-BK134B-S1	1	CV
8	C	629-BK135B-S1	1	CV
9	C	629-BK136B-S1	1	CV
10	C	629-BK137B-S1	1	CV
11	C	629-FR127A-B10	1	SH
12	C	629-FR127A-B15	1	SH
13	C	629-FR127A-B18	2	SH
14	C	629-FR127A-B23	1	SH
15	C	629-FR127A-B7	1	SH
16	C	629-FR127A-B8	1	SH
17	C	629-FR127A-S12	1	SH
18	C	629-FR127A-S9	1	SH
19	C	629-FR133A-B10	1	SH
20	C	629-FR133A-B15	1	SH
21	C	629-FR133A-B18	3	SH
22	C	629-FR133A-B23	1	SH
23	C	629-FR133A-B7	1	SH
24	C	629-FR133A-B8	1	SH

图 10－15　套料图零件明细表节选

表 10－1　221 分段零件明细表

名称		数量			加工和装配		下一步装配去向	尺寸/mm	质量/T	材料级别
部件或组合件名	零件名	左	中	右	成形加工	装配去向				
221 TT(舱顶组合件)	K1		1			HG	000	23.5	4.436 8	A
	K2	1				HG		23.5	5.94	A
	K3	1				HG		23.5	3.912 5	A
	K4	1				HG		23.5	0.782 7	A
	S1	1				HG		180 * 12	0.187 3	AH32
	S10	2				HG		280 * 11.0	0.027 9	AH32
	S2	1	1			HG		180 * 12	0.187 3	AH32
	S3	1				HG		280 * 11.0	0.341 7	AH32
	S4	1			H	HG		280 * 11.0	0.341 6	AH32
	S5	1				HG		280 * 11.0	0.312 6	AH32
	S6	1			H	HG		280 * 11.0	0.286 7	AH32
	S7	1				HG		280 * 11.0	0.082 6	AH32
	S8	1				HG		280 * 11.0	0.093 8	AH32
	S9	1				HG		280 * 11.0	0.011 7	AH32
221 FR395A	A1		1			CH	TT	12	0.076 1	A
	S1			1	H	CH		120 * 14	0.033 8	A
221 FR425A	A1		1			CH	TT	12	0.076 1	A
	S1			1	H	CH		120 * 14	0.033 8	A

表 10－1(续)

名称		数量			加工和装配		下一步装配去向	尺寸/mm	重量/T	材料级别
部件或组合件名	零件名	左	中	右	成形加工	装配去向				
221 FR455A	A1		1			CH	TT	12	0.076 1	A
	S1			1	H	CH		120 * 14	0.033 8	A
	S1			1	H	CM		150 * 17	0.05	A
…	…	…	…	…	…	…	…	…	…	…
合计		160	20	25					42.224 6	

(二)涂装面积表绘制

它为生产管理,诸如定额、计划、调度等提供依据,如图 10－16 所示。

221/231 分段涂装面积

序号	涂装区域	涂装面积/m²		备注
		221分段	231分段	
1	货舱区域	78.2	59.6	双层底内底板上表面
2	中管弄区域	85.1	14.5	双层底内底板下表面(部分) LB2朝中区域 双层底外底板内表面(部分) 中管弄
3	底边压载水舱	339.1	332.2	双层底内底板下表面(部分) 船底纵桁和LB2朝左区域 双层底外底板内表面(部分) 肋板
4	外板	94.9	75.3	双层底外底板外表面
5	污水井	7.8	7.8	
合计		605.1	489.4	

图 10－16　分段涂装面积表实例

(三)分段钢材备料表绘制

车间供应部门分批备料的依据除了月度或季度计划之外,就是根据分段钢材备料表,有的船厂称作车间钢材定额表。它是以分段为单位,将本分段中所有板材和型材按板厚、牌号、规格和耗量分别统计汇总而得到的,作为车间领料和供应部门发料的依据。表 10－2 是分段钢板备料表的实例。

表 10－2　分段钢板备料表实例

分段板材汇总												图号:H221C03 第 3 页 共 3 页	
序号	材质	规格			数量(张)				单件重（吨）	质量（吨）	面积 /m^2	备注	
		厚度	宽度	长度	共计	数切	门切	板切					
1	A	12	1 800	10 000	1	1	0	0	1.695 6	1.695 6	18		
2	A	12	2 000	12 000	1	1	0	0	2.260 8	2.260 8	24		
3	A	12	1 800	12 000	2	2	0	0	2.034 72	4.069 4	43.2		
4	A	23.5	3 000	12 000	2	2	0	0	6.641 1	13.282	72		
5	A	23.5	2 500	12 000	3	3	0	0	5.534 25	16.603	90		
6	AH32	11	1 800	9 000	4	4	0	0	1.398 87	5.595 5	64.8		
7	AH32	12	1 800	10 000	1	1	0	0	1.695 6	1.695 6	18		
8	AH32	12	1 800	11 000	2	2	0	0	1.865 16	3.730 3	39.6		
9	AH32	14.5	3 000	9 000	1	1	0	0	3.073 275	3.073 3	27		
10	AH32	14.5	3 000	8 000	1	1	0	0	2.731 8	2.7318	24		
11	AH32	14.5	3 000	11 000	1	1	0	0	3.756 225	3.756 2	33		
12	AH32	15	1 800	12 000	1	1	0	0	2.543 4	2.543 4	21.6		
13	AH32	18	3 000	12 000	1	1	0	0	5.086 8	5.086 8	36		
合计					21	21	0	0	合计	66.124	511.2		

(四)分段质量重心表绘制

分段质量重心表是以分段为单位,汇集各零部件的质量及重心位置计算得到的。它只考虑分段各零部件的理论质量,而不计及余量、减轻孔、临时加强材和临时吊环等质量。

(1)校核分段质量与车间或船台起重能力是否相应;

(2)提供分段重心坐标,以便进行吊装计算和确定吊环的安装位置;

(3)为船台、滑道或船坞内墩木的布置提供质量分布依据;

(4)校核和修正详细设计阶段提供的船体结构质量重心数据和绘制沿船长分布的质量分布曲线。

分段质量重心表实例见图 10－17。

进行分段质量重心计算时,应注意下列事项:

①结构左右对称或基本对称的分段可免除计算重心的横坐标;

②计算前应根据分段特点,选定坐标基准面。如双层底或其他底部分段选取船舶基线面作为垂向坐标的基准面;而上甲板可选取水平的甲板作为基准面(如果有水平甲板的话)。选取基准面的原则是表达清楚。零件坐标尺寸相对小一些,并能够直接取得数值,这样算起来比较方便;

③计算出各分段按自己的坐标基准面计数的重心坐标位置后,应根据需要换算成全船的基准面坐标;

④对规格、形状、尺寸相同或基本相同,分布均匀的零件,可归纳为一项计算,以缩短计

算时间。

分段质量重心计算，是一项十分繁琐而又细致的工作，通常使用计算机代替人工计算。

702 分段重量和重心表

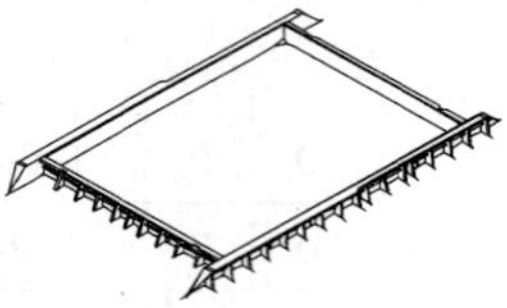

Name	Weight	X	Y	Z	Type
702	29063.6	131600	198	17183	
702-000-W20-1P	202.602	126058	8561	16672	PLANE
702-000-W30-1P	191.321	137622	8562	16636	PLANE
702-BK000A-1SP	75.652	120850	0	16853	PLANE
702-BK000A/F1S	14.855	120571	0	16938	CURVED
702-BK000B-1SP	75.652	142818	0	16853	PLANE
702-BK000B/F1S	14.855	143097	0	16938	CURVED
702-BK050A-1P	18.846	121015	500	17371	PLANE
702-BK050A-1S	18.846	121015	-500	17371	PLANE
702-BK050B-1P	18.846	142653	500	17371	PLANE
702-BK050B-1S	18.846	142653	-500	17371	PLANE
702-BK122A-1P	75.652	120850	1214	16853	PLANE
702-BK122A-1S	75.652	120850	-1214	16853	PLANE
702-BK122A/F1P	14.855	120571	1214	16938	CURVED
702-BK122A/F1S	14.855	120571	-1214	16938	CURVED
702-BK122B-1P	75.652	142818	1214	16853	PLANE
702-BK122B-1S	75.652	142818	-1214	16853	PLANE
702-BK122B/F1P	14.855	143097	1214	16938	CURVED
702-BK122B/F1S	14.855	143097	-1214	16938	CURVED
702-BK149A-1P	67.330	119535	8322	16906	PLANE
702-BK149A-1S	67.330	119535	-8322	16906	PLANE
702-BK149A/S1P	16.476	119610	8527	16958	PLANE
702-BK149A/S1S	16.476	119610	-8527	16958	PLANE
702-BK151A-1P	80.785	121175	8377	16900	PLANE
702-BK151A-1S	80.785	121175	-8377	16900	PLANE
702-BK151A/S1P	13.972	121249	8661	16867	PLANE
702-BK151A/S1S	13.972	121249	-8661	16867	PLANE
702-BK151B-1P	25.395	121438	8251	17421	PLANE
702-BK151B-1S	25.395	121438	-8251	17421	PLANE

Ship BE	Drawn By		
Block 702	Page 1 of 6		
Assembly			

图 10－17　分段质量重心表实例

实　训　题

1. 根据详细设计图纸和技术文件，利用 Tribon 软件，选择某一船体分段绘制分段工作图。
2. 利用 Tribon 软件和生产设计知识绘制所选择分段的胎架图表。
3. 利用 Tribon 软件和生产设计知识绘制所选择分段的装配要领图。
4. 利用 Tribon 软件和生产设计知识绘制所选择分段的套料图。
5. 利用 Tribon 软件和生产设计知识编制所选择分段的零件明细表。
6. 利用 Tribon 软件和生产设计知识编制所选择分段的涂装面积表。
7. 利用 Tribon 软件和生产设计知识编制所选择分段的分段钢材备料表。
8. 利用 Tribon 软件和生产设计知识编制所选择分段的质量重心表。

实训项目十一　船体生产设计编码运用实训*

任务1　理解生产设计编码实训

【实训目标】

1. 正确掌握和运用生产设计编码的分类；
2. 正确掌握和运用生产设计编码的功能和作用。

一、生产设计编码含义实训

编码系统是成组技术与CAD/CAM应用联系的纽带。编码不仅是生产设计的重要基础，而且是造船企业管理的一项重要工作，是提高企业经营、生产和管理的极为重要的环节。

(1)在企业内部建立一种简明扼要的语言，以这种语言系统描述生产设计制造过程，并把它贯彻到整个生产组织中去，从而丰富了生产设计的内容。

(2)成为企业建立数据库的组成部分，有助于最大限度地减少船舶产品设计工作的重复，提供进行材料和工时估算的原始数据。

(3)为船舶CAD/CAM技术应用创造了一个包含有大量基础信息的应用平台。

(4)编码过程中建立起来的技术标准和管理标准，大大地丰富了标准化的内容。

二、生产设计编码的分类实训

1. 按形状分类

编码时，首先说明零件或舾装件的外形、尺寸(通径)和比例，然后表示某些形状特征。

2. 按功能分类

有些编码系统是根据零件的功能或名称进行分类，即机装类、外装类、内装类、电装类等。

3. 按工序和工装分类

这种分类方法是以实现生产方法和工艺规程的合理化而编制的，它不适宜作零件的辨别号。

4. 性质分类

这种分类是将编码分为成本管理、生产管理、设计管理。不同性质的编码具有不同的用途，以实现不同的目的。成本管理是对产品进行成本核算、成本控制、产品报价的编码；设计管理则是提高设计标准化程度、设计效率、减少设计人员繁杂劳动的编码。一般一个完整的产品编码，都应包括上述三个方面的内容，输入计算后，再由计算机分类处理，以不同的要求输出不同的内容。

编制生产设计编码时，还应注意下列几个问题：

(1)编码的设计必须在逻辑上能满足用户的需要，在结构上能与处理的方法相一致。例如设计用于系统编码时，为了提高处理速度，往往设法使它在不调出文件的情况下，直接根据编码结构进行统计。

(2)每一编码对其所代表的数据项目必须是唯一的。

(3)编码设计时要预留足够位置,以适应需要的变化。一般来说,编码越短,分类、准备、存储和传送的费用越便宜。但另一方面,编码越长,对数据检索、统计分析和满足信息处理多样化的要求就越好。

(4)编码要系统化。尽量使编码结构对各个有关方面都具有实用意义,即编码应尽量适应相关码的全部功能。例如,由于订货会引起库存、销售、应收账户、采购、发运等许多方面的相关变化,所有与此有关的编码应尽量做到协调一致。

(5)造船企业内部的编码应尽量标准化,以利信息共享。

(6)编码设计要等长。例如,应当用 001 ~ 199 而不使用 1 ~ 199。

三、生产设计编码的功能和作用实训

1. 产品设计方面

通过对企业中已设计、制造过的零件编码,建立起设计图纸和资料的检索系统。当进行新船设计时,设计人员可以将设计零件的构思,如零件的结构形式、尺寸、大小及功能特征等,转化为相应的分类编码,然后按此编码对其所属零件组的零件设计图纸和资料进行检索。重复的就不必再设绘而直接采用;大同小异的,只需进行局部修改后即可采用;若检索不到时,才重新设计新的零件图纸。这种方法不仅大大减少了产品设计工作量,缩短了设计周期,节省了设计费用,还使设计人员摆脱了一般性的重复劳动,集中力量去抓关键性的设计工作,如:从事产品性能的改进和建造经济性的船型等。而且,由于新产品设计中尽量利用原有设计图纸,还可以减少新的零件品种,相对地扩大同类型零件的批量,为后续船的建造和生产管理提供有利条件。如,简化生产设计,节省工装设计和制造时间、费用,便于组织生产等。同时还促进产品系列和零部件标准化,为实现计算机辅助设计创造了条件。

2. 生产制造方面

(1)设计和工艺过程

零件编码分组后,就可以按零件组为对象进行成组工艺的设计,避免对每一种零件进行工艺路线设计和工序设计。它是以结构要素、工艺方法相似的一组零件为对象,设计出适用于组内的所有零件的工艺过程。从而大大简化和节省了零件工艺设计的工作量;缩短工艺准备周期,降低工艺准备费用;可以使工艺设计人员摆脱繁重的重复劳动,致力于研究改进工艺,提高工艺水平。

(2)采用成组工艺装置

以零件编码分组后设计的成组工艺装备,由于它的作用对象不再是特定的某一零件的某一工序,而是具有相似特征的一组零件,当组内零件品种更换时,只要稍加调整和补充就能保证零件组中所有零件进行加工的需要。

(3)建立成组加工系统

根据已划分的零件组和已编制的成组工艺过程,就可以建立成组的加工系统。如成组加工单机,在一个工作场地上(一台加工设备)组织相似零件的成组加工;又如成组加工单元,在一个生产单元内,配备各种不同类型的加工设备,完成一个或几个零件组的全部工艺过程;再如成组流水线,将设备(工作场地)按零件组的典型工艺过程进行排列,使之具有流水线生产的特征。这些都是实现加工过程合理化的生产组织形式。

3. 生产管理方面

生产管理是在生产设计的基础上，为完成一批工件生产所采取的一些措施。应用成组技术后，则可以显著简化生产管理工作。因为成组加工仅仅在加工开始时下达制造指令和加工结束时加以管理，而不必对每个工序进行管理。在成组加工系统中，把相似的制造指令合并起来，编码成组，形成所谓"叠加系列"，简化生产管理，大大提高工作效率。在编制作业计划时，可以根据每个设计周期内的粗略负荷，对制造指令进行分组，以便在完成期限内，使之设备、场地、劳力以及产量等负荷为最优。

4. 成本管理方面

根据产品的材料综合设计、生产、销售进行成本分析，从而推算出产品各个阶段的消耗费用，达到目标成本管理的目的，以便挖掘企业内部设计、工艺、劳力、设备及管理方面的潜力，杜绝浪费，降低成本，达到以最小的投入，取得最大的产出。

任务2　运用船体生产设计编码系统实训

【实训目标】

1. 正确掌握和运用生产设计编码的原则和方法；
2. 正确掌握和运用船体结构零件编码；
3. 熟练掌握生产设计编码系统的管理；
4. 熟练掌握生产设计编码在船体 CAD/CAM 系统的运用。

一、熟悉生产设计编码的原则和方法实训

1. 编码的原则

(1)含义力求完整。应尽可能地表达零件的特点和有关的工艺与管理信息。

(2)形式要统一。应尽量采用统一的字母和数字表达方式及统一的编制格式。

(3)组成力求简明清晰。应尽量简短，利于阅读，便于识别。

(4)能与工作图和管理表中的其他标注组成有机的整体，避免混淆重复或缺漏。

(5)能适合电算技术的应用。

2. 编码的方法

(1)以分段为单位编码。

(2)每个零件都要有一个编码。

(3)在同一分段内，材料、形状、尺寸和安装顺序完全相同的零件可共用一个编码。

(4)按从艉到艏、从舯到舷、从下到上的顺序进行编码。环形组合件的零件，应从中开始，顺时针方向编码。

(5)图面上的组合件、部件编码、可加标志，以示与零件编码相区别。

(6)通用件和标准件按专门规定编码。

二、实熟悉生产设计编码系统的内容实训

目前国内已经推行生产设计的船厂，采用了不同类型的编码系统。其主要区别在于组

成编码的字符及数字所取的含义不同,表示的方式也不一样,所以造成各厂之间的编码互不相识,互不通用,必须经过说明、翻译才能了解其编码的全部内容。

为了描述船体结构零件编码构成的含义,下面着重介绍其中一种形式的编码,以便使读者了解船体结构零件编码的全貌。

1. 船体结构零件编码的种类

(1)船体结构零件编码的分类

船体结构零件尽管大小不一、形状各异,但按形状分类可以归纳为:非通用件、通用件和标准件三大类进行编码。

①非通用件　指形状、尺寸、板厚、材质有其不相同,而不能互换的零件、部件或组合件。

②通用件　指形状、尺寸、板厚、材质四者都一样,可以互换的零件、部件或组合件。

③标准件　指在同一艘船舶产品或不同一产品中属一个标准,可以互换的零件。

(2)船体结构零件编码的构成

①非通用件编码的构成　非通用件编码大多以分节形式构成,原则上以每一工艺阶段为一节,由大阶段到小阶段,自左至右顺序排列。其典型构成形式如下:

船号 - 分段号 - 组合件号 - 部件号 - 零件号

②通用件编码构成　通用件的编码由两节构成:船号—通用件号

2. 某企业船体结构编码系统实例

(1)代码结构:< 组件代码 > - < 部件代码 > - < 零件代码 >

(2)代码构成

①组件代码　< 组件代码 > = < 组件名称 > < 序号 >

组件名称代码由两位字母组成,表示该组件的名称、位置特征和制作工位(平台工位)。常用的代码按表 11 - 1。

表 11 - 1　组件名称代码

代码	名称	英文名称	代码	名称	英文名称
AD	起居甲板	Accommodation	TB	横舱壁	Transverse Bulkhead
BD	艇甲板	Boat Deck	LB	纵舱壁	Longitudinal Bulkhead
CD	罗径甲板	Compass Deck	TS	艉封板	Transom
ED	轮机员甲板	Engineer Deck	FC	艏楼甲板	Forecastle
FD	飞行甲板	Flight Deck	ON	内底板	Inner Bottom
MD	主甲板	Main Deck	IS	内壳板	Inner Shell
ND	驾驶甲板	Navigation Deck	SB	斜壁板	Slope Bulkhead
PD	艉楼甲板	Poop Deck	ST	壁墩	Stool
SD	二甲板	Second Deck	AK	A 甲板	A deck
TD	三甲板	Third Deck	BK	B 甲板	B deck
AP	A 平台	A Platform	CK	C 甲板	C deck
BP	B 平台	B Platform	CK	D 甲板	D deck
PF	平台	Plat Form	EK	E 甲板	E deck
BS	外底板	Bottom Shell	TS	顶边斜板	Top Side
SH	舷外板	Shell	LS	底边斜板	Lower Side

序号代码由自然数组成,表示同一分段内同种类组件的编号,编号原则为:从上到下,从艉到艏,从里到外。

②部件代码　<部件代码> = <组件代码> - <部件名称><位置特征><序号>

组件代码表示该部件所在的组件的代码,若该部件不参与部件装配或不属于任何组件,则省略该代码及横杠"—"。

部件名称代码由一位字母组成,表示该部件的名称和制作工位(结构件),见表 11 -2。

表 11 -2　部件名称和位置特征代码

代码	名称	位置特征代码	代码	名称	位置特征代码
T	强横梁	肋位号	V	横舱壁上垂直	全船纵向统一编
W	强肋骨、强框架	肋位号	V	纵舱壁上垂直	肋位号
F	肋板	肋位号	B	横向肘板	肋位号
G	甲板、平台或底纵	全船纵向统一编	B	纵向肘板	按具体位置决定
L	T 型材纵骨	全船纵向统一编	S	舷侧纵桁	全船纵向统一编
H	水平桁	全船纵向统一编号	E	船台或总段安装部件	按具体位置决定

位置特征代码见表 11 -2。当部件位置很明显或者无法表述时,则该代码可省略。

序号代码由自然数组成,表示同一分段内同种类部件的编号,编号原则为:从上到下,从艉到艏,从里到外。

③零件代码　组成部件或组件的零件的代码:<零件代码> = <序号><流向>,序号代码由数字组成,按自然的顺序。流向代码由一位字母组成,表示零件的去向(装配工位),按表 11 -3。

表 11 -3　零件代码

代码	意义	相应装配工位	代码	意义	相应装配工位
P	结构件制作工位	结构件制作工位	G	总段装配	总段装配工位
S	平台制作工位	平台制作工位	E	船台装配	
A	分段制作工位	分段制作工位	@	贴装总段或船台装配	在分段制作工位贴装,在总段或船台工位取下装配
L	流水线装配	分段流水线工位			

分段、总段或合龙装配阶段安装的零件的代码:

<零件代码> = <零件名称><零件位置> - <序号><流向>

零件名称和位置特征代码见表 11 -4。

表 11 -4　零件名称和位置特征代码

代码	名称	位置特征代码	代码	名称	位置特征代码
B	横向肘板	肋位号(注)	S	扶强材、加强筋	无
B	纵向肘板	无(注)	R	圆钢	无
C	补板	无	H	半圆钢	无
D	垫板	无	F	面板	无
L	纵骨	无	W	腹板	无
T	横梁	无	P	板	无

序号代码由数字组成,按自然数的顺序。流向代码由一位字母组成,表示零件的去向(装配工位),按表 11－3。

零件表的编制按 QJ/BH04.100.20－2001。

④通用部件代码　通用部件在详细设计后,全船统一编码。通用部件编码分三级,结构形式如下:

<船舶工程号代码>－〈分段代码>－<通用部件代码>

一般来说,船舶工程号代码和分段代码在生产设计图中可不予标出。

通用部件代码构成:<通用部件代码>＝<Z><名称代码><序号>

第 1 位代码为字母 Z,表示该 部件为通用部件。

第 2 位名称代码,按表 3－2。

第 3 位序号代码,按自然的顺序。

组成通用部件的零件的编码按组成部件或组件的零件代码中的规定。

3. 实训

实训 1

编码　811C－PD1－T241－1P

涵义　811C 分段中组件 PD1(尾楼甲板)上 FR24 位置处的强横梁

T241 所属的零件 1P。

去向　1P 中的 P 表示该零件下料(加工)后送到结构件工位组成 T241 再将 T241,送到平台工位组成 PD1 送到,最后将 PD1 送到分段制作工位组成 811C 分段。

注:分段号在编码时可不予标出,下同。

实训 2

编码　321P－IS1－1S

涵义　321P 分段中组件 IS1(纵舱壁)所属的零件 1S。

去向　1S 中的 S 表示该零件下料后被送到平台工位组成 IS1,

再将 IS1 送到分段制作工位组成 321P 分段。

实训 3

编码　421S－E1－1P

涵义　421S 分段中船台散装部件 E1 所属的一个零件 1P。

去向　1P 中的 P 表示该零件下料(加工)被送到结构件工位组装成

E1,再接 E1 直接送到船台工位,在合龙后安装。

实训 4

编码　703C－B－1A

涵义　703C 分段所属的肘板类型散装零件 1A。

去向　1A 中的 A 表示该零件下料(加工)后被直接送到分段制作工位,并在分段上装配。

实训 5

编码　501G－C－5A

涵义　501G 分段中补板类型零件 5A。

去向　5A 中的 A 表示该零件下料(加工)后被直接送到分段制作工位,并在分段上装配。

实训 6

编码　111C - B1 - 2P

涵义　101C 分段中肘板部件 B1 所属的零件 2P。

去向　2P 中的 P 表示该零件下料(加工)后被送到结构件工位组装成 B1,再将 B1 送到分段制作工位组成 111C 分段。

实训 7

编码　308C - ZF2 - 1P

涵义　308C 分段通用肋板部件 ZF2 所属的零件 1P,ZF2 表示全船排号第 2。

去向　1P 中的 P 表示该零件下料(加工)后被送到结构件工位组装成 ZF2,再将 ZF2 送到分段制作工位组成 308C 分段。

实训 8

编码　611P - TB1 - 5@

涵义　611P 分段中组件 TB1(横舱壁)所属的贴装零件(一般为肘板)5@.

去向　5@ 中的@ 表示该零件下料后被送到分段制作工位,贴在(点焊在)TB1 上该零件安装位置附,或钉焊在该零件的安装位置上,当该分段参加总段或船台合龙后,再将该零件装焊。

实训 9

编码　712C - H1 - 15@

涵义　712C 分段中部件 H1(水平桁)上的贴装零件(肘板)15@ 。

去向　15@ 中的@ 表示该零件下料后被送到分段工位,贴在(点焊在)H1 上,当该分段参加总段或船台合龙后,再将该零件装焊。

实训 10

编码　321P - B180 - 1A

涵义　321P 分段肘板类型散装零件 1A。

去向　1A 中的 A 表示该零件下料后直接送到分段制作工位组成 321P 分段。

实训 11

编码　321P - B - 1A

涵义　321P 分段肘板类型散装零件 1A。

去向　1A 中的 A 表示该零件下料后直接送到分段制作工位组成 321P 分段。

实训 12

编码　121P - R - 4A

涵义　121P 分段圆钢类型散装零件 4A。

去向　4A 中的 A 表示该零件下料后直接送到分段制作工位组成 321P 分段。

实训 13

编码　241S - S - 2G

涵义　241S 分段加强筋类型散装零件 2G。

去向　2G 中的 G 表示该零件下料后直接送到总段工位,当 241S 分段总段合龙后再安装。

三、生产设计编码在 CAD/CAM 系统中的运用实训

（一）生产设计编码系统的管理

设计编码按专业分类，它由数个子系统构成。如船体编码子系统、舾装件编码子系统、管子编码子系统、电缆编码子系统等。

1. 系统的构成

它由输入、输出、数据库和数据处理程序四部分组成，来源主要是由电子计算机辅助设计和辅助制造系统生成。这些数据经过一系列的分类处理之后，存入数据库，通过数据处理程序，就可以调用、输出这些编码应用于施工和管理文件。

2. 编码数据库

编码数据库由三部分数据组成。它们是基础数据、技术数据和产品数据。这些数据有各自的特点和要求。

（1）基础数据

基础数据应包括下列信息：

①构件识别。以船体结构零件编码系统为例，一般应包含下列用于标识信息：船号、分段号、组合件号、部件号、零件号。每一项信息都用一到几个码位的字母或数字或字母数字组成的代码表示，每个代码和相应的解释就组成一张表格。各信息项之间有平行或分支的关系，因此，这些表格之间就形成了比较复杂的关系。

②设备清单。每一台设备都应在设备清单中占有唯一的代码，任何包括一台以上设备的生产单元，也用唯一的代码来表示，这样便组成一张表格。根据装置的设备加工特征把它们分类成组，这样分类后，就可以确定出某一零件的加工方式、加工程序及所需的设备等特性参数。

③生产计划数据。从发放原材料到完成构件加工的全部生产活动都应记录下来；同样，为完成一个分段所需的部件安装和组合件安装顺序也应记录下来，还要记下每一制造阶段及其工作量的数据。诸如工时定额标准、材料用量标准等都是此类的基本数据。

④工艺要求。对于生产计划或工种控制来说，必须知道每一构件的制造对系统设计或设备布置的要求。例如，各种工艺原则，各项技术要求等。

这部分数据的特点是数据一旦建立起来，在相当长的一段时间内是稳定不变的，由于使用频繁，因而对它们的要求是便于检索。在设计这部分数据的结构时，应精心地作出存储规则，详细分类，设计出高效率的检索程序。值得提出的是，在设计编码系统时，就要考虑到系统将来的发展，对每类代码留有一定的储备，以便将来系统发展时有余地，不至于陷入必须改变原来的结构布置的困难境地。

（2）技术数据

这部分数据是按照成组技术中“相似性”的基本原理和“按类归组”的处理原则，应用计算机对所处理的问题进行相似性分析，按照一定的准则和方法分类成组，形成一个普遍性的设计基础。这些资料随着船舶产品建造数量的增加而不断得到充实，以便设计人员能很快地找到所需要的资料。

（3）产品数据

以船体结构零件编码系统为例，一艘船的每个结构零件需要有一个记录表，每一结构组的零件、部件、组合件和分段以及它们之间的关系都需要数据库存储和管理。这些原始数据是生产设计过程中形成的，包括最基本的零件编码和相应的技术数据项，这些数据是

CAD/CAM 处理的对象，以生成各种施工和管理文件。这部分数据的数据量最大，结构多样，由于生产设计的特点，这部分数据的变动也很频繁，要充分利用 CAD/CAM 功能，有效地把这些数据组织到数据库中去并进行管理。

（二）生产设计编码在 CAD/CAM 系统的运用实训

1. 运用编码特性减少图纸重复设绘

运用“设计族”方式，在族内将所有零件分为“标准件”、“通用件”和“相似件”三个组。在“相似件”组中，又以零件的要素、基本形状、功能要素排列和主要尺寸的相似状态不同分为“主要类型”、“基本类型”和“单一类型”三个组。这样，在进行生产设计时，就可以首先把拟设计的零件结构形状、功能特征及尺寸大小的构思立即转化为相应的分类编码，然后按码检索指导性资料，重复的就不必绘制，大同小异的只需进行局部修改后即可使用，若检索不到才重新设计。

基于上述相同的原理，把船舶不同区域的综合布置资料、图纸，按照船舶的种类、船型、主机类型、经济性能等不同要素进行分类归组，形成设计指导资料存入技术数据库。在进行新船生产设计时，在综合布置设计阶段，即可对那相似区域的布置图纸、资料进行检索，利用 CAD/CAM 系统功能，即可对这些图纸进行修改、合并、加以利用。

这样，不仅显著提高新产品的生产设计效率，而且有相当一部分的重复设绘作业取消了，使设计人员可以抽出更多精力去从事产品性能的改进和创造性的思维活动。生产设计的产品越多，可以重复使用的或局部修改即可使用的图纸资料也会越多。从而促使设计技术水平提高，设计周期缩短。

2. 运用编码特性减少工艺重复设计

按照成组技术的事物相似性原理进行工艺过程设计，相似性设计的基本原理是比较对照法。首先，把具有相似加工特点的零件分别组成“加工族”并按“加工族”编制相似性设计资料。以后，当遇到加工特点相类似的零件时，就可以对照相似性设计资料进行工艺过程设计。用这种方法可逐级进行工艺过程设计，且十分简单。例如，在船体生产设计中，电子计算机对大量零件按码进行分类，把它们归并到各个“加工族”，即模拟每个零件的制作安装过程，把零件按工艺阶段划分为拼板、部件、组合件、散装件四大部分，编制零件表即完成了结构零件的部件装配和组合件装配阶段的工艺设计。把拼板、部件、组合件、散装件安装和组合成分段的分段装配即为分段装配的工艺设计过程。

实　训　题

1. 生产设计编码在生产制造方面的作用是什么？
2. 船体生产设计编码的原则是什么？
3. 船体生产设计编码的编制方法有哪些？
4. 船体结构非通用件编码通常是怎样构成的？船体结构通用件编码通常是怎样构成的？
5. 船体结构零件流向代码的功能是什么？举出 3 个船体结构零件流向代码实例，说明其功能。
6. 试述生产设计编码在 CAD/CAM 系统的运用的意义，举例说明其在提高生产设计效率方面的功能和作用。

实训项目十二　船体生产设计标准运用*

【实训目标】

正确掌握和运用生产设计标准级别的适用范围。

任务1　理解生产设计标准体系实训

一、熟悉生产设计标准体系的含义实训

生产设计标准包含设计技术、工艺技术、设计管理、生产管理和安全生产等方面的有关标准、规则、指导性文件、设计要领以及标准图册等。因为造船生产设计是船舶三个设计阶段的组成部分，其工作图表直接用于指示现场施工与管理，因此，作为生产设计标准，还涉及详细设计中有关的设计标准，以及现场施工过程中的质量标准。我们把这部分标准作为相关标准，也同时纳入生产设计的标准体系。

二、实训生产设计标准内容实训

1.基础（综合性）标准

（1）造船生产设计图样及技术文件的基本要求；

（2）造船生产设计工作流程；

（3）造船生产设计与初步设计，详细设计的衔接要求；

（4）造船生产设计编码；

（5）建造方针的编制要领等。

2.船体生产设计标准

（1）基础标准

①船体建造工艺符号；

②补偿量、余量符号；

③船体结构通用件符号；

④船体结构焊接坡口型式等。

（2）设计标准

①船体分段工作图设绘要领；

②板缝排列要领；

③工艺孔型式与布置要领；

④船体结构的管子、电缆开孔及其补强规则；

⑤船体分段吊点布置与补强要领；

⑥板材余量、补偿量发放及修正要领；

⑦分段余量、补偿量发放及修正要领；
⑧船体零件表编制规则等。
(3)作业(加工、装配)标准
①船体放样技术要求；
②船体结构变形的加热矫正；
③船体零件加工技术要求；
④分段装配要领；
⑤总段装配要领；
⑥脚手架架设要领等；
(4)质量标准
①船体建造精度标准；
②造船施工中船板表面质量评定及表面缺陷整修标准；
③民用船舶钢焊缝超声波探伤评级标准；
④民用船舶钢焊缝射线照相评级标准；
⑤船体焊缝表面质量检验标准等。
3. 机装生产设计标准
(1)基础标准
机装区域划分原则及其代号等。
(2)设计标准
①机舱综合布置图设绘要领；
②机装辅机基座设计要领；
③机装单元组装设计要领；
④机装箱柜及其附件标准图册；
⑤机舱起重梁和起重吊环设计要领；
⑥机舱交通装置布置要领；
⑦机舱平台开孔挡水板；
⑧机舱综合布置图标准图册；
⑨机装托盘管理表的编制要领等。
(3)作业(制作、安装)标准
①船舶轴系及主机的安装定位；
②船舶辅机的安装；
③低速重型柴油机整体吊装技术要求；
④无键螺旋桨油压安装技术要求；
⑤主机环氧树脂塑料垫块浇注技术要求；
⑥艉轴包覆玻璃钢；
⑦船用主锅炉安装技术要求；
⑧船用辅锅炉(包括废气锅炉)安装技术要求等。
(4)质量标准
机装精度标准等。

4. 船装生产设计标准

(1)基础标准

①船装区域划分原则及其代号;

②船舶布置图图形符号等;

(2)设计标准

①舱室区域综合布置图设绘要领;

②甲板区域综合布置图设绘要领;

③船装设备基座设计要领;

④船装单元组装设计要领;

⑤船装交通装置布置要领;

⑥船舶上层建筑整体吊装技术要求;

⑦船装托盘管理表的编制要领等。

(3)作业(制作、安装)标准

①甲板敷料施工技术要求;

②舵系安装技术要求;

③电液起货机安装技术要求;

④电动起锚机安装技术要求;

⑤电液舵机安装技术要求;

⑥电动起艇机安装技术要求;

⑦电动系泊绞车安装技术要求;

⑧电动舱口盖装置安装技术要求;

⑨粮食、食品冷库施工技术要求等。

(4)质量标准

船装精度标准等。

5. 电装生产设计标准

(1)基础标准

船舶电气平面图图形符号等。

(2)设计标准

①导电系统图设绘要领;

②专业舱室综合布置图设绘要领;

③主干电缆布置技术要求;

④电缆管、电缆柜和电缆筒;

⑤电气设备支架;

⑥灯架、灯座及其附件;

⑦专业舱室综合布置图标准图册;

⑧电装托盘管理表的编制要领等。

(3)作业(制作、安装)标准

①船舶电气设备安装工艺;

②船舶电缆敷设工艺;

③上层建筑整体吊装电缆连接工艺的技术要求;

④船用电缆接线箱连接工艺技术要求；
⑤观通、导航设备安装技术要求等。
(4)质量标准
电装精度标准等。
6. 管装生产设计标准
(1)基础标准
①船舶管系符号代号；
②船舶综合放样符号；
③船舶管路附件图形符号；
④船舶通风系统图形符号；
⑤船舶钢管系列标准；
⑥管系安装工艺符号；
⑦船舶管路和识别符号的油漆颜色等。
(2)设计标准
①管子零件图设绘要领；
②管系支管设计要领；
③管支架及其附件设计要领；
④标准型支管图册；
⑤管路附件标准图册；
⑥通风系统布置要领等；
(3)作业(制作、安装)标准
①船用管子加工通用技术条件；
②船舶管系布置和安装通用技术条件；
③管子先焊后弯通用工艺技术要求；
④管子无余量下料工艺技术要求；
⑤管子绝缘包扎通用工艺技术要求；
⑥热浸锌通用工艺；
⑦钢管镀塑通用工艺技术要求；
⑧舷外附件的安装与试验；
⑨支架板安装技术要求等。
(4)质量标准
①弯管精度标准；
②管舾装精度标准等。
7. 涂装生产设计标准。
(1)基础标准
①涂装前钢材表面锈蚀和除锈等级；
②涂装前钢材表面粗糙度等级等。
(2)设计标准
船舶涂装设计技术要求等。

(3)作业标准

①船舶除锈涂装工艺技术要求;

②船舶除锈涂装安全技术要求;

③成品油船除锈涂装工艺技术要求;

④涂装前镀锌钢材的表面处理技术要求;

⑤船舶钢板化学除锈和钝化;

⑥船用钢板及零件酸洗磷化一步法生产工艺规程;

⑦喷丸与抛丸除锈工艺技术要求;

⑧钢铁工件涂漆前磷化处理技术要求;

⑨船用外加电流阴极保护装置安装技术条件;

⑩船用牺牲阴极安全技术条件等。

(4)质量标准

①船体二次除锈评定等级;

②船舶涂装膜厚管理技术条件等。

三、熟悉生产设计标准级别实训

我国标准分四类级别:国家标准级、专业(行业)标准级、部标准级和企业标准级。国家标准由国家标准化委员会批准、发布、在全国范围内统一的标准。专业(行业)标准由专业标准化主管机构批准、发布、在某个专业(行业)范围内统一的标准。部标准由各主管部、委(局)批准、发布,在该部门范围内统一的标准。企业标准则由企(事)业标准化委员会或总工程师批准、发布。企业标准一般要比上一级的标准要求为高,有关规定也不准与上一级标准相抵触。

以上列举的生产设计标准的主要项目,其标准级别亦可分成国家标准、船舶专业标准、部标准和企业标准四类。其中企业标准是生产设计标准中数量最多,且是最基本的标准,它应作为生产设计标准化工作的重点,但也需要组织力量编制部分部级生产设计标准。随着生产设计进一步深入推广,在企业标准制定基础上再逐步统一,以便有条件逐步编制新的船舶专业级和国家级的生产设计标准。

四、生产设计标准指导和促进生产设计开展实训

生产设计标准是开展生产设计实践经验的总结,反过来,它又能够指导生产设计的深入与提高。

(1)在标准推行成熟的基础上,编制出来的技术指标更为先进的标准;

(2)对基础性、通用性标准应先行编制,以提高船舶产品标准化和通用化的程度,为专业化生产创造条件;

(3)重视综合性与技术性较高的标准编制;

(4)有利于简化工作图表的表达内容,有利于减少设计和管理的工作量。

总之,可以提高设计水平与设计质量,缩短设计周期,提高船舶产品建造质量,减少物耗和降低成本。

任务 2　生产设计标准运用

【实训目标】

1. 正确掌握和运用生产设计标准的编号原则；
2. 熟练掌握生产设计标准的检索；
3. 熟练掌握生产设计标准的运用。

一、熟悉生产设计标准的编号实训

1. 企业级生产设计标准的编号

标准的编号，其根本目的是便于标准资料的管理和方便使用。企业生产设计标准的编号，既要与国家规定的船舶专业标准相吻合，又要有自己的特点，便于识别，见表 12－1，表 12－2，表 12－3。这里建议推荐使用的企业生产设计标准编号应包含如下内容：

(1) 标准级别，即企业级标准；

(2) 标准性质，即是生产设计标准、企业管理标准、船舶修理标准以及造机（柴油机制造）标准等性质区别，亦可称为一级类目区分；

(3) 企业类别，指生产设计标准中的基础（综合性）标准、船体标准、机装标准、船装标准、电装标准的区分，或称为二级类目区分；

(4) 标准序号，即标准的顺序号；

(5) 标准编制年份

前两项的内容用汉语拼音字母表示，第三项用字母或数字表示，第四项标准序号用数字表示，第五项用数字表示。

企业生产设计标准编号型式如下：

XX XX XX XX－XXXX

表 12－1　标准类别（一级类目）代号

标准类别（一级类目）	代号
企业管理标准	QG
生产设计标准	SS
船舶修理标准	XC
造机（柴油机制造）标准	ZJ
⋮	⋮

表 12－2 企业名称代号

企业名称	代号
大连造船厂	DL
新港船舶修造厂	XG
沪东造船集团	HD
江南造船(集团)有限责任公司	JN
上海船舶修造厂	SH
广州广船国际股份有限公司	GZ
中华造船厂	ZH
⋮	⋮

表 12－3 专业类别(二级类目)代号

专业类别(二级类目)	字母代号	数字代号
船体设计基础(综合性)标准	ZH	10
船体生产设计标准	CT	20
机装生产设计标准	JZ	30
船装生产设计标准	CZ	40
电装生产设计标准	DZ	50
管装生产设计标准	GZ	60
涂装生产设计标准	TZ	70

企业生产设计标准编号举例

示例:QJBH04 97 －2000

其含义是某造船企业 2000 年发布的民用船舶分段建造吊装吊耳标准。

2. 部级以上生产设计标准的编号

部级以上生产设计标准的编号,必须遵循国家标准对各专业标准局编号的有关规定,标准编号由主管部门确定。

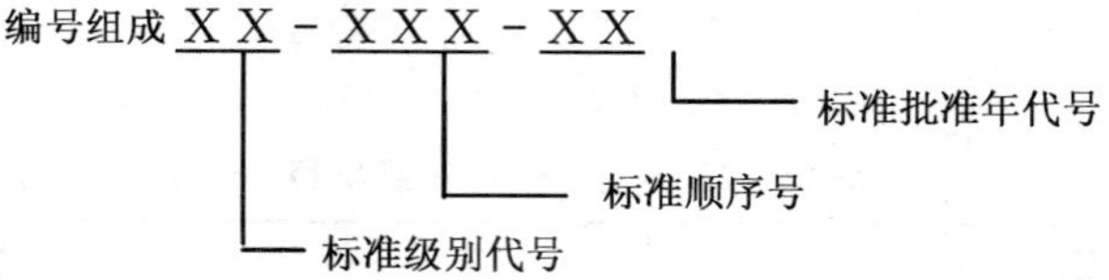

国家标准……………………………………………………GB

船舶专业标准………………………………………………CB*

部(中国船舶工业总公司)标准……………………………CB

部(中国船舶工业总公司)指导性文件……………………CB/Z

(2)专业标准号的构成

根据《专业标准管理办法》的规定，专业标准编号按照《中国标准文献分类法》进行编号。其构成如下：

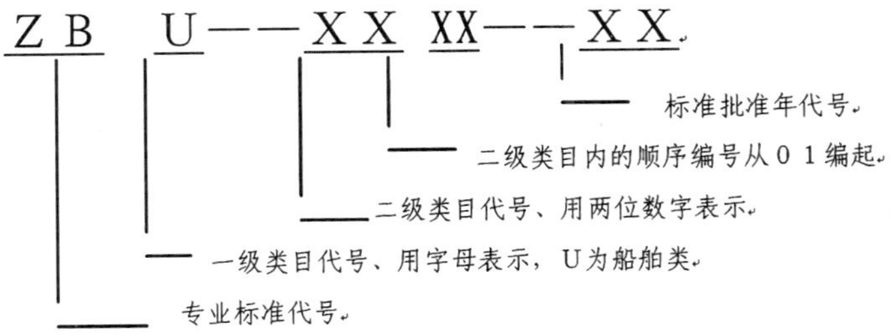

一级类目代号见表12－4。

表12－4　一级类目代号

代号	一级类目	代号	一级类目
A	综合	N	仪器、仪表
B	农业、林业	P	土木、建筑
C	医药、卫生、劳动保护	Q	建材
D	矿业	R	公路、水路运输
E	石油	S	铁路
F	能源、核技术	T	车辆
G	化工	U	船舶
H	冶金	V	航空、航天
J	机械	W	纺织
K	电工	X	食品
L	电子基础、计算机与电信息处理	Y	轻工、文化与生活用品
M	通信广播	Z	环境保护

二级类目代号见表12－5。

表 12-5 二级类目代号(节录)

代号	二级类目	代号	二级类目
00/09	船舶综合	50/59	船舶管路附件
01	技术管理	50	船舶管路附件综合
02	经济管理	51	船用阀件
	⋮		⋮
10/19	船舶总体	60/69	船舶电气、观通、导航设备
10	船舶总体综合	61	船用发电、变电与配电设备
11	船舶理论与船模实验	62	船用电控装置与测量设备
12	船体通用结构		⋮
	⋮	80/89	船舶制造工艺装备
20/29	舾装设备	80	船舶制造工艺装备综合
20	舾装设备综合	81	船体制造工艺装备
21	系泊设备	82	轮机制造工艺装备
22	甲板设备		⋮
	⋮	90/99	造船专用工艺设备
30/39	船舶专用设备	90	造船专用工艺设备综合
30	船舶专用设备综合	91	造船专用设备
31	海洋交通运输船专用设备	92	制造主辅机专用设备
32	内河交通运输船专用设备		⋮
	⋮	R_{30}/R_{39}	船舶维护与修理
40/49	船用主辅机	R_{30}	船舶维护与修理综合
40	船用主辅机综合	R_{31}	船体及舾装修理
41	船用锅炉与蒸汽机	R_{32}	船用主辅机及管路附件修理
42	机舱设备		⋮

专业标准编号举例:

ZUB2204-95

其含义是:1995 年批准的甲板机械第 4 个专业标准。

二、船体生产设计标准实例

下面举例目前我国船厂实际使用的船体生产设计标准实例。

(一)板厚不同的焊接对接接头的处理标准

如果板厚差 a 不小于 4 mm,坡口形式及尺寸依据薄板确定,按图样要求将薄板与厚板的上表面或下表面取齐,然后将厚板的另一表面削斜,削斜长度不小于 4 倍的板厚差,见图 12-1。

削斜长度:$L \geq 4a$,　$a = t_1 - t_2$;

如果板厚差 a 小于 4 mm,坡口形式及尺寸依据薄板确定,厚板不进行削斜,按图样要求将薄板与厚板的上表面或下表面取齐。

如果两板厚差小于 4mm,而且按要求规定薄板不需开坡口仅厚板需要开坡口时,按下述方法处理:

(1)如果先焊一侧无板厚差,按照焊接薄板的方法焊接此焊缝,即正面不开坡口,当正面焊完后,背面焊前用碳弧气刨开坡口;

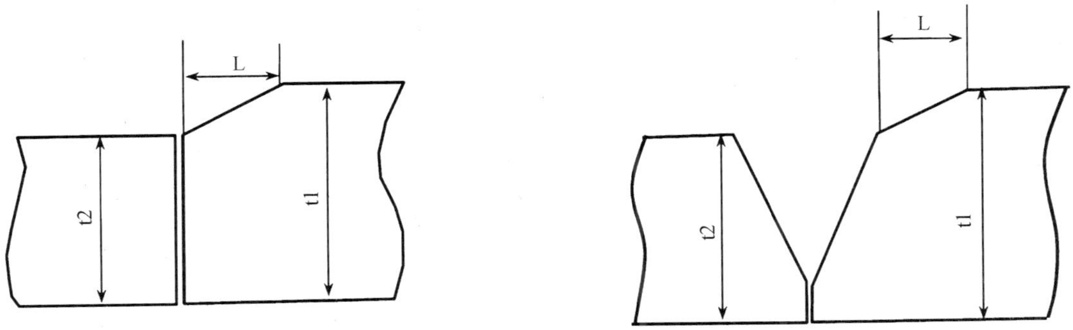

图 12－1　板厚不同的焊接对接接头

(2)如果先焊的一侧存在板厚差,按照焊接厚板的方法焊接此焊缝,即正面先开坡口,当正面焊完后,背面焊前用碳弧气刨开坡口。

(二)焊条电弧焊同规格板对接接头的坡口形式、焊缝尺寸及图纸标记符号(见表 12－6)

表 12－6　MVS MVN 图纸标记符号的坡口形式、焊缝尺寸

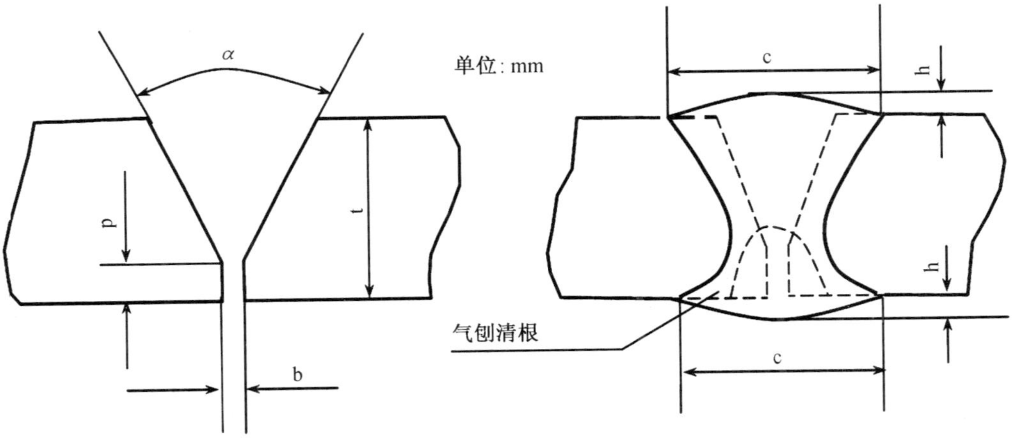

图纸标注	适用范围	焊接接头要素													备注
MVS MVN	船体外板,甲板,内部构件和舱壁板等水平位置和垂直位置的对接缝。	t	6	8	10	14	16	18	20	22	24	26	30	公差	正面焊完后,反面碳弧气刨清根
		b	0～3												
		α	55°	±5°											
		P	1	1	2	4	4	6	6	6	8	8	10	+2 －1	
		h	平焊:0～4,立、仰焊:0～5												
		c	12	14	14	17	17	18	20	20	22	22	25	±4	

（三）船体分段装配精度标准（见表12－7，12－8）

表12－7 平面与曲面分段装配偏差要求 单位：mm

项目		标准范围	允许极限	备注
分段宽度	平面	±4	±6	
	曲面		±8	
分段长度	平面	±4	±6	
	曲面		±8	
分段对角线偏差	平面	±4	±8	
	曲面	±10	±15	
分段扭曲度（在横梁或桁材面板上测量）		10	20	
内部构件与板接头之间的偏差		±5	±10	含搭接

见表12－8。

表12－8 立体分段装配偏差要求 mm

项目		标准范围	允许极限	备注
上、下平面的中心线偏差	平面立体	±5	±10	
	曲面立体	±7	±15	
上、下平面的肋位线偏差	平面立体	±5	±10	
	曲面立体	±7	±15	
分段扭曲度（指大型立体分段）	平面立体	10	20	
	曲面立体	15	25	
同一水平结构的高度偏差		±4	±6	
两个水平面结构间的高度偏差		±5	±10	

三、生产设计标准的运用实训

（一）标准资料的收集和建档

生产设计标准资料的收集是编制与修订标准的基础。收集的方法：一是摸清标准资料的来源，除收集期刊资料外，还要向从事生产设计的专业人员收集；二是加强与有关单位的情报联系，建立资料交换关系。收集的内容既要注意收集国外生产设计的标准资料，又要收集国内的标准资料。

收集的标准资料都要编卡。一般卡片做成二套。一套为顺序卡，按标准号的顺序编排，用以记录标准资料存有版本或合订本等情况；同时，卡片上也标有标准的修改、废止和代替等情况。另一套是分类卡片。按标准的专业分类编号排列，以便借阅与查找。

及时做好标准资料的通报工作，方可充分发挥其作用，并使各单位，各部门正确选用标准。标准通报内容,包括标准主要内容介绍,标准发布、修改、废止等情况。通报形式可用出版刊物,也可出版标准目录等。基层单位的标准管理部门,更要及时做好标准资料的通报工作,让设计人员及时掌握标准的变更情况,以免造成设计工作的失误。

积累和保管好标准资料的档案,对于了解该项标准的历史情况,保证标准工作的继承性,将有十分重要的意义。每项标准都应建档,标准档案的主要内容如下:

(1)标准制订的初稿,报批稿和历次铅印或晒蓝的正式版本;

(2)标准报批稿的附件,包括标准编制说明,意见汇总处理表、审查会议纪要,试验验证报告、测试报告、贯彻该项标准的措施建议等;

(3)标准贯彻执行中的问题,意见及其处理情况的有关文件及记录;

(4)标准的修改通知单,并将档案中的版本加以修改正确。

标准档案工作要求完整、系统、准确,查阅方便。除业务主管部门应建立标准档案以外,各归口、主编单位一般都应建立标准档案。鉴于生产设计标准,大都属于企业级标准,在企业更应建立健全生产设计标准档案。

(二)标准资料的检索

标准资料的检索有人工与计算机检索两种。人工检索即是首先由读者自己查阅所需资料卡片,然后,由标准管理人员按卡片编号索取所需文本。在事前得知标准文本的确切名称时,人工检索尚属方便;不然,人工检索相当费时,有时如同“大海捞针”。

计算机情报资料检索系统,已广泛应用于生产设计。简要介绍如下:

1. 资料的储存

将所收集到的国内外生产设计标准资料,按一定的规则要求进行资料编号,标出主题词,摘写内容提要等。将这些内容连同标准资料的编著单位、作者、出版日期、馆藏单位、专业类别等分别输入计算机有关文件库储存。标准资料的全文可以用缩微胶卷的形式保存。

2. 资料的查阅

查阅资料时,只要将标准资料的名称等主题索引信息输入计算机,在终端显示屏幕上即可显示出所要查找的标准资料编号、名称、内容提要、馆藏单位、作者等全部检索信息;必要时,可用打印机打印。若在查阅时,未知标准资料名称,只要将该份标准资料的主题词、编者单位、馆藏单位、作者、专业类别等检索信息中的任一个或数个信息输入计算机,那么,屏幕上将显示出一批有关所要查找的资料编号、名称和内容提要等。据此选择后,可再检索,直到查找到需要的标准资料为止。

在查阅到标准资料名称的内容提要后,若要查阅全文,可在缩微阅读机上阅读,并可全文或部分内容提供复制品。

计算机检索为生产设计人员查阅标准资料,提供了极大的方便。

(三)生产设计标准的运用

国家标准化管理条例明确规定:“标准一经批准发布,就是技术法规,各级生产、建设、科研、设计管理部门和企业、事业单位,都必须严格贯彻执行,任何单位不得擅自更改或降低标准。”若因违反标准造成不良后果以至重大事故者,根据情节轻重,要追究其经济责任,直至法律责任。如贯彻执行标准确有困难,亦要说明理由,并提出暂缓执行时间和措施报告,经上级主管部门审查同意,报标准发布部门批准。生产设计标准,虽然大多数是企业级标准,但上述贯彻执行标准的原则要求,同样必须遵循。这就是标准贯彻执行的严肃性。

标准化贯穿于生产的全过程。在生产过程的每一个阶段,都要坚持贯彻执行标准。在产品设计时,就要充分考虑标准化的要求,对设计任务书、设计文件与图纸进行标准化检查;产品建造(包括协作配套)也要严格按照标准进行,材料、原料和协作件进厂,也要按标准验收;产品出厂,更要按标准严格验收。

组织专业化生产是贯彻执行标准的有力措施。多年来的实践经验证明:要真正使标准贯彻落实,组织好产品的专业化生产极为重要。推行生产设计,按成组技术的原理组织专业化生产,就是为建立、贯彻、执行标准创造极为有利的条件。

标准的贯彻既要做好标准实施前的准备工作,又要抓好标准实施过程中的信息反馈。只有这样,标准的贯彻才能起到如下的作用:既保证了产品的质量,以期收到更佳的经济与社会效益;又使标准在贯彻执行中得到完善与提高,为标准的修订提供可靠的依据。

实 训 题

1. 简述生产设计标准体系的含义。
2. 船体生产设计标准的基础标准包括哪些内容?
3. 船体生产设计标准的设计标准包括哪些内容?生产设计标准的编制方法和步骤。
4. 简述生产设计标准级别、适用范围。
5. 简述生产设计标准的编号原则、检索方法。
6. 通过实例论述生产设计标准在实际中的运用。

参 考 文 献

[1] 中国船舶工业总公司造船生产设计指导组. 造船生产设计[M]. 北京:国防工业出版社, 1989.

[2] 茆文玉. 船体制图[M]. 北京:国防工业出版社,1999.

[3] 国家职业技能鉴定专家委员会计算机专业委员会. 计算机辅助设计试题汇编[G]. 北京:北京希望电子出版社,2000.

[4] 康博创作室. AutoCAD2000 教程[M]. 北京:清华大学出版社,2000.

[5] 魏莉洁. 船舶与制图[M]. 北京:人民交通出版社,2002.

[6] 北京希望电脑公司天一创作室. AutoCAD2004 教程[M]. 北京:北京希望电子出版社,2005.

[7] 彭辉. 船体 CAD/CAM[M]. 北京:人民交通出版社,2007.